平安人物志 上

角田文衞

法蔵館文庫

本書は一九八四年五月に法藏館より刊行された『角田文衞著作集　第五巻』『平安人物志　上』を文庫化したものです。ただし、著作集版へのはしがきは削除しました。

地図や地名は、出版時のままとしています。

目次

不比等の娘たち……9
伊福吉部徳足比売……43
藤原清河とその母……48
藤原袁比良……58
氷上陽侯……72
藤原人数の素姓……84
藤原朝臣家子……90
板野命婦……98
竹野女王……113
大和宿禰長岡の事蹟……120

*
田村麻呂の母……146
葉栗臣翼の生涯……151
山科大臣藤原園人……173
唐儛師春海貞吉……247
亭子の女御……255
小野小町の身分……270
恬子内親王……282
*
右大臣源光の怪死……313
長野女王……350
石川朝臣長津……353
藤原基経の室家……359

菅家の怨霊　370
天神道真の怨念と功徳　425
尚侍藤原淑子　436
あとがき　477
初出一覧　479

平安人物志　上

不比等の娘たち――初期律令政治運営の秘奥をめぐって――

一

律令体制の整備、確立という点で、藤原不比等の遺した功績は、高く評価されている。天平宝字四年（七六〇）八月七日の『勅』には、『勲績、宇宙を蓋ふ』という誇張した表現すらがみられるのである（『続紀』）。それと共に父・鎌足の遺勲を地盤として藤原氏の不動の基礎を築き上げた彼の巧妙な術策も、日本史の研究上、無視されないものがある。

不比等は、一家の興隆に必死の努力を続けていたが、それだけに子女の結婚についても極めて慎重であり、政略的立場から離れることがなかった。伝えられる限りでは、彼には四人の息子があった。そのうち武智麻呂、房前、宇合の三人を産んだのは、蘇我娼子であったとされている(1)。娼子は、媼子、或いは温子、媼子とも書き伝えられているが、彼女は天智天皇の時の大臣で、鎌足より上位にいた大紫冠・蘇我連子の娘であった(2)。武智麻呂は、天平九年（七三七）、五十八歳で病死しているから(3)、彼等の婚姻が天武天皇の八年（六八〇）以前に行われたことは、疑いがない。『壬申の乱』によって没落したとは言え、蘇我氏は当時随一の名門であったし、また娼子は大臣の娘であったから、彼女が不比等の正妻であったことは、言うまでもなかった。

四男の麻呂は、彼が異母妹で天武天皇の夫人となっていた五百重娘に密通して産ませた子と伝えられている。(4) 従って麻呂は、彼女が生んだ新田部親王(5)の異父弟であった訳である。麻呂もやはり天平九年に疫病のため四十三歳で薨去している。(6) それから逆算すると、彼が生まれたのは、持統天皇の九年（六九五）とされる。密通して子を産ませたとは言え、天皇の崩御によって謂わば未亡人となっていた異母妹のことであるから、世間に漏れてもそれはさほど物議を醸すには至らなかったのであろう。

『尊卑分脈』（第一編）は、不比等の三男・宇合の生母をも娼子としているけれども、これは甚だしい誤りである。娼子は天武天皇九年に武智麻呂を、翌年房前を産み、間もなく他界したのである。それは『家伝』（下）に、『幼にして其の母を喪ふ』とあることによって明らかであろう。宇合の生母については、信頼するに足る史料は遺されておらず、全く不明であるというほかないのである。なお、この嫡室が産んだのは息子二人であり、娘は生まれなかったことは銘記しておく必要がある。

不比等にとって娘たちは、まことに重大な政治上の切札であった。多分彼は、一家の興隆の極め手は妻妾や娘たちにありとみなし、全幅的にこれらを利用しようと考えていたことであろう。彼の計画は見事に成功し、それによって藤原氏の勢威は旧豪族を完全に圧倒するに至った。従来、不比等の政績は色々と考察されても、専らこの方面に視角を向けた論考はみられなかったのは、研究者がとかく『続日本紀』における官人達の動きに眼を奪われ勝ちであったことに起因するものと思われる。

二

現在判明している限りでは、不比等には宮子を長女として五人の娘たちがいた。まずここでは、娘たちを一人ずつ挙げ、個々に必要な検討を加えてみることとしよう。

長女・宮子　この娘は、年齢からみて不比等の長女と考えられる。周知の通り宮子は、文武天皇の元年（六九七）、文武天皇の夫人となり、大宝元年（七〇一）、皇子（聖武天皇）を産んだ(7)。彼女が皇后に冊立されなかったのは、臣下の娘であるためであった。その代り不比等は、文武天皇が他から皇女を迎えて皇后に立てることを阻止したようである。

文武天皇は、慶雲四年（七〇七）六月、僅か二十五歳で崩御されたから、宮子を夫人とした元年には、十五歳であった訳である。これから徴すると、入内当時、宮子もまたほぼ同じ年齢であったと推測される。もし十四歳と仮定すれば、彼女は天武天皇の十二年（六八四）の生まれで、天平勝宝六年（七五四）七月、七十一歳で薨じたことになる。俗説では、法師・善珠は、宮子が玄昉の胤を宿して産んだ子とされているが、(8) 玄昉が帰朝した天平七年（七三五）において彼女はすでに五十歳以上であり、そうしたことは生理的に不可能であった。

天平七年十一月八日紀によれば、宮子の母は、正四位下・賀茂朝臣比売であって、彼女はこの日に卒去している。持統紀に見える直広参・賀茂朝臣蝦夷や養老二年（七一八）正月、従四位下に叙された賀茂朝臣吉備麻呂は、彼女の縁者であったのであろう。中級の貴族ではあっても、賀茂朝臣は由緒ある神別の名門であった。(9) 不比等と比売との結びつきは、宮子の年齢からみて、天武天皇十一年またはそれ以前に遡るものとみなされる。彼女が帯びていた位が宮仕えしていたために授けられたのか、或いは夫人の生母というだけの理由によるものかは、いずれとも判定し難い。天武天皇の十一年において、不比等は二十五歳であった。恐らく不比等は、正妻を娶って後間もなく、本妻ないし妾妻として比売を迎えたのであろう。

三女・安宿媛 言うまでもなくこれは光明皇后であり、生母は県犬養宿禰《あがたのいぬかい》三千代であった。(10) 彼女は、従四位下・県犬養宿禰東人の娘であって、(11) 天平八年十一月紀によれば、天武朝から元明朝まで後宮に仕えたと言う。また天平五年正月紀には、『庚戌《十一日》、内命婦正三位県犬養宿禰三千代薨ず、……葬儀を賜うこと、散一位に准ず。命婦は、皇后の母なり』と記されている。

三千代は初め美努王の妻となり、葛城王、佐為王、牟漏女王を産んだ。のち不比等と婚し、安宿《あすかべ》媛の生母となった。『続日本紀』や『公卿補任』によると、

天武十二年（六八四）　葛城王（橘諸兄）誕生。
大宝元年（七〇一）　安宿媛誕生。
和銅元年（七〇八）五月　美努王卒去。

といった事実が知られる。つまり三千代は、下級の官女として仕えていた時分、すなわち天武天皇の十年頃、美努王の妻となったらしい。彼女が三人も子供がありながら、何故、そして何時美努王と離婚したかは不明である。もし牟漏女王が二十歳で永手（和銅七年生）[12]を産んだと仮定すれば、持統天皇の九年（六九五）にはまだ別れていなかったことが知られよう。

恐らく三千代は持統天皇の末年に不比等と私かに情交し、これが離婚の原因となったのであろう。宮子が文武天皇の夫人として入内する件については、三千代は大きな役割を果たしたに相違なく、またこうした政治工作を契機として、権勢好きな二人の男女は結ばれたものと認められる。不比等が彼女を継妻としたのは、文武天皇の四年（七〇〇）頃かと思われるが、この権力ある婦人をものにすることによって、不比等は後宮に橋頭堡を築き、これを拠点として触手を伸ばして行くことが出来たのである。

残念ながら三千代の年齢は、不詳である。彼女が仮に天武天皇の十二年（六八四）に二

十歳で葛城王（後の橘朝臣諸兄）を産んだとすれば、その生まれは天智天皇の四年（六六五）、安宿媛を産んだのは三十七歳の時であり、薨じた時には六十九歳ということになる。これは、当たらずといえども遠からざる推算であろう。

三千代は、養老元年（七一七）、従四位上より従三位に、(13)同五年には正三位に叙された。(14)彼女の娘・安宿媛は、元正天皇の霊亀二年（七一六）に入内して皇太子（聖武）妃となっていたから、(15)翌養老元年における昇叙は、当然のことであった。天平元年に安宿媛が皇后に冊立された後、三千代が更に昇叙されなかったのは、養老五年の五月頃、彼女が入道していたためであろう（平安時代においては、入道した女性も叙位された）。

後宮における三千代の地位は、よく分からない。『続日本紀』には単に『内命婦』とあるだけである。もし『大宝禄令』と『養老禄令』の『宮人給禄条』が同一内容であったとすれば、彼女が帯びていた従四位の位は、典蔵のそれであった。当時、尚侍は従五位に准じられており、尚膳と尚縫は正四位に准ずる官であった。恐らく三千代は従四位でありながら尚侍の地位にあったのであろう。(16)尚侍の地位はその後急速に上昇し、後宮における最も重要なポストに化するが、この地位を向上させたのは、三千代であったと推測される。天皇に常侍し、奏請や伝宣を掌る尚侍や典侍が勢力を得、後宮職員の実権を握るのは当然な成り行きであった。官女時代の三千代は、位こそ従四位であっても、その役割の重要性、右大臣・不比等の正妻であるという背景、そして聡明かつ俊敏な人柄の故に、尚蔵、尚縫、尚膳、典蔵などの官女を圧倒し、後宮随一の実力者となっていたことは、察するに難くないのである。

入道後の彼女が、持仏堂に籠って念持仏などを拝みながら行い澄ましていたなどとは、到底考えられない。彼女は絶えず皇太子妃、後には夫人、ついで皇后となった娘の安宿媛の許に出入して、ひとり後宮ばかりでなく、政界全般に睨みをきかせていたに相違ない。養老四年八月以来彼女は未亡人となっており、それがまた入道の起因となったのであろうが、彼女は夫の死によってその勢威が堕ちるような婦人ではなかった。それは、安宿媛の皇后冊立という大芝居をやってのけた一事からしても想察されよう。つとに和銅の末年頃、彼女は娘の牟漏女王を房前に娶せた(17)。これは臆測に過ぎないけれども、必ずや彼女は牟漏女王を早くから後宮に出仕させ、隠退後はこの女王を自分の後釜に据えたに相違ない。牟漏女王は、夫・房前の死後も宮仕えを続けたらしく、天平十一年(七三九)正月には従三位に叙されている。彼女もまた尚蔵くらいの地位にあったのであろう。聖武天皇の後宮に入り、『藤原夫人』と呼ばれていた房前の娘の生母については、何等伝えられるところがない。しかし三千代という大物の存在を考えれば、この夫人を牟漏女王の産んだ娘とみる可能性は多いのである。

なお、安宿媛が不比等の第三女であったことは、天平十六年十月書写の『楽毅論』の末尾に見られる『藤三娘』という署名によって世間周知の事実である(二三頁)。

次女・長娥子　左大臣正二位・長屋王の正妻が吉備内親王であり、本妻が不比等の娘であったことは、これまたよく知られている。天平元年二月における『長屋王の変』は、痛々しい悲劇であった。この時、正妻の吉備内親王と、膳夫王《かしわでの》、桑田王、葛木王、鈎取王とは、自害して果てた。しかし天平宝字七年（七六三）十月紀によると、長屋王と不比等の娘との間に生まれた安宿王、黄文王、山背王および王女の教勝は、連坐を免れた。そこで長屋王の本妻となった不比等の娘とはいかなる女性であったかが、更めて関心の対象となってくる。

ところで『家伝』（上）、『多武峯縁起』や『元亨釈書』（巻第九）によると、多武峯の本願となった僧の定慧は、大織冠鎌足の一男であった。すなわち孝徳天皇は、鎌足を信任された余り、懐妊中の寵妃を鎌足に賜わった。これが鎌足の正妻の『車持夫人』であるが、定慧はこの時に夫人が産んだ男子であった。従って定慧は鎌足の一男とされてはいても、実は孝徳天皇の皇子であった訳である。

右は、あながち荒唐無稽な伝説ではなく、殆ど史実とみなしてよいものである。『尊卑分脈』（第一編、摂家相続孫）によると、この『車持夫人』は、名を『与志古娘《よしこのいらつめ》』と言い、車持国子君の娘であった。不比等の生母となったのは、すなわちこの婦人であった。『家伝』（上）は定慧を貞恵、『尊卑分脈』は定恵と記し、共に母は不比等と同じとしている。

養老四年（七二〇）八月紀は、不比等に触れて、『大臣は、近江朝の内大臣大織冠鎌足の第二子なり』と述べている。第一子が僧・定慧であることはまず疑いがないし、またどの文献にも不比等に弟のあったことは記されていない。また不比等の息子は、武智麻呂、房前、宇合、麻呂の四人だけであった。従って『続日本紀』の天平勝宝八歳条までの間に現れてくる藤原朝臣の氏姓を帯びた婦人たちは、不比等の娘であるか、或いは前記四人の息子たちの娘であるかのいずれかでなければならない⑱。いま『続日本紀』を通じてそうした婦人たちを列挙すると、左の通りである。

(1)長娥子　神亀元年(七二四)二月六日、従四位下より従三位に昇叙。
(2)藤原夫人　天平九年(七三七)二月十四日、無位より正三位に叙さる。名は不詳。
(3)藤原夫人　同右。
(4)吉日　天平九年(七三七)二月十四日、無位より従五位下に叙さる。
(5)殿刀自　天平十九年(七四七)正月廿日、無位より正四位上に叙さる。
(6)駿河古　天平勝宝元年(七四九)四月一日、従五位上より正五位下に昇叙。
(7)袁比良　同右。
(8)百能　天平勝宝元年(七四九)四月一日、無位より従五位下に叙さる。
(9)弟兄子　同右。
(10)家子　同右。

ここで明瞭なのは、(2)と(3)の藤原夫人二人は、武智麻呂と房前の娘であるということである。『続日本紀』によると、武智麻呂の娘の方の藤原夫人は、天平二十年六月、正三位のままで薨じ、房前の娘の方は、天平宝字四年正月、従二位で薨去している。これら二人の夫人は、どういう訳か皇子を産まなかった。(7)の袁比良(19)は房前、(8)の百能(20)は麻呂の娘であった。これから類推すれば、(6)から(10)まで、同じ日に叙位された婦人は、武智麻呂兄弟の娘たちであること、駿河古と袁比良の二人は、天平の末年すでに宮仕えに上っていたことが推断される。(10)の家子は尚膳従三位となって宝亀五年（七七四）七月に薨じた女性であるが、恐らく宇合の娘で魚名の正妻となり、鷹取、鷲取、末茂の諸子を産んだ婦人に擬されるであろう。駿河古は房前の娘で豊成の室となった婦人と考えられる。和銅以来、武智麻呂と房前――同母の兄弟――は雁行して昇進し、対立するような形が見られた。二人とも一人の娘を入内させるといった相応ずる行為をとっていたのである。(9)の弟兄子《おとえ》は、巨勢麻呂の正妻となり、弓主を産んだ宇合の娘に同定されるのではないかと思う。(4)の吉日と(5)の殿刀自については後述する通りであり、彼女らは紛れもなく不比等の娘であったと推断される。残るのは(1)の長娥子である。

長娥子は、『ながこ』と訓むのであろう。彼女は、早くも神亀元年（七二四）に従四位下から従三位に昇叙されている(21)。従って彼女が武智麻呂や房前の娘ではなく、不比等の子であらねばならぬことは自明的である。この年の二月四日には聖武天皇が即位され、右大臣従二位・長屋王は左大臣に昇任し、正二位を授けられ、また武智麻呂と房前は正三位に叙された。ついで二月六日には、正一位・藤原宮子には大夫人の尊称が贈られ、また三品・吉備内親王は二品に、従四位下の長娥子は従三位に叙された。それは長屋王の全盛時代であったし、一方、長屋王の本妻は不比等の娘であった。かれこれ考慮するならば、長娥子をもって長屋王の本妻と認めることは、甚だ穏当というべきであろう。

然も注意されるのは、長娥子が家居していた妻ではなく、妻であると同時に官女として出仕していた事実である。従四位下であった養老の末年、彼女がどのような地位にあったかは不明である。しかし、その地位は典蔵くらいであり、神亀五年頃には、太政官の長屋王と呼応して、尚蔵になっていたのではないかと臆測される。

神亀元年（七二四）において長屋王は四十一歳であり、(22) また大夫人の宮子は、四十二歳ほどであった。長娥子は、長屋王の王子女をすでに四人も産んでおり、三男の山背王すら十数歳に達していたようである。かれこれ勘案してみると、神亀元年において、長娥子は三十七、八歳ではなかったかと臆測される。いずれにせよ、彼女が安宿媛よりかなり年長であったことは、疑いがない。それ故、彼女が不比等の第二女であることは、もはや否定されまいと思う。

長娥子と宮子の名は、婦人の新時代的な命名法によるものとして共通性を帯びている。多分、長娥子の母は、宮子と同じであったのであろう。『長屋王の変』の直後、彼女は宮仕えをやめ、専ら家居して一生を終えたものと想察される。この変の後、安宿王以下の王子らは都合よく昇進したが、『橘奈良麻呂の変』で挫折した（円方女王は早く薨去）。ひとり山背王だけは、母の氏姓を賜わって藤原朝臣弟貞となり、従三位参議にまで到達したのであった。(23)

四女・吉日　前に述べたような理由から、吉日《きび》が不比等の娘でなければならぬことは、もはや証明するまでもなかろう。『続日本紀』には、彼女に関して次ぎのような記事が見られる。

(1)天平九年（七三七）二月十四日　　無位より従五位下に叙さる。
(2)天平十一年（七三九）正月十三日　従五位下より従四位下に昇叙さる。
(3)天平勝宝元年（七四九）四月一日　従四位上より従三位に昇叙さる。

なお、天平十一年（七三九）正月十三日、吉日と同じく従四位下に昇叙された大宅朝臣諸姉は、天平八年八月、すでに典侍の地位にあり、(24)同十七年七月、典侍従四位上で卒去している。(25)

ここでまず明瞭なのは、吉日が家居していた高官の妻室ではなく、官女であり、従三位という高位から推して、同時に高官の妻であったということである。彼女が始めて叙位されたのは、二人の藤原夫人が正三位、典侍の大宅朝臣諸姉が正五位下に叙されたのと同じ日であった。恐らく吉日は、天平九年に宮仕えを始め、典侍の地位が与えられていたのであろう。また典侍とすれば、必ずや彼女は姉の光明皇后の側近に仕えていたことであろう。

次ぎに注意を惹いているのは、吉日が従四位下に叙されたのと同じ日に、正三位・橘宿禰諸兄（時に右大臣）は従二位、従四位下・牟漏女王は従三位に昇叙されていることである。女王は、当時すでに尚侍であったか、或いは間もなくこれに任じられたものと推量される。

更に注意されるのは、吉日が従三位に叙されたのは、左大臣の橘宿禰諸兄が天皇、皇后臨場のもとに、東大寺の盧舎那仏の前で、『三宝《ほとけ》の奴、云々』という有名な宣命を読み上げたのと同じ日に当たっており、またその日、正三位・橘夫人（吉日の義兄・佐為王の娘・橘古那可智）は従二位に叙され、また武智麻呂兄弟の娘たち五人が昇叙ないし推叙されていることである。

ここで指摘しておきたいのは、奈良時代には大宅朝臣諸姉とか飯高宿禰諸高のように、采女ないし女孺から鍛え上げた官女の極位極官は、四位であり、後宮四司（蔵司、内侍司、縫司、膳司）の次官までであったということである。諸高が破格の従三位に叙されたのは、実に七十九歳の時であったし（宝亀七年）、然も翌年薨去した時にも、彼女は依然として典侍であった(26)。

『令』にはさような規定は全くみられないけれども、実際問題として従三位以上に叙されたり、後宮四司の長官（尚蔵、尚侍、尚縫、尚膳）に任じられたのは、太政官の有力な執政の室、または皇后や夫人の生母などに限られていたのである。高官になるような毛並みのよい敏腕な官人たちは、早くから妻女を宮仕えに出しておいた。そして官人の昇進に呼応して妻女の官位も進むのが常であった。野心のある官人にとって妻女を官女に出すことは、不可欠と言ってよいほどに重要な布石であった。

　このような見地から右の吉日に呼応する人物を太政官に物色すると、忽ち思い当たるのは左大臣正一位・橘宿禰諸兄なのである。

　一方、『公卿補任』（天平勝宝元年条）は、橘宿禰奈良麻呂について、『左大臣正一位諸兄一男。母淡海公女、従三位多比能朝臣。』と記載しているし、また『尊卑分脈』（第四編、橘氏）は、奈良麻呂に関して、『母、淡海公女』と註している。そこで同じ『尊卑分脈』（第一編）の摂家相続孫をみると、不比等の娘として多比能の名があげられ、

従三位
多比能　左大臣橘諸兄公室
母同光明皇后

と記されているのである。その結果、学界では、諸兄の室は、不比等の娘の多比能であるとされ、全く疑問視されていないのである。

　現存する『続日本紀』は、巻第二十までは一種の略本であって、記事が巻第二十一以下に較べてずっと粗略である。とは言っても、従三位に叙されるといった重要な叙位は、殆ど省略されてはいない。多比能は従三位に叙された。いかに左大臣の正室であっても、家居していたのでは到底そうした高位に叙されることはないから、必ずや彼女も官女として

出仕しており、累進して従三位の階に昇ったに違いない。然るに現存の『続日本紀』には、多比能の名は全く現れて来ないのである。ところが『続日本紀』には、吉日の名は三箇処に見え、必ず『吉日』と記されている。従ってこの方は、誤写とは認め難い。やはり『多比能』の方が誤写と考えられるのである。つまり『続日本紀』自体の検討から吉日は不比等の娘、諸兄の室と想定されるのであるが、それは『公卿補任』や『尊卑分脈』に記された奈良麻呂の生母と合致せねばならない。もし合致しないとすれば、『多比能』の方を誤写と認めるのが至当なのである。

　吉日はまた吉日娘とも呼ばれていた筈である。万葉仮名の『き』は、『伎』または『吉』であるが、大宝二年（七〇二）の戸籍類からみても明らかなように、『伎』と『支』とは、同じ音を表す文字として混用されていた。そして『支』と『多』、『娘』と『能』の草体ないし行書体が意外に—楷書体では想像しにくいほど—相似ていることが注意される（第１図）。それ

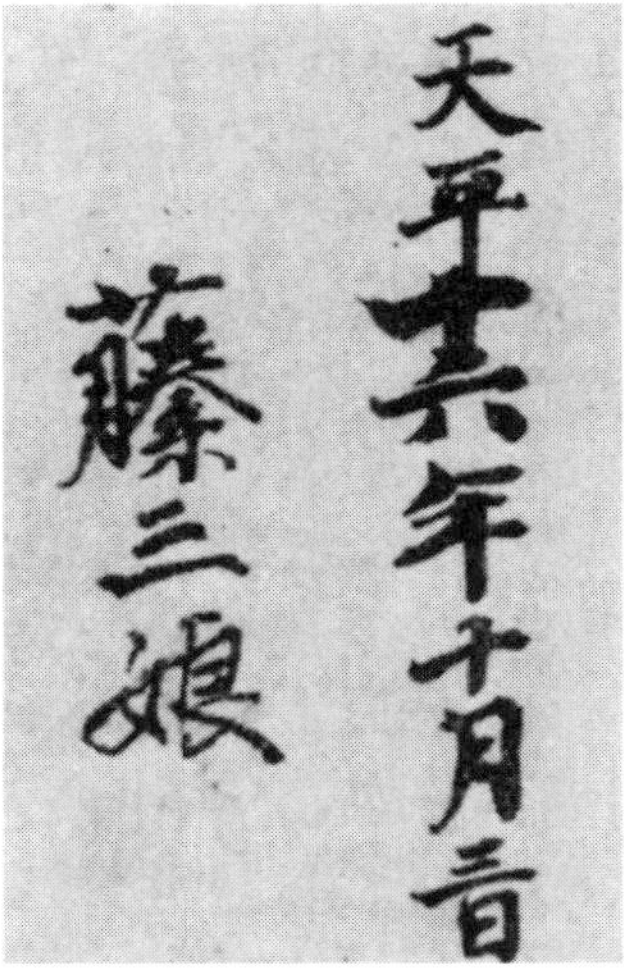

第１図　光明皇后の自署（正倉院御物『楽毅論』巻末）

故、多比能という誤写は、

吉日＝吉日娘＝支比娘→多比娘→多比能

という過程をとって由来したと認められるのである。要するに、『続日本紀』に見える『吉日』と、『公卿補任』や『尊卑分脈』にある『多比能』とは、同一人と認められるのである。想うにこの誤写はよほど古いもので、平安時代の中期にすら遡るものであろう。

天平宝字元年（七五七）七月、奈良麻呂は三十七歳で自害した[27]。従って吉日は、養老五年（七二一）に奈良麻呂を産んだ訳である。この年において葛城王（橘諸兄）は、三十八歳であった。もし吉日がこの時二十歳であったと仮定すれば、彼女は大宝二年（七〇二）の生まれということになる。彼女の生母に関しては、前記のように『尊卑分脈』は、光明皇后と同じく、県犬養宿禰三千代であると記している。仮に吉日の生年を慶雲元年（七〇四）とすれば、それは三千代がまだ懐妊の可能な齢頃であった筈である。従って吉日の生母を三千代とする『尊卑分脈』の記載は、あながち否定する必要はないであろう。

養老五年において、諸兄は三十八歳であり、吉日は十八、九歳であったと思われる。彼女は諸兄の正妻に納まったけれども、諸兄にはすでに本妻ないし妾妻がいた筈である。『橘氏系図』（『群書類従』所収）は、諸兄の子として諸方の名を挙げ、奈良麻呂の弟としている。諸方のことは他の文献に見えないし、生母の名もまた不明である。

吉日は、天平十八年、牟漏女王の薨去後、尚侍ないし尚蔵となったのであろう。そして後宮にあって諸情報を夫に伝え、また皇后と夫との関係を円滑にすることに努めたに違いない。天平勝宝元年従三位に叙された時、彼女は五十歳前後であった。その後、吉日は正三位に昇叙されることもなかったし、『続日本紀』からは永遠に姿を消している。これから勘案すると、彼女は天平勝宝元年後、幾許もなくして他界したもののように推定されるのである。

五女・殿刀自　この婦人は、天平十九年（七四七）正月、突然、無位より正四位上に推叙された。彼女の名は、この時一度だけ彗星のように『続日本紀』に現れ、その後は杳として全く消息を絶っている。たといその出生は明記されていなくとも、天平十九年という早い年代に正四位上という高位に叙された事実から推せば、この女性もまた、長娥子や吉日と同様に、不比等の娘と認められねばならぬのである。無論、聖武天皇の夫人または嬪であれば、若くとも高位に叙される可能性はあるが、そうでない限り、若い婦人が一度に正四位上、つまり皇太子傅や中務卿に相当する高い位階に叙されることは考えられない。殿刀自が若い婦人でないとすれば、不比等の娘と考定するしか仕方がないのである。

ところで宝亀八年八月紀によると、不比等は、大伴宿禰古慈斐が若くして才幹に富み、大学大允であったのを見込み、自分の娘をこれに娶せたという。古慈斐の父・従四位下・祖父《おおじ》麻呂と鎌足とは従兄弟であったから、この婚姻は、不比等がただ古慈斐の才幹に惚れ込んだためばかりとは言えぬのである。確かに古慈斐は、才能と気骨に富んだ人物であっ

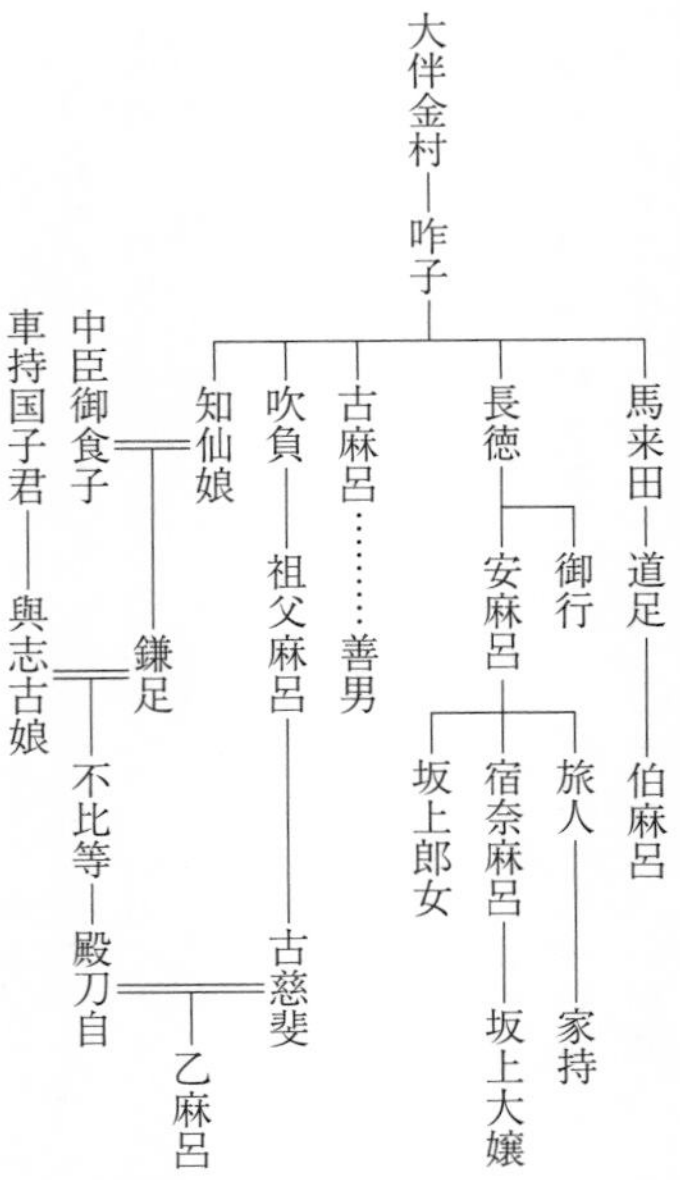

系図1　大伴・藤原両氏の関係

たから、彼がもし仲麻呂に露骨に反感を示さなかったならば、妻の関係からしても大納言くらいには必ず昇進したのではないかと思われる。

大伴古慈斐は、宝亀八年（七七七）に八十三歳で薨去したから、生まれは持統天皇の九年（六九五）であったと逆算される。彼の息子は、征夷将軍として勲功があり、勲二等を授けられた従三位の乙麻呂（弟麻呂）である。延暦四年（七八五）九月の種継暗殺事件は、大伴・佐伯両氏の有力者を多数失脚させ、死後の家持すらが連坐の憂目に遭った。乙麻呂は当時従三位の高位にあり、家持と共に大伴氏の長老であったけれども、全くこの事件に関与しなかった。恐らくこれは、乙麻呂の母が不比等の娘であり、その出生からして彼が親藤原氏的であったか、或いは同族の者が彼を警戒して仲間に誘わなかったためであろう。不比等の娘は古慈斐の正妻であった筈である。このようにみてくると乙麻呂は、どうしても古慈斐と正妻との間に生まれた息子であったと推定されるのである。

大同元年（八〇六）二月、乙麻呂が奉った上表には、『而れども今年八十に逮《およ》び、進退便ならず、自ら老狼たるを悲む』と見える。従って彼は、神亀四年（七二七）の生まれであったと認められる。(28) 然るに不比等が薨去したのは、養老四年（七二〇）八月である。恐らく不比等は晩年、末娘の将来に心を労し、幾分あわて気味で彼女を古慈斐に娶せたのであろう。この婚儀が養老三、四年頃であり、また乙麻呂が古慈斐の一男であったとすれば、不比等の娘は十四、五歳で嫁ぎ、初めに女子を産んだのではないかと想像される。

右はありうべき仮定の上に立った推測に過ぎないけれども、決して不当な臆説ではないと思う。もしこの推測が甚だしい的外れでないとすれば、古慈斐の妻となった不比等の娘は、慶雲三、四年頃の生まれと想定され、吉日のすぐ下の妹ということになるのである。

不比等に五人の娘があったことは確実である。このほかにも娘がいたかもしれないが、文献の上からは全く窺知されない。もし不比等の娘が五人に限られていたとすれば、前記の殿刀自は、どうしても古慈斐に嫁いだ不比等の末娘に同定せねばならなくなる。少くとも現在のところ、若干の保留条件をつけた上で、殿刀自を古慈斐の正妻と認めるのが最も穏当であろう。

しかしそれにしても、殿刀自はなぜ天平十九年（七四七）正月二十日、無位より一挙に正四位上に叙されたのであろうか。然も同じこの日に、古慈斐はやっと従四位下に叙されたに過ぎないのである。その理由は、次ぎに述べるように、恐らく簡単なものであったであろう。

つまり天平十九年正月には、牟漏女王の薨去に伴う大幅の人事異動が、後宮職員の間で行われたに相違ない。吉日も多分この時に尚侍に昇進したのではないかと思われる。ところが尚縫《ぬいのかみ》、尚膳《かしわでのかみ》といった地位は、下から累進した官女の補せられるポストではなく、毛並みのよい有力な背景をもつ婦人が任じられるのが原則となっていた。然るに現在の官女の中には適任者がいないので、古慈斐の嫡室に白羽の矢があたり、彼女は周囲の勧めと夫の諒解を得て、尚縫、尚膳ないし典蔵《くらのすけ》に補されたのではあるまいか。それまで殿刀自が無位であったのは、彼女が宮仕えせず、家庭婦人として古慈斐と暮していたためであろう。しかし一旦、宮仕えに出るとすれば、なんと言っても、光明皇后、皇太夫人（宮子）の妹であるから、彼女が一挙に正四位下に叙され、それにふさわしい地位に補されたのは当然であった。

彼女の名がその後、文献に現れて来ないのは、恐らく彼女が適任者が出てくるまでという条件で、尚膳またはこれに類する地位を引受け、二、三年後に官を退いたためであろう。また実際、気骨のある古慈斐は、妻の宮仕えを好まなかったのではあるまいか。ひとり古慈斐ばかりでなく、大伴氏の一族には、屈指の名門でありながら自家の婦女を宮仕えに出すことをあまり潔しとしない気風があったようである。

なお、殿刀自の生母については、何等の手懸りも残されていない。三千代を生母に擬することは可能であるが、どうも不自然な感じを免れないように覚える。

要するに、殿刀自が不比等の娘であることはまず確実であるが、彼女が大伴宿禰古慈斐の妻となった不比等の娘と同一人物か、それとも姉妹であるかについては、消極的な証拠すら存していない。しかし不比等に六人も七人も娘がいたと想像するのも無理であるから、やはり殿刀自と古慈斐の妻とを同一人とみなす方が穏当であると思うのである。

三

不比等の娘の名前や経歴などの究明は、彼の一家の私事を露にするといったことを意味するものではない。史料が極度に限定されている現在、このような角度から探究してみるのは、不比等の政治力が絶大であっただけに、西紀七〇〇年前後の歴史を掘り下げて研究して行くためには不可欠の操作なのである。後宮や影響力の大きい人物の私事は、決して所謂『裏面史』の対象ではない。強いてこの言葉を使おうとするならば、それは表裏一体という意味での裏面史と言えようが、在来の研究は、余りにも表舞台での出来事に集中し過ぎ、ために楯の一面しか見なかったという憾みを免れない。

夫および父としての不比等は、妻妾や娘たちに対して、それなりに愛情を抱いていたことであろう。しかし、彼の家庭生活を大きく貫いていたのは、私事をもすべて政略に役立たせようとする非情な態度であった。不比等は、天智天皇の八年（六六九）、十一歳で父・鎌足に死別した。彼がまだ少年であったということは、『壬申の乱』に捲添えにされる危険性を未然に防いでくれたのである。不比等が浄御原朝において、どのように出身し、いかなる官歴を経たかは不詳であるが、内臣・鎌足の嫡子としてその前途がかなりの程度に約束されていたことは、疑いがない。しかし予想を遥かに越えた栄達を齎したものは、彼の律令的官人としてのすぐれた才幹と新時代に対する鋭い感覚であり、また彼の巧妙な術策であった。

最初に彼は、天智朝の大臣・蘇我連子《むらじこ》の娘・娼子を正妻に迎えた。それは天武天皇八年（六八〇）頃、彼が二十二歳の時分であった。蘇我氏は、『大化の改新』のために大打撃を蒙り、更に『壬申の乱』によって没落し、天武天皇親政の当時にあっては政治的には逼塞してはいたけれども、なんと言っても、当代随一の名門であった。この名門の姫君を室に迎えて毛並みを整えることは、いかに鎌足の嫡子とは言え、元来が中級貴族の中臣氏の出自である不比等にとっては、是非とも必要であった。のみならず、天皇と共同統治を行っていた皇后・鸕《う》野《の》皇女（持統天皇）や皇太子・草壁皇子（后腹）の妃・阿《あ》閇《べ》皇女（元明天皇）は、娼子の従姉たちが産んだ娘であり、蘇我氏の血が濃かった。それに現存の文献にはあまり記載されていないが、永い年月の間に蘇我氏が中央貴族の間に作り上げた閨閥はまだ強く残存していたに相違ない。無論、不比等は、彼女の背後関係を十分に計算に入れた上で娼子を正妻に迎えたに違いない。

更に注意すべきは、七世紀の末葉の蘇我氏には有為な人材がなく、娼子との結婚によって、不比等が自ら蘇我氏のもっていた政界における地位を継承したことである。実際、天武朝において蘇我氏を代表した石川朝臣虫名は直広肆に永くとどまっていた凡庸な官人であって[29]、蘇我氏がもっていた潜在的な勢威を享受も利用も出来ぬような人物であった。

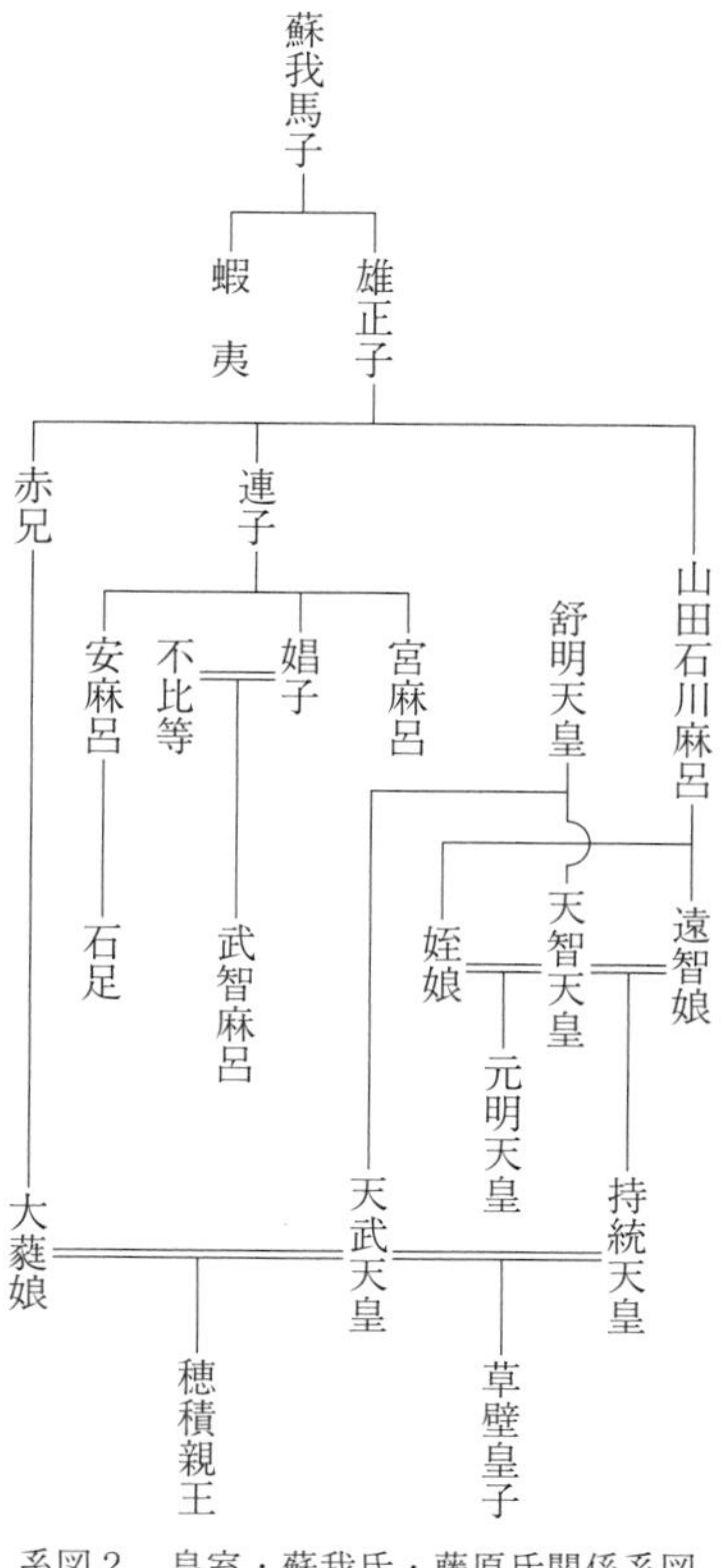

系図2　皇室・蘇我氏・藤原氏関係系図

鎌足の子に生まれ、かつ新時代の動向をよく洞察していた不比等が律令体制の護持や整備に努めたのは、当然であった。法典の編修者であり、また改訂者（『養老律令』）であったただけに、不比等は新しい法制に委しかった。しかし現実的な政治家であった彼は、法典に基づいて整然と構成された国家の行政機構と現実との乖離も誰よりもよく見抜いていた筈である。すなわち新興の官僚貴族として大いに進出するためには、何処に突破口があるかといった律令体制の急所を彼は逸早く察知していたのである。つまり不比等は、律令体制を護持・強化しながら、それと矛盾せずに自分の羽翼を伸ばすことの出来る急所を後宮に見出していたに相違ないのである。

律令体制による国家の統治は、天皇親政の下に太政官によって執行されるのが原則である。天武天皇や持統天皇が行った専制政治はむしろ変則であって、天皇は、庶政を執行する執政の任免権を掌握し、執政たちは、現人神たる天皇の権威を背景として政を行うのが常態である。いずれにしても、明文化された限りでは、国家統治は天皇を頂点として整然と階層的に構成された官人組織によって遂行されるものであり、後宮の勢力がそこに介入する余地などは全く存しないのである。しかし現実には、後宮の勢力は天皇の意向を規制する場合が多く、天皇を通じて高級官人の栄達または失脚に影響するところが甚大であった。こうした現実は、女帝の場合でも何等渝らなかったのである。然も後宮を足場にして勢威を得ようとする術策は、律令体制を護持しようとする政策と矛盾せずに併存することが出来た。

不比等は、蘇我娼子との間に武智麻呂（天武八年生）、房前（天武九年生）の二子を儲け、最初の目的を達成した。『家伝』（下）によると、娼子は武智麻呂が幼い時に卒したという。恐らく房前を出産する時に歿したのではなかろうか。ともかく彼は、天武天皇の末年に正妻を喪ったのであり、その後もまた政略的見地から適当な婦人を物色していたもののようである。

不比等が後宮のもつ重要性を痛感するに至ったのは、持統朝となり、若い彼が蘇我氏や父・鎌足の縁から女帝の愛顧を蒙り、内裏に親しく出入した頃ではなかったかと推察される。その後宮において彼が嘱目し、接近を図ったのは、天皇の信任が篤い有能な内命婦・県犬養宿禰三千代であった。文武元年（六九七）における宮子の入内は、太上天皇（持統）や阿閇皇女に対する両人の共同工作に係かるものであり、右大臣・多治比真人嶋や中納言・大神朝臣高市麻呂らは、不比等の鮮かな工作に虚を衝かれ、色を失ったことであろう。

結局これは、不比等が父の遺勲やその才幹に加えて三千代などを通じて持統太上天皇の絶大な信任を得ていたためなのである。

こうした工作は、不比等と三千代を愈々接近させ、彼女は凡庸な美努王を見限って不比等の継室となった。権勢欲の強烈な二人の結合によって、彼らの政治力は無敵、無比なものとなった。太政官という表舞台では、不比等は律令の権威者であり、冴えた手腕を発揮

不比等
- 武智麻呂　左大臣正二位　天武九年生　母　蘇我娼子
- 房前　参議正三位　天武十年生　母　蘇我娼子
- 宮子　文武夫人　太皇太后　天武十二年頃生　母　賀茂朝臣比売
- 長娥子　左大臣長屋王室　従三位　持統元年頃生　母　賀茂朝臣比売？
- 宇合　参議正三位　持統八年生　母　不詳
- 麻呂　参議従三位　持統九年生　母　叔母　藤原五百重娘
- 安宿媛　光明皇后　大宝元年生　母　県犬養宿禰三千代
- 吉日　左大臣橘諸兄室　従三位　慶雲元年頃生　母　県犬養宿禰三千代？
- 殿刀自　従三位大伴古慈斐室　正四位上　慶雲三年頃生　母　不詳

系図3　不比等の子女たち

していたし、また他方において彼が傑出した詩人であったことは、『懐風藻』の示す通りである。

　文武天皇は年歯もまだ若く、かつ健康に恵まれなかったから、この治世における政治力の根元は持統上皇（大宝二年崩御）、ついで阿閇皇女にあった。不比等や三千代は巧みに工作して天皇が皇后を納れることを阻止したばかりでなく、宮子と時を同じうして入内した二人の嬪[30]の失脚をすら画策したかに見える。すなわち、和銅六年（七一三）十一月紀には、理由を示さずに、

　乙丑。石川、紀の二嬪の号を貶して、嬪と称することを得ざらしむ。

と記されている。二人の嬪とは、紀朝臣竈門《かまどの》娘《いらつめ》と石川朝臣刀《と》子娘《ねのいらつめ》のことであり、二人は天皇の崩御後、里居はしていても、嬪としての待遇を受けていたのである。恐らくこれは、刀子

娘が産んだ二皇子（広成と広世）を臣籍に降し[31]、皇位継承の資格を奪おうとして画策された陰謀であって、寡居する竈門娘や刀子娘の些細な素行上の問題を誇張して採り上げ、貶黜の理由としたものであろう[32]。宮子が産んだただ一人の皇子（聖武天皇）が翌年七月、十四歳で皇太子に立てられたことは、右の貶黜と密接に関聯していると推量される。

四

内命婦の三千代との合体によって、不比等は宮子を後宮に入れて夫人となし、その腹から生まれた首《おびと》皇子（聖武天皇）を皇嗣とすることに成功した。太政官においても、後宮においても、彼の勢威は圧倒的となった。また三千代を通じて後宮に関する諸情報は逸早く彼の耳に達し、それは太政官における彼の行動を的確な、かつ誤りのないものとした。不比等の次席にあった大納言・大伴宿禰安麻呂なども妻の石川内命婦[33]（坂上郎女の母）を通じて同様な布石を行っていた。

かようにして不比等は、『後宮を制する者は政界を制す』という信念を益々固め、律令体制の急所が後宮にあることを身をもって痛感したのである。またそうした見地に立って彼は、あらゆる角度から検討を重ね、将来大物となるような有為の青年を高級貴族の間に物色し、彼に自分の娘を娶せたのであった。そして彼は、この青年を陰に陽に引き立てて政権の座に近づける一方、その妻女―つまり自分の娘―を官女として後宮に出仕させ、この方の昇進をも図った。

なるほど長屋王の父は、天武天皇皇子のうちでも声望のあった太政大臣の高市皇子であり、母は天智天皇皇女の御名部皇女であった[34]。しかしこのような高貴の生まれで、長屋王とほぼ同じ程度の才幹を有する王子は、なお何人かいたに相違ない。それらの諸王子の中にあって特に長屋王の昇進が著しかったことは、不比等の後楯を抜きにしては考えられぬ

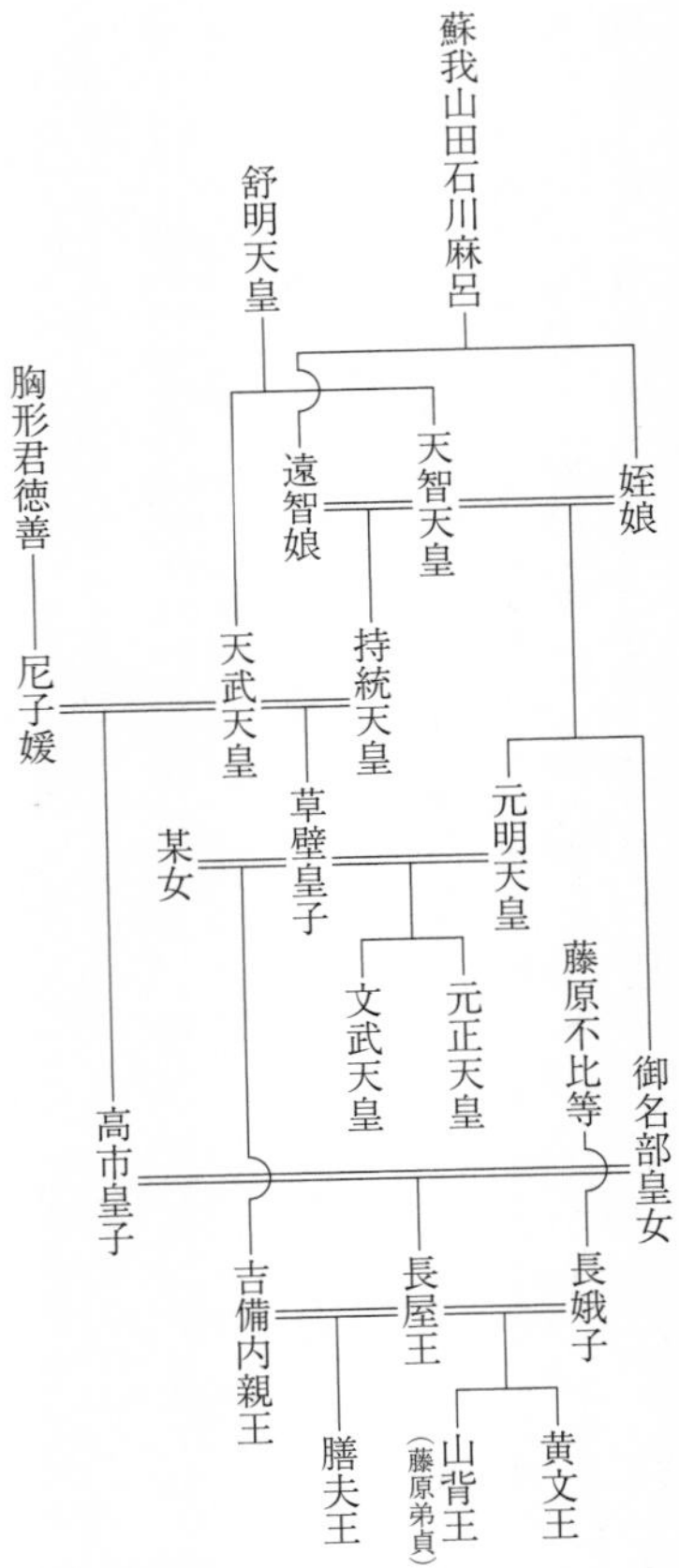

系図4　皇室と蘇我氏の関係系図

のである。中でも養老二年（七一八）の三月、式部卿従三位であった長屋王が参議、中納言を歴任せず、一挙に大納言に任命されたような破格の人事は、首位の執政の任にあった不比等の強引な推輓によるものとしか考えられない。然も長屋王の栄達に呼応して、後宮では本妻の長娥子も典蔵とか典膳といった地位に昇進していたに相違ないのである。

ついで不比等と三千代は、安宿媛の入内工作を始めた。皇太子の生母の宮子は不比等の娘であるから問題はなかったが、肝腎な相手は元正天皇であった。すでに不比等は政界第一の重鎮であり、三千代は後宮随一の実力者であり、老練かつ俊敏な政治家であったから、典侍の薩妙観などと組んでこの世慣れない女帝を口説き落すのは、易々たることであったであろう(35)。

更に不比等と三千代は、お互の子達の婚姻によって結合を鞏固なものとした。彼女は娘の牟漏女王を房前に与えたばかりでなく、この女王を後宮に入れて派閥を強化した。不比等は、三千代の息子・葛城王に娘の吉日を娶せ、やはりこれを宮仕えに出した。彼は内面工作によってこの五世王の急速な昇進を図った筈である。文華を好む美点の持主であったとは言え、葛城王、すなわち後の左大臣正一位・橘宿禰諸兄は、政治家としては凡庸であった。不比等の後援がなかったならば、彼は父の美努王程度の地位に終わったことであろう。また不比等と三千代との間には、三千代の孫娘（佐為王の娘）たちを、将来、皇太子の夫人としたり、後宮に仕えさす件などについても、諒解が出来あがっていたものと思われる。

神亀年間には、長屋王が事実上、太政官を主宰していたし、天平十年（七三八）以後は諸兄が執政の首位にあった。二人とも不比等の娘を妻室としているのには驚かされる。しかしこれは決して偶然な事柄ではなく、不比等や三千代がかく予定して敷設した路線に沿って二人ともが進んできた結果に外ならないのである。長屋王が不比等の死後、悲惨な最後を遂げたのは、彼が三千代などの意向に反したためであるし、また諸兄が失意のうちに致仕したのは、長男の一族（南家）が亡父の敷いた路線に修正を加えようとしたためである。

霊亀・養老年間にあっては、不比等は国家の柱石であり(36)、その絶大な政治力をもって勢力確保の最後の仕上げを行った。四人の息子は轡を並べて昇進したし、後宮職員の主要ポストも、彼の縁者によって占められていた。末娘の縁談については、老先き短いことを自覚した不比等は、幾分あせったようである。大伴宿禰古慈斐を婿に選んだ不比等の眼には狂いがなかった。彼がもう少し永く生きていたならば、古慈斐を速かに四位の階に引上げ、栄達の門まで導いておいたことであろう。

不比等が選んだ三人の婿たちは、必ずしも幸福な生涯を送らなかった。それは一族の繁栄策に関する方針が世代と個人によって変更される以上、止むをえぬことであった。しかし娘を皇太子や天皇に配し、後宮職員の主要ポストを自派で固め、他氏の有望な青年に娘をやって引き立てるという基本方針は、不比等によって開拓されて以来、藤原氏の伝統となったのであり、御堂関白などもこの基本方針を忠実かつ巧妙に実行して成功を得たのである。

いずれにしても、県犬養三千代を有力な味方につけ、娘たちの閨閥的価値を全幅的に活用しながら自家の不動の地盤を築き、そこに律令的な貴族政治をうち樹てた不比等の辣腕は、見事な、そして懼るべきものであった。然も将来を熟慮してうち出された彼の政策は、彼の死後、天平九年に四人の息子たちが疫病に斃れた後もなお永く効果をあげていたのであって、実に彼と三千代は、将来を予見してつとに葛城王―橘宿禰諸兄―という第三の持駒を用意していた。そこに吉日娘の重要な役割があったのである。第四の持駒―大伴宿禰古慈斐―の方は、もうどうでもよかった。何故ならば、天平勝宝年間には、安宿媛（光明皇后）の権威は確立されていたし、また彼の直系の孫たちは、猛然と政界の檜舞台に進出していたからである。

不比等は、政略家としての稀にみる鬼才によって藤原氏の地盤を不動にした。上来みたように、それは妻や娘を非情に動かした彼の後宮政策に負うところが多いが、しかし決してそれだけによったものではなかった。この問題を全幅的に理解するためには、皇親勢力に対処した彼の読みの深い政策が更に検討される必要がある。これについては別に一文を草することとし、(37)ここでは後宮政策だけに筆をとどめておきたい。

註

（1）『尊卑分脈』第一編、摂家相続孫。
（2）同右、および『公卿補任』天平九年条、『家伝』下、等々。
（3）『公卿補任』天平九年条。
（4）『尊卑分脈』第一編、摂家相続孫。
（5）『本朝皇胤紹運録』。
（6）『公卿補任』天平九年条。
（7）『続日本紀』大宝元年、是年条。
（8）『元亨釈書』巻第二。
（9）栗田寛『新撰姓氏録考証』下（東京、明治三十三年）、九六六～九七〇頁。
（10）天平五年正月十一日紀、および天平宝字四年六月七日紀。
（11）『新撰姓氏録』左京皇別、橘朝臣条。
（12）宝亀二年二月二十二日紀。
（13）養老元年正月七日紀。
（14）養老五年正月五日紀。
（15）天平宝字四年六月七日紀によると、安宿媛は十六歳で皇太子妃となったとあるから、それは霊亀二年のこととされる。
（16）霊亀元年二月四日紀、参照。
（17）永手は、房前を父、牟漏女王を母として和銅七年（七一四）に生まれている。
（18）文武天皇二年八月十九日紀、参照。

(19) 角田文衞『藤原袁比良』(本巻所収)。
(20) 延暦元年四月十七日紀。
(21) 神亀元年二月六日紀。
(22) 『公卿補任』天平元年条。
(23) 天平宝字七年十月十七日紀、参照。
(24) 『正倉院文書』天平八年八月二十六日付『内侍司牒』。
(25) 天平十七年七月二十三日紀。
(26) 宝亀八年五月二十八日紀。
(27) 『公卿補任』天平宝字元年条、『尊卑分脈』第四編、橘氏。
(28) 『公卿補任』大同四年条には、乙麻呂はこの年、七十九歳で薨じた旨が記されている。これは明らかに誤記であって、彼は八十三歳で薨去したと認められる。
(29) 天武十四年九月九日紀、持統三年九月十日紀。
(30) 文武元年八月二十日紀。
(31) 『新撰姓氏録』右京皇別、高円朝臣条。
(32) 角田文衞『首皇子の立太子』(角田文衞著作集第三巻所収)。
(33) 石川内命婦の伝については、『日本古代人名辞典』第一巻(東京、昭和三十三年)、一六五〜一六六頁に譲っておく。
(34) 『本朝皇胤紹運録』、『尊卑分脈』第四巻、高階氏。
(35) 坂本太郎『日本全史』2・古代I(東京、昭和三十五年)、一五六—一五七頁には、『皇親政治を排し、藤原氏の主導による律令政治を推進しようとする不比等の力が、元正天皇を擁立したのではないか、とさえ臆測されるのである』と述べられている。この場合、安宿媛の入内工作の如きは、極めて容易なことであったであろう。

(36) 『公卿補任』養老二年条および天平宝字四年正月四日紀にみえる『宣命』によると、元正天皇はしばしば不比等を太政大臣に任じようとされたが、不比等は固辞してこれを受けなかった。不比等は養老元年いらい『一の上』であったが、依然として右大臣にとどまっていた。彼は名よりも実を重んじたし、また左大臣や太政大臣となって旧豪族の嫉視反感を買うことを避けたに違いない。なお、元正天皇は、不比等の息子たちの中ではとくに房前を篤く信任しておられたようである。養老五年十月二十四日紀、参照。

(37) 角田文衞『天皇権力と皇親勢力』(角田文衞著作集第三巻所収)。

伊福吉部徳足比売――采女の問題に触れて――

和銅三年（七一〇）の紀年を有する伊福吉部徳足比売《いほきべのとこたりひめ》の墓誌銘とこれを刻した銅壺は、『古京遺文』以来、余りにも有名であり、更めてここに解説を加える必要はない。墓誌の内容は、『因幡国法美《ほうみ》郡の伊福吉部徳足比売臣は、慶雲四年（七〇七）二月二十五日、従七位下に叙され、（藤原宮で）奉仕を続けていたが、和銅元年七月一日に卒去した。同三年十月、火葬に付して此処に埋葬した』と要約される。

徳足比売の火葬墓は、安永二年（一七七三）の六月、因幡国法美郡宮下《みやのした》村（鳥取県岩美郡国府町大字宮下）に鎮座する宇倍神社（旧国幣中社）東北の宇倍山（歌枕で著名な稲葉山）で発見された。同神社は、『因幡風土記』逸文に見えるほど由緒の古い神社で、この地方切っての名門・伊福（吉）部氏の氏神であり、代々伊福吉部氏が神主となって今日に至っている。この一族が因幡国に繁延していたことは、『因幡国戸籍残簡』[1]からも窺えるし、高草郡に於いてすら郡司の職を占めていた[2]。宇倍神社の社家に伝わる『伊福部系図』は史料的価値の高いものであるが、これによると累代の伊福部氏が宇倍神社の神主を勤める一

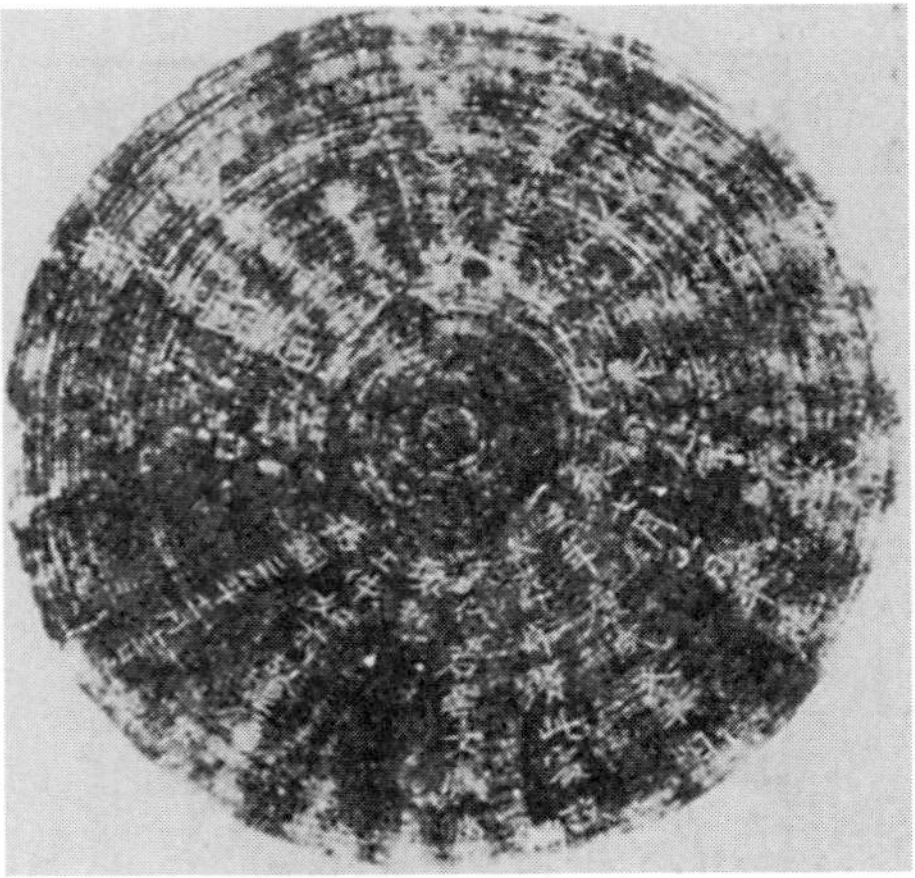

第２図　伊福吉部徳足比売の墓誌拓影

方、法美郡の郡司、時には因幡介の任にあったことが分かる。

因幡国の名は、法美郡稲葉郷に由来している。この郷は、伊福部氏の本拠であって、宇倍神社もこの郷にあったし、国府、国分二寺、白鳳式の古瓦を出土する廃大権《おおごん》寺、玉鉾廃寺等は、いずれもこの郷に所在し、それは因幡国の中心をなしていた。伊福部氏の邸宅址は、宇倍神社の西南に接した平地にあり、『伊福部屋敷』の地名が今に遺っているのである。

徳足比売の火葬墓の位置は、彼女がまさに宇倍神社を祀る伊福部氏の主流の出であることを示唆しているが、明らかに彼女は、法美郡の大領ないし少領の姉妹ないし娘であったと認められる。恐らく徳足比売は、『伊福吉部系図』に見える国足臣（大宝頃の人）の姉妹か娘であったのであろう。郡領の家に生まれた彼女は、『法美采女』として都に上って宮仕えし、その薦によって（外？）従七位下に叙された訳である。しかし彼女は叙位の後に健康を害したらしく、勅許を得て国許に帰り、間もなく身罷ったのである。

古代の采女については、門脇禎二氏の『采女』(3)があるものの、研究は著しく立遅れている。この研究分野を開拓して行く上で要望される一つは、『書紀』や『続紀』等に采女と明記されていなくても、徳足比売の場合に見る通り、個々の女性について分析を加え、采女出身の官女を文献の中から掘出し、これらを通じて采女の実体を究明することである。

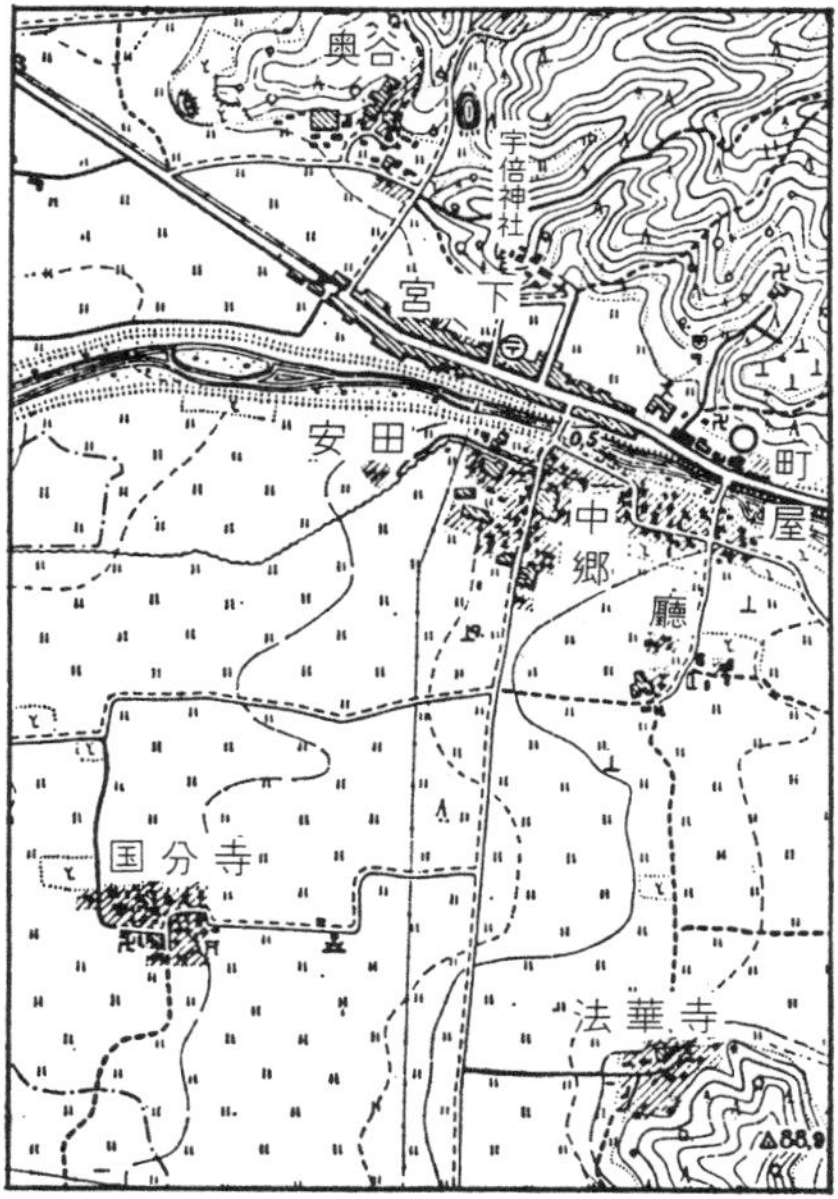

第3図　因幡国庁址付近の地形図
(二万五千分の一)

事のついでに、伊福部氏に関して例を挙げると、神護景雲三年(七六九)十月、外従五位下に叙された伊福部宿禰紫女や、宝亀九年(七七八)

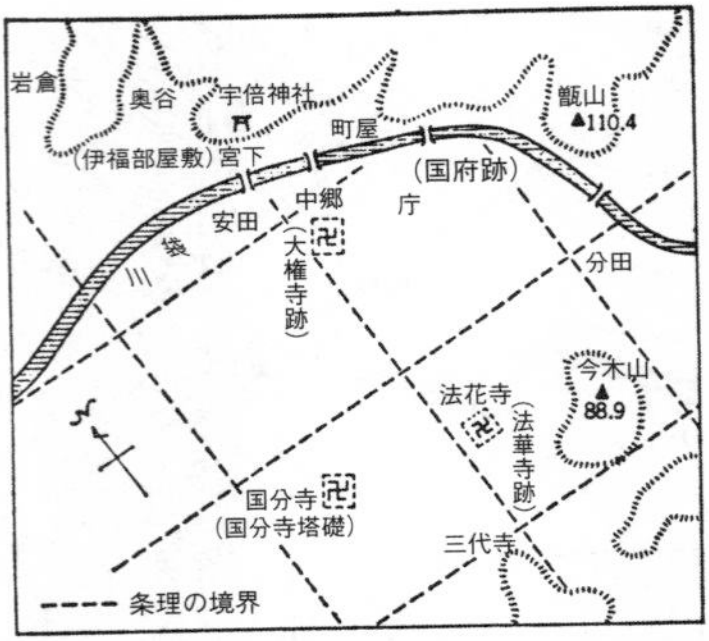

第４図　因幡国法美郡稲葉郷の諸遺跡と条里　（岩永実氏による）

二月、同じく外従五位下に昇叙された伊福部妹女などは、[4]出身郡は不明であるにせよ、采女と認めて差支えないのである。

門脇氏は、前掲著書[5]の中で、『「出世」した采女といっても、奈良時代を通じて歴史に名をとどめた采女の数は、十名にも足らない』と述べているが、『続紀』だけについてみても、五位以上を授けられた采女は、百名を越えるであろう。まして六位、七位に叙された采女の数は、夥しい数に上ったに相違ない。采女の所謂『出世』の問題、ひいては宮廷における采女の処遇の問題は、前記の例で示したような角度からもっと精細に考究さるべきであって、関係史料を一瞥した程度で早急に結論を出してはならないとおもう。これは、門脇氏に対する批難ではなく、自戒の言葉として述べたまでである。

註

(1)『大日本史料』第一編之七、七八六頁。

(2)『大日本古文書』巻一。
(3)中公新書。
(4)『日本書紀』。
(5)同右、一二六頁。

付記 徳足比売の墓誌、銅壺、墳墓については、狩谷棭斎の『古京遺文』、安倍惟信(恭庵)の『因幡志』は別として、梅原末治『因幡に於ける伊福吉部徳足比売の墳墓』(『民族と歴史』第四巻第二号掲載、東京、大正九年)、木崎愛吉『大日本金石史』第一巻(大阪、大正十年)、九五頁以下、帝室博物館編並刊行『天平地宝』(東京、昭和十二年)、図版第十一、十二、第七図、二三〜二四頁、朝日新聞社編『天平の地宝』(大阪・東京・名古屋・小倉、昭和三十六年)、図版第十六、二〇頁等々を参照。

藤原清河とその母

一

天平勝宝四年（七五二）、遣唐大使として渡海し、無事使命を果たしたものの、数奇な運命に弄ばれて故国に帰れず、遂に彼の地で歿した藤原朝臣清河の名は、余りにもよく知られている。言うまでもなく彼は、参議・房前の第四子であり、名門の出にふさわしい、才幹に恵まれた貴公子であった(1)。

けれども清河の伝記となると、実は意外なほど分かっていないのである。例えば、彼の生歿年についてみても、近年刊行された日本史の事典類はいずれもこれを〔七〇六〜七七八〕としているが、この年次は甚だ疑わしいものなのである。いったい彼の生年を曖昧なものとした第一の原因は、宝亀十年二月紀に載る清河の薨伝に彼が何歳で歿したかが記されていないことにあるのである。清河が宝亀九年（七七八）の初めに薨去したことは、同年の暮に帰朝した遣唐使の報告によって明白であるが、時に何歳であったかは、『続日本紀』には記録されていない。そこで多くの学者たちは、『日本紀略』に引く延暦二十二年三月六日紀の逸文に、『時年七十三』とあるのに拠り、宝亀九年より七十二年遡った慶雲三年（七〇六）を清河の生年としたのであった。

『日本後紀』延暦二十二年三月六日条（『日本紀略』所引）の清河伝が清河と阿倍仲麻呂との伝を混合したものであることは、つとに『大日本史』（巻之百十六）の阿倍仲麻呂伝が指摘したところである。また近年に至っては、その分析的研究が杉本直治郎博士（一八九〇～一九七三）によって精しく試みられている[2]。ただ杉本博士は、仲麻呂伝そのものを研究の対象とされていたために、清河の生年については追究されることがなかった。

房前の息子は、文献に誌された限りでは七人いた。またその年齢順も、『続日本紀』、『公卿補任』、『尊卑分脈』などから判明している。それらのうち、歿年と享年が判明しているのは、次ぎに掲げる人びとである。

表一　生歿年の知られた房前の息子たち　備考　＊を付した数字および年代は、概定であることを示す。

順序	名	従五位の叙位年	齢	歿年	享年	生年
二男	永手	天平九年	二四	宝亀二年	五八	和銅七年（七一四）
三男	真楯	天平十二年	二六	天平神護二年	五二	霊亀元年（七一五）
五男	魚名	天平二十年	二八	延暦二年	六三	養老五年（七二一）

六男　御楯　天平勝宝元年　＊二六　天平宝字八年　＊四一　＊神亀元年（七二四）

この表を一瞥しただけでも、四男の清河が到底慶雲三年（七〇六）生まれなどではありえぬことは明らかであろう。

永手と真楯（初めの名は、八束）とは、正三位の房前の嫡子であったから、その蔭により出身の際、従六位上に叙された筈である。これに対して清河や魚名は、庶子であったから初めに従六位下が授けられたと考えられる。真楯は、天平十二年正月の定例の叙位で従五位下に叙された。清河は、同年十一月に従五位下に叙されたが、これは『広嗣の乱』鎮定後における論功行賞であって、真楯もこの時、従五位上に昇叙されている。しかしこれからしてほぼ推知されるのは、清河は真楯と同じ年か、または相近い年に生まれたということである。

いま仮に清河の生年を霊亀二年（七一六）とすれば、唐に渡った天平勝宝四年には三十七歳であり、宝亀九年に六十三歳で薨去したこととなるのである。断言は出来ないけれども、清河の生年は、霊亀二年（七一六）頃とみなしてよいと思う。実弟の魚名との間に齢の距りが五年ほどあるのは、恐らくその間に妹が一人生まれていたためであろう。

二

次ぎに、清河や実弟の魚名を生んだ母、すなわち房前の本妻のことであるが、これまた余り明瞭でない。

まず『公卿補任』をみると、その天平勝宝元年条には、清河の母について、

　贈太政大臣房前四男。母異母妹従四位下片野。

と述べられているし、また神護景雲二年条には、魚名の母に関して、

　贈太政大臣房前五男。母異母姉従四位下片野朝臣。

と記されている。更に『尊卑分脈』（第一編、摂家相続孫）は、清河に註して、

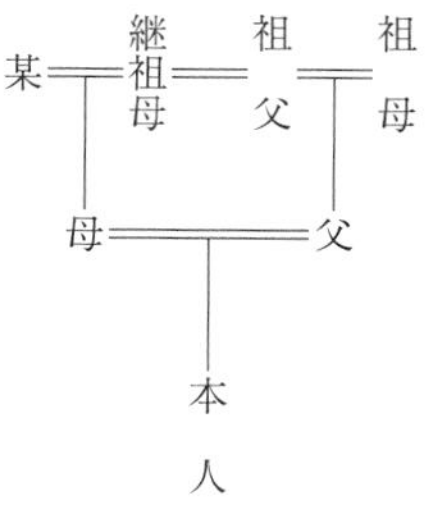

　母異母妹従四位下片野朝臣女。

と述べている。これらの所伝は、その底に真実を潜めているに相違ないが、見たところ頗る曖昧なものである。

右の謎を解いてゆく上で必要なのは、この『異母妹』ないし『異母姉』の意味を『尊卑分脈』や『公卿補任』に即して明確に把握しておくことである。これらの文献に徴すると、『異母妹』ないし『異母姉』とは、本人と母を異に

する姉妹ではなく、父の異母の姉妹、つまり継祖母が先夫との間に生んだ、或いは継祖母と祖父との間に出来た娘を指しているのである。ところが清河の母は藤原氏でないから、彼の母は、継祖母と先夫某との間に生まれた娘でなければならぬのである。

ところで、清河の母が帯びていた『片野』は、肩野または交野に相通ずる氏名である。『天孫本紀』は、物部尾輿大連の子の物部臣竹連公の条に、『肩野連、宇遅部連等祖。』と註している。また『新撰姓氏録』（右京神別上）は、肩野連をもって饒速日命六世の孫《ひこ》・伊《い》香色雄《かがしこお》命の末とし、また物部肩野連についても（左京神別上）、やはり伊香我色乎命の後裔と記している。つまり肩野連に二流はあっても、そのいずれもが物部系なのである。更に『新撰姓氏録』（河内諸蕃）は、『交野忌寸、漢人庄員之後也。』と記し、漢帰化族に交野忌寸がいたことを伝えている。しかし朝臣ないし臣の姓をもつ肩野（片野、交野）氏は、奈良・平安時代の文献には全く見当たらず、その意味において、『片野朝臣』は、誤記ないし誤写と認めて差支えないのである。

他方、清河の祖父・不比等の妻室についてみると、(3) 正妻は、蘇我氏から出た石川朝臣娼子であり、彼女は武智麻呂と房前の生母であった。その歿後、不比等の正妻となったのは、有名な県犬養宿禰三千代であった。言うまでもなく彼女の先夫は、美努王であって、片野氏の男性ではなかった。次ぎに不比等の本妻は、皇太后・宮子を生んだ賀茂朝臣比売であった。この婦人と不比等との結合が初婚であったか再婚であったかはもはや徴証できないが、彼女は初婚であった可能性が多く、またたとい再婚であったにせよ、先夫が『片野朝臣』でなかったことは確かなのである。

前記のように、『公卿補任』は、清河の母を『従四位下片野』とし、一方では『従四位下片野朝臣』と註している。しかし『尊卑分脈』が『従四位下片野朝臣女』と記しているのは、明らかに誤りである。何故ならば、奈良時代には片野連で五位以上に叙された男子は一人も知られていないし、また一人だけが従四位下という高い位に叙され、他の族人が五位に全く叙されなかったということは、男系に関する限り考えにくいからである。この場合は、従四位下は、清河の外祖父ではなく、母自身が帯びた位階とみなすべきことは、なお『公卿補任』の記す通りである。

ところで清河の母が帯びていた『従四位下』という位は、彼女が清河や魚名を生んだ若い頃に授けられたものとは―少くとも彼女が臣籍にあったとすれば―考えられない。このように高い位は、彼女が官女として出仕し、後に典蔵ないし典侍のような地位に補された頃に授けられたものと認められる。けれども『続日本紀』には、連姓にせよ、忌寸姓にせよ、片野という氏の名をもつ婦人は、一人も登場していない。『続日本紀』は、こと藤原氏関係の男女については甚だ敏感であるが、それは編者不明の巻第一～十七についても同様である。房前は、藤原氏の中でも大立者の一人であったから、その妻女であって従四位下を帯びた片野氏の夫人が、しかも幾度かの叙位を重ねて、遂に従四位下に昇叙されたような婦人の名が、一度も記載されていないというのは、甚だ奇妙である。これはむしろ、五位以上を帯びた肩野（片野）という氏名をもつ婦人はおらなかったこと、つまり清河の母は、片野朝臣ないし肩野連の氏姓ではなかったことを、ネガティヴに証明している。

三

この結果、考えうる唯一の途は、清河の母を女王とみることである。すなわち、『公卿補任』の『母　異母妹従四位下片野』を『母　異母妹従四位下片野女王』と想定する。これならば、三千代が美努王との間に生んだ異母妹としてこのような女王の存在を考えることも許されよう。しかし『続日本紀』には、片野女王という名は、従四位下を帯びた官女であったにも拘らず、全く記載されていない。そこでこれを解決するためには、次ぎに掲げる三つの考え方しかない。

(1)　従四位下・片野女王の名は、『続日本紀』の記載に漏れたとみなすこと、

(2)　『従四位下・片野女王』は、養老七年正月、この位階に叙されたが、その後、『続日本紀』から姿を消している『従四位下葛野女王』の誤りとみなすこと、

(3)　『従四位下片野女王』は、『従四位下美努王女片野女王』の誤った省略とみなすこと。

(1)は、『片野朝臣』ないし『片野連』について述べたと同様な理由から可能性が薄いで

あろう。『続日本紀』の第二、三次編修の主幹たる中納言・石川朝臣名足の祖父・石足と房前とは従兄弟であった。[4] 第四次の主幹の右大臣・藤原朝臣継縄の嫡母は、房前の娘であった。[5] また天平宝字年間から延暦の末年にかけて、中央貴族の間では、清河のことがいつも頭を離れなかったし、清河の実弟の魚名は、宝亀の末年から延暦元年にかけて左大臣の顕職にあった。その房前の本妻で、清河、魚名の母であり、かつ従四位下を帯びた女王を、たとい早く歿したとしても、全く載せなかったと考えることは、無理であろう。現に、房前の妾妻で第七子の楓麻呂を生んだ外従五位下・粟凡直若子のことは、何気ない形で記載されている。それ故、(1)は殆ど見込みがないと言えよう。

(3)について考えるためには、初めに『公卿補任』(天平勝宝六年条)が永手の母をどう記載しているかを見る必要がある。

母太宰帥浄広典《ママ》美乃王女。贈従二位牟漏女王。

ここでは『異母妹』といった語は記されていない。こうした点から推すと、初めは『従四位下美努王女。片野女王』と記されていたと想定することには無理がある。

最も可能性の大きいのは、(2)であろう。従四位下葛野女王は、『続日本紀』に見えるし、また彼女は従四位上までは進まなかった。恐らく彼女は、神亀年間に卒去したか、官女を辞したかのいずれかであろう。葛と肩とは書き様によっては紛わしいから、伝写の間に『葛野女王→肩野女王→片野女王→片野』といった誤りが生ずることは、あながち想定困

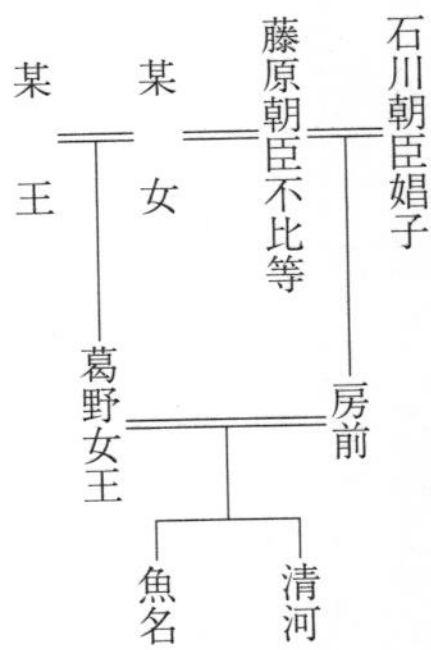

系図５　清河の母（想定）の位置

難ではないと思う。

しかしそれにしても、葛野女王を県犬養宿禰三千代の娘、従って牟漏女王（房前嫡室）の実妹とみなすことは躊躇される。それは、房前が嫡妻の実妹を本妻としたとすることが困難であるためではなく、永手と清河の母に関する『公卿補任』や『尊卑分脈』の記載法が相違しているからである。恐らく不比等には、上記三人の妻室のほかもう一人の妻があり、その婦人が先夫の某王との間に葛野女王を生んだのではなかろうか。洵に根拠の薄弱な推定ではあるけれども、そのようにみなすのが最も妥当と思われるのである。

藤原清河の生年や母に関する問題は、これまで永いあいだ不明のまま放置されていた。上来考証したように、清河は霊亀二年（七一六）頃の生まれであった。そして生母は、これに従四位下・葛野女王を擬する公算が最も大きいのである。

註

（1）『万葉集』巻第十九、第四二四一、四二四四番、参照。

（2）杉本直治郎『阿倍仲麻呂伝研究』（東京、昭和十五年）、二八八頁以下。
（3）角田文衞『不比等の娘たち』（本書所収）。
（4）同右、参照。
（5）『尊卑文脈』第二編、武智麻呂公孫。

藤原袁比良

一

藤原朝臣袁比良《おひら》の存在は、専門の歴史家の間ですら殆ど無視されているようである。しかし藤原仲麻呂政権の成立やその維持を考える場合、彼女が果したであろう役割は、大いにクローズ・アップされてよいと考える。

藤原仲麻呂の政権は、天平十七、八年頃からしだいに用意され、天平宝字元年（七五七）にいたって確立されたものである。仲麻呂の異常な昇進、そして彼が樹立した政権が光明皇后を背景としていたことは、あまりにも明白な事実であって、異論をさし挿む余地はないであろう。言うまでもなく仲麻呂は、光明皇后の甥にあたっている。しかし藤原氏関係でこの皇后の甥にあたる人物は多数いた。その中で、なに故に仲麻呂がとりわけ皇后の愛顧を蒙ったのであるか。問題は、ここにあると思う。もともと南家は、藤原氏の嫡流であった。従って武智麻呂の息子たちは、たとい凡庸であっても、参議ないし中納言にまで昇進することは、約束されていたといってよい。しかし、それにしても、仲麻呂の栄達と政権獲得は、異常な感を免れないのである。

聖武天皇は、仲麻呂の同母兄である豊成には眼をかけていたが、仲麻呂には、その出生によって当然与えらるべき以上の愛顧を垂れていたとは考えられない。豊成は、『天資弘厚にして、時望帰する攸《ところ》あり』(1)と評されたように、温厚な長者であって、藤原氏を代表するにふさわしい人物であった。仲麻呂の方は、性質が聡敏で、ほぼ書紀に渉り、算を学んでその術に精しかったと伝えられている。(2)その人柄からいって聖武天皇が仲麻呂よりも豊成を愛したことは肯けるところである。聖武天皇が愛したのは、藤原氏についていえば、豊成や、『度量弘深にして、公輔の才あり』(3)といわれた北家の八束(後に真楯)のような人物であった。現に天平二十年(七四八)という時点についてみると、豊成は大納言、仲麻呂は参議であった。また北家では、房前の三男である八束だけが参議として廟堂に列していた。聖武天皇の譲位は、天平勝宝元年(七四九)閏五月十日と推定される。(4)そして皇太子・阿倍内親王が大極殿において即位式をあげたのは、同年七月二日であった(『続紀』)。この日、仲麻呂は、中納言を経ずして大納言に任じられ(『公卿補任』)、八月十日(『公卿補任』によれば、七月十二日)には、紫微令の兼任を命じられている。このような疾風迅雷の如き栄達と、その後仲麻呂が獲得した目ざましい政治上の地位は、光明皇后と仲麻呂とだけの関係では理解しにくいのである。その間の隠微な事情は、皇后と仲麻呂との間に、藤原袁比良を置くことによって、はじめてすっきりと理解されるのではないかとおもう。

二

藤原房前は、同じ兄弟ではあっても、大伴旅人などと親しかった宇合とは人柄が違い、いかにも北家の伝統的性格をそなえた人物であったようである。『尊卑分脈』や『続日本紀』によると、房前には、少くとも三人の娘があった。一人は、天平宝字四年正月二十九日紀に、

従二位藤原夫人薨。贈正一位太政大臣房前之女也。

とある婦人である。彼女は、初めさる高級官人に嫁いでいたが、夫を亡くしていたようで、仲麻呂が淳仁天皇の後宮に夫人として彼女を納れたと想定される。他の二人の娘についてみると、聡明な房前は、一人（恐らく藤原駿河古）を武智麻呂の長男の豊成に、他の一人を同じく次男の仲麻呂に娶わせ、南家と北家との結束を固めている。しかし『尊卑分脈』には、

女子 大師仲麻呂室 参議訓儒丸母

とのみ記され、この娘の名は明らかにされていない。ところが『公卿補任』天平宝字六年の条には、新たに参議となった正四位上・藤原恵美朝臣真光について、『大師押勝二男。

母三木房前女正三位表比良姫』と記されている。参議の訓儒と同じく真光の兄弟が母を同じくしていたことは、『尊卑分脈』によっても証明される。

仲麻呂の側室には、従四位下・大伴宿禰犬養（右大弁讃岐守）の娘もおり、彼との間に刷雄（正五位下越前守）をもうけている。しかし仲麻呂の正室が房前の娘であり、彼女の名が表比良といったことは、右に述べた史料についてみれば、全く疑う余地がない。

天平宝字四年（七六〇）正月五日、上皇（孝謙）と天皇（淳仁）とは、そろって太師・藤原仲麻呂の第に行幸した。そして従三位・藤原朝臣袁比良に正三位を授けた（『続紀』）。ここでは、この婦人が仲麻呂の室とは明記されていないけれども、その時に昇叙された『正三位袁比良』が『公卿補任』の記する真光の母の『正三位表比良姫』と同一人物であることは、容易に推知される。

いまひとつの例をあげると、天平二十年（七四八）八月二十一日、聖武天皇は、散位従五位上・葛井連広成の宅に行幸して、群臣とともに宴を催したのち同家に宿泊し、翌二十二日には、広成とその室従五位下・県犬養宿禰八重に並びに正五位上を授けている（『続紀』）。どのような高級貴族の正妻であっても、家居して家事や育児だけに従事していたのでは、従五位下に叙されることは稀である。八重は、この時すでに、従五位下を帯びているのであるから、彼女が宮廷と関係があったことは、おのずから推測されるのである。いうまでもなくこの八重は、写経関係の文書にしばしば登場する『県犬甘命婦』、『犬甘命婦』のことである。⑤恐らく後宮における彼女の官職は、天平二十年頃は、命婦であったのであろう。

天平宝字四年（七六〇）正月における仲麻呂第の行幸の場合も、右の例に類似している。『室』とは明記されてはいなくとも、袁比良が仲麻呂の正妻であったことは、極めて明白である。それとともに問題となるのは、いかに権勢他に並ぶ者のいない仲麻呂の正室であるとはいえ、なにによって彼女は従三位という高位をすでに帯びていたか、ということである。これについて容易に思い泛ぶのは、彼女もまた前記の八重と同じく、内侍司の関係者ではなかったか、という想定なのである。これに関して興味深いのは、天平宝字六年六月二十三日紀にみえる左のような記事である。

尚蔵兼尚侍正三位藤原朝臣宇比良古薨。贈太政大臣房前之女也。

この婦人が『正三位』を帯び、『宇比良古』と呼ばれ、『房前の娘』である点で、天平宝字四年正月、正三位に昇叙された仲麻呂の正妻『袁比良』と同一の人物であることは、誰しもが推断に苦しまぬところであろう。

以上の考証が正鵠を射ているとすれば、仲麻呂の正妻は、尚蔵兼尚侍の正三位藤原朝臣袁比良とされねばならない。彼女の名が『表比良』または『宇比良』と記されているのは、伝写の際の誤りとみなされる。

ここで想起されるのは、淳仁天皇が天平宝字三年六月十六日に下した『宣命』である

（『続紀』所収）。この中で天皇は、太保の仲麻呂のことに触れ、『太保をばただに卿《まへつぎみ》とのみ念はず、朕《あ》が父と、また藤原のいらつめをば、ははとなも念ふ』と述べ、最大限の敬意を表されている。言うまでもなくこの『藤原の郎女』は、袁比良のことであり、彼女は仲麻呂の正室として、また後宮随一の権勢家として、天皇の深い敬意を受けていたのである。

表二　主要人物の年齢表

	武智麻呂	豊成	仲麻呂	房前	袁比良（推定）
七〇六（慶雲三年）	二七	三		二〇	
七〇七（慶雲四年）	二八	四	一	二一	
七一二（和銅五年）	三三	九	六	二六	一
七二四（神亀元年）	四五	二一	一八	三八	三
七二六（神亀三年）	四七	二三	二〇	四〇	一五
七三七（天平九年）	五八	三四	三一	五一	二六
七四九（勝宝元年）	―	四六	四三	―	三八
七五七（宝字元年）	―	五四	五一	―	四六
七六二（宝字六年）	―	五九	五六	―	五一
七六四（宝字八年）	―	六一	五八	―	―
七六五（神護二年）	―	六二	―	―	―

このように仲麻呂の妻が後宮随一の実力者であったとすれば、仲麻呂政権に関するこれまでの見方は、少からず訂正されねばならなくなるのである。しかしそれに触れる前に、この袁比良という婦人自身について、なお若干の考察を施しておくこととしたい。

後宮は内廷であるために、そこで行われた人事は、『続日本紀』などでは、省略されていることが多い。袁比良の場合もそうであって、わずかに彼女が天平二十一年(七四九)四月一日に正五位下を授けられ、同年九月十三日、従四位下に叙されたことが記載されているにすぎない。しかしこれだけから推しても、天平勝宝元年に、彼女に一身上の大変化があったことは、確実に窺知される。

いま仮に仲麻呂と袁比良の齢が五歳違っていたとすれば、彼女は天平勝宝元年には、三十八歳ということになる。この年の四月一日に、従五位上であった彼女は、一階進められて正五位下を、更に九月十三日には、従四位下を授けられた。この時代には、後宮職員の官位相当はまだ明確に規定されていなかった。しかし実例に徴すると、尚蔵、尚侍は三位の官、典侍は五位の官にほぼ相当していたようである。従ってここで、およそ見当がつくのは、袁比良はそれまで掌侍または典膳であったが、夫の仲麻呂の進出に応じて、その年の九月頃には、典侍に進んだのではないかということである。

内侍司は、天皇や皇后に侍して諸般の用務を弁ずる官司である。『後宮職員令』の内侍司の条には、尚侍の職掌として、『奏請』と『伝宣』を挙げている。尚侍は、天皇に常侍している官であるため、天皇に親近する機会が多かった。そこで尚侍は、天皇の意向を太政官その他に伝えたり、ある件について天皇に奏上し、天皇の答えを伝えたりする役目を自ら担うようになった。これが宣命体の『内侍宣』であるが、太政官の執政(大臣、大納言、中納言、参議)にとって、天皇と彼らとの間に介在する尚侍は、極めて重要な存在であった。後宮と府中との区別が、現実には截然としていなかった当時においては、太政官の首班者（左大臣ないし右大臣）が尚侍と特殊関係を保持することは、その政権を維持する要諦ですらあった。

当時の皇后は、光明皇后であった。聖武天皇の譲位後、皇后宮職は紫微中台へと発展したけれども、内侍司の方は依然としてそのまま存続し、皇太后の用務を弁じていたのである。まして孝謙天皇は女帝であったため、内侍司は、直接この女帝の身辺の用務をも果たすこととなり、尚侍は、後宮の大臣のような地位と化し、政治の裏面におけるその発言力は非常に強力となったのである。野心家の仲麻呂がこの重大な地位を看過するはずはなかった。しかし袁比良がいつ従三位に叙され、尚蔵兼尚侍に昇任したかについては、これを明らかにしうる史料は存していない。もしそれらが、仲麻呂の権力獲得に照応しているとすれば、この昇叙・昇任は、天平勝宝七、八歳の頃ではなかったかとおもう。

三

現在のところ、藤原袁比良について知られることは、殆ど叙上したところに尽きている。史料の欠如のため、これ以上どうにも仕方がないのである。しかし右の事柄を頭において、次ぎのような臆測を試みることは、許されそうな気がする。

(1) 袁比良は、凡庸な婦人であったとは考えられない。むしろ父の房前の性格を承け継ぎ、聡明で、権力意志もかなり強い婦人でなかったかとさえ推測される。仲麻呂も彼女も、権力獲得のために、祖父の不比等と県犬養宿禰三千代の夫妻がいかなる手段を講じたかを銘記していたはずである。聡敏な仲麻呂は、政権を獲得したり、一族の繁栄を招くためには、妻が後宮の有力な宮人となり、夫と呼吸をあわせて画策することが極めて有効であること、また伏魔殿のような後宮に妻女でも配しておかねば、安んじて廟堂に坐しておれないことを知悉していたに相違ない。

(2) 袁比良は、光明皇后の姪にあたっていた。また天平六年(七三四)には、夫が従五位下に叙されたため、外命婦となった。これら二つの関係を利用して彼女は、光明皇后に謁する機会をしばしばもとうと努力したことであろう。皇后は、ひとり仲麻呂ばかりでなく、藤原氏関係で多数の甥をもっていた。その中から特に仲麻呂を選んだのは、袁比良の口を通して仲麻呂の聡敏さと術策に勝れた性質を知ったためではなかろうか。そして皇后と仲麻呂とを結びつけたのは、ほかならぬこの袁比良ではなかったであろうか。恐らく皇后は、天平九年の疫病の後、藤原氏を再興するに足る挺は、仲麻呂以外にないと睨んだに違いない。

(3) 天平十五年頃、皇后にとって最も気懸りであったのは、安積親王の存在であり、また皇太子・阿倍内親王をいかにして皇位につけるかの問題であった。皇后の密命をうけてこの問題を解決しうる人物は、ひとり仲麻呂あるのみであった。しかしいかに叔母と甥の間柄であっても、皇后と参議の仲麻呂が私的に会見を重ねることはできないし、それは陰謀を進める上では、最も愚劣な策である。然も事は、極秘であることを要した。万一にも事が漏洩したりするならば、皇后の廃黜、藤原氏の失墜を将来することは必定である。従っていくら信頼しうる命婦や女孺であっても、このような陰謀の連絡役にするわけにはゆかない。最上の手段は、袁比良を掌侍ないし典膳として後宮に出仕せしめ、彼女を通じて皇后が仲麻呂と連絡をとることである。天平十五年と言えば、彼女は三十二、三歳であった。彼女は、すでに仲麻呂との間に、訓儒麻呂、真光の二児を儲けていた。後宮に出仕して困るような事情は、彼女の側にはなにひとつなかったであろう。むしろ県犬養三千代の先例を想い泛べ、仲麻呂も彼女も、この出仕を積極的に買って出たのではないかとおもう。掌侍として出仕したとしても、彼女の場合は、写経所と連絡したりする板野命婦などとは、使命を異にしていたはずである。

(4)　天平十六年閏正月、皇親や旧皇族たちが非常な望みを託していた安積親王が恭仁宮において急逝した。あたかもこの時、仲麻呂は恭仁宮の留守をしており、天皇は難波宮にあった。親王の急逝は、表面は脚気によるとなってはいるが、実は仲麻呂による暗殺であろうというのは、最近では大部分の学者がとっている見解である。仮にこの説を是認するならば、この暗殺は、刃物によるものではなく、毒薬によったものと推定される。然も仲麻呂自らが手を下して毒殺したとは考えられない。暗殺の委細は不明であるにしても、(典膳の?)袁比良がこの事件に重大な役割を演じたことは想像に難くない。

(5) その後、仲麻呂が一身の栄達を十分に考慮に入れながら、皇后と孝謙天皇の側に立って行った策謀や政策は、学界周知のことに属している。そのいずれの場合でも、重大かつ秘密な連絡は、仲麻呂の忠実な妻であり、権力意志の強い婦人である袁比良によって行われたのではないであろうか。

(6) 写経関係の古文書を見ると、(6) 仲麻呂が相当な蔵書家であり、写経所の経堂からも多数の経巻を借出していることが明らかである。どうもこれは、仲麻呂にはふさわしくない行為のような感じがする。むしろこれは、永く皇后の側近に侍してその感化をうけ、経論や写経への関心を深めた袁比良の意向によってなされたものではなかろうか。

(7) 袁比良は、単なる連絡者ではなく、仲麻呂のよき協力者、助言者であったと想定される。天平宝字六年(七六二)六月に彼女が逝去してから後の仲麻呂の挙動や政策には、常軌を逸したものが多いが、その重大な原因のひとつは、彼が袁比良という無二の助言者を喪ったことによるのではないか。天平宝字四年における光明皇后の他界は、仲麻呂政権に一大衝撃を与えた。これは学界の通説であるけれども、袁比良がもし健在であったならば、上皇と仲麻呂との離反は見られなかったのではなかろうか。道鏡が近江の保良宮において病臥した上皇の御薬《おんやく》に侍したのは、天平宝字六年四月のことであった。(7) その頃、袁比良もまた病床にあって保良宮には赴いていなかったと推察される。もしも尚蔵兼尚侍たる彼女、夫よりも聡明であったかもしれない彼女が上皇の側近にいたならば、道鏡のような危険な僧侶を上皇に近づけることはしなかったであろう。後宮における袁比良の腹心は、従四位下の典侍（?）・飯高公笠目であった。(8) 恐らく袁比良は、笠目より道鏡接近の報をきき、夫のため心を痛めながら世を去ったことであろう。

(8) 仲麻呂政権を強力に支持していた大物は、天平宝字八年六月に薨去した袁比良の兄弟（恐らく弟）の従三位参議兼授刀督・伊賀近江若狭按察使の藤原御楯であった。彼の室は、藤原恵美朝臣児従であった。(9) 多分この児従は、袁比良が生んだ仲麻呂の第一女であったのであろう。彼女は、政略的にこの娘を弟の妻（後妻?）としたようである。

(9) 当時の習慣として、仲麻呂も一人ないし二人の側室をおいていた。貴族の婦人として、彼女はこの問題にはほとんど神経を使わなかったとおもう。天平勝宝四年（七五二）四月九日、折も折大仏の開眼会があった日、孝謙天皇は東大寺から真直に仲麻呂の田村第に行幸し、ここを在所とされた（『続紀』）。天皇と仲麻呂との間にどのような関係が結ばれたかは、余りにも微妙なこととて捕捉しがたい。仮に肉体的な関係があったにしても、もはや齢四十を越えていたであろう彼女は、そのことをさほど気にしなかったに相違ない。むしろ彼女は、この配偶者の与えられぬ天皇を慰め、独占し、それによって左大臣の諸兄や右大臣の豊成に衝撃を与えたことに、無上の快感を覚えていたのではないか。袁比良は、そのような女性であったような気がする。

(10) 仲麻呂は、亡くなった息子の真従の未亡人―粟田朝臣諸姉―を大炊王に娶せ、二人を自分の田村第に引き取って住まわせた。彼の画策によって大炊王が即位して淳仁天皇になると、袁比良の姉妹の一人を夫人として後宮に納れた。天皇を徹底的に籠絡したのであるが、これなども袁比良の着想、協力によったもののように推察される。

なお天平宝字二年八月の『詔書草』に、粟田朝臣諸姉の下に記された従五位下・藤原朝臣影⑽は、この藤原夫人のことであろう。

以上、十項目にわたって述べたことは、数々の間隙を推理で埋めた臆説にすぎない。多くの仮定の上に立っている関係上、それは臆説としても、蓋然性の多くないものであると考えている。しかし全部が的はずれの推測とも思えないのである。ともかく、仲麻呂政権に関するこれまでの諸研究は、彼の正妻の袁比良を抜きにして行われていた。彼女が果した役割を低くみるか、高く評価するかは、個々の学者によって見解を異にする問題である。しかしそのいずれにしても、仲麻呂政権、ひいては奈良時代の政治史における彼女―藤原朝臣袁比良―の存在は、無視することができないであろう。

註

（1）天平神護元年十一月二十七日紀。
（2）天平宝字八年九月十八日紀。
（3）天平神護二年三月十二日紀。
（4）角田文衛『天平感宝元年聖武天皇勅書考証』（角田文衛著作集第三巻所収）。
（5）『日本古代人名辞典』第一巻（東京、昭和三十三年）、四九頁、参照。
（6）『大日本古文書』巻二、二七三頁、巻五、五二八～五二九頁、巻十七、一一頁、その他。
（7）堀池春峰『道鏡私考』（『南都仏教史の研究』下巻、諸寺篇所収、京都、昭和五十七年）。
（8）天平宝字四年正月五日紀によって、袁比良と笠目との関係が推知される。なお、笠目については、前掲『日本古代人名辞典』第一巻、一五三～一五四頁、参照。
（9）天平宝字五年八月十二日紀。
（10）『大日本古文書』巻四、二八三頁。

氷上陽侯

一

これまで藤原仲麻呂の政権や『恵美押勝の乱』に触れた論文は数多く発表されているが、そのどれひとつとして氷上陽侯を採り上げていないのは、想えば不思議なことである。それというのも、結局、この人物が『続日本紀』において素気なく取扱われているためかも知れない。

氷上陽侯、正しくは氷上真人陽侯《ひかみのまひとやこ》は、変った名をもった女性である。これが婦人であったことは、『続日本紀』(1)における記載法からして明白であって、彼女の名は、いつも婦人の交名の中に見出される。

彼女が天平宝字六年までどういう経歴をとっていたかは、殆ど不明である。というのは、『続日本紀』の同年正月四日条に彼女は始めてその名をあらわしているからである。すなわち彼女は、この日、従四位上から正四位下に昇叙されている。しかし彼女がいつ従四位上に叙されたか、或いはいつ官女に任命されたかなどは、全く記載されていないのである。但し、彼女の度々の叙位が官女というその地位によっていることは、同書、天平宝字七年（七六三）条に見える左の記事によって疑う余地がない。

七年、春正月甲辰朔、大極殿に御して朝を受けたまふ。文武百寮、及び高麗の蕃客、各々儀に依りて拝賀す。事畢りて、命婦正四位下氷上真人陽侯に正四位上を授けたまふ。

単に正四位上に叙されたのではなく、元旦に天皇自らが大極殿において位記を授けられたのであるから、彼女が天皇の信任の篤い重要な人物であることは、贅言するまでもなくして明らかである。更に翌年正月十三日、彼女は従三位という高位に叙されている。いったい氷上陽侯とは、いかなる女性であったのであろうか。

『新撰姓氏録』（左京皇別）には、

氷上真人、謚天武皇子一品大摠管新田部王より出づ。続日本紀に合へり。

と見える。しかし敢えてこの書から引用するまでもなく、これは天平宝字元年八月三日、塩焼王が臣籍に下る時に賜わった氏姓なのである。(2) この氏姓は、塩焼王とその子女にだけ賜わったものであるから、陽侯は塩焼王の姉や妹ではありえず、明らかに娘でなければならない。それは同時に、彼女が天平宝字元年八月三日まで女王であった事実を意味している。

この観点から更めて『続日本紀』を見直してみると、天平十一年（七三九）正月十三日、無位より従四位下に叙された陽胡女王が注意に上るのであって、それが後の氷上陽胡と同一人物であることが自ら推断される。この女王は、『陽侯王』という名で、また天平宝字五年十月十一日紀に現れている。この『陽侯王』が『陽侯女王』であることは、婦人の交名の中に見出されるその記載法によって明らかである。この日、淳仁天皇は、近江国の保良宮の地に居を遷すため、次ぎのような人びとに料稲を賜わった。

百万束	大師藤原恵美朝臣押勝	十万束	二品井上内親王
十万束	三品船親王	四万束	四品飛鳥田内親王
十万束	三品池田親王	四万束	正三位県犬養宿禰広刀自
四万束	正三位石川朝臣年足	四万束	粟田女王
四万束	正三位文室真人浄三	四万束	陽侯女王

右のうち、船・池田両親王および飛鳥田内親王は、淳仁天皇の兄弟姉妹であるが、多分天皇と同母に出た王子女と推定される。広刀自は、言うまでもなく聖武天皇の夫人であり、井上・不破両内親王の生母であった。

粟田女王は、早く養老七年（七二三）正月、従四位下に叙され、爾後累進して天平宝字五年（七六一）六月、従三位から正三位に昇叙された官女であった(3)。同じ時に正四位上から従三位に叙された小長谷女王は刑部親王の王女であり、尚膳であったと考えられるから(4)、粟田女王は尚侍の地位にあった婦人と推測される。陽侯女王は、恐らく典蔵ないし典侍として保良宮への遷居を命じられたのであろう。

氷上真人陽侯の前身が陽侯女王であったことは、以上によって殆ど疑いがないのである。陽侯女王という名は、彼女の乳母の氏姓が陽侯史ないし陽侯忌寸であったことに由来しているのであって、臣籍に降った際、『女王』の字が削除されたため、婦人としては奇妙な『陽侯《やこ》』という名を帯びるにいたった。彼女は、父の塩焼王と一緒に臣籍に降ったのではなかった。彼女が氷上真人を賜わったのは、料稲を授けられた天平宝字五年十月十一日か

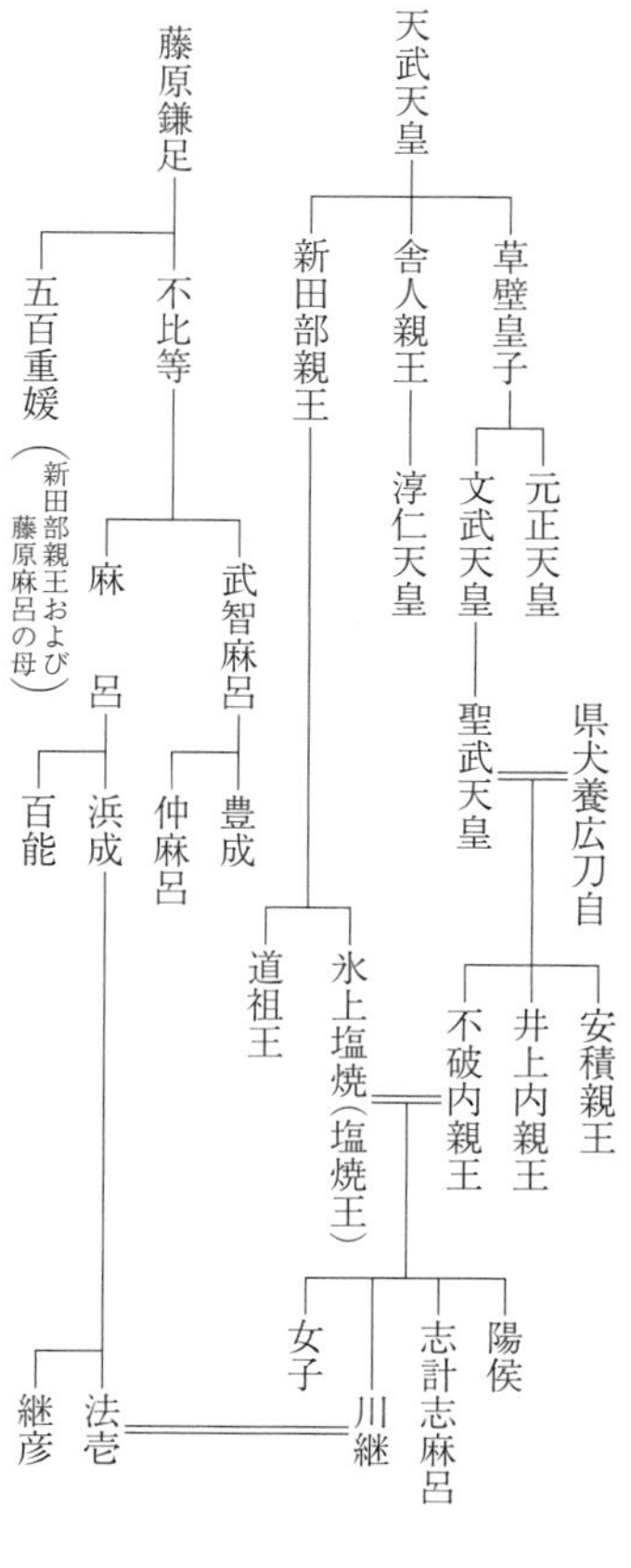

系図6　氷上塩焼とその家族

ら正四位下に叙された翌六年正月四日までの間のこととされる。

周知のように、塩焼王の室は、聖武天皇の皇女で、前記の広刀自が生んだ不破内親王であった。『続日本紀』は、神護景雲三年（七六九）五月二十五日条に、氷上真人志計志麻呂は、塩焼王と不破内親王の子である旨を記しているし、また延暦元年（七八二）閏正月十四日条に、氷上真人川継もやはり塩焼王と不破内親王の子であり、彼には同母の姉妹のあったことを述べている。氷上陽侯が川継のこの姉に該当することは、まず疑いがないであろう。

不破内親王は、天平宝字六年十月十四日紀の記載順序からみても、井上内親王の妹であったと推定される。『水鏡』（巻下）によると、井上内親王は、養老元年（七一七）の生まれであった。その妹の不破内親王は、恐らく養老三、四年の生まれであったことであろう。この内親王が生んだ陽侯女王は、天平十一年正月、従四位下に叙されたが、それは女王が六歳位で着裳の式をあげた時のことであったと推定される。これよりすれば、不破内親王は、天平六年（七三四）頃十六歳位で陽侯を生んだこととなる。恐らくこれは、無理な推定ではあるまい。

いま陽侯の生年を天平六年と仮定すれば、天平宝字五年（七六一）には、彼女の齢は二十八歳であった。彼女が官女として翌年正月、正四位下に叙されたとしても、それは不自然な年齢ではなかった。

二

『続日本紀』によると、孝謙天皇は、天平宝字元年三月二十日、皇太子・道祖王《ふなどの》を廃し、翌四月四日、群臣を召して誰を皇嗣とすべきかについて意見を徴された。この時、右大臣の豊成と中務卿の永手とは、道祖王の兄の塩焼王を立つべきことを申し述べた。また摂津大夫の文室真人珍努らは、池田王を立つべきことを献言した。大納言の仲麻呂は、『ただ天意のままに択び給へ』と述べたが、無論、これは天皇と仲麻呂が打った芝居であり、二人の間では大炊王（淳仁天皇）の皇太子冊立が夙に予定されていたのであった。

塩焼王は、反抗的性格のもち主であったらしい。『橘奈良麻呂の変』には直接参画しなかったけれども、皇嗣の選定に際して豊成らに支持された点からすれば、大納言の仲麻呂の一派には属していなかったようである。その彼がどうして、またいつ仲麻呂に接近したかは、甚だ興味ある問題と思われる。

いま敢えて臆測を試みるならば、孝謙天皇は、廃太子・道祖王の兄、不破内親王の夫であり、かつ反抗的性質を帯びた塩焼王を警戒し、天平宝字元年（七五七）八月、彼を無理に臣籍に降し、皇位に対する望みを捨てさせられたもののようであり、これが塩焼王に天皇に対する怨恨を抱かせたのではあるまいか。従って天平宝字五年、孝謙上皇と淳仁天皇や仲麻呂との仲が決定的に疎隔した時、彼は決然として仲麻呂側についたものと思料される。それにもうひとつの理由は、井上・不破両内親王、つまり異母姉妹に向けられた孝謙上皇の憎悪が、彼に上皇に対する敵愾心を起こさせたことに求められるであろう。

その時期や理由はどうであれ、氷上塩焼が仲麻呂の与党となったことは、周知の事実である。その結果、彼は『恵美押勝の乱』の渦中に捲き込まれ、近江国高嶋郡の勝野の鬼江で斬られることとなった。

氷上真人塩焼は、天平宝字五年、仲麻呂側（天皇側）につき、そのため翌年正月四日には、藤原恵美朝臣真光（仲麻呂の子）と共に、参議に抜擢された。その同じ日に氷上真人陽侯が従四位下より正四位下に昇叙されたことは、決して偶然の一致ではない。

同じ天平宝字六年十二月一日、塩焼は、従三位・白壁王、従三位・藤原朝臣真楯の二人と一緒に、中納言に昇進した。これらのうち、白壁王はその室・井上内親王の関係から好餌を与えられ、仲麻呂側に誘われたのであろう。また真楯の場合は、仲麻呂側への対抗馬として、上皇側からその中納言昇進が要請されたものと解される(5)。

氷上陽侯の方は、同七年の元旦、特別に正四位上を授けられ、翌年正月十三日には、従三位に叙された。恐らく彼女は、この時、三十一歳ほどであったのであろう。

前記のように、陽侯女王は、天平十一年正月、従四位下に叙された。この叙位は、彼女が今上（聖武天皇）の皇孫である以上、洵に当然のことであった。爾来、天平宝字六年正月に至るまでの二十三年間、彼女は従四位の階にとどまっていた。彼女が従四位上に昇叙されたのすら天平宝字五年ではなかったかと想定される。こうした位階上の停滞は、陽侯が永いあいだ家居していた事実を示唆している。その間、彼女は多分結婚したに相違ないが、今日ではその相手の名を明らかにすることは出来ない。

天平宝字五年、上皇と天皇とが不仲となり、塩焼が仲麻呂側に走った後、仲麻呂は塩焼と諮った上で、陽侯の起用を決め、官女として彼女を淳仁天皇の後宮に仕えさせたのであろう。彼女に与えられた地位がなんであったかは不明である。ただ従四位という位階を考慮すると、典侍に補されたのではないかと臆測される。

天平宝字六年六月二十三日には、仲麻呂の正室で、その片腕となっていた尚蔵兼尚侍正三位・藤原朝臣袁比良（房前の娘）が薨去した。この補欠人事がどのように行われたかは委かでない。恐らく最古参の正三位・粟田女王が尚蔵に、陽侯が尚侍に昇格したのではなかろうか。天平宝字七年と八年の正月に行われた陽侯に対する特別な叙位は、彼女が尚侍といった重要な地位に任命されていたことを暗示している。

奈良時代における後宮の政治的重要性は、後世と較べものにならぬほど顕著であった。従って政権を獲得し、維持するためには、後宮の諸司の重要ポストに腹心の官女を配することが絶対に必要であった。淳仁天皇の即位いらい、後宮の官女たちは、上皇の方と天皇の方に二分されたが、仲麻呂は、機密の漏洩を防ぎ、また天皇と意志の疎通を図る上でも、

気心の知れた婦人をなるべく天皇の後宮に入れ、これを固めておく必要を覚えていたこと
であろう。藤原朝臣御楯に嫁した彼の娘・児従も、天皇の後宮に仕えていたに相違ない。[6]
また彼が氷上陽侯を高級官女に起用した理由もそこにあったと推測される。

三

淳仁天皇の後宮において、高級官女としての氷上陽侯がどのような政治的役割を演じたかは、具体的にこれを窺知することは出来ない。しかし袁比良が薨去した後、氷上陽侯は天皇と仲麻呂や塩焼などとの間に立ち、両者の関係を円滑ならしめる上で、寄与するところが大きかったであろう。恐らく仲麻呂の勢威は、裏面における袁比良や陽侯のそうした尽力に負うところが甚大であったと思考される。

天平宝字八年（七六四）九月の『恵美押勝の乱』に際して、陽侯がいかなる行動をとったかは、もとより明瞭ではない。彼女の弟・志計志麻呂は、父・塩焼に従って近江に走り、最後に捕えられたけれども、生母が不破内親王であるため、罪を免れたという。[7] 想うに陽侯の方は、淳仁天皇の側近にあって中宮院にとどまり、天皇の廃位とともに解官されたのであろう。そして彼女は、弟や妹たちと一緒に生母・不破内親王の邸宅にあって謹慎、蟄居していたに違いない。不破内親王の方も、内親王の名を削られていたが、神護景雲三年

（七六九）五月になると、称徳天皇を呪詛したという理由から厨《くりやの》真人厨女という姓名に改められ、京外に追放された。(8) 陽侯以下の子女たちも、恐らく母に従ったことであろう。

宝亀四年（七七三）正月になって、光仁天皇（白壁王）は、厨真人厨女を不破内親王に復し、本位四品を授けられた。これは一面、非業の死をとげた廃后・井上内親王の怨霊を慰める意味もあったであろう。また称徳天皇に対して批判的であった光仁天皇は、不破内親王にいくぶん同情の念すら抱かれていたかもしれぬ。

光仁天皇の厚意によって、不破内親王は二品を授けられたし、(9) 次男の川継は、宝亀十年正月、従五位下に叙され、氷上の一族は、漸く愁眉を開いたことと思われる。

ところが、延暦元年（七八二）閏正月紀によると、因幡守従五位下・氷上真人川継は、謀反を企て、事が発覚して逃亡したが、間もなく捕えられてしまった。謀反の計画などは『続日本紀』に記載されているけれども、どこまで信用しうるものか、甚だ疑問である。

いずれにしても、大伴家持まで捲き添えにしたこの『氷上川継の変』によって、不破内親王と川継の『姉妹』は淡路国に、川継は伊豆国に流された。川継の妻・藤原朝臣法壹は参議・浜成の娘であったため、この事件はまた藤原氏の京家の失勢を招いた。

問題は、右に記した川継の『姉妹』のことである。そのうち姉の方は、陽侯とみなして差支えないと思われる。とすれば、陽侯は、四十九歳位でまたまた廃謫の憂き目をみた訳である。その出生からして彼女はいつも政治の渦中に投じられ、不幸な宿命に悲泣せねばならなかった。

延暦十四年十二月、不破内親王は、淡路国から和泉国に遷された(10)。それ以後、消息が絶えていることから推すと、内親王はその後間もなく和泉国で薨じられたのであろう。延暦十四年において、内親王は七十七歳ほどであった。

延暦二十四年三月、川継は罪を免じられ、大同元年(八〇六)三月、本位従五位下に復され、官界に返り咲いた。陽侯やその妹がまだ存命していたならば、彼女らは延暦二十四年に入京した筈であるが、その辺の事情は全く不明である。

聖武天皇の皇孫に生まれながら、否、それ故にこそ、氷上真人陽侯の生涯は、奈良朝の激しい政争の犠牲に供された不幸な女の一生であった。

註
(1) 天平宝字五年十月十一日紀、同六年正月四日紀。
(2) 『公卿補任』天平宝字二年条。
(3) 『万葉集』巻第十八、第四〇六〇番、参照。
(4) 神護景雲元年正月八日紀。
(5) 天平神護二年三月十二日紀、参照。

(6) 天平宝字五年八月十二日紀。
(7) 神護景雲三年五月二十五日紀。
(8) 同年同月二十五日、二十九日紀。
(9) 天応元年十一月二十日紀。
(10) 『日本紀略』延暦十四年十二月二十日条。

藤原人数の素姓

『六国史』を読んでいつも痛感するのは、後世の記録や史書とは異って、実に多くの婦人がそこに登場していることである。それと共にもどかしさを覚えるのは、大部分の婦人がその素姓なり、官名などが記載されておらず、それがどういう人物なのかよく分からぬことである。

例えば、『続日本紀』天平勝宝元年（七四九）四月一日条には、従四位上・藤原朝臣吉日《よしひ》を従三位に叙した記事が見える。従三位と言えば中納言に相当する高位である。かような高位に叙された人物ならいろいろ活躍している筈であるから必ずやその事績は『続日本紀』に頻出しているであろうと思うのが常識である。しかし事実は期待に反し、天平九年（七三七）二月十四日、無位より従五位下に叙され、また同十一年正月十三日、正五位下に昇叙されたことが記されているだけであって、どのような人物なのかは一切誌されていないのである。

この『吉日』が必ず婦人であることは、同時に叙位された婦人たちの交名の中に、その名が見出されることからして明白である。しかし彼女がいかなる婦人であったかについて、『続日本紀』は冷やかに沈黙を守っているのである。幸いにもこの吉日の場合には、『続日本紀』その他の史料をある角度から分析すれば、彼女が不比等の娘で、左大臣・橘諸兄の室であったことが判明するのである。(1) ひとり吉日ばかりでなく、『続日本紀』には単純に読めば全く分からないが、史料をよく吟味すれば、その素姓も自ら明らかとなるような婦人の名がしばしば現れてくるのである。以下に考証を加えようとする藤原人数なども、まさにそうした部類にはいる女性なのである。

ところで、『藤原朝臣人数《ひとかず》』というのは、迂闊に字面だけから判断すると、男子の名のように見える。しかしこの名は、いつも女叙位の交名中に見出されるから、明らかに女性を表しているのである。この素姓不明の婦人は、『続日本紀』と『日本後紀』によれば、左のように叙位されている。

(1) 天平宝字七年正月九日(七六三) 定例女叙位により無位より従五位下に昇叙。
(2) 宝亀二年十一月廿八日(七七一) 須岐《すき》厨《の》に奉仕せる故をもって従五位上に昇叙。
(3) 宝亀八年正月十日(七七七) 定例の女叙位により正五位上に昇叙。
(4) 天応元年五月十五日(七八一) この日、彼女のみ臨時叙位ありて、従四位下に叙さる(理由は不明)。
(5) 延暦四年正月九日(七八五) 定例の女叙位により従四位上に叙さる。

(6)　大同四年八月五日（八〇九）　散事従三位にて薨去。

段階的に永年に亙って叙位されている点からみて、彼女が官女であることは全く疑いがない。特に、『紀略』に『散事』と記されているのは、大同三、四年頃、彼女が老齢のためであろうが、官を退いていたこと、つまり以前は官女であったことを証示している。

次ぎに官女で従三位に叙されたというのは、彼女が尚侍、尚蔵ないし尚縫であったか、よほど古参の典侍か典蔵であったことを意味している。ところが尚蔵、尚侍ないし典侍といった後宮諸司の高級官女は、太政官の有力な執政の妻室または皇后や夫人の生母などが任じられる定めであった。女孺や采女から昇進した官女や普通の官人の妻室で宮仕えに上った官女の極官は、典侍または典蔵であった。それで人数の場合も、彼女がそのいずれかであったかがまず明らかにされねばならぬのである。

天応元年（七八一）五月十五日、藤原人数はただひとりだけ、突然従四位下を授けられた。その理由は明記されていないが、これを太政官における人事に対応させて考えると、この年の正月、内大臣の藤原魚名が正二位に叙され、六月には右大臣を経ずに左大臣に任じられたことが注目される。魚名の嫡妻は、宇合の娘であるから、藤原姓であった。時に魚名は六十歳であったが、もし人数が魚名の嫡室として鷹取、鷲取、末茂の諸子を産んだとすれば、これらの人びとの年齢からみても、彼女は当時、五十歳を優に越えていた筈である。その彼女が大同四年（八〇九）まで生きたとは考えられぬから、彼女を魚名の妻室

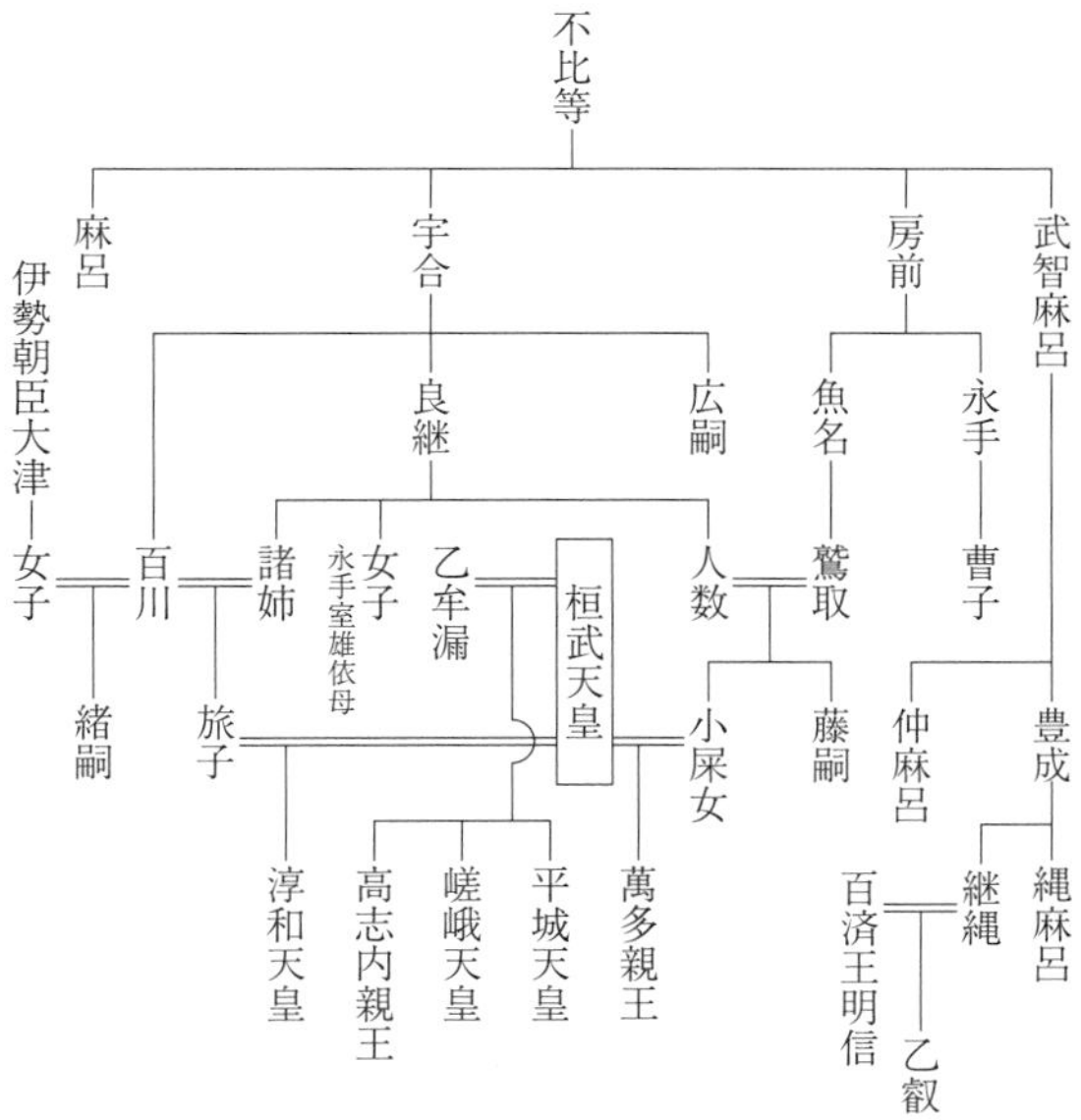

系図7　藤原氏式家を中心とする婚姻関係

と認めることは、全く無理というべきである。

　魚名は、孫娘の小屎女を桓武天皇の後宮に入れた。そして生まれたのが有名な萬多親王であった。(2)小屎女の父の鷲取は、中務大輔にまで昇進したが、宝亀十、十一年頃、卒去していたらしい。(3)一方、魚名は、延暦元年六月に失脚したから、小屎女の入内は、それ以前、すなわち、天応元年頃であったと推測される。それは魚名が最も勢力のある時分であった。鷲取の嫡室は、参議・藤嗣の母となった人で、内大臣・良継の娘であった。(4)右の諸事実を勘案して下される最も無理のない推定は、鷲取の未亡人で小屎女の母であった婦人を藤原人数に同定することである。もしこの推定が正しいとすれば、天応元年五月における人数の唐突な叙位は、娘の入内に伴う余慶に預かった結果と理解することが出来る。

幸いにこの推定が妥当であるならば、人数は良継の娘であり、諸姉の姉妹ということになる。諸姉は良継の娘で百川の室となった婦人であるし、その姉妹の乙牟漏は、後に皇后となった人であった。魚名一族の失脚にも拘らず人数が依然として後宮に地位を保ち続けたのは、以上のような諸関係によるものであろう。

人数と姉妹とは言っても、諸姉の方は、妹ではなかったかと思える。彼女も早くから官女として出仕し、(5)累進して尚縫に任じられ、延暦五年（七八六）六月に薨去したのであった。(6)諸姉の娘の旅子と桓武天皇との間に淳和天皇が生まれたことは、周知の通りである。

藤原人数の素性は、凡そ叙上のようであったと推測される。これをほぼ明らかにしえたことは、八世紀末葉の政治史を解明する上で稗益なしとしないが、それとともに、『六国史』に登場する多くの婦人有位者の中から官女を選び出し、更にその出自を究めるという研究操作の上で、右の考証はひとつの範例を示すものと言える。

註

（1）角田文衞『不比等の娘たち』（本書所収）。
（2）『本朝皇胤紹運録』、『日本紀略』天長七年四月二十一日条。
（3）延暦元年六月、魚名失脚の際に息子たちも連坐したが、鷲取の名が『続日本紀』に挙げられていないのは、それまでに彼が病歿したためと考えられる。
（4）『尊卑分脈』第二編、魚名公孫。
（5）神護景雲三年十月三十日紀。
（6）延暦五年六月二十九日紀。

藤原朝臣家子

『続日本紀』は、宝亀五年（七七四）の七月二十一日、尚膳従三位・藤原朝臣家子《やかこ》が薨去したこと、天皇は使を遣してこれを弔賻し、正三位を贈られたことを伝えている。

奈良時代にあっては、後宮十二司のうちでも、蔵司、内侍司、膳司、縫司などの長官は、女孺や采女などから昇進した普通の官女が任命される地位ではなかった。それが昇任であれ、推任（初任）であれ、これらの地位に補されるのは、決まって高官の妻か、夫人の生母といった婦人たちであった。そこで尚膳の家子も、単なる官女ではなく、誰か高官の妻であったか、或いは光仁天皇の夫人の母であったか、そのいずれかであったことが推量されるのである。

いま『続日本紀』についてみると、家子の位階は、次ぎのように進められている。

(1) 天平勝宝元年四月一日（七四九）　無位より従五位下に叙さる。
(2) 天平勝宝二年八月五日（七五〇）　正五位上に叙さる。
(3) 天平宝字五年十二月八日（七六一）　従四位下に叙さる。

(4) 神護景雲元年正月十八日（七六七） 正四位下に叙さる。
(5) 神護景雲二年十月十五日（七六八） 正四位上に叙さる。
(6) 宝亀二年正月二日（七七一） 従三位に叙さる。

ひとり『続日本紀』ばかりでなく、奈良時代のどのような史料をみても、家子に関するわれわれの知識は、右に尽きている。ただひとつ明確なのは、家子の尚膳任命が神護景雲元年（七六七）正月八日の直後であったことである。何故ならば、この日に、尚膳の従三位・小長谷女王（刑部親王の娘）が薨じ、尚膳の地位が欠員となったからである。

ところで、天平勝宝元年四月一日の佳日に家子と一緒に叙位された藤原氏の婦人は、左の通りである。

A (1)藤原吉日（従三位）
B (2)藤原袁比良（正五位下） (3)藤原駿河古（正五位下）
C (4)藤原百能（従五位下） (5)藤原弟兄子（従五位下） (6)藤原家子（従五位下）

A(1)の吉日は、別に考察したように①、不比等の娘で、橘諸兄の妻であった婦人に同定される。また天平勝宝元年という年代を考えると、(2)〜(6)の五人の婦人はすべて武智麻呂、房前、宇合、麻呂の四兄弟の娘とされねばならない②。そのうち、(2)は、房前の娘で仲麻呂の正妻となった婦人③、(4)は麻呂の娘で豊成の室となった婦人である④。父親の名がさだかでないのは、(3)の駿河古、(5)の弟兄子、(6)の家子の三人である。

これら三人の女性のうち、まず見当がつくのは、駿河古である。『尊卑分脈』（第一編、摂家相続孫）は、房前の娘として上のように二人を掲げている。二人のうち、仲麻呂の室となったのは、前記の袁比良である。中納言・縄麻呂の母が房前の娘であったことは、『尊卑分脈』

房前
- 女子（左大臣豊成室　母　中納言縄丸母）
- 女子（太師仲麿室　母　参議訓儒丸母）

系図8　房前の二人の娘

の別条（第二編、武智麻呂公孫）や『公卿補任』（天平宝字八年条）にも見え、疑いのないところである。この縄麻呂は、宝亀十年十二月、五十一歳で薨去しているから天平元年（七二九）の生まれと逆算される。つまり房前の娘は、神亀五年（七二八）頃には豊成に嫁していたことが分かる。彼女はその頃、若くみても、十七、八歳であったと思量される。一方、不比等の第三男の宇合は、神亀五年にはまだ三十三歳であったから、[5] 彼や第四男の麻呂に娘がいたとしても、彼女たちはこの房前の娘とは、かなり年齢の開きがあったとみねばならない。

　ところが『続日本紀』によると、駿河古は袁比良と同格であって、つとに従五位上の位を帯びており、天平勝宝元年に始めて従五位下に叙された百能、弟兄子、家子らとはかなり齢の開きがあったことが推測される。換言すれば、駿河古は袁比良とほぼ同じ年齢で、武智麻呂または房前の娘でなければならぬことが自ら判明するのである。ところが武智麻呂には、夭折した女子はあったかも知れないが、成人したのは聖武天皇の夫人となった娘

のほかはいなかったらしいから、どうしても駿河古は房前の娘、袁比良の姉妹（恐らく姉[6]）と認めねばならぬ。とすれば、駿河古をもって豊成の室で縄麻呂の母とみなすのが至当とされよう。

豊成の妻となって良因、継縄、乙縄の三子を生んだのは、路真人虫麻呂の娘であり、彼女は豊成の最初の妻であった[7]。豊成は、神亀の末年に駿河古を迎え、縄麻呂を生ませた。ところが、豊成の室として最も著名なのは、前記の百能である。百能は、後に尚侍従二位に進み、延暦元年（七八二）四月に六十三歳で薨じたから、彼女は養老四年（七二〇）の生まれであり、従五位下に叙された天平勝宝元年（七四九）には、三十歳であった訳である。もし駿河古が天平元年に二十歳であったと仮定すれば、天平勝宝元年には四十歳ということになる。恐らく駿河古は、天平勝宝年間に卒し、百能が豊成の継室

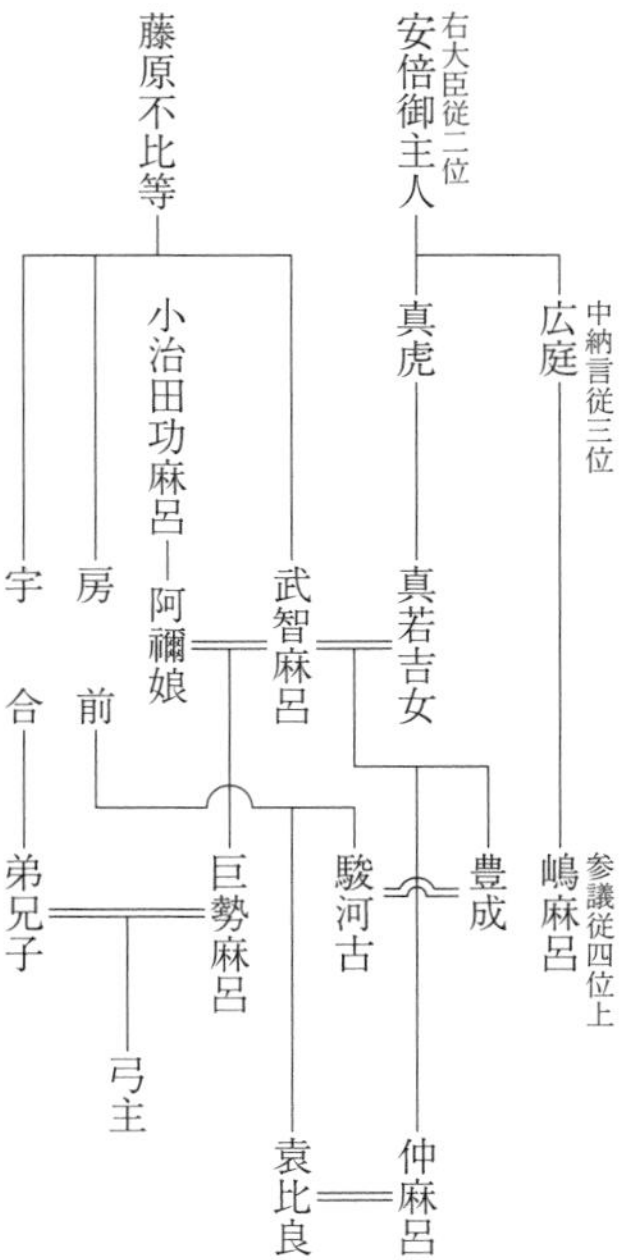

系図9　武智麻呂兄弟の子女たちの相互関係

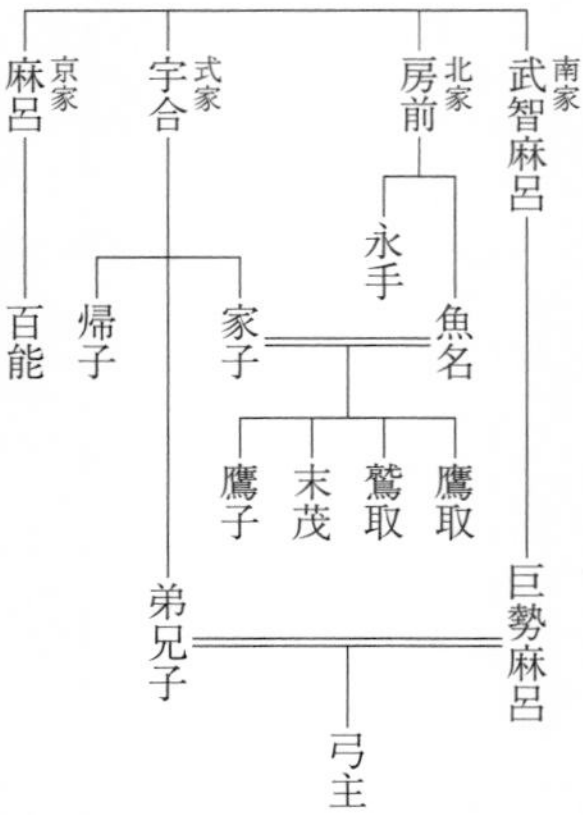

系図10　宇合の娘たちの婚姻関係

となったのであろう。

残る二人は、弟兄子と家子である。いま前に掲げた家子の履歴を吟味してみると、彼女は神護景雲元年（七六七）正月、従四位下より越階して正四位下に叙されているのみならず、この時分に尚膳に任じられ、更に宝亀二年（七七一）正月には従三位に昇叙されている。これは彼女が、天平神護元年から宝亀二年頃までの期間、執政として太政官にあった執政のうちの誰かの妻であったことを示唆していると言えよう。然もこの高官は、不比等の四人の息子たちの娘を妻としている人でなければならない。

いま当時の執政の個々について調べ、右の条件にかなう人物を物色してみると、忽ち泛び上るのは、宝亀二年三月、参議から一躍して大納言に任じられた魚名である。『尊卑分脈』（第二編、魚名公孫）に、

魚名―鷹取　正四位下　左京大夫　母式部卿宇合卿女

とあるように、魚名の室は、宇合の娘であった。従って確証はないけれども、藤原家子は魚名の妻となった宇合の娘に比定される。とすれば彼女は、良継や百川の姉妹ということ

になり、式家の勢力の強かった当時、尚膳従三位にまで進んだ理由もよく分かってくる。家子と百能は、同年輩であったと考えられるが、天平勝宝元年において百能は三十歳であった。同じ年、魚名は二十九歳であったから[8]、家子と魚名との組合せは、年齢的にみて無理がない。

『尊卑分脈』（第二編、魚名公孫）は、魚名と宇合の娘との間に生まれた子として、鷹取、鷲取、末茂の三人の名を伝えている。また延暦五年（七八六）正月、従五位下に叙された藤原鷹子（『続紀』）も、恐らく二人の間に生まれた娘なのであろう。更に北家の小黒麻呂の室となった魚名の娘が想起される[9]。この婦人と鷹子とは同一人でなかったかとも思われる。しかし何等の手掛りもないので、これは単なる臆測にとどまる。

家子は、多分、宇合の娘、良継や百川の姉妹、魚名の室であったのであろう。宝亀三年の廃后廃太子の陰謀に尚膳としての家子がどれほど参与したかは詳かでないけれども、恐らく無関係ではなかったろうと思われる。

なおついでながら、前記の弟兄子は、宇合の娘で、巨勢麻呂の室となった婦人[10]に同定される。この人は、天平勝宝年間に病死したらしい。もし宮仕えを引続き勤めていたならば、巨勢麻呂の勢が盛んであった天平宝字年間には、相当の高位に叙されていた筈であるが、彼女の名は、『続日本紀』には、一度しか現れて来ない。なお、宇合には、従五位下に叙された帰子という娘があったらしい[11]。この婦人については面倒な考証が要るので、ここでは論及しないこととする。
勃興期の藤原氏の間には、豊成と仲麻呂というように、若干の内訌もあった。しかし婚姻関係からみると、そこには求心的傾向が強く、近親結婚によって一族の強化と結束を図ろうとした意向が顕著である。勢力のある古来の名門貴族を排して政界を壟断しようともくろんでいた当時の藤原氏にとっては、近親結婚もまた止むをえなかったのであろう。

註

（1）角田文衞『不比等の娘たち』（本書所収）。
（2）なぜならば、文武天皇二年八月いらい、藤原朝臣の姓は、不比等と彼の男系の子孫に限られており（『続紀』）、天平勝宝年間には、藤原朝臣姓の婦人は、不比等の娘か、不比等の四人の息子の娘か、例外的に不比等の娘の長娥子が長屋王との間に儲けた娘に限定されていたからである。また（1）に掲げた論文で考証したように、不比等の娘五人の名は判明しているから、ここに掲げた袁比良以下五人の婦人は、不比等の四人の息子たちの娘と認めねばならない。長屋王の娘たちの名は、藤原教勝と同教貴の二人である。
（3）角田文衞『藤原袁比良』（本書所収）。
（4）延暦元年四月十七日紀。
（5）『公卿補任』天平九年条によると、宇合はこの年、四十四歳で薨去した。

(6) この場合、駿河古が姉で豊成に、豊成の弟の仲麻呂に妹の袁比良が嫁いだものと推測される。『公卿補任』も、このような順序をとって記載している。

(7) 二男の継縄は、延暦十五年に七十歳で薨去しているから(延暦十五年七月十六日紀)、天平元年の生まれである。『続日本紀』は、縄麻呂(やはり天平元年生まれ)を第四男、乙縄を第三男としているが、これは誤りであって縄麻呂が三男、乙縄が四男であったと思考される。

(8) 魚名は、延暦二年、六十三歳で薨去している。同年七月二十五日紀、参照。

(9) 『尊卑分脈』第一編、摂家相続孫。

(10) 同右、第二編、武智麻呂公孫。

(11) 同右、第二編、宇合卿孫。

板野命婦

一

天平勝宝三年（七五一）の六月八日、造東大寺司次官の佐伯宿禰今毛人は、自ら筆をとって写書所（写経所）宛に左のような文書をしたためている。(1)

薬師経百巻若无者以観世音経満其員之

右、今時不過、早速奉請於西宅堂、板野命婦宣如前、

六月八日

次官佐伯宿禰今毛人

一文の意味は、板野命婦の仰せにより、『薬師経』百巻、もし百巻に満たねば足らぬ分は『観音経』をその数だけ宅西堂（所在不明）より借りうけ（てそれを届け）るようにせよ、ということである。そこで写書所の所領（主任）の呉原伊美吉生人は、造東大寺司判官の紀朝臣池主にこれを告げて宅西堂からそれを借りて来て貰い、紫微中台の舎人の江沼臣道

足と敦賀直石川に渡してこれを届けさせた。想うに、この日、紫微中台では臨時の薬師会が催されたのであろう。

右の文書から窺うと、紫微中台、すなわち光明皇后づきの官女に『板野命婦』と呼ばれる婦人がいたことが分かる。

この板野命婦というのは、実は『正倉院文書』に親しむには懐しい名なのである。いま多少ともその消息が分かる事例を『正倉院文書』から拾ってみると、左の通りである。

(1) 天平勝宝四年正月二十二日　板野命婦の宣により、写経所は、『七巻章』一帙と『梵網経疏』二巻を内裏より借用した。
造東大寺司次官・佐伯宿禰今毛人が使となってそれを借り受けた(2)（内裏に用事があったついでに借りたのであろう）。

(2) 天平勝宝五年五月一日　板野命婦の宣により、写経所は、『陀羅尼集経』一部十二巻、『法華経』一部八巻、『十一面経』二巻を東大寺十一面悔過所より借り受けた。使に立った舎人は、珍努《ちぬ》伊加保であった(3)。

(3) 天平勝宝六年四月二日　聖武天皇の御願『最勝王経』百部は、所々に分散していた。この日、板野命婦の宣があったので、造東大寺司は、狭井田公某を使に立て、図書寮にあった分の四部を受けとった(4)。

(4) 天平勝宝六年十二月十三日　図書寮は、板野命婦の宣によって造東大寺司から

『薬師経』九十巻を受けとった[5]。

以上を通じてますます明瞭となって来るのは、この板野命婦が光明皇后の側近にあって造東大寺司との連絡を担当する官女であったということである。

次ぎに、『板野命婦』という称呼自体からして明らかなのは、この官女が五位の位階をもち、もともとは阿波国板野郡の采女の出であるということである。そこで板野采女の出であるこの命婦の本名であるが、これを推知しうる史料は、やはり『正倉院文書』に見出すことが出来る。

二

采女は、ある国またはある郡の名族の婦人から選定される定めである。そしてその場合、この采女はしばしば国または郡に関した名を氏の名としている。『板野命婦』の本名を明らかにする場合にも、阿波（粟）ないし板野といった氏の名を帯びた官女をまず捜してみればよい訳である。この見地から『正倉院文書』を通覧すると、早く正倉院より流れ出て今は所在を失っている天平勝宝四年（七五二）四月の『写経所請経文[6]』に、

自松本宮奉請花厳経一部八十巻（下略）

（中略）

右、同月七日奉請宣板野采女国造粟直若子

とあるのが注意されるのである。細字の部分は、『宣するは、板野采女の国造粟直若子なり』と訓まれるが、この官女の宣によって造東大寺写経所は、松本宮より『花厳経』一部八十巻を天平勝宝四年四月七日に借り受けたことが分かる。更にこの文書の末尾には、異筆で左のような一文がしたためられている。

以同年八月一日、奉返中宮　御在所、使他田水主、
佐伯諸上、専収納板野命婦　成尼者　為同月三日訖

つまり写経所は、同年八月一日、中宮（光明皇后）の御在所に右の『花厳経』一部八十巻をお返ししたが、その際の使者は、紫微中台の舎人で写経所の経師の他田《おさだ》水主と同じ肩書の佐伯宿禰諸上とであった。また、中宮の御在所にあって、その『花厳経』を受けとった責任者は、板野命婦であったが、この婦人は入道して尼になったと言う、といった意味である。『為同月三日訖』は、恐らく板野命婦が八月三日に出家してしまった、という意味であろう。

時は、板野命婦が光明皇后の側近にあって活躍していた同じ天平勝宝四年である。板野命婦は、板野采女の出と認めて差支えがない。もしこの板野采女が五位を帯びていることが証明されれば、板野命婦＝板野采女＝阿波国造粟直若子という方程式は、完全に成立する。幸いにも、『正倉院文書』の天平勝宝五年五月七日付の『紫微中台請留経目録』[7]には、

『依二従五位下板野釆女粟国造若子天平勝宝五年五月四日宣一』と見え、それからみても板野命婦が粟直若子と同一人であることは、全く疑う余地がない。

更に念のため『続日本紀』をみると、天平十七年正月七日条には、正六位下・粟凡直若子が外従五位下に叙された記事が見える。後にも触れるように、粟凡直と粟直とは意義は違っても、実際には同一の氏姓であるから、板野釆女の若子は、この時、越階して外従五位下に昇叙されたことが分かる。彼女が更に従五位下に昇叙された記事は、『続日本紀』に漏れている。もしこれが事実とすれば、光明皇后をめぐる諸情勢から推測して、それは天平感宝元年（七四九）の四月ではなかったかと思われる。

三

ところで、嵯峨天皇の治世において太政官を主宰したのは、右大臣の藤原朝臣園人であった。(8)『公卿補任』（大同元年条）は、この園人に註して、『贈太政大臣房前孫、故参議従三位大蔵卿楓麻呂之長子、云々』と述べている。楓麻呂は、宝亀七年六月十三日に薨去した。『続日本紀』は、彼が房前の第七子であることを記するだけで、享年には触れていない。天平宝字八年（七六四）六月九日紀によると、その日薨去した参議の御楯は、房前の第六子であったという。『公卿補任』（天平宝字八年条）は、御楯の享年を五十歳、従って生年を霊亀元年（七一五）としているが、これは明らかに誤りである。何故ならば、確かに第五子であった魚名の生年は、『続日本紀』から逆算すると、養老五年（七二一）であったからである。

房前の第三子の真楯は、天平十二年（七四〇）に二十六歳で、魚名は天平二十年に二十八歳で従五位下に叙された。御楯は、天平勝宝元年に従五位下を授けられた。この時が二十六歳とすれば、彼の生年は神亀元年（七二四）、二十八歳ならば養老六年（七二二）とされる。恐らくこれは、『神亀元年生』が『霊亀元年生』と誤写されたことに由来する計算違いであって、御楯の生年は、これを神亀元年とみなしても大過ないであろう。

楓麻呂の母は、後に説くように、兄達に較べれば身分が低かったから、庶子に生まれた彼は、恐らく二十八歳ないし三十歳で従五位下に昇叙されたことであろう。仮に三十歳とすれば、天平宝字二年に従五位下を授けられた楓麻呂の生年は、天平元年（七二九）となる。時に父の房前は四十九歳であった。以上を勘案してみると、楓麻呂は、天平元年頃に生まれ、宝亀七年（七七六）に四十八歳くらいで薨去したと推測されるのである。

この楓麻呂の母について、『尊卑分脈』（第一編、摂家相続孫）は、『母　阿波采女』と記している。しかしこれでは余りにも漠然としているので、『公卿補任』（宝亀三年条）を繙いてみると、そこには楓麻呂に註して、

贈太政大臣房前七男。母阿波采女外従五位下粟直。

と述べられている。

ここに至ってわれわれは、更めて板野命婦こと粟直若子の名前を想起する。粟直若子は、本来、『阿波采女』であって、阿波国から貢進された采女なのである。ただ同国貢進の前の采女と区別するため、出身の郡名を冠して『板野采女』と呼ばれただけのことである。采女は普通は無位であり、位が進んでも六位どまりである。五位に進むような采女は、全体からみれば、極く少数であった。

天平元年頃、房前と通じて楓麻呂を生んだのは、『阿波采女で外従五位下を帯びた粟直某』という婦人であった。無論、この外従五位下は後に授けられたもので、楓麻呂を生んだ若い頃にかくも高い位をもっていたのではない。

一方、天平勝宝三～六年に光明皇后の側近く仕えていた板野命婦は、阿波采女であり、外従五位下または従五位下を帯びている粟直若子であった。勅授の位階や造東大寺司との連絡という難しい職務から考えても、また出家したことから臆測しても、彼女は四十歳を過ぎた年輩であった筈である。たとい粟凡直は阿波国に多い氏姓であったにしても、阿波国が神亀・天平年間に粟凡直の氏姓をもつ婦人を相ついで二人貢進し、両人とも外従五位下に特進したなどということは、想定するだに困難である。換言すれば、楓麻呂の母・粟直某と、板野命婦こと粟（凡）直若子とは、どうしても同一人物とみなさざるをえない。

四

板野命婦が帯びていた氏姓の粟直は、略した表し方であって、正式には粟凡直である。『国造本紀』からも知られるように、大化以前の阿波国は、粟国（北部）と長国《ながの》（南部）とに分かれていた。長国は、後の那賀郡を中心とする地域であって、その国造家は、長直《ながのあたい》の氏姓を帯びていた。

粟国は、吉野川下流の肥沃な沖積平野を中心に形成された王国であり、それが国造制が行われるに至って、自治王国たる粟国となったものである。『延喜神名帳』に『板野郡名神大社』と記された大麻比古《おおあさひこ》神社（もと国幣中社）が板野郡大麻《おおあさ》町大字板東《ばんどう》に鎮坐する点から推すと、少くとも、国造制時代の粟国の中心は、吉野川の氾濫を避け、南に沖積平野を望むこの板東の地域にあったものと考えられる。『和名抄』（巻九）に記載された板野郡九郷の分布をかれこれ考え合わせてみると、板東の地は古の『山下也万乃之多郷』に該当するもののようである。[9] つまり板野郡の郡家は山下郷に在り、その大領、少領は、譜代の粟凡直氏であったと思料される。

『天皇本紀』景行天皇条には、『豊門別命三島水間君。奄智首。壮子首。粟首。筑紫火別君祖。』と見える。この豊門別命は、景行天皇四年紀の豊戸別皇子と同一人物である。それはともかく、粟国の名族として粟《あわの》首《おびと》氏が非常に古くからいたことは、信じてもよいであろう。この粟首と粟凡直《あわのおおしのあたえ》との関係はさだかでない。しかし原則として、『首』は県主の姓、『直』は国造の姓、そして『凡直』は大国造の姓とみなされるから、(10)粟国の領域の西方への拡張と国造制の施行に伴って、粟国の中心をなす粟県の支配者の地位が強化され、姓も直、ついで凡直を賜わったと解される。

粟凡直が粟国造家であることは、伝統として奈良時代を通して存続していた。前掲の文書にも、『板野采女国造若子』と記され、彼女は『粟国造』の称号をもっていた。また延暦二年（七八三）十二月二日紀にも、阿波国の人・正六位上・粟凡直豊穂が国造に任じられた由が誌されている。粟国造家は政治的実権は失ったが、その族人は広く阿波国北部の三郡―板野、阿波、名方―に拡汎するに至った。

ところで、神護景雲元年（七六七）三月十六日紀に見える左の記事は、粟凡直に関して注目さるべきものである。

阿波国の板野、名方、阿波等の三郡の百姓、言して曰く、『已らが姓、庚午の年の籍、凡直と記せらる。たゞ籍みな費《あたへ》の字を着く。これより後、評《こほり》の督《かみ》・凡直麻呂ら朝廷に披陳して改めて粟凡直姓となること已に畢んぬ。天平宝字二年、編籍の日、追つて凡費と注す。情、安からざる所なり』と。こゝにおいて改めて粟凡直と為せり。

事は、頗る明白である。『庚午年籍』に単に『凡費《おおしのあたえ》』と記されたのは、伊予国や紀伊国の場合と同様に、『凡直』は一国に一つしかない姓であり、阿波国に関する限り、『凡直』だけで通り、『粟』字を冠する必要がなかったからである。しかし社会が拡まると、ただ『凡直』では他国の『凡直』と混同されるので、評―恐らくは名方評《なかたのこおり》―の督であった凡直麻呂らは、七世紀の末葉に朝廷に陳情し、改めて『粟凡直』の姓を賜わった。しかし明確な文書は遺されていなかったので、天平宝字二年の戸籍には、『庚午年籍』を尊重してもとのまま『凡費』と記され、変更されなかったという。

この記事で言う『百姓』とは、庶民のことではなく、郡領などを勤める地方貴族の意味である。延喜二年（九〇二）の『阿波国板野郡田上郷戸籍断簡』[11]をみると、田上郷の住民の間では『凡直』が圧倒的に多く、その間に少しずつ『粟凡直』が混じっていることが分かる。つまり神護景雲元年（七六七）に更めて『粟凡直』の姓を賜わったのは、『凡直』の姓を帯びた全部の人びとではなく、郡司級の地方貴族で『凡直＝凡費』の姓をもつ者に限られていた。

板野命婦は、板野郡から出た采女であり、当然のことながら、八世紀の初頭、板野郡の大・少領の任にあった粟凡直某の娘に生まれた筈である。房前に見込まれたことや造東大寺司との連絡にあたっていたことから推測すると、彼女が采女に選定された理由は、彼女の容貌が優れており、また賢かったことにあったと考えられる。彼女が房前の子を生んだのが天平元年と仮定すれば、地方貴族の娘が都に上って宮仕えし、房前のような最有力な貴族に見込まれるほどに洗練されるまでには三、四年の歳月は要したであろうから、彼女が采女となったのは、神亀元年（七二四）と想定されよう。采女は、年十三歳以上と規定されている。[12]彼女がもし十五歳で采女になったとすれば、その生まれは、和銅三年（七一〇）とされ、また二十歳で楓麻呂を生み、四十三歳で出家したことになる。これは、当たらずと雖も遠からざる推算であろう。多分彼女は、楓麻呂が贈正一位・房前の庶子として出身し、蔭によって正六位上を授けられた直後に入道し、宿願を果たしたものと推測される。

これまで多岐に亙って考証を試みたが、これは、板野命婦の姿を泛び上がらせるためには不可避的な措置であった。それでは、以上の考証の結果を纏め上げ、彼女の生涯について推知されるところを最後に述べてみることとしよう。

五

粟凡直若子は、元明天皇の和銅三年（七一〇）頃、阿波国板野郡の郡司の娘として生まれた。戸籍上は『凡直』の姓であったが、もともと彼女の家柄は、粟国造家直系の阿波国随一の名門であって、その正式の姓は『粟凡直』であった（但し、略して『粟直』と呼ばれることもあった）。

その地方随一の名門に生まれた上に、美貌と才能に恵まれていた彼女は、神亀元年（七二四）頃、『阿波采女』に選ばれて平城京に上り、宮仕えすることとなった。宮廷での呼び名は、出身の郡名に因んで『板野采女』であった。彼女の籍は采女司にあったが、勤務先は後宮であった。恐らく彼女は、采女として膳司《かしわでのつかさ》に配されたに相違なかった。

都に上って二、三年する間に、若子の風姿や才能はいたく磨かれ、政界の実力者であった藤原朝臣房前に眼をつけられるようになった。或いは房前の嫡室・牟漏女王が尚膳などの地位にあり、妾妻として若子を房前に推薦したのかもしれない。采女に手を出すことは禁じられていたけれども、県犬養三千代、夫人の安宿媛、牟漏女王などの諒解があれば、そのようなことは問題ではなかった。

こうして若子は房前の妾妻となり、天平元年（七二九）頃に楓麻呂を産んだが、房前は必ずや彼女のために別に邸宅を用意してくれたことであろう。これを里第として若子は宮仕えを続けていたが、彼女は皇后の陪膳のような職務を与えられ、傍近く仕えていたようである。

天平九年の四月、房前は疫病で他界し、彼女は後家となった。光明皇后を中心とする濃厚な仏教的雰囲気の中で暮している間に、若子は篤く仏教に帰依し、まして房前の歿後は出家をすら志したらしいが、楓麻呂が成長するまではそれもかなえられず、相変らず采女として奉仕し続けたようである。

彼女の才能や性格もさることながら、なんと言っても彼女は房前の後家であって、普通の采女ではなかった。彼女の地位が後宮においてかなりの比重をもっていたことは、想像に難くない。それもあって彼女は天平期の中頃に正六位下に叙され、かつ粟国造の称号を賜わっていたが、天平十七年正月には外従五位下に昇叙された。故郷にある若子の親族、縁者たちは、若子の異常な出世に眼をみはったことであろう。

天平勝宝元年（七四九）に孝謙天皇が即位された後も、彼女はやはり命婦、采女として光明皇后に仕えた。その勤務先は、中宮すなわち紫微中台であり、彼女は内裏を出て中宮御所に遷った。彼女が入内して従五位下を授けられたとすれば、恐らくそれは天平勝宝元年四月のことなのであろう。外従五位下に叙された天平十七年正月いらい、若子は宮廷で『板野命婦』と呼ばれていた。天平勝宝三年頃から若子が造東大寺司との連絡係の官女となったのは、それまでこの任にあった県犬養宿禰八重が引退したか、或いは職掌が変わったか、そのいずれかに因るものと想定される。

造東大寺司との連絡係となったため、若子の活躍の片鱗は、『正倉院文書』から窺われる次第であるが、ともかく同三年から六年にかけて、彼女は活潑に動いていた(13)。しかしどれほど仕事に打ち込んでいても、彼女は入道への志を捨てることができなかったらしい。天平勝宝四年八月における彼女の出家は、息子の楓麻呂が出身した機会に行われたようである。しかしそれでも彼女は急に身をひくことができず、少くとも同六年十二月までは優婆夷のような形で光明皇后の側近にあり、同じ任務に従っていた。

天平勝宝六年において、若子は四十五歳くらいであった。天平勝宝七歳以後の文書に若子の名が全く見えないのは、彼女がこの頃に宮仕えをやめて里第の持仏堂に籠る身となったか、或いは病にかかって卒去したか、そのどちらかの理由によるものであろう。もし若子が宮仕えを続け、長命したとすれば、いかに采女の出ではあっても、従三位の高位に上ることは困難ではなかったと思う。

これは奈良時代に阿波国の片田舎に生まれたある豪族の娘が辿った生涯である。都に上る途中、この乙女が描いていた夢がどれほど実現されたかは分からないが、数多い采女のなかでも、若子などは最も幸運に恵まれ、また―東大寺の造営などにも与って―大きな歴史的役割を果たした女性と言うべきである。

註

（1）『正倉院文書』天平勝宝三年六月八日付『造東大寺次官佐伯今毛人薬師経奉請文』（『大日本古文書』巻十二、所収）。なお、角田文衛『佐伯今毛人』（東京、昭和三十八年）、一二五〜一二六頁、参照。

（2）『正倉院文書』天平勝宝七歳八月二十五日付『経疏帙籤等奉請帳』（『大日本古文書』巻十三、所収）。

（3）同右、天平勝宝五年五月一日付『写経奉請注文』および同年同月五日付『請留経注文断簡』（『大日本古文書』巻十二、所収）。
（4）同右、天平宝字八年九月四日付『造東寺司奉写経検注文案』（『大日本古文書』巻十六、所収）。
（5）同右、天平勝宝六年十二月十三日付『図書寮移』（『大日本古文書』巻四、所収）。
（6）天平勝宝四年四月付『写経所請経文』（『阿波国徴古雑抄』、および『大日本古文書』巻十二、所収）。
（7）『大日本古文書』巻十二、所収。
（8）角田文衞『山科大臣藤原園人』（本書所収）。
（9）吉田東伍『大日本地名辞書』第二巻（東京、大正十一年）、一二〇九頁では、板東の地は、板野郡高野郷ではないかとされている。
（10）太田亮『全訂日本上代社会組織の研究』（東京、昭和三十年）、四七八、五一〇頁。
（11）『平安遺文』第一巻（東京、昭和二十二年）、第一八八号。
（12）『後宮職員令』参照。
（13）天平勝宝四年十月二十五日付『造東大寺司牒』（『東大寺要録』巻第六）によると、東大寺は、阿波国板野郡高野郷に封戸五十烟を賜わっていたことが分かる。粟凡直若子は、板野郡山下郷の生まれではないかと思われるが、この山下郷に接しているのが高野郷である。封戸として高野郷を施入した背後に、光明皇后を通じて働いた若子の意向があったかどうかは、もとより判断の限りではない。なお、宝亀十一年十二月二十五日付の『西大寺流記資財帳』（『寧楽遺文』中巻、三九五頁以下）によると、西大寺は、阿波国板野郡に粟凡直国継が寄進した荘園を一箇処もっていた。この国継は、若子の縁者であったと考えられる。

竹野女王——藤原武智麻呂の室家の問題——

天平宝字四年（七六〇）六月癸卯紀には、『武部卿従三位藤原朝臣弟麻呂薨じぬ。平城朝贈正一位太政大臣武智麻呂の第四子なり。』と誌されている。尤も、この年の六月には、『癸卯』はないから、これは何等かの誤記に出ずるものと認められる。この同じ『癸卯』には、皇太后・光明子の送葬が行われたが、『扶桑略記抄』（巻二）は、これを『乙亥』としている。『乙亥』ならば十七日であり、光明皇后の崩後十日目のことであるから、一応認めてもよいが、それはさしあたっての問題ではない。

また天平宝字四年という嵐の前の時期に弟麻呂が武部卿（兵部卿）であったことは注意される。これは恐らく弟麻呂が政治的には兄・仲麻呂の側についていた事実を暗示するものであろう。

ところで、この弟麻呂（乙麻呂とも書かれる）の母については、『公卿補任』にはなんら記載されていない。頼りになるのは、『尊卑分脈』（第二編、乙麻呂卿孫）であるが、そこには、

　母大納言正三位朝麻呂女。

と記されている。しかしこの『朝麻呂』は、一見して誤写に係かることが分かるのであって、原本には、『何々朝臣麻呂』または『何々朝臣何麻呂』とあった筈である。幸いに文武朝から聖武朝にかけては、大納言正三位で朝臣姓を帯びた人は少いから、これらの条件に該当する人を捜し求めることは、比較的に容易である。

いまこの観点から物色してみると、候補に上るのは、左の二人だけである。

(1)　大納言　正三位　紀朝臣麻呂

(2)　大納言　正三位　阿部朝臣宿奈麻呂

これら二人は、共に名族であり、その娘を武智麻呂が納れるにふさわしい人である。ただ脱字、誤写という点から考えると、(1)の方は二字、(2)の方は五字であるから、どちらかと言えば、(1)の方が可能性が多いのである。

武智麻呂の嫡妻は右大臣・安倍朝臣御主人の孫で真虎の娘の貞媛（真若吉女）であった。[1] 彼女は、『二子』すなわち豊成と仲麻呂を生んだだけである。[2] このほか文献になにも記載のないところをみると、彼女は早く卒去したものと見える。

武智麻呂の娘と房前の娘とは、同じ頃に入内して聖武天皇の夫人となった。武智麻呂のこの娘は、正妻腹ではなかった。何故ならば、もしそうであれば、彼女のことは『家伝』（下）に、貞媛の母として明記されてあるべきであるし、また『家伝』（下）は、貞媛が豊成と仲麻呂の『二子』を産んだこと、つまり『二子』しか産まなかったことを伝えているからである。武智麻呂には、このほか巨勢麻呂を産んだ妾妻があった。『尊卑分脈』（第二編、武智麻呂公孫）によると、この婦人は、小治田朝臣功麻呂の娘・阿禰娘であったという。彼女は恐らく従四位下・小治田朝臣安麻呂の近親（妹か）であったのであろう。

『続日本紀』をみて奇異に感ずるのは、右大臣の武智麻呂の正妻・阿部朝臣貞媛、本妻（恐らく紀朝臣某）、妾妻（小治田朝臣阿禰娘）の名が全くみられぬことである。房前の正妻の牟漏女王は、県犬養宿禰三千代の産んだ娘であって、早くから宮仕えに出、天平十一年には従四位下より従三位に昇叙されている。藤原氏の伝統的な後宮政策を誰よりもよく知っていた武智麻呂が少くとも、妻女の一人を官女として後宮に入れておかなかったとは考えられないし、また武智麻呂の娘・藤原夫人の生母がなんら叙位の恩典に浴しなかったとは、普通の常識では考えにくいのである。無論、藤原夫人の生母が早く卒したというならば、話は全く別である。

武智麻呂の正妻は、二人の男子しか産まなかった。乙麻呂の母は、紀朝臣と推定されるが、『続日本紀』に見える叙位された、紀朝臣を帯びた、ただひとりの婦人の意美奈《おみな》は、天平十一年（七三九）正月、無位より従五位下に叙されたに過ぎない。この女性は、女孺、掌侍または典水、典掃、典殿などであったらしく、無論、武智麻呂の室家とか、藤原夫人の生母とは考えられない。一方、巨勢麻呂を産んだ小治田朝臣阿禰娘の名は、『続日本紀』

にはただの一度も現れてこない。これらの諸事実は、武智麻呂が上記の三人のほか、別にもう一人の妻をもっていたことを暗示するものであり、その妻こそは藤原夫人の生母ではなかったかと臆測される。

いま房前の正妻・牟漏女王についてみると、彼女は、永手、真楯、御楯の三男子を産んでいる。房前には、知られる限り三人の娘があった。(3) すなわちそれは、武智麻呂の娘と並んで夫人となった某女、豊成の室となった婦人（恐らく駿河古）(4)、および仲麻呂の室の袁比良である。それらのうち少くとも一人は、牟漏女王が産んだ娘であるに相違ない。また早くから後宮にはいり、三千代の娘・光明皇后の姉として勢力を扶植していた牟漏女王が入内させるとすれば、まず自分の腹を痛めた娘を択んだことは当然であった。とすれば、房前の娘の方の藤原夫人の生母は、牟漏女王と考えるのが至当であろう。

武智麻呂と房前の娘とは、天平九年二月、相並んで正三位に叙された。(5) 恐らく二人は、天平八年の末か、天平九年の正月、すなわちあの忌まわしい疫病の流行によって武智麻呂や房前が斃れる以前に入内し、相揃って夫人とされた。しかし天平九、十年には、房前の室家と思われる婦人は、誰一人として位を授けられていない。

天平十一年正月十三日紀によると、この日、牟漏女王は、従四位下から従三位に昇叙されている。これは三つの位階を飛び越えた越階であるし、またそれが従三位という高位であることを想えば、到底尋常な昇叙とは考えられぬのである。まして彼女の夫・房前がすでに他界していたのであってみれば、これは彼女が藤原夫人の生母であったという理由しか考えられない。それと共に注意されるのは、同じ日に、正四位下の竹野《たかの》女王が牟漏女王と相並んでやはり従三位に昇叙されている事実である。

奈良時代の後宮史を通観すれば自ら判明することであるが、この時代の最高級の官女（三位以上を帯びた尚蔵、尚侍、尚縫）に任じられるのは、太政官の有力な執政の正妻、本妻ないし後家、または皇后や夫人の生母に限られており、これには殆ど例外がないのである。この場合、その婦人の父は必ずしも問題ではなく、五位以上の官人であればまず差支えはなかった。この竹野女王が誰の妻であったかは、文献に明記されていない。しかしともかく彼女が官女であり、恐らく養老の頃から出仕し、天平十年までに正四位下まで昇進したことは、疑いがないのである。多分、竹野女王は、その頃、典蔵、典侍ないし尚縫などのうち、いずれかひとつの地位にあったのであろう。

前述のように、牟漏女王の天平十一年における目醒ましい昇叙は、彼女が産んだ娘が聖武天皇の夫人となっていたことに由来するものと想定される。とすれば、彼女と相並んで、越階して従三位に昇叙された竹野女王も、やはり同じ理由に基づいてこの恩典に浴したとみなすのが妥当である。いまこれを傍証するために、竹野女王のその後の昇進を眺めてみよう。

天平勝宝元年四月十四日（七四九）　正三位　　天平勝宝三年正月二十五日（七五一）

従二位

臣籍にあると、皇籍にあるとを問わず、官女の極位は原則として従三位である。それ以上の位階に叙されるのは、よほど特別な事情によるものである。天平勝宝三年には、右大臣の豊成すらが従二位であったことを想起するならば、それが普通の理由による叙位とは到底考えられぬのである。つまりそれは、彼女が武智麻呂の本妻であり、藤原夫人（天平二十年六月薨）の生母である上に、永年の宮廷生活もこれに加わって、隠然たる勢力をもっていた事実を示唆するものである。

その時分、高位の官女としては従三位の知努女王がいた。この婦人は、早く神亀元年二月に従三位に叙された官女であるが、円方女王などとの関係から推測すると、知太政官事鈴鹿王の室ではなかったかと思われる。彼女は天平勝宝八歳頃に薨じたが[6]、天平勝宝年間には官を退き、散事として家居していたようである。従って天平勝宝期の前半における竹野女王の実力は、官女中で首位を占めていたものと思量される。無論彼女は、皇后の信任も篤かった筈である。

『続日本紀』は、特に巻第二十までが編修が粗雑である。この書には、従二位の竹野女王の薨去の事実がなんら記されていない。それは恐らく、彼女が天平宝字二年七月頃までに薨去したが、『続日本紀』は巻十八～二十においてこれに関する記事を漏したことに由来しているのであろう。竹野女王が誰の娘であったかは、全く不明である。彼女は若くして官女となり、後宮に出仕した時分に県犬養三千代に見込まれ、武智麻呂に娶せられたのかもしれない。

竹野女王を武智麻呂のもう一人の本妻・藤原夫人の生母とみなすのは、あくまで推測であって、確証はなにひとつ遺されていない。しかしかく臆測することによって、不可解さに満ちた『続日本紀』の一角は、かなり明らかとなるのではなかろうか。

註

（1）『尊卑分脈』第二編、武智麻呂公孫、『公卿補任』天平神護元年条。
（2）『家伝』下。
（3）『尊卑分脈』第一編、摂家相続孫。
（4）角田文衞『藤原朝臣家子』（本書所収）。
（5）天平九年二月十四日紀。
（6）『万葉集』巻第二十、第四四七七番。

大和宿禰長岡の事蹟

一

『大宝令』および『養老令』の編修者としての藤原朝臣不比等の声名はあまりにも高いし、彼が歴史的に演じた重要な役割は、正しく評価されている。尤も、編修者とは言っても、それは不比等が一々筆を執って律令の条文をしたためて行ったという意味ではない。

いま『大宝令』の場合を考えてみると、唐の『永徽律令格式』などを参考にし、『飛鳥浄御原令』に基づいてこの律令の綱領を協議・決定したのは、持統上皇を中心に天武天皇の諸皇子、葛野王（大友皇子の子）、左大臣・多治比真人嶋、右大臣・阿部朝臣御主人、大納言の大伴宿禰御行、石上朝臣麻呂、紀朝臣麻呂および不比等などによって構成された会合であったろうが、この綱領に基づいて編修の任に当たったのは、撰令所であった。撰令所の長官は、刑部親王であったけれども、現実に編修を指導したのは、不比等であったと考えられる。また事実、その置かれた立場の上から言っても、不比等は律令の整備に最も熱心であったと推量される。

しかしながら、いかに綱領に基づいて指導したとしても、ただそれだけで律令の法文が出来上るものではなく、それには法律に精しい専門家による草稿の執筆がどうしても必要である。『続日本紀』によると、(1)そうした法制的任務に与ったのは、左のような人びとであった。

直広肆　伊岐連博得(2)
直広肆　伊余部連馬養(3)
直広肆　調忌寸老人(4)
勤大壱　薩　弘恪
勤広参　土部宿禰甥
勤大肆　坂合部宿禰唐
務大壱　白猪史骨
追大壱　黄文連備
追大壱　田辺史百枝
追大壱　道君首名
追大壱　狭井宿禰尺麻呂
追大壱《弐カ》　鍛造大角
進大壱　額田部連林(5)
進大弐　田辺史首名
進大弐　山口忌寸大麻呂

恐らく法制化の中心となったのは、唐からの帰化人で音博士に任じられていた薩弘恪(6)であったのであろう。またこれらの人びとの多くは、伊岐（伊吉）連博得を初めとして、入唐の経験者であったと推定される。

『養老律令』の編修は、不比等を長官として行われた。無論、不比等は、彼が立案して勅裁を経た綱領に基づいて編修を指導・監督し、かつ促進させたのであり、実際に法制化に従事したのは、左のような下級の官人たちであった(7)。

正六位上　矢集宿禰虫麻呂
従六位下　陽胡史真身
従七位上　大倭忌寸小東人
従七位下　塩屋連吉麻呂
正八位下　百済人成

これらの中にあって最も法制に精しかったのは、後に説くように、大倭《おおやまと》忌寸小東人――後の大和《おおやまと》宿禰長岡――であった。

律令国家が政治的、社会・経済的に体制を整えてゆく過程は、甚だ重要な研究対象である。しかし同時に、その過程と照応しながら進められた法制化も、興味深い研究課題たるを失わない。この課題に関聯して、奈良時代を通じて最大の法学者であった長岡の事蹟を採り上げ、奈良時代の政治史に占めるその意義を評価してみることは、一度はなされてよい試みではないかと思われる。

二

大和宿禰長岡の初めの氏姓と名は、大倭忌寸小東人であった。彼は、刑部少輔従五位上・大倭忌寸五百足の子として持統天皇の三年（六八九）に生誕した。[8] 養老七年十月二十三日紀に、『大倭国造大倭忌寸五百足』とあることからしても明らかなように、彼の家柄は、代々『大倭国造』に任じられ、城下郡の大和神社（もと官幣大社、天理市新泉町に鎮坐）の神主を勤めてきた屈指の名門であった。[9]

神武二年二月紀に、『珍《うず》彦を以て倭国造と為す』と記されている通り、彼の家門はその由来が古く、天武天皇の世まで倭直の氏姓を称していた。『紀』によると、天武天皇十年（六八二）四月および十二年九月、倭直は倭連の姓を賜わったし、また十四年六月、一部の倭連は倭忌寸の姓を授けられた。そしてこの頃から倭忌寸は、『大』の字を冠して大倭《おおやまと》忌寸と称するようになったらしい。それは、この氏族の主な本貫が城下郡大倭郷であり、そこで大倭神社（式内）を祭っていたという歴史的因縁によるものであろう。

七世紀には、倭直＝大倭忌寸には、さした偉材も現れず、そのためこの氏人たちは、屈指の名門でありながら中央の数多い中級貴族のひとつという地位に甘んじておらねばならなかった。小東人の父・五百足は、和銅三年（七一〇）正月、従五位下に叙され、同七年二月、大倭忌寸の氏上（同時に大倭神の神主[10]）とされた。多分、この際、彼は大倭国造に補されたのであろう。神亀三年（七二六）正月、五百足は従五位上に昇叙され、また翌四年十一月には、『年歯、高きに居る』が故に、絁のほか特に絁十疋を賜わっている。彼の歿年は不明であるが、神亀四年に彼は、八十歳前後であったのであろう。

五百足が最後におった官は、刑部少輔であった。多少のほどは分からぬにしても、その地位から推して、五百足は法令には精しかったのであろう。小東人も、天平十年（七三八）閏七月、同じく刑部少輔に補された。刑部省の少輔は、定員が一名である。これらから推察すると、五百足は、神亀五年か天平の初年に卒去ないし致仕したのであろう。

神亀四年（七二七）において、小東人は、三十九歳であった。この年五百足が八十歳であったと仮定すれば、小東人は父が四十二歳の時の子となる。従って小東人に兄や姉がいたことは、当然、想定される。

『続日本紀』によると、天平九年十一月、小東人と大外記従六位下・大倭忌寸水守の二人だけが宿禰の姓を賜わっているし、また同十九年四月、大神神社の神主の大神朝臣伊可保と、『大倭神主正六位上』の水守の二名は、従五位下に昇叙されている。つまり水守は、天平十九年までに、氏上、神主、大倭国造に補されていた訳である。これから推測すると水守は、小東人の兄であったとみる可能性が強い。大外記を勤めたから、この水守も、やはり学識があり、文筆に長じた人物であったに相違ない[11]。

三

持統天皇の三年（六八九）に生まれた小東人がどのような青少年時代を送ったかは、全く不明である。大倭の古い豪族として、父の五百足が『壬申の乱』に大海人皇子の側に立ったことは、容易に推量される。この乱の後、大学寮の体制は次第に整えられて行ったが、『大宝令』の施行と共に、それは整然と組織されるに至った。

この法典が施行された大宝元年（七〇一）において、小東人は十三歳であった。父の五百足は、和銅三年正月まで正六位下であったから、小東人は新制の大学寮に直ぐ入学は出来なかったであろう。もし入学したとすれば、父が従五位下に叙された和銅三年正月以後、すなわち小東人が二十二歳になって後のことであったと思われる。卒伝に『少《わか》くして刑名の学を好くし、兼ねて能く文を属す』とある点から推測すると、小東人は少年時代には国学などで学び、二十歳を越えてから大学に入って正式に明法道を学んだのではなかろうか。そして恐らく、明法道における彼の優れた才能は、まず大学において認められたのではないかと推量される。霊亀二年（七一六）頃、彼がどのような官にあったかは不明であるにしても、その当時、明法道の逸材として彼の名が喧伝されていたことは、疑いのないところである。

小東人の卒伝には、『霊亀二年、入唐請益し、凝滞の処、多く発明する有り。当時、法令を言ふ者、長岡（小東人）に就きて之れを質《ただ》せり』と見える。この記事は、彼が学問生ではなく、請益生《しょうやくしょう》として入唐した事実を語っている。この請益生とは、『入唐前にすでに日本において一応の研究と修業を積み、ひとかどの専門家となり、相当の地位についているものが、その専門の分野での特殊な問題を研究するために入唐する』(13)留学生を指す言葉である。霊亀二年（七一六）、藤原不比等は、右大臣で正二位であった。恐らく彼は、施行後十年の間に『大宝律令』の不備を痛感し、熱心にその改修を意図していたに相違ない。彼は、若くて抜群の法制家たる小東人に嘱目し、改修のための下調査を命じていたのであろう。小東人は、『永徽律令格式』や『垂拱格』には一応精通してはいても、その解釈に関しては必ずしも明確でない箇処があり、それが新しい律令の編修の支障になっていたようである。不比等は、小東人の訴えたこの難点を諒とし、彼を第八次遣唐使の請益生に推したものとみなされる。

第八次遣唐使は、霊亀二年（七一六）八月二十日に発令された。すなわち、

押使　従四位下多治比真人県守
大使　従五位上阿部朝臣安麻呂
副使　正六位下藤原朝臣宇合

がその幹部であった。尤も九月四日には、従五位下・大伴宿禰山守が阿部安麻呂に代って

大使に任命された。四隻の船に分乗したこの使節団の総員は五百五十七人であって[14]、その中には学問僧としての玄昉、また学問生としては阿倍朝臣仲麻呂や下道朝臣吉備真備（吉備吉備真備）なども加わっていた。

第八次遣唐使節団の一行は、養老元年（七一七）三月に平城京から進発し、恐らく難波津から乗船し、太宰府に立ち寄り、ついで肥前方面の津に待機して順風を窺っていたと思われる。当時、太宰師は県守の兄・従三位・多治比真人池守であったから、一行は太宰府では特別な歓待を受けたことであろう。

第八次使節団は無事揚州（江蘇省）に到着し、養老元年（開元五年）九月末に、入京を許された人びとは長安に入った[15]。この使節団は往復とも幸運に恵まれ、翌二年九月には無事九州に帰着した。これからみると、小東人が長安にあって法律を研究したのは、養老元年十月から約半年間であったと推測されよう。

その頃の玄宗は、なかなかの名君であり、殊のほか政治には熱心であった。その時分、長安では勅命によって『開元三年令』が完成し、ついで『開元前令』と『開元前律』とが編修されつつあった（開元七年に完成）。恐らく小東人は、右の編修に携わっていた明法家―吏部侍郎の宋璟といった―について質疑をただし、『多く発明するところがあった』のであろう。留学の目的は、新しい律令の刪定に必要な知識や資料を求めるにあったから、小東人は入唐によって完全に目標を達成したこととなる。帰朝の際の仲間には、十七年も在唐していた学問僧・道慈なども加わっていた。

四

養老二年、漸く還暦を迎えつつあった右大臣の不比等は、首を長くして小東人の帰朝を待っていたに相違ない。『養老二年の養老律令の編纂に対し、養老二年十月（開元六年）の遣唐使の帰朝が決定的な促進の契機になったと考えられる[16]』という石尾芳久氏の指摘は、極めて妥当であると言えよう。

『養老律令』が施行されたのは、天平宝字元年（七五七）五月であった。同年十二月九日紀は、その編修に与った五人の功田に触れた後、『五人は並びに刀筆を執持して科条を刪り定む。成功多しと雖へども、事は匡難に匪ず、云々。』と述べている。『大宝律令』と『養老律令』との相違に関する研究は、滝川政次郎博士によって精細になされている[17]。比較検討の結果として注意されるのは、

(1)養老の修正は、特に令に関しては全篇に亙って行われていること。

(2)この修正は、概して字句、名称の変更にとどまること。

(3)新令の用語は、古令に較べて平易で、かつ包括力が大きいこと。

の三点である。改正された箇所のうちで特に注目されるのは、新令が諸王のための浄冠十

四階を廃し、諸王を諸臣と同じ位階に叙するよう定めていることである。これは、皇親勢力の削減を目的としているが、現実にはすでに実施されていた叙位の法を明文化したものに過ぎぬものである。

石尾氏は、両律令の相違は一見大したことではないけれども、古令の編修には、『目的主義的な法典編纂の性格が顕著であり』、固有法の伝統を核心としているに対し、新令の蒐方は、『唐律及び唐開元令に依拠する字句の改竄を主とするものであり、官憲的法令の蒐集の類型という法典編纂』によるものであったとみなしている⒅。中央集権的官僚国家の確立は、自己の勢力の発展と共に不比等の終生の願望であった。この目的を達成するために彼が『大宝律令』の改修を志していたこと、また老衰を覚えた彼があわただしく刪定の事業を進めさせたことは、よく肯けるところである。

小東人が唐の律令に関する知識を豊富に貯えて帰朝したのは、養老二年（七一八）九月であり、平城京に帰還したのは、同じ年の十二月十五日であった。一般に『養老律令』の刪定は、養老二年のこととされている。坂本太郎博士は、『この養老二年の年紀が何か頼り無きもののやうに思はれてならない⒆』と指摘したが、まことにその通りであって、実は養老二年には撰令所が置かれ、編纂が命じられた程度に過ぎなかった。何故ならば、『養老令』が『開元令』を参考にしたことは疑いのない事実であるし、『開元三年令』が小東人によって平城京に齎されたのは、養老二年十二月十五日のことであったからである。

新令は、古令を大幅に改正したのではないけれども、その修正は古令の全篇に及んでいた。また律令は国家不易の法典であり、軽々しく改修さるべきものではなかったから、いくら不比等が焦っても、その編修は一朝一夕に成就できなかった筈である。もし養老二〜四年に完成していたならば、その絶大な勢威をもってすれば、不比等は断乎としてこれを実施に移したことであろう。

『養老律令』編纂に関する論功行賞は、養老六年二月になされた。これから推測すれば、その編纂の完成を養老五年六月頃とみなすのが妥当であろう。論功行賞が遅れたのは、養老五年には政界の再編成が漸くなったばかりでなく、元明上皇の寝膳寧からず、遂に崩御されたような事柄が引き続いたためと推量される。

いずれにしても撰令所では、小東人を中心に養老三年の初めから『開元令』の研究が開始されていたに相違ない(20)。後に明法博士となった塩屋連古麻呂は小東人とは親しい間柄であったらしいが、彼などは最も熱心に小東人の説明をきき、かつ意見を交換したことであろう。また小東人は、編修の基本方針に関聯して不比等に面接する機会が多かったに違いない。この新法典の編纂が完成に近づいた頃に不比等は、不帰の客となった。法典編修の未完成は、臨終に際して不比等が最も心残りに思ったことであろうと思われる。

五

養老六年二月二十七日には、小東人が帰朝いらい息をつく暇もなく着手した新令編修に対して功田四町が下賜された。ただ矢集宿禰虫麻呂と塩屋連古麻呂が五町も賜わっているのに、何故小東人の功田が四町であったか、その理由はどうも詳かでない。想うにそれは、彼がなにかの事情で右大臣・長屋王に睨まれていたか、或いは彼は、顧問のような立場にあり、実際に刀筆を執る機会が少かったか、どちらかの理由によるものであろう。

養老六年において、小東人は三十四歳であった。しかし帯びていたのは、従七位上に過ぎなかった。その本官がなんであったかは知るべくもないが、刑部省関係の微官ではなかったかと推測される。

養老六年から天平九年にいたる十五年間の小東人の消息は、一切不明である。僅かに言いうるのは、その後、彼の官位が累進して正六位上に至ったこと、しかしいつの頃か官を辞し散位となっていたことだけである。何故彼が官を辞したのか、或いは散位とされ、次ぎの官職に補されなかったのか、その辺の事情は全くさだかでないのである。

天平九年になると、小東人には漸く幸運がめぐって来た。すなわち、同十一月紀には、左のような記事が見える。

廿二壬辰。群臣を中宮に宴す。散位正六位上大倭忌寸小東人、大外記従六位下大倭忌寸水守の二人に姓宿禰を、自余の族人には連の姓を賜ふ。神宣有りしが為なり。また小東人に外従五位下を授く。宣託りて五位已上に物を賜ふこと差《しな》あり。但し、大倭宿禰小東人、水守には絁各二十疋を賜ふ。

この神宣は、村尾元融も指摘した通り(21)、明らかに大倭神社の倭大国魂《やまとのおおくにたまの》神の託宣を指している。託宣を利用したこの政治的工作が上卿の誰によって採り上げられたかは知る術もない。とにかく小東人は宿禰の姓を授けられ、外従五位下に昇叙されたのである。当代随一の明法家でありながらその昇進に凝滞がみられたのは、閥族ないし政治的関係によるというよりも、むしろ明法家らしい狭量で他人とうまく融和しない彼の性格によったのかも知れない。同年十二月、大倭国は大養徳国と改名され、自動的に小東人の氏姓も、大養徳宿禰となった。そして翌天平十年（七三八）閏七月に小東人は刑部少輔に任じられ、官界に返り咲くことができた。しかし彼はすでに五十歳となっていた。

小東人はこうして返り咲いたものの、天平十三年正月二十二日には、従四位下・中臣朝臣名代、外従五位下・塩屋連古麻呂ら三十三名と共に配流の憂き目をみたのであった。これは、『広嗣の乱』に関係する処罰であった。小東人はこの乱に与ったのではなく、宇合との因縁から広嗣と個人的に親しかったために連坐したものと思われる。尤も、彼を含めて『広嗣の乱』の関係者たちは、同年九月八日恩赦に逢ったから、小東人も本位を復され、平城京ないし恭仁京に戻ったことであろう。

天平十六年九月十五日、太政官は畿内および七道諸国に巡察使を遣すことを決定し、道毎に正使、次官、判官、主典各一名の官人を発令した。この時、式家に縁の深い従四位上・石上朝臣乙麻呂は西海道使に、小東人はその次官に任命された。彼ら巡察使の一行は、その年の冬から翌年の春にかけて太宰府を足場に九州諸国の行政を巡察し、特に『広嗣の乱』後の情況を監察したものと想像される。

その後、小東人は摂津職の亮に任命された。しかし何時彼がそれに補任されたかは明言できない。というのは、『続日本紀』は、天平十八年四月四日と天平勝宝元年（七四九）二月二十七日の両条に彼の摂津亮任命の記事を掲げているからである。今のところ、他の史料からそのどちらが正しいかを傍証することは望めない。ただ国司の秩限は四年という原則からすれば、天平勝宝元年二月に摂津亮に任じられ、同五年四月、三河守に転任されたと判断する方が穏当のように考えられる。しかしこの見解をとった場合、十八年四月、小東人に対してなされた除目の内容は、全く見当がつかなくなるのである。

小東人は、天平十九年正月、待望の従五位下を授けられた。ついで天平勝宝二年正月には従五位上、三年正月には正五位下に叙され、このところ彼の官位の昇進は、頗る順調であった。恐らく彼は、藤原仲麻呂から眼をかけられていたのであろう。

天平十九年三月、大養徳国の名は、もとの大倭国に戻り、天平勝宝の末年、それは大和国に改名された。それにつれて小東人の氏姓も、自動的に、大養徳宿禰→大倭宿禰→大和宿禰と三転せざるをえなかった。またどういう心境からか、天平宝字元年（七五七）の秋か冬に、小東人は長岡と改名した。それで同一人物でありながら、小東人は一生の間に次ぎのように氏姓名が変ったのである。

(1)大倭忌寸小東人→(2)大倭宿禰小東人→(3)大養徳宿禰小東人→(4)大倭宿禰小東人→(5)大和宿禰小東人→(6)大和宿禰長岡

天平勝宝五年四月、小東人は六十五歳で三河守に任じられた。無論これは遙任ではなく、彼は現地に赴任して任務についたのである。老齢とは言え、小東人はまだまだ壮健であり、頭脳も明晰であった。三河守の地位にあること四箇年、天平宝字元年五月には正五位上に叙され、翌六月には、民部大輔兼紫微大忠の要職に補されて中央に戻った。同年十二月には、功田の相伝についての沙汰が下されたが、小東人（以下、長岡と呼ぶ）は、『養老律令』の刪定に与った他の四人と共に、『下功』として功田を子に伝えることを認められたのである。(22)

老いてますます壮健な長岡は、七十歳を越えてもまだ致仕しなかった。天平宝字三年（七五九）五月、彼は左京大夫に転じた。しかし藤原仲麻呂は、自分の子達に京職を掌握させようと意図したらしく、同五年十月頃、長岡を河内守に転出させた。これは長岡にとって不愉快な人事であったであろう。卒伝には、『政に仁恵無く、吏民之れを患ふ。その後、従四位下を授けられ、散位をもつて第に還れり。』と見える。尤も、卒伝が彼の河内守補任を天平宝字四年としているのは、明らかに誤りである。何故ならば、天平宝字四年正月、河内守の兼任を命じられたのは、仲真人石伴（本官は、右虎賁衛督）であり、彼は翌五年十月までこれを兼ねているからである。

長岡は河内国に赴任して政をとった。しかしその施政は法家らしい非情さに貫かれており、国府の官人も郡司以下の豪族も守に対する反感を露にするに至ったようである。七十三、四歳の老翁になっても、彼は非妥協的で一徹な性格を矯正できなかったらしい。一途な長岡も、周囲との折合いの悪さに厭気がさしたらしく、天平宝字六年の末には任を辞して平城京の自邸に戻ったようである。天平宝字七年正月九日、長岡は従四位下を授けられ、また彼の後任者（河内守）として正五位下・阿倍朝臣毛人が発令された。

卒伝によると、長岡は、天平宝字八年、右京大夫に起用された。無論これは、『恵美押勝の乱』が平定された同年の冬のことであり、然もそれは、政界に返り咲いた吉備朝臣吉備真備の推輓によったものと推測される。卒伝に、『八年、右京大夫に任ず。年老いたるをもつて自ら職を辞去せり。』と記されたのからみると、長岡は一応右京大夫を受けたけれども、老齢を理由に間もなく―多分、天平神護元年（七六五）に―致仕してこの地位から去ったもののようである。

勿論、長岡は高齢であった。しかし頭脳はまだ明晰であったし、体力の方も右京大夫が勤まらぬほど衰えてはいなかった。想うに、すでに七十七歳となっていた彼は、この辺で煩わしい官界から退き、好きな法律の勉強でもしたかったのであろう。

吉備朝臣吉備真備と長岡との友情は、養老元年の入唐いらい半世紀近く続いていたようである。二人がいつ律令の改修について談合し、またこれに着手したかは不明である。しかし恐らくそれは、吉備真備が右大臣に昇格した天平神護二年頃に発意されたのであろう。吉備真備もまた老齢であったが、彼はこの類稀な明法家が元気な間に律令を改修しておこうと意図したものと忖度される。もとよりこの改修の事業は、道鏡や藤原永手の諒承のもとに勅裁を経てなされたものであるが、吉備真備が発意・実行したものであることは疑いがない。

三月丙六寅。故右大臣従二位吉備朝臣真吉備、大和国造正四位下大和宿禰長岡ら、律令廿四条を删定して、軽重の舛錯を弁じ、首尾の差違を矯《ただ》せり。ここに至りて詔を下し、始めて之れを行ひ用ゐしむ。(延暦十年紀)

この記事は、吉備真備と長岡が共同で改修した『删定律令』の性格をよく示すものであって、それは早く滝川政次郎博士が指摘されたように(23)、『養老律令』の『矛盾重複を省くこと』を目的として編修されたものである。『養老律令』の編修者の一人として生き残っていた長岡は、かねがねそこに見る矛盾や重複を気にし、責任を感じていたに相違ない。それが吉備真備という理想的な相手を得て実現されたのであるから、晩年における長岡の欣びは無上のものであり、もはや思い残すことはなかったであろうと思われる。
弘仁三年（八一二）五月二十六日紀によると、右の『刪定律令』の編修が成就したのは、神護景雲三年（七六九）であったという。ところが長岡は、この年の十月に卒去している。長岡が老軀に鞭うって『刪定律令』の編修を完了したのか、完成を目前にして彼が卒去したので吉備真備が急いで仕上げたものか、その辺の事情はよく分からない。いずれにしても、長岡が『養老律令』の刪定を完全に、または九分通り完成し、安心して卒去したことは間違いがないであろう。

神護景雲二年の元旦、称徳天皇は大極殿で賀正宴を設けられたが、長岡は召しによってこの宴に侍した。想うにそれは、律令刪定の労を犒うために吉備真備が取計らったものであろう。卒伝には、

……賀正の宴に、詔ありて特に殿上に侍らしむ。時に鬢髪いまだ衰へず、進退忒《たが》ふことなし。天皇、これに問ひて曰はく、『卿が年いくばくぞ』と。長岡、席を避けて曰く、『今日まさに八十に登れり』と。天皇、嘉嘆することやゝありて、御製して正四位下を授く。

と記されている。つまり長岡は、髪がまだふさふさしており、挙止がよぼよぼしていなかった。恐らくそれは、生来の頑健さに加えて、律令の刪定に対する強い意欲があったためであろう。そして晩年にいたってこの光栄に浴し、長岡は明法家としての生き甲斐を沁々

と味わったに相違ないのである。

これから一年十箇月を経た神護景雲三年（七六九）の十月二十九日、長岡は八十一歳をもって卒去した。劇的に想像するならば、『刪定律令』編修が完成した途端に心の張りを失ってどっと老衰が加わり、火が消えるように歿したのではないかと臆測される。

六

八十年余に亙った大和宿禰長岡の生涯は、律令の整備に終始したと言える。名門に生を享けながらも、長岡は近隣の大神氏のように政界に進出せず、若くから法曹界に望みを託した。その明法家としての才幹は早くから認められてはいたが、然も情熱に溢れた彼は、万里の波濤を乗越えて唐土に渡り、律令に関する質疑を糺し、新知識を吸収した。間もなくそれは、『養老律令』として稔った。
しかし官人として、特に行政官としての長岡は、必ずしも成功しなかった。恐らく彼は、学者肌の明法家であり、その冷徹で合理主義的な言動が一般に受け容れられなかったためであろう。長岡は早くから研究と実務を通じて『養老律令』を改修したい意向を抱いていたらしい。そして彼の悲願は、吉備真備という有力な知己によって実現されたのである。[24]
その意味では、明法家としての彼は、悔いのない一生を送ったと言うことが出来よう。

律令国家の整備・発展は、主として権勢のある明敏な政治家たちに負うていた。しかしその側面には、法制と運用の面でこれらの政治家に情熱を傾けて協力した—長岡を初めとする—一群の明法家が存在していたのである。

大和宿禰長岡は、いかにも盛期の律令国家にふさわしい合理主義的で冷徹な人柄であったと思われる。しかし一方彼は、本邦屈指の名門に生まれた自己を意識しない訳にはゆかなかったであろう。彼の父・五百足も、氏上、大倭神社の神主、そして大倭国造の地位にあった。延暦十年三月六日紀（前掲）は、長岡もまた晩年、大倭国造の地位にあったことを語っている。いつ彼がその地位に補されたかは明らかでないが、それは天平勝宝年間に大倭宿禰水守が卒した後ではなかったかと推定される。大和国においては、城下郡を中心に大和氏の勢力は隠然たるものがあり、氏人で郡領の任にある者も尠くなかった。大和国造の地位に補されることによって、長岡はいまさらながら家門を強く意識し、氏人の世話に身を入れるようになったと思われる。

長岡の家族については、確実なことは殆ど分かっていない。ただ臆測を逞しうする

清麻呂 ― 諸魚（祭主正四位上　母尚侍従二位多治比真人乙奈子）
- 知治麻呂（備中守　従五上　母典侍従四位下大和宿禰姫子）
- 伯麻呂（山城大掾　正六上母同）
- 百子（従五上命婦　母従五位上大和小常子命婦女）

系図11　中臣氏系図

ならば、天平宝字二年（七五八）八月に外従五位下を授けられた大和宿禰斐太麻呂や、神護景雲三年（七六九）十一月、外従五位下に叙され、宝亀三年（七七二）四月、大和介に任じられた、同じく西

系図12

百子　従五上命婦
母　従五上　命婦
采女大和小常子

麻呂などは、長岡の息子であった可能性が多いのである。

また『中臣氏系図』をみると、その一部に系図11のような系譜が見出される。参議・神祇伯、左大弁の諸魚の母は、多治比真人古奈禰（または子姉）であり、正四位下であった。従って、『尚侍従二位』と『乙奈子』とは、誤記と認められる。問題は、『典侍従四位下大和宿禰姫子』である。この名は、現存の『日本後紀』と『類聚国史』、および『日本紀略』に見当たらないが、事実を伝えたものと認めてよかろう。諸魚の年齢（天平十五年生）からみても、この姫子を長岡の娘とみなすことは可能であろう。

次ぎに、百子であるが、『大中臣系図』（『続群書類従』所収）は、彼女を諸魚の弟・老人の娘としている。その方が正しいであろう。それにしても、『母従五位上大和小常子命婦女』は、理解に苦しむ記載である。想うに、原本には系図12のように記されており、それが筆写の際に間違って混乱を来たしたもののようである。多分、この小常子は、大倭国造大倭宿禰水守の娘であったのであろう。彼女は、『大倭采女』として出仕し、累進して掌侍となり、中臣朝臣老人と結婚して百子を産んだのではあるまいか。

大和宿禰長岡は、頑固で冷徹な学者肌の明法家であったらしい。けれども、一族の繁栄

や権勢に無関心であったとは考えられない。政界の上層部に進出できなかったとすれば、彼が権門勢家と婚を通じ、娘たちを後宮に出仕させ、搦手から地盤を固めようとしたのも、当然のことであった。また彼の一族は、采女として娘を後宮に貢進するには好都合な家柄であった。

『当時、法令を言ふ者、長岡についてこれを質《ただ》す』と記されたほど律令に精通していた長岡であった。従って彼は、通婚や後宮出仕によって勢力を得る遣り方が律令の条文はもとより、その立法精神に少しも牴触しないこと、不比等の故智ではないが、それがまた律令の間隙を縫って一家が栄達する所以であることを知悉していた筈である。姫子は十中八、九、長岡の娘であったと認められる。これがもし事実であるとすれば、彼は大中臣氏との接近を図り、また彼女を通じて後宮に触手を伸ばそうと企てていたこととなる。平安時代の後宮において、大和宿禰の氏姓を帯びた婦人たちは、かなり重要な役割を果たした。大和国造という地位を活用して後宮の一角に勢力を得ておこうとした長岡の意向は、伝統となって相当永い間、大和宿禰の氏人によって保持されていたことが分かる。

表三　大和宿禰長岡年譜

西紀	年月日	年齢	事項
六八九	持統三年	当歳	生誕。初めの氏姓名は、大倭忌寸小東人。父の名は、五百足。
七一六	霊亀二年八月	二八	入唐請益生を命じられた。
七一七	養老元年三月	二九	平城京を出発。
	九月		長安に入京。
七一八	養老二年十月	三〇	九州に帰還。
	十二月十三日		平城京に入る。
七二二	六年二月二十七日	三四	律令撰定により功田四町を下賜された。時に、従七位上。
七三七	天平九年十一月十九日	四九	宿禰の姓を授けられ、外従五位下に叙され、絁二十疋を賜わった。この日まで散位正六位上。
	十二月二十七日		国名変更により、大養徳宿禰となる。
七三八	天平十年閏七月七日	五〇	刑部少輔に任じられた。
七四一	天平十三年正月二十二日	五三	『広嗣の乱』に連坐して配流された。
	九月四日		恩赦により罪を免じられた（官位を復した）。

七四四	天平十六年九月十五日	五六	西海道巡察使次官を命じられた。
七四六	天平十八年四月四日	五八	某官職に補された（摂津亮ではないらしい）。
七四七	天平十九年正月二十日	五九	従五位下に昇叙された。
	三月十六日		国名変更によりもとの大倭宿禰に復した。
七四九	天平勝宝元年二月二十七日	六一	摂津亮に任じられた。
七五〇	天平勝宝二年正月十六日	六二	従五位上に叙された。
七五一	天平勝宝三年正月二十五日	六三	正五位下に叙された。
七五三	天平勝宝五年四月二十二日	六五	三河守に任じられた。
七五七	天平宝字元年五月二十一日	六九	正五位上に叙された。
	六月十六日		民部大輔兼紫微大忠に任じられた。
	秋・冬頃		名を長岡と改めた。
	十二月九日		功田四町を子に伝うべきことが定められた。
			国名変更により、大和宿禰となる。
七五九	天平宝字三年五月十七日	七一	左京大夫に任じられた。
七六一	天平宝字五年十月頃	七三	河内守に任じられた。
七六二	天平宝字六年　末	七四	河内守を辞任し、自邸に帰った。
七六三	天平宝字七年正月九日	七五	従四位下に叙された。
七六四	天平宝字八年　冬	七六	右京大夫に任じられた。

同年末　この頃、右京大夫を辞した。

七六六　天平神護二年　七八　この頃から吉備吉備真備と共に『刪定律令』の編修に着手した。

七六八　神護景雲二年正月一日　八〇　詔により賀正の宴に侍し、正四位下を親授された。

七六九　神護景雲三年某月　八一　この年、『刪定律令』の編修が完成した。

十月二十九日　卒去。

註

(1) 文武天皇四年六月十七日紀。

(2) 竹内・山田・平野共編『日本古代人名辞典』第一巻(東京、昭和三十三年)、一三三～一三四頁、参照。

(3) 同右、同巻、一四五～一四六頁、参照。

(4) 同右、第四巻(昭和三十八年)一一三九頁、参照。

(5) 同右、第三巻(昭和三十六年)、八六二頁、参照。

(6) 養老六年二月二十七日紀。

(7) 『日本古代人名辞典』、第四巻、一〇一六頁。

（8）神護景雲三年十月二十九日紀。
（9）栗田寛『新撰姓氏録考証』下（東京、明治三十三年）、九七一〜九七六頁、参照。
（10）『六国史』に徴証した典拠は、特別の場合のほかは、典拠を示さない。
（11）天平宝字二年五月二十五日、正六位上から従五位下に昇叙された大和宿禰弟守は、水守の末弟か、息子かのいずれかであろう。
（12）神護景雲三年十月二十九日紀。
（13）森克己『遣唐使』（東京、昭和三十年）、一一四頁。
（14）『扶桑略記』第六。
（15）『冊府元亀』巻九百七十四、褒異。
（16）石尾芳久『律令の編纂』（同著『日本古代法の研究』所収、京都、昭和三十四年）。
（17）滝川政次郎『新古律令の比較研究』（同著『律令の研究』所収、東京、昭和十九年再版）。
（18）註（16）参照。
（19）坂本太郎『養老律令の施行に就いて』（『史学雑誌』第四十七篇第八号掲載、東京、昭和十一年）。
（20）養老四年頃、『大学明法博士』（『僧尼令集解』）であった越智直広江は、法典の改修には参画しなかったらしい。顧問として助言する程度でなかったかと推測される。なお、広江については、前掲『日本古代人名辞典』第二巻（昭和三十四年）、三〇八頁、参照。
（21）村尾元融『続日本紀考証』巻五。
（22）内藤泰夫『功田と功封と』（『国学院雑誌』第六十一巻第六号掲載、東京、昭和三十五年）、参照。
（23）滝川政次郎『本邦律令の沿革』（前掲『律令の研究』所収）。
（24）延暦五年正月十四日紀、『日本紀略』延暦十一年閏十一月四日条。

田村麻呂の母

武将としての坂上大宿禰田村麻呂の声名は、古くから人口に膾炙している。彼の生涯については、早く『田邑麻呂伝記』（『群書類従』所収）が著されているし、また高橋崇氏の『坂上田村麻呂』（『人物叢書』）は、この武将の伝記を考証・叙述して余すところがない。従っていまさら田村麻呂伝に蛇足を加える必要もないわけであるが、しかしこの偉丈夫を産んだ母親については、これまで全く考究されておらず、この点に関しては所見を開陳する余裕はありそうである。

高橋氏は、同書の冒頭でいわゆる『田村麻呂奥州誕生説』を鋭く批判し、それが全く虚妄に出ずることを述べているが、田村麻呂の母に関しては、『母については全く不明である』（七頁）と断定されている。しかし諸史料について吟味すると、田村麻呂の母の素姓に対してある程度の見当をつけることもできるのである。

この場合、最も重要な史料は、『類聚国史』（巻第三十二、および第七十八）に引かれている延暦十二年（七九三）二月三日紀の逸文である。

壬子《三日》、云々。高津内親王、曲宴を奉献す。外従五位下雲飛《うねびの》宿禰浄永、正六位上坂上大宿禰広人に従五位下を授く。親王の外親を以つてなり。五位已上に衣を賜ふ。

この内親王について、承和八年（八四一）四月紀は左のように述べている。

丁巳《十七日》。三品高津内親王薨ず。従五位下美志真王、従四位下坂上大宿禰清野、従五位下藤原朝臣氏宗、従五位下林朝臣常継らを遣して喪事を監護せしむ。親王は、桓武天皇の第十二皇女にして、従三位坂上大宿禰刈田麻呂の女・従五位下全子を納めて誕むところなり。嵯峨太上天皇、践祚の初め、大同四年六月、親王に三品を授け、即ち立て、妃と為す。いまだ幾《いくばく》ならずして廃す。良く以《ゆゑ》有りしなり。

この『未レ幾而廃』は誤りである。なぜならば、高津内親王は、嵯峨天皇の皇子・業良親王[1]と業子[2]内親王を産んでおり、早くみても廃されたのは、妃に立てられてのち三、四年後と認められるからである。廃妃の理由はともかく、彼女の母が刈田麻呂の娘の全子であったことは、他の諸文献からも証明しうるのであり、全く疑いがない。

延暦十二年二月三日、外従五位下・雲飛宿禰浄永と正六位上・坂上大宿禰広人の両名は、『内親王の外親なるをもって』それぞれ従五位下に昇叙された。『外親』とは、内親王の母・坂上大宿禰全子を通しての親族の意味である。『坂上系図』（『続群書類従』所収）によると、広人は田村麻呂の兄であった。全子の最も近い親族は、彼女の母の父か兄弟でなければならぬ。換言すれば、全子の母は雲飛宿禰であったことがおのずから推断されるので

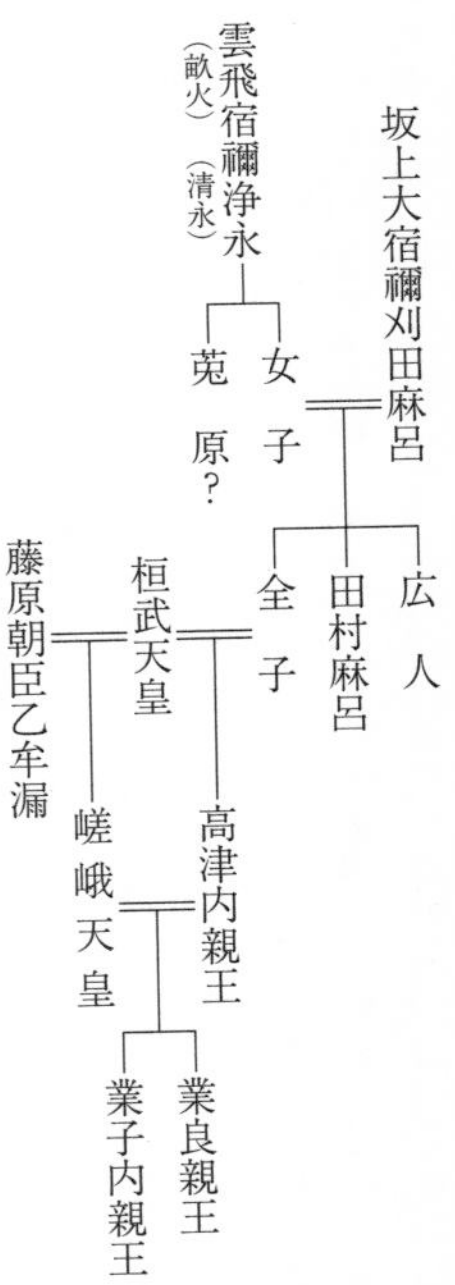

系図13　坂上氏と雲飛氏との関係

あり、浄永は母方の伯父か祖父、恐らくは後者に該当するものと推量される。

『坂上系図』によると、田村麻呂は刈田麻呂の三男であり、彼には六人の兄弟と二人の姉妹があった。『田邑麻呂伝記』によると、彼は刈田麻呂の二男であったという。それはともかく九人の子女が一人の母から生まれたとは考えにくいから、刈田麻呂には、嫡妻のほかに一、二人の本妻ないし妾妻がいたものとみなされる。そして確かな根拠はないが、少くとも広人、田村麻呂、全子の三人は、どうも母を同じうしていたように思われる。延暦十二年二月の宴に田村麻呂が昇叙されなかったのは、彼が前年（延暦十一年）の三月十四日、兄を越えてすでに従五位上に叙されていた[3]からであろう。そしてもし全子と田村麻呂とが同母の姉弟とすれば、当然系図13のような想定系図が可能となるのである。つまり全子と田村麻呂とが同母の姉弟と仮定すれば、田村麻呂の母は、雲飛（畝火）氏ということになるのであるが、二人を同母とみる可能性は非常に多いのである。

ところで、『新撰姓氏録』（右京諸蕃上）には、

畝火宿禰は、坂上大宿禰と祖を同じうし、都賀直三世《みつぎ》の孫《ひこ》・大人《うし》の直《あたへ》の後《すゑ》なり。

と見え、また『坂上系図』は、都賀使王の孫・刀禰直について、

姓氏録曰。志努直之四子刀禰直。是畝火宿禰。荒田井忌寸。蔵垣忌寸等三姓之祖也。

と註記している。すなわち、坂上忌寸（後に大宿禰）と畝火宿禰とは同祖の関係にあったが、奈良時代後半においても、両氏の間には交際があったのであろう。恐らくこうした間柄であったため、刈田麻呂は、正妻を畝火宿禰から迎えたものと思われる。

畝火宿禰には、『六国史』に記載されるような人材は、ほとんど輩出しなかった。僅かに延暦十年正月七日紀に、畝火宿禰清永、すなわち雲飛宿禰浄永が正六位上より外従五位下に叙されたことが記されているのに過ぎない。思うに浄永は、高津内親王の曾祖父であるという縁で官途につき、晩年において外従五位下、ついで従五位下まで累進したのであろう。

また弘仁元年（八一〇）十一月二十二日紀には、正六位上・畝火真人菟原が外従五位下に叙された旨が記されている。皇胤に属する『畝火真人』などという氏は、弘仁六年七月二十日付の上表を有する『新撰姓氏録』に全く記載されていないから、これは明らかに『畝火宿禰』の誤記と認めねばならない。察するに、この菟原は浄永の子、全子の伯父で

あったと認められる。
偉丈夫の田村麻呂を産んだ母親が畝火宿禰某女であったことは確証できないが、それはかなり蓋然性に富んだ推測であると言えよう。

註

（1）貞観十年正月十一日紀、『本朝皇胤紹運録』、『一代要記』乙集、『帝王編年記』巻第十二。
（2）『日本紀略』弘仁六年六月二十四日条、『本朝皇胤紹運録』、『一代要記』乙集、『帝王編年記』巻第十二。
（3）『公卿補任』延暦二十四年条。

葉栗臣翼の生涯

一

葉栗臣翼《はぐりのおみたすく》は開元七年、すなわち養老三年（七一九）、葉栗吉麻呂の長男として唐の長安に生まれた。彼の母は唐の婦人であった。[1] 父の吉麻呂は山背国乙訓郡の人であり、翼も長く乙訓郡に本貫を有していた。[2]

弘仁年間、翼の一族と考えられる葉栗臣氏は平安京の左京に居住していた。『新撰姓氏録』（左京皇別下）は、この葉栗臣をもって、和爾部《わにべの》朝臣と同祖で、彦姥津《ひこおげつの》命三世の孫・建《たけ》彦《ひこ》安《やすの》命の後裔であるとしている。また同書は（山城国皇別）山城国の久世郡の葉栗臣にも言及し、これは小野朝臣と同祖で、彦国葺《ひこくにぶく》命の子孫であると記している。『古事記』（孝昭天皇段）は、葉栗臣や小野臣、春日臣などの出自を、尾張連との関連において説いている。その点からすれば、『和名抄』に見える尾張国葉栗郡葉栗郷が容易に想起されるわけであるが、ここではそうした茫漠たる出自問題に深く立ち入る必要はなかろうと思う。

ただひとつ注意しておきたいのは、天平十八年（七四六）六月ごろから天平勝宝二年（七五〇）八月ごろまで写経所で働いていた羽栗臣国足のことである。彼は時には葉栗とも書かれているが、彼は山背国や尾張国の人ではなく、近江国犬上郡尼子郷の出身者であり、葉栗臣翼などとは一応関係がない。(3)(4)(5)

ところで、翼の父の羽栗（葉栗）吉麻呂が山背国乙訓郡の出身であることは、前記のように確実である。しかしなお追究を進めてみると、彼は乙訓郡国背《くせ》郷の出身でなかったかと思われる。というのは、この国背郷（現在、京都市南区久世）は、同じ山背国の久世郡からの移住者によって形成された聚落と推定されるからである。そして久世郡葉栗郷は、山城国皇別の葉栗臣の本貫とみなして、ほぼ誤りがないのである。

二

元正天皇の霊亀二年（七一六）の秋、従四位下の多治比真人県守を押使とする第八次遣唐使が編成された。一行は総勢五百五十七人であって、四隻の船に分乗して翌年（養老元年）三月、難波津から出帆した。この中には、下道《しもつみちの》朝臣（後の吉備朝臣）吉備真備、阿倍朝臣仲麻呂、大倭忌寸小東人（後の大和宿禰長岡）などが留学生や請益生として加わっていた。彼らは中級ないし下級貴族の子弟であって、それぞれ三、四人の傔人（従者）を連

れて入唐したのである。(6)
阿倍朝臣仲麻呂は、中務大輔正五位上勲五等の船守の子であって、(7)養老元年の入唐当時は齢わずかに二十歳であった。(8)この若い留学生の仲麻呂に父の船守がつけた従者の一人が、羽栗（葉栗）吉麻呂であった。(9)吉麻呂がどのような事情で故郷から都に上り、阿倍朝臣船守に仕えたのか、そうした事がらは一切明らかでない。

第八次の遣唐使節は、大任を果たして翌年十月無事に帰朝した。しかし留学生たちは、もとより長期滞在を志していたから、遣唐使節と一緒に帰ることはしなかった。そして羽栗吉麻呂も、仲麻呂の従者として長安に残留した。

そのころ、唐土において日本人はなかなか好評を博していたようである。遣唐使の一行の中には、その地に居残り、唐の婦人を娶った者も少くなかったらしい。早く第二次遣唐使に伴われて来朝した(10)韓知興、趙元宝の両名は『別倭種』、すなわち倭人が外国の婦人に産ませた子であったし、天平十八年いらい主計頭として活躍した秦忌寸朝元は、入唐僧・辨正と唐婦人の間に生まれた子であった。(11)我が留学生・高《こうの》内弓が唐土で娶った妻・高氏を見舞った運命は、余りにも悲惨であったが、(12)一方、大春日浄足の場合は非常に幸運であって、唐より伴った彼の妻・李自然は、従五位下を授けられているのである。(13)

羽栗吉麻呂も、しばらく長安に滞在している間に唐の婦人を妻に迎えることとなった。そして彼ら夫婦の間に開元七年（養老三年）に生まれた男の子が翼なのである。間もなく弟の翔《かける》も生まれ(14)、彼ら兄弟は、幼少年時代を長安に過ごしたが、彼らは唐の官人となった阿倍仲麻呂の愛撫をうける機会をしばしばもったことであろう。

養老元年より十六年たった天平四年（七三二）、従四位上の多治比真人広成（県守の弟）を大使とする第九次遣唐使節団が編成された。この時も、一行は五百九十四人という多勢であり、四隻の船に乗って天平五年四月に難波津から出航した。

この使節団が長安に到着した時、羽栗吉麻呂は、これを機会に家族を連れて帰朝しようと決意した。彼の在唐もすでに十七年を閲《けみ》していたし、彼としても望郷の念に駆られていたに相違なかった。主人の仲麻呂は、玄宗皇帝の許しが得られず帰朝がかなわなかった。吉麻呂は仲麻呂の諒解をえて使節団に帰朝を申し出たと思われる。

吉麻呂とその家族にとって非常に幸運であったのは、彼らが下道朝臣吉備真備や玄昉などと共に、大使広成の第一船に乗り込んだことである(15)。第一船は、天平六年十一月、多禰《たねが》島に到着し、一行は翌年早々に平城京にはいることができた。吉麻呂が唐人の妻を同行したかどうかは不明であるが、もし彼女が当時健在であったとすれば、同伴して帰朝したとみる方が妥当であろう。

天平七年には葉栗翼はまだ十七歳であった。彼がどのような青雲の志を抱いたかはわからないが、ともかく彼は僧籍にはいった。姓すらもたぬ彼のような青年、しかも唐に育ち、新しい知識と才能をもった青年にとっては、僧侶となって才腕を振うことが最も可能性のある前途と思われたのであろう。それに彼は玄昉の愛顧を受けていたに相違ない。そのころの玄昉は、新帰朝の大徳として朝野の尊信が極めて厚く、いたく時めいていた。若い翼は、玄昉の勢威に憧憬を覚え、また彼の引きで興福寺にはいって得度したのであろう。しかしながら運命は彼の前途を図らずも官界に向けたのである。『日本後紀』（延暦十七年五月二十七日条）はこのことを述べて、

……聡穎をもつて称へられ、通渉するところ多し。出家して僧となる。未だ幾ばくもならざるに、学業優長なり。朝廷、その才を惜しみて還俗せしめ、特に度二人を賜ふ。

と記し、彼が非常な栄誉をえたことを述べている。葉栗翼が稀にみる俊才であり、唐語を自由に話し、学業もまた抜群であることは、玄昉や吉備朝臣吉備真備を通じて朝廷に達していたのであろう。こうして翼の前には洋々たる前途が開け、彼は勇躍して官途についたに相違ないのである。

三

葉栗翼が官人に任用されたのは天平八年ごろであった。ところが爾来四十年間、すなわち宝亀六年（七七五）まで、彼の消息は杳として不明なのである。

一般的に見て言えるのは、翼が初めは舎人などに採用され、ついで史生などに昇任し、

徐々に官途をたどって行ったであろうということである。彼は、四十年を経た宝亀六年において正七位上であった。それは、度者二人まで賜わって前途を祝された俊才の彼にとって、あまりにも遅い昇進であったと言えよう。恐らく天平十二年（七四〇）における玄昉の失脚が彼に禍いし、前途を阻んだのであろう。しかしそれにしても、右大臣に起用された吉備朝臣吉備真備が彼を抜擢しなかったのは奇妙である。

もうひとつ注意されるのは、尨大な『正倉院文書』を通覧しても、葉栗翼という名は全く見当たらないということである。これからみると、彼は写経所や造東大寺司とあまり関係のない官司、または国司の下級官人として長い月日を送っていたのではないかと思われる。ただ文筆に長じた彼の才能は広く認められていたようであるから、太政官ないし中務省などの微官として過ごしていたという可能性も多いのである。

その間に、彼の弟の翔も官途についた。この方もなかなかの秀才であり、唐語もよく話したのであろう。藤原朝臣清河が第十次遣唐使節団の大使として天平勝宝四年（七五二）に入唐し、帰路遭難して長安に戻り、唐朝に仕えたことは史上顕著な事がらである。この清河を迎えるため、天平宝字三年（七五九）二月、外従五位下の高元度が迎入唐大使を命じられ、彼は九十九名からなる使節団を率い、渤海路をとって進発したのであった。葉栗翔は、この時、録事に任命され、使節団に参加したのである。彼らは無事に渤海に到着したが、折りあしく唐土には『安史の乱』が起こっていた。そこで渤海は、大使・高元度、録事・葉栗翔など十一名だけを長安に送り、判官・内蔵忌寸全成《またなり》など八十八名を日本へ帰すこととした。高元度の一行は長安に到着したものの、特進秘書監の任にある河清こと藤原清河が乗船[16]のため国内旅行をするのは危険であると告げられ、止むを得ず葉栗翔を清河の許にとどめ、天平宝字五年八月に帰朝したのであった。

天平宝字四年において、葉栗翔は齢四十歳ほどであった。長安は、彼の生まれ故郷でもあったから、そこに残留して清河に仕えることは、彼にとって必ずしも不愉快ではなかったであろう。清河は、唐朝の官人として時めいていた。また彼は唐婦人を娶り、喜娘と呼ばれる娘まで儲けていた。更に幼い時分に翔を可愛がってくれた阿倍仲麻呂も、間もなく鎮南都護として赴任はしたけれども、長安にいたのである。一方日本では、近々に遣唐使を派遣するという情報もはいっていたであろうから、翔としては意を安んじて長安にとどまったと推測される。

しかし第十二次、第十三次の遣唐使は失敗に終わり、実現されなかった。それで翔は、止むをえず長安に長期滞在することとなった。史料が不充分なため、翔が宝亀八年（七七七）に、第十四次遣唐使が長安に到着するまでの十七年のあいだ健在であったかどうかは不明である。また宝亀八年の帰朝の際、第一船に乗り込み、副使・小野朝臣石根などと一緒に海の藻《も》屑《くず》となったかどうかは推知する由もない。帰朝の暁には、翔は当然、外従五位下くらいの位を授けられたはずである。そうした記事が『続日本紀』に見えないところからすると、翔は長安滞在中に客死したとみる可能性が強いのである。

四

宝亀六年（七七五）六月十九日、第十四次の遣唐使が決定をみた。大使は正四位下・佐伯宿禰今毛人《いまえみし》であった。そして葉栗翼は録事四人のうちの一人に任命された。

翼は、その時すでに齢五十七歳に達していた。政府もさすがに彼を気の毒と思ったらしく、同年八月二十九日、まだ正七位上の階にあった彼を一挙に外従五位下に昇叙し、録事ではあるが、准判官として行動すべき旨を決定した。与えられた使命のほどは別としても、生まれ故郷の長安に赴き、またそこで弟の消息が聴ける点で、今次の入唐は翼にとって感慨深いものがあったであろう。

翌七年三月六日、当時、太政官少納言局の大外記であった翼は、勅旨大丞の兼任を命じられた。大外記任命は、彼が漢学に造詣が深く、文筆に長じていたためであろう。当時の少納言は従五位下・安倍朝臣弟當であった。彼は宝亀六年の末か七年の初めに、内蔵忌寸全成の後をうけて大外記に任じられたらしく、その際、全成は勅旨省の少輔に転出したようである。ところが七年三月に翼は勅旨省の大丞を兼ね、ここにおいて親しく光仁天皇に接する機会をもったのである。天皇は、翼がまだ姓すら帯びていないことを案じられたとみえ、七年八月八日には臣の姓を賜わった。

そのころ、彼の氏名の羽栗は葉栗とも書かれ、一定していなかったが、翼はこの賜姓を機会に葉栗臣に一定したようである。

第十四次の遣唐使は、準備に意外なほどの時間を費した。その宝亀八年（七七七）四月十七日の平城京出発に際しても、大使・佐伯宿禰今毛人の急病のことがあったりして一層ごたごたしたのである。結局、使節団は、副使の小野朝臣石根を長とし、六月二十四日、筑紫を出帆したが、翼は准判官の録事としてこれに同行したのであった。

わが使節団を乗せた四隻の船は、七月三日、揚州海陵県に到着した。そして手続きに手間をとり、入京を許された四十三名は、翌年正月十三日に長安城にはいった。翼は無論この一行に加わり、副使・小野朝臣石根に随行して懐しい長安にはいったのである。彼にとっては実に四十八年ぶりの長安であった。

翼の父・吉麻呂の主人であった阿倍朝臣仲麻呂は、安南節度使にまで昇進した後、大暦五年（宝亀元年）正月、長安で逝去していた[17]。藤原朝臣清河は、七十七歳に達しており、ひどく老衰していたようである。清河には、帰朝を待つ旨の光仁天皇の恩勅が伝えられた。しかし清河は、翌九年（唐の大暦十三年）の初めに長安で逝去した。そこで副使（大使代理）の小野朝臣石根は、清河が唐婦人に産ませた喜娘を伴って帰ることとした。

翼は、長安において弟・翔の消息を知ったわけである。彼が弟の死を知ったか、或いは兄弟が十七年ぶりに再会したかは知る由もないが、どうも前者の可能性が多いようである。

さて遣唐使の一行は、喜娘をつれて宝亀九年四月二十四日、長安を後にした。そして六月に揚州に到着した。但し第四船に乗る人びとは、判官の海上《うなかみの》真人三狩に率いられて、楚州の塩城県に向った。一行は揚州から揚子江の河口へ行って第一、第二船に乗り、一部は揚州海陵県に赴いて第三船に分乗した。この時、葉栗臣翼が副使の大神朝臣末足と共に第二船に乗ったことは、殆ど疑いがないのである。後に触れるように、翼は入唐に際して揚州を訪ねているから、第四船に乗ったとは考えられない。また彼は唐から典籍を持ち帰っているが、難破した第一船に乗ったとすれば、それは不可能であった。従って翼の乗船は、第二船か第三船かということになるが、人員の配置からすれば第二船とみるのが妥当である。このように想定すると、遣唐使の四船は、次ぎのような運命を辿ったと考えられる。

第一船

(1)主な乗船者　持節副使・小野朝臣石根、判官・大伴宿禰継人、唐使・趙宝英、喜娘、主神《かむつかさ》・津守宿禰国麻呂。

(2)出航地と出帆日　蘇州常熟県、十一月五日。

(3)航海　十一月八日、波浪のため石根以下日本人三十八名、趙宝英以下唐人二十五名、漂没。十一日、船は前後に分解。

(4)到着　船の艫《へさき》部に残った津守国麻呂、唐の判官など五十六名、十一月十三日に薩摩国甑《こしき》島に漂着。船の舳《とも》部に残った大伴継人、喜娘など四十一名、十一月十三日、肥後国天草郡西仲島に漂着。

第二船

(1)主な乗船者　副使・大神朝臣末足、准判官・葉栗臣翼。
(2)出航地と出帆日　蘇州常熟県、十一月五日。
(3)航海　波浪に遭いしも、無事。
(4)到着　十一月十三日、薩摩国出水郡。

第三船

(1)主な乗船者　判官・小野朝臣滋野。
(2)出航地と出帆日　揚州海陵県、九月九日。
(3)航海　九月十一日、揚子江にて砂洲に乗上げ、十月十六日、離脱して航行。以後は、無事。
(4)到着　十月二十三日、肥前国松浦郡橘浦。

第四船

(1)主な乗船者　判官・海上真人三狩、録事・韓国《からくにの》連源。
(2)出航日と出帆日　楚州塩城県、十一月初旬。
(3)航海　耽羅嶋に漂着し、住民のため抑留。韓国源など四十余人は、密かに纜を解いて脱出。第四船にて九州に向う。
(4)到着　韓国源らは、十一月十日、薩摩国甑島に到着。海上三狩らは、新羅を経て翌十年七月十日、太宰府に帰着。

当時の遣唐使の海上往還がいかに危険であったかは、右によっても推測できよう。葉栗臣翼は三たび大海を渡航したが、幸いにも遭難を免れたのである。翼が第二船に乗ったことは前記のように殆ど間違いがないが、それだけに彼は、典籍を初め種々の将来品を携えて帰朝したに相違ない。

五

いずれにしても葉栗臣翼は、宝亀九年（七七八）の十月か十一月に、無事大任を果たして帰朝することができた。そして翌十年四月二十七日には従五位下に叙されて入内し、官人としての宿望がかなった。

彼の入唐に関しては二つの挿話が伝えられている。そのひとつは、宝亀十一年に彼は、唐から携えて来た宝応元年に郭献之が作った『五紀暦経』を献じ、『大唐ではいま「大衍暦」の使用をやめ、ただこの経ばかりを用いている』旨を申し述べたことである[18]。桓武天皇が即位された天応元年（七八一）、天皇は勅して、『五紀暦経』によって暦日を造るよう命じられた。しかし『五紀暦』の習得は容易でなく、なお永く『大衍暦』が用いられ、天安元年（八五七）にいたって始めて『五紀暦』が採用された[19]。

もうひとつの挿話はやや複雑である。すなわち天平神護二年（七六六）、散位従七位上の昆解《こんげの》宮成という者が白鑞に似た金属を得てこれを朝廷に献じ、『これは、丹波国天田郡の華浪山から得たものである。これで様々な器物を鋳造してみるに、唐錫に劣らない。よってこの真の白鑞で得た鏡を呈上する』旨を述べた。その後、朝廷は彼に外従五位下を授け、一方、人夫を動員して採掘させた。人夫数百人分をかけただけで、その金属が十余斤も採取された。一部の者は、『これは鉛に似ているが鉛ではなく、まだなんと名づくべきかを知らない』と言った。そこで諸々の鋳工を呼び集め、宮成も混えてこの金属を冶金せしめた。宮成は鋳工たちの面前なのでごまかしをする方法がなく全く窮したが、しかもそれが白鑞に似た金属であると主張して譲らず、敢えて引き下ることなく、朝廷もこれには手を焼いていた。

そこで宝亀八年の入唐に際して、政府は翼にこの金属を与え、唐でそれを鑑定してもらうよう命じた。翼は往路、帰路とも揚州に滞在したが、彼は揚州の大都督府で揚州の鋳工たちにこれを示し、鑑定を依頼した。その際、どの鋳工もみなこれを『鈍隠』であると言ったとのことである。(20)『鈍隠』がいかなる金属を指したかは、今日ではもはや不明である。昆解宮成の事件は、結局うやむやに終わったらしく、彼が外従五位下を剝奪されたといった記事は、国史に載せられていない。

六

宝亀十年四月、従五位下に叙された葉栗臣翼は、勅旨大丞を本官として天皇の側近に仕えていた。大外記の方は、一緒に入唐した上毛野公大川[21]が彼に代わっていた。天皇の傍近く仕えるという翼の運命は、桓武天皇の治世になっても変らず、ますます彼は天皇の信任を厚くしたようである。

天応元年（七八一）六月二十五日、翼は朴消を練るために難波に派遣された。彼は決して勅旨省の単なる事務官僚ではなく、金石や本草の造詣が深かった。恐らく当時の難波には、唐人や新羅人が相当居住していたに相違なく、翼はこれらの異邦人から材料の提供をうけ、貴重薬の『朴消』Mirabitを調剤するために、難波に赴いたのであろう。

桓武天皇は、緊縮財政を推し進めるため、早くから造宮・勅旨二省の廃止を意図されていたが、これが実行される延暦元年（七八二）四月に先立った二月七日、翼は丹波介に任じられた。同じ日に丹波守に補された従四位下・佐伯宿禰久良麻呂は、中衛中将が本官で丹波守は遙任であったから、翼は平城京を去って必ずや丹波国に赴任したはずである。

翼が丹波介に在任している間に、都は図らずも彼の本貫たる乙訓郡に移り、それは長岡京と命名された。丹波国府は、そのころ京都府南桑田郡（亀岡市三宅町）にあったと推定される。従って朝に国府を出れば、丹波路を上って昼ごろには長岡京に着くことができたわけである。延暦三年の十月いらい、翼は政務の連絡その他を理由として京に出る機会が多くなったことであろう。翌四年八月十四日に、翼は従五位上に昇叙され、なお丹波国府に在任していたが、翌年七月三日には内薬正兼侍医を命じられ、四箇年余の国司生活を終えて都に戻ったのであった。内薬司は中務省の所管で、宮内省所管の典薬寮とは別な官司であった。『大宝令』によると、内薬司には四人の侍医がおかれていた。この侍医は天皇や皇后などの医療に携わる者で、典薬寮の医師よりはずっと重要な任務を帯びており、その立場上絶えず天皇との接触があった。本草に詳しくかつ信任の篤い翼が、この官司の正《かみ》に任じられ、侍医を兼ねたのは別に不思議なことではなかった。そのころ、翼の下には、侍医として難波連伊賀麻呂がいた。(22)正倉院の薬物を検定しているところからすれば、位こそ正六位上ではあっても、やはりこれも本草に造詣の深い人物であったのであろう。

延暦七年三月二十一日、葉栗臣翼は、更に左京亮の兼任を命じられた。彼の本貫が乙訓郡国背《くせ》郷であったとすれば左京亮就任は、彼の最も願うところであったであろう。国背郷は左京の北に隣接しており、左京の地は彼と浅からぬ因縁をもっていたことと思う。

当時の左京大夫は、中納言従三位・石川朝臣名足であった。彼は、頭脳明晰で流るる如く裁断を下すほどであったが、『性すこぶる偏急で、好んで人の過をなじり、官人が政を申す際に、もし彼の意にあわないと、その人を口を極めて罵る』ような人物であった。(23)すでに老成し、かつ天皇の信任も厚い翼が名足のもとでさほど苦労したとも思われないが、その名足は同年六月に薨じ、代わって七月には、兵部大輔従四位下・藤原朝臣雄友が大夫を兼任した。彼は右大臣・是公の第二子で、名足とは反対に、『性が温和で、みだりに喜怒を表わさず、音韻が清朗で、姿や動作が稀にみるほど端麗な』人物であったから、(24)翼としても気分よく彼に仕えることができたであろう。

延暦七年から八年にかけては時局は重大であった。長岡京の造営は全く停頓していた。一方では、単功二十三万余の人夫をもって摂津、河内の隣接地域の大開発が進められていたし、また蝦夷征討のため、五万二千八百余名に及ぶ動員が遂行されつつあった。この征討軍も衣川の線で膠着し、ようやく進撃してみると散々に撃破され、戦死二十五名、負傷二百四十五名に対し、溺死千三十六名という未曾有の醜態を演じたのである。のみならず、七年にはひどい旱魃があり、ために諸地方に飢饉が起こり、物価は暴騰するといった有様であった。

無論、政府としては、事態を好転するために種々の対策を講じた。勅旨所の強化の如きも、桓武天皇がそうした対策の一環として構想されたもののようである。勅旨省は延暦元年に廃止された。しかしそれがもっていた機能、すなわち、㈠天皇の私的な官房、㈡御料地（勅旨田その他）の管理、㈢天皇が必要とする万端の品物の調達のうち、㈠と㈡は、他の官司に移管されることなく、規模を縮小した官司—勅旨所—に引きつがれたのである。これは形式的には中務省の所管に属し、また事実、内蔵寮とは密接な関係をもつ官司であったけれども、その幹部には桓武天皇の信任の厚い人材が採用され、天皇の諮問機関のような機能を果たしていた模様である。(25)

翼がいつ勅旨所に参与したかは、明らかでない。恐らくそれは内薬正として都に戻った延暦五年（七八六）七月のことかと推測される。すでに彼は、勅旨大丞として八箇年もこの分野で経験を積んでいたのであるから、事務的な面についてみても、彼の勅旨所参与は、自然な人事であると言えよう。たぶん彼は、『内蔵員外助』といった資格で勅旨所に参与していたのであろう。

　延暦八年二月四日には、人事の異動があり、翼は左京亮の兼官を免じられ、内蔵助の兼任を命じられた。この時、翼はすでに七十一歳の高齢であったが、まだ充分に宮仕えできるほどの健康状態であった。延暦八年六月十五日付の『勅旨所牒[26]』は、当時の勅旨所の構成や機能を示唆する重要な史料である。ここには、『従五位上行内薬正兼侍医助葉栗臣』とある下に『翼』と書いた彼の自署が認められる（第5図）。これは右肩がやや上った謹直な書体で、然も筆勢は力強く鋭いものがある。これをよく分析するならば、彼の性格もほぼ推しはかれるであろう。

第５図　葉栗翼の自署（原寸）

　延暦九年二月二十七日にいたって、翼は遂に正五位下に叙された。もし彼に嫡子があったとすれば、『選叙令』の定める蔭位の制により、その人は自動的に正八位下に叙されたことになる。しかし翼の子たちについては、殆ど知られる所はない。

　ただ『文徳実録』の斉衡元年（八五四）正月八日条をみ

ると、この日、無位の葉栗臣乙貞が従五位下を授けられた由が記されている。乙貞は、やはり同日に叙位のあった藤原朝臣能子や在子（有子）と同様に、掌侍の任にあったと考えられる。恐らく彼女は、翼の孫か曾孫に当たっていたのであろう。また『紀略』弘仁元年（八一〇）五月二十七日条には、渤海の使節を越中国にとめおき、同国司の史生の羽栗馬長并びに習語生等をして渤海語を習わしめたと記されている。恐らくこの羽栗馬長は、平安京の左京に貫していた葉栗臣翼の近親者ではなかったかと思う。

『選叙令』には、『凡そ官人、年七十以上なるは、致仕を聴《ゆる》せ』と定められている。しかし翼はまだまだ矍鑠《かくしゃく》としており、敢えて致仕するには至らなかった。延暦九年三月には、藤原朝臣内麻呂があらためて内蔵頭に就任した。翼は、勅旨所においてこれまでも内麻呂の下で働いていたから、彼が今さら内蔵頭となっても、別段どういうこともなかったであろう。しかし内蔵寮の仕事は、非常な激務であり、かつ微妙なものがあったから、彼は内薬正兼侍医としてではなく、専ら内蔵助としての兼官の方の任務に精勤し、老軀に鞭うって働いたことであろう。内麻呂は延暦十四年三月、陰陽頭を兼任した。(27)内蔵頭の任は自ら解かれたであろうが、ついで誰が内蔵頭に就任したかは明らかでない。知られるのは、当時、内薬佑として外従五位下兼侍医の広海連男成がおり、(28)また侍医の一人に外従五位下の清道連岡麻呂などがいた(29)ということくらいである。或いは翼自身が内蔵頭に就任し、内薬正を兼ねたのかもしれない。

延暦十六年正月七日、翼は正五位上を授けられた。しかしこの頃には、さすがの彼も老衰を来たしていたらしく、翌年五月二十七日に彼はその永い生涯を終えた[30]。時に数えで享年八十一歳であった。

七

葉栗臣翼の生涯は、天平から延暦にかけてみられたある中級官人の一生であった。史料の関係で彼の内面生活にまで立ち入って述べることはできないが、とにかくそれは、複雑な政争の波にもまれながらも、真剣に生き抜いた八十年の生涯であったと言える。

無論、彼の場合は、やや特殊な事情もあり、一般の中級官人と同一視するわけには行かない。すなわち、かの秦忌寸朝元と同様に、翼は『別倭種』、つまり倭人と唐人との混血児であったからである。この朝元の娘が藤原朝臣種継の母であったことは[31]、周知の通りである。

翼は、唐婦人を母として中国に生まれ、そこで若干の教育をうけて父の故国に帰って来た。彼の俊敏な才能はいちはやく嘱目され、還俗まで敢えてして官人に登用された。たとい彼が門閥に属さず、拠るべき背景もなかったにせよ、当時の情勢からすれば、参議程度の高官にまで栄達することは、必ずしも不可能ではなかったはずである。恐らく何等かの事件が官人としての彼の出足をくじき、下積みの官人としての方向へ彼を追いやったのであろう。そしてそれが、玄昉の失脚であることは、殆ど確実のように思われる。

光仁、桓武の両朝は、人材の登用、抜擢という点では、前後に例をみない時代であった。このころに至り更めて翼の人物が評価され、彼が天皇の側近に侍するに至ったのは当然であったが、栄達という面ではすでに遅過ぎていたのである。むしろ彼は、天皇の侍臣として内側からその文化的、政治的な使命を果たすことに満足を覚えていたであろう。

光仁・桓武両朝の歴史を如何に評価するかは、現下の日本史学界における切実な課題のひとつである。この問題の解決には、様々な角度から照明が与えられねばならないが、当時の政治に参画した有力な官人や、天皇の側近にあって影響力のあった官人たちの生涯を個別的に検討してみるのも、有効な方法のひとつとされよう。

八十年にわたる葉栗臣翼の生涯は、それ自体興味深いものがある。そして右の課題に関連させながら再検討を加える時、彼の生涯はまた別個な関心を喚ぶもののように思われるのである。

註

(1) 延暦十七年五月二十七日紀。

(2) 宝亀七年八月八日紀。
(3) 『大日本古文書』巻二、五一七頁、巻九、一二一八頁。
(4) 同右、巻三、四四八頁。
(5) 同右、巻十、二六六頁。
(6) 第八次遣唐使の委細については、木宮泰彦『日支交通史』上巻(東京、大正十五年)、森克己『遣唐使』(東京、昭和三十年)など、参照。
(7) 『古今和歌集目録』(『群書類従』所収)。
(8) 杉本直治郎『阿倍仲麻呂伝研究』(東京、昭和十五年)、一一五頁以下。
(9) 延暦十七年五月二十七日紀。
(10) 『伊吉博徳書』(白雉五年二月紀、所引)。
(11) 『懐風藻』釈弁正伝。
(12) 天平宝字七年十月六日紀。
(13) 『日本紀略』延暦十一年五月十日条。
(14) 延暦十七年五月二十七日紀。
(15) 翼は、天平六年に来朝した(延暦十七年五月二十七日紀)。第九次遣唐使の四隻の船のうち、第二、第三船は漂流し、第四船は行方不明となり、結局、天平六年に帰って来たのは、第一船のみであった。従って羽栗親子が第一船に乗っていたことは、極めて明白である。なお、杉本、前掲書、四〇四~四〇五頁、参照。
(16) 天平宝字五年十一月三日紀。
(17) 杉本、前掲書、一二六頁。

(18) 貞観三年六月十六日紀。
(19) 荒木俊馬『日本暦学史概説』(京都、昭和十八年)、一〇〇頁以下、参照。
(20) 天平神護二年七月二十六日紀。
(21) 『続日本紀』の編纂者の一人として著名。『日本古代人名辞典』第二巻(東京、昭和三十四年)、五三九〜五四〇頁、参照。
(22) 延暦六年六月二十六日付『正倉院珍財帳』(『大日本古文書』巻二十五、『平安遺文』第八巻、所収)。
(23) 延暦七年六月十日紀。
(24) 弘仁二年四月二十三日紀。
(25) 角田文衛『勅旨省と勅旨所』(角田文衛著作集第三巻所収)。
(26) 本文並びに写真は、角田、前掲論文、所収。本文のみは、『平安遺文』第十巻、所収。
(27) 『公卿補任』延暦十四年条、『尊卑分脈』第一編、摂家相続孫。
(28) 延暦十二年六月十一日付『東大寺使解』(『大日本古文書』巻二十五、『平安遺文』第八巻、所収)。
(29) 延暦十三年四月二十五日付『太政官牒』(『大日本古文書・東大寺文書』巻一、『平安遺文』第一巻、所収)。
(30) 延暦十七年五月二十七日紀(『類聚国史』巻第百八十七、所引)。
(31) 『公卿補任』延暦元年条。

山科大臣藤原園人——特にその政道観をめぐって——

一

世に『山科大臣』と謂われる藤原朝臣園人《そのひと》は、参議従三位・楓麻呂の長子として孝謙天皇の天平勝宝八歳（七五六）に生誕した。(1)生まれた場所は、恐らく平城京であったであろう。すなわちこの時、父・楓麻呂は三十三歳であって、まだ出身していなかったのであるから、必ずや平城京に住んでいたと推測されるのである。天平勝宝八歳と言えば、この年五月には太上天皇が崩御し、世は諒闇の中にありながらも、左大臣・橘朝臣諸兄の致仕の後を承けて、南家の藤原朝臣仲麻呂がようやく進出の気配を示し、嵐を予測せしめる風のさやぎがすずろに感じられて来た頃であった。

園人の家系をもう少し詳しく述べると、祖父の参議従三位・房前は、いうまでもなく淡海公不比等の第二子であって、母は兄の武智麻呂と同様に、大臣大紫冠・蘇我連子の娘の娼子である（『尊卑分脈』。但し、『公卿補任』は、媼子に作る）。兄弟は幼くして母を喪った

[2]が、共に轡《くつわ》を並べて栄進し、天平九年（七三七）、疫病にかかって一時に薨去したことは周知の事実である。房前は、初め三十歳前後に従五位下・春日倉首老の女に通って長子・鳥養を儲けたが、ついで敏達天皇の後裔従四位下・美努王の娘の牟漏女王を室とした。牟漏女王は橘朝臣諸兄の妹であって、共に県犬養橘宿禰三千代の産むところである[3]。そして牟漏女王との間にできたのが、第二子の永手、第三子の真楯（八束）、第六子の御楯である。次ぎに、母に関しては疑問があるが[4]、ともかく、第四子の清河と第五子の魚名とを儲けた。昔、房前の祖父・鎌足は、采女を得て狂喜したことであったが（『万葉集』九十五番）、房前もまた阿波の采女に通じたのであった。『補任』には、房前の妾妻について『采女外従五位下粟直』と見えているが、別に説いたように[5]、この婦人は『板野命婦』こと粟直若子である。この『板野命婦』と房前の間に生まれたのが楓麻呂なのである。宝亀七年（七七六）六月紀には、

甲子《八》、近衛大初位下粟人道足等十人賜姓粟直。己巳《十三》、参議従三位大蔵卿兼摂津大夫藤原朝臣楓麻呂薨。平城朝贈太政大臣房前之第七子也。

と見える。想像を逞しうすれば、楓麻呂は病篤くなった時、兼ねての念願であった母の氏人らに賜姓を請い、勅許を得たものと解せないでもないのである。その他、房前には遂竈なる子と二人の娘があり、娘達はそれぞれ南家の豊成と仲麻呂に嫁している。

さて、園人の母については、『尊卑分脈』（第一編）には、『母内大臣良継女』とあり、

また同書第二編宇合卿孫には、良継の女一人を掲げて『右大臣園人母』と見えている。ところが『補任』には、『母山階寺之人（或本内大臣良継女）』と記されている。『山階寺之人』とは、いかなる意味かつまびらかでないが、楓麻呂の兄の永手が同じく良継の娘を室としていることから考えても、やはり園人の母を良継の娘、すなわち太皇太后・乙牟漏の姉妹とするのが妥当であろう。すなわち園人は、生を名門に享けたのみならず、平城天皇、嵯峨天皇、贈皇太后旅子の従兄であったわけである。

園人の青少年時代については、これを窺知し得る史料を欠いている。恐らくは、少年時代の大部分を風雲みなぎる平城京に過ごし、またある時は、父に従って美濃国におったこともあろうと推察される。またやや長じては、当代における貴族の子弟の恒として、必ずや大学に学んだことであろう。更に彼がもし大学の学生であったとするならば、当時の碩学であった淡海真人三船の薫陶を受けたに違いない。このことは、父・楓麻呂と三船との関係(6)からしても、推断に苦しまぬところである。

宝亀七年六月、園人は父を喪ったが、翌年九月には外祖父で、非常な権力者であった良継が薨去した。当時、彼はまだ二十歳を一つ二つ出た時分であったが、これらの不幸は、爾後の彼の履歴に多少とも影響するところがあったであろう。またそのころ、『選叙令』の規定により、三位の嫡子として、園人は従六位上に叙されていた。そして内舎人といった名門の子弟が補される職に任じられていたことと思われる。

二

園人は宝亀十年正月十二日、ちょうど二十四歳の時、従五位下に叙され（『紀』、『補任』）、翌月二十三日には美濃介に任じられ（『紀』、『補任』）、ここに彼の牧吏生活が始まった。彼はただちに任国に赴き、美濃守・紀朝臣家守の下にあって、始めて地方行政の実際を学んだのである。いること二年余にして、天応元年（七八一）五月二十五日には備中守に転じた（『紀』、『補任』）。齢いまだ二十六歳にして上国の守に任ぜられたのであるから、その栄進はまことに迅速であったと称すべきである。のみならず延暦二年（七八三）二月二十五日には少納言に任じられて中央に戻り（『紀』、『補任』）、恐らくは侍従を兼ね、同四年正月二十七日には、従五位下でありながらも特に抜擢されて右少弁に任命された（『紀』、『補任』）。これはもとより園人の精励の致すところであるが、また彼の学識の並々でなかった事実を証示しているのである。園人と同年齢で、ほぼ同じ条件にあった藤原朝臣内麻呂の経歴が明示しているように、本来ならば園人は、少納言、右少弁を振り出しに、大いに中央政界に進出すべきであったのであるが、なぜか在任十箇月ばかりで、同年十月二日には安芸守に任じられている（『紀』、『補任』）。しかもこの日、発令されたのは、佐渡権守に左遷された吉備朝臣泉と園人との二人だけである。彼が泉と関係があったとは認められないが、ともかくこの安芸守転任は、園人の一生における暗影であるように見受けられる。

こうして園人は安芸守として任国に下り、三年の間、地方行政に腐心するところがあった。延暦八年正月六日になって、ようやく従五位上に昇叙されたが（『紀』、『補任』）、翌月四日には備後守に移された（同上）。然も殆ど赴任する暇もなく、翌三月十六日には太宰少弐に任じられ（同上）、家族と共に太宰府へ向かったのである。園人がいつ、どこで、だれと結婚したかはつまびらかでないけれども、この年には長子の浜主が誕生している。このころ、長岡遷都や征夷軍の大敗などで、都は騒然としていたが、また一方、太宰府管内には毎年のように不作が続いていた。然も、太宰帥・佐伯宿禰今毛人は老齢のために京にとどまっていたばかりでなく、彼が致仕した後はしばらく帥の任命がなく、大弐従四位下・石川朝臣真守が責を一身に負うて奮闘していたのである。園人は、先任の少弐・紀朝臣伯麻呂と共に真守を扶けて百姓を賑給し、彼らの困苦を救っている。(7) 例えば、延暦九年には、太宰府は勅許を請うて所部の飢民八万八千余人に賑恤を加えている。延暦十年（七九一）正月二十二日、彼は豊後守に転じ（『紀』、『補任』）、爾来、まる七年間を現在の大分市古国府の国庁にあって、地方行政に身を委ねたのであった。園人が如何に誠意と努力とをもって牧宰としての責を果たしたかは、『補任』に、『皆良吏の称あり。百姓追慕して、或いは祠を立つ。』と評していることからも想察されるであろう。後年、園人自らも、往時を述懐して、『昔歳《むかし》、庸菲を揆《はか》らず、頻りに外任をへ、西より東に及ぶこと、惣べて十有八年なり。黎民の疾苦、政治の得失、耳聞目見し、頻る相錯《たが》ふことなし。』と言っている。(8) すなわち、将来、廟堂に立って極めて現実的な経綸を行った園人の卓越した識見が、名門の子弟としては永年にわたった、わびしい受領生活の間に培われたであろうことは、疑いを容れないのである。

この牧宰としての耀かしい政績は、次第に中央の認めるところとなり、園人は、延暦十七年（七九八）二月二十五日には大和守を拝し、越えて閏五月十七日には右京大夫を兼任することとなった（『補任』）。当時の南都は旧勢力の淵藪《えんそう》であって、平安京に隠然として対峙していたのである。弘仁元年（八一〇）、平城上皇が南都において事を図られ、天下は危く二分せんとする形勢を示したことからも、這般《しゃはん》の事情は推知されよう。然も、右の旧勢力を一方で代表する南都諸大寺の僧尼の間には濫行が頗る多く、上は桓武天皇を悩まし、下は善男善女を搾取してやむところを知らなかった。僧綱も国司も、手を拱いて捉《そく》搦《じゃく》を加える由がなかったばかりでなく、彼ら自身も、法相宗、三論宗の両派に分かれて相争っていたのである。のみならず霖雨がしばしば続いて山は崩れ、堤防は決壊し、百姓は塗炭の苦しみを味わっていた。他方、平安京でも、かの藤原朝臣緒嗣が『方今、天下の苦しむところ、軍事と造作なり』(9) と喝破したように、外は、莫大な軍事費と健児の徴発によってようやく苦慮の相を呈し、内は、遅々として進捗せぬ平安京の造営に疲労していたのである。加うるに、群盗や妖言を放つ者が多く、この物情騒然たる中を車駕はしきりに京中を巡幸したのである。従って京職に課された警保の責任は並々ではなかった。この時に当って大和守に補任せられ、また特に造営のはかばかしくない、物騒な右京の大夫を命じられたことは、よほど才幹を見込まれていたためであり、園人の責務たるやまた重大なるものがあったわけである。

しかしながら、園人が鋭意改革と粛正に務めたのは、大和国の行政であったようである。事実、名目だけならばともかくとして、専心事を処するためには、右京大夫で大和守を兼任することは到底不可能であったであろう。この年の七月二十八日には、『平城旧都、元来寺多く、僧尼猥多にして、濫行屢〻と聞ゆ。宜しく正五位下右京大夫兼大和守藤原朝臣園人をして、便ち検察を加へしむべし』という勅が下されている[10]。この『便ち』は、『直ちに』の意味である。当時、大和国の僧尼の取締りが、焦眉の政治問題であったことが右によって察知される。同年十一月八日に至って園人が治部大輔の兼任を命じられたのは(『補任』)、寺院行政に対する彼の権限を増大さす意図に出たものと想定される。かくして園人は大いに僧尼の濫行を懲粛し、諸大寺の反抗的気勢の軟化に尽力し、一方では百姓を賑恤して水害後の民心を安堵させ、また太政官に献策して行政の刷新に心を致したことであった。先に彼は正五位下に叙されていたが、延暦十七年八月十六日には、越階して従四位下に昇叙されている(『補任』)。また彼が帯びていた勲五等は、政績験しき故をもってその頃に賜わったものであろう。

こうした多年に亙る牧宰としての功績は、ひとり官のよく認むるところとなったばかりでなく、苦心した実地の体験とすぐれた才幹によってもたらされた卓越せる識見と手腕とは、園人をして自ら政界に重きをなさしめたのである。延暦十八年九月十日には、右京大夫を辞し、大和守を兼ねたまま右大弁に昇進し（『紀』、『補任』）、こうして彼の前には、ようやく坦々たる前途が展開すると共に、前後十八年に及んだ長い牧吏の生活を終えたのであった。

やがて彼は、延暦二十年正月には大和守の兼任を辞し、同年七月には大蔵卿に任じられ（『補任』、『弁官補任』、『藤原氏系図』）、国家の財政の衝に当たることとなった。延暦二十二年正月七日には従四位上を授けられ（『補任』）、ついで十四日には相模守を兼ねるに至った（『補任』）。いうまでもなく、この相模守は遙任である。それは、大蔵卿が本官であることや、先に引いた園人の言葉に『十有八年』とあることから容易に断定しうるのであって、相模国の実際の国務は、介の紀朝臣田上などが執行した。

延暦二十四年十一月二十三日、坂本親王が殿上で加冠された時（十三歳）、園人は坂上大宿禰田村麻呂、多朝臣入鹿と共に衣被を下賜される光栄に浴している。[11][12]

大同元年（八〇六）は、園人にとってまことに多事を極めた年であった。まず二月十六日には相模守を兼ねたまま宮内卿に転じた（『紀』、『補任』）。三月十七日、桓武天皇が崩御されるや、翌十八日には、正三位・藤原朝臣雄友《かつ》以下五名と共に御装束司を拝し、また藤原朝臣葛野麻呂と相並んで権参議に任じられたのであった（『紀』、『補任』）。そして権参議たることわずか一箇月で、四月十八日には宮内卿の任のまま参議に進んだのである（同上）。このように園人は、齢五十一にしてようやく廟堂に列して、彼の経綸を振う立場に置かれたのである。これを彼と同年輩の内麻呂がすでに延暦十三年、三十八歳で参議に任じられたのに比べれば、その昇進は甚だ緩漫であったというべきである。けれども、そうした延滞した十数年の受領生活の間に、園人が専ら仁政を布いて衆庶を撫育し、それと共に政治家としての識見と手腕を練成したことに想到するならば、彼の栄進の遅滞こそは、むしろ邦家のために慶賀さるべきであったであろう。

大同元年（八〇六）五月十八日、平城天皇は、大極殿に即位され、翌十九日には、弾正尹・神野親王を立てて皇太弟となされた。そして同じ日に園人を皇太弟傅に、林宿禰沙婆《さば》を東宮学士に、秋篠朝臣安人を春宮大夫に任じられた。この林宿禰沙婆がいかなる人物であったかは余り明らかでない。大同三年正月二十五日、外従五位下から従五位下に昇叙されている（『類史』九十九）ことから考按すれば、やはり栗田博士が考覈したように[13]、河内国志紀郡の下級貴族の出身とみなすべきであろう。彼は、『凌雲集』に、『山崎より江に乗りて、讃岐に赴く。』とか『久しく外国に在り、晩年学に帰す』とあるように、長い間、地方官吏として過ごした人のようである。沙婆の作にかかる詩は、上記の『凌雲集』の外に、『経国集』（巻第十二）にも見えているが、いずれにせよ、博く経史に通暁し、文藻を好くし、『神気岳立』（『紀略』）と言われた嵯峨天皇に侍講したのであるから、無論、相当な学者であったのであろう。なお、同じ五月十九日に、藤原朝臣冬嗣が叙爵の上、春宮大進に任じられ、翌年正月には春宮亮に昇進していること（『補任』、『尊卑分脈』）は、留意しておく必要がある。

さて平城天皇は、即位後ただちに非常な決意をもって庶政の振粛に当たられた。特に天皇は、地方行政を重要視し、大同元年五月二十四日には、六道の観察使を任じ、延暦五年に制定された『国郡司功過十六条』(14)に準拠して厳重に地方行政を検察せしめたのである。同二年四月には、参議の号を廃してひとり観察使のみを置き（『紀略』、『補任』）、いよいよ行政の刷新と綱紀の粛正に意を用いられたが、これは財政緊縮の政策と相まって、僅か三年の治世の間に国政の面目を一新せしめるにいたったのである。園人は、観察使の制定と共に山陽道観察使に任命されたが（『紀』、『補任』、『三代格』）、また大同三年四月からは、秋篠朝臣安人の失脚の後を受けて北陸道観察使をしばらく摂行した（『補任』）。園人を初めとして、東山道観察使・藤原朝臣緒嗣や東海道観察使・藤原朝臣葛野麻呂等は屢次にわたって意見を上奏し、ために行政上の改革は多方面において断行され、これは平城天皇の治世における一大偉観を呈したのであった。

この間にあって、大同三年五月二十一日に、園人は、宮内卿を辞任し（『紀』）、翌月二十八日には菅野朝臣真道の後をついで民部卿に就任したが（『紀』、『補任』）、それは、最も園人をもって適材とする地位であった。大同元年の四月ないし五月に、園人は正四位下に叙されたが[15]、大同四年三月三十日には越階して、従三位に昇叙されている（『紀』）。疑いもなくこのことは、園人の熱誠と政績を嘉されての優奨に出ずるものと推察されるのである。

大同四年四月十三日、皇太弟が禅を受けて践祚されるや、優詔して春宮傅《とうぐうふ》であった園人に正三位を、春宮大夫の巨勢朝臣野足に正四位下を、東宮亮の藤原朝臣冬嗣並びに東宮学士の林宿禰沙婆に正五位下を授けられた（『類史』九十九、『補任』）。そして翌日には、高岳親王を立てて皇太子となし、藤原朝臣葛野麻呂を春宮傅に任じられたが（『類史』九十九、『紀略』、『補任』）、この際、園人が皇太子傅を任命されなかったのは、彼のために思いがけない倖であった。

同じ大同四年九月十九日、園人は緒嗣を越えて中納言に任じられたが（『紀略』、『補任』）、山陽道観察使の方は、多朝臣入鹿が抜擢されてこれに当たることとなった（同上）。そして早くも、翌年（八一〇）二月八日には、引き続き民部卿を兼ねたまま大納言に昇任したのであった（同上）。周知のように、その年の九月に起こったのは、悲しむべき『薬子の変』であった。同月十三日には皇太子・高岳親王は廃され、大伴親王が皇太弟に立たれたが、この時、園人は再び春宮傅を拝し（『紀』、『補任』）、師保たるの重責を担うこととなった。天皇は園人の従弟にあたり、皇太弟また園人の従妹の桓武天皇夫人・旅子の生む所であった。またこの時、廟堂の元老であった右大臣・内麻呂も園人の従兄であったが、内麻呂は、『薬子の変』によって長子・真夏（参議正四位下）の失脚と次子・冬嗣の栄進がもたらされ、痛切に悲喜の感なきをえなかったのである。ともかく園人は、かような環境にあって、自らの実地の体験と、牧吏たる名声を慕って寄せられる地方民の声とに基づいて、幾多の献言を奏上し、事ごとに裁可される幸運を有したのであった。

さきに延暦八年（七八九）、太宰府で生まれた長子の浜主は、その後順調に生育し、すでに従六位下に叙されていたが、弘仁元年（八一〇）十一月二十二日には、従五位下を授けられ（『紀』）、翌年七月二十三日には出羽介に任じられた（『紀』）。当時、浜主は二十三歳であった。しかし、浜主が任国に赴いたか否かは明らかでない。そして翌三年八月二十六日には近江権介に転じている（『紀』）。国史（承和十二年正月四日紀）に浜主を評して、『浜主、身長六尺、容儀可観、但託以漳浜、罕有朝謁。名家之胤、而余烈不聞、是可恨者也。』とあるが、思うに彼は、押し出しが立派で見るからに堂々とした風采を備えながら、仕事が嫌いで仮病を使って役所を怠けてばかりいたのであろう。園人が浜主の母を正式に室としたのか、あるいは彼女と死別したかは、いずれも瞭らかになしえない。浜主の娘は、冬嗣の七男・良仁の室となり、参議・有実を産んでいる（『尊卑分脈』）。それはともかくとして、園人はこの頃、弟の園主（従五位上三河守）の娘を入れて室となした。そして生まれたのが第二子の関主である（『尊卑分脈』）。この関主は従五位上に進み、貞観三年（八六一）正月には安芸守に、同五年三月には次侍従に任じられている（『紀』）。そのほか母は審らかでないけれども、園人には並人という子があって、従五位下に叙されているが（『尊卑分脈』）、彼の閲歴は今日では知るよしもない。

さて弘仁三年（八一二）十月に及んで右大臣の内麻呂が薨去したため、十二月五日に至り、園人は右大臣に任じられることとなった（『紀』、『補任』、『帝王編年記』、其の他）。しかし彼は、依然として春宮傅の兼任を命じられ、不世出の師保として、またこよない相談相手となって皇太弟に奉仕した。民部卿の方は、中納言の藤原朝臣葛野麻呂が承け、葛野麻呂が弘仁九年に薨去した後は、藤原朝臣緒嗣がこれに代わったことであったが、右によってみても、当代における人材選用の妙に感歎せざるをえない。

叙上のような閲歴を歩んで、藤原朝臣園人は右大臣に昇ることができた。時に彼の齢は五十七であった。今や彼は、執政の首座、従って政界第一の元老として嵯峨天皇を補弼し、鋭意、民政及び財政に振粛を加え、一方では『崇文の治』の基底を固め、他方では蝦夷征討軍をして後顧の憂いなからしめ、また春宮傅として淳和天皇の徳育に力を致した。

三

園人の閲歴を一瞥して、ただちに知察されるのは、彼が一度も武官の職を経なかったことであって、これは凡そ当時の公卿としては異例に属するのである。すなわち園人は、前後四十年にわたる官吏生活を、首尾一貫して行政官ないし純然たる政治家として過ごしたわけである。したがって彼の政治的識見のほとばしり出た幾多の献言は、いずれも行政に関したものであって、軍政に触れたものは一つとしてない。また事実、当時は、軍政には藤原朝臣緒嗣がおり、また将軍には坂上大宿禰田村麻呂や文室朝臣綿麻呂の如き逸材がおったのであるから、園人は安んじて軍防のことをこれらの人びとに委ねえた。今日、文献に偶然残っているのを調べると、延暦十八年から弘仁八年までの約二十年間に、園人は献言を奏上すること二十一回に及んでいる。しかし彼が実際に奏上した回数が、この何倍かに達することは充分な根拠をもって推定しうる。

第一の根拠は、叙上の献言が記載されている『日本後紀』、『類聚三代格』、『令集解』、『政事要略』等々は、いずれもその完本が現存していないことである。『日本紀略』の如きは、簡に過ぎて委細を窺うには足りない。かように不完全な伝本においてすら二十一回に及ぶ記事が収録されていることを想うべきである。まして上記の書と共に、『法曹類林』、『本朝月令』、『弘仁格』、『事抄』、『次事抄』、『天長格抄』の如き典籍が完全に伝来し、また当時の文書が豊富に伝えられたと仮定するならば、思い半ばに過ぐるものがある。のみならず遂に文献に収められるに至らなかった奏言とて、その数必ずしも少くはなかったであろう。

第二の根拠は、『日本後紀』等に、『詔すらく』、『勅すらく』、『制すらく』などと記載してある事項のうちに、園人の名は表されていないにしても、彼の奏言に基づくものがかなり多数あり得ることである。例えば、弘仁二年（八一一）正月二十九日紀に、

是日。勅。占野開田之徒、就国請地之日、不顕町段、遠包四至。損公妨民、莫甚於此。自今以後、宜勘町段、勿依四至。又陸奥出羽両国、土地曠遠、民居稀少。百姓浪人、随便開墾、国司巡検、随即収公。是以人民散走、無有静心。宜両国開田、雖无公験、不得収公。

とある記事は、同年正月二十九日付『太政官符』（『三代格』十五、所収）及び同年二月三日付『太政官符』（『三代格』十五、『法曹至要抄』中、『裁判至要抄』、所収）によって、園人の奏状によった結果であることがわかる（註25参照）。従って、弘仁四年二月二十五日紀に、

制。損稼之年、土民俘囚、咸被其災。而賑給之日、不及俘囚。飢饉之苦、彼此応同、救急之恩、華蛮何限。自今以後、宜准平民、預賑給例。但、勲位村長、及給粮之類、不在此限。

とある記事の如きは、恐らく園人の奏請、もしくは処分に出たものと推察される。その理由は、後述するところによって自ら明らかにされるであろう。

叙上によって、実際に園人が奏上した献言の数が、二十一回の何倍かに達することは、

おのずと了解される。そのほか、『奉勅』の二字が記されぬ、いわゆる『小事』を制した『太政官符』の中に、園人の処分によったものもかなり遺存している。例えば、

太政官符

応前後官人共署不与解由状事

右太政官去大同二年四月六日、下五畿内七道諸国符偁、交替対検、情有不穏。甄録所執之旨、載不与解由状、前後共署、限内言上。不得彼此逓申請者。今、被右大臣宣偁、諸司准此。

弘仁六年十月四日

の如きがそれであって、この類にも、彼の政道観を窺知すべき史料が求められる。また園人が廟堂の首位に坐していた弘仁三年（八一二）十月から弘仁九年十二月までの間になされた『太政官謹奏』（論奏、奏事、便奏）は、いずれも園人の発意によるものか、或いは彼の承認を経たものであることは、論をまたない。さらに園人が廟堂に列した大同元年（八〇六）三月以降の『太政官謹奏』にも、彼の提言に基づくものが幾つか存するに違いないのである。従って園人の政績並びに政道観を想察する上で史料たるべきものは、㈠園人の名が明記されている献言、および㈡彼が処分したことの明らかな『太政官符』と、弘仁三年十月からその薨去に至るまでの『太政官謹奏』とである。そして第一のものが最も確実な根本史料であることは断わるまでもないが、この献言は、偶然に文献に残っている結果

について見るならば、延暦十八年、彼がまだ右京大夫兼大和守であった時に始まり、大同元年から弘仁五年にかけて最も頻繁になされ、弘仁八年の正月に終わっている。

延暦四年（七八五）、園人が右少弁に任じられたことはすでに述べた通りであるが、一体この左右中・少弁は、太政官の廟議に提出する書類を整理し、また詔勅を草する役であるから、学識と識見のある人が補せられるのが恒例であった[16]。ゆえに園人が、たとい文藻に秀でていなかったにせよ、学識に富んでいたことは自ら想定される。従って彼が上った奏状なども、ことさらに他人を煩わさずとも、彼自ら執筆しえたと思料される。また事実、園人の奏状を検すると、少しも文飾に意を用いた形跡は認められぬのであって、ただ実質、つまり達意に重点が置かれているのである。長い官吏生活によって、園人が頗る法規に熟達していたことは疑いがないけれども、古今を通じて、法文や法案の言辞には、周到な注意を要するのが常である。それゆえ、少くとも園人が廟堂に列して以後、彼がある明法学者を顧問としたであろうことは、推察に苦しまぬのである。そしてこの場合、正五位上大判事であった興原宿禰敏久（但し、当時は、明法博士）などが、園人の諮問に与ったことは、ある程度の確かさをもって言いうる[17]。

以上によってほぼ史料についての叙述を尽くしたから、次ぎには、項を更めて、園人の政績と政道観とを確実な上記(一)の根本史料により、(二)の史料は、これを副次的な補遺に用いて検討することとしよう。

四

まず園人の政道観の根本原理は、『国は、百姓を以って本となす』という仁政主義である。すなわち、彼の好んで用いた『黎民』を『撫綏』するのが政治の先決条件である。そして彼の経綸の特色とするところは、その現実主義にあった。従って彼の施政方針はあくまで民衆の生活に徹し、地方行政の運営に即することにあった。すでに掲げたように、彼自身も、『黎民の疾苦、政治の得失は、耳聞目見して頗る相錯ふことなし』という自信を表明している。民衆生活の安堵のために要請されるのは、官吏の徳育と厳格な人事、政令の徹底および政事の円滑であるが特に園人は、郡司の詮議、国司の粛正に意を用い、政令の浸透を期すると共に、『務《まつりごと》の簡易を崇ぶは、古今の通論なり』(18)と強調して、官庁事務の停滞を極力排している。けれども、彼の仁政主義は、民衆を狎愛《こうあい》し、甘やかす妄動的な慈悲主義ではない。そこには、支柱として彼の現実主義が厳然として控えていた。

すでに、『黎民』を『撫綏』することが、園人の政道観の基調をなす以上、これら衆庶の生活を脅かし、また彼らを困憊せしめるような行為は、まず第一に排除されねばならなかった。例えば、大同元年(八〇六)六月には、園人は奏して、西海道諸国と平安京を往復する雑使は、その数繁多であるために、駅戸の百姓は息う暇なく、全く私業を顧みることができない。況んや山谷は嶮深であって、人馬は疲弊しきっている。今後は、西海道府国の五位已上の官吏は、秩満および解任でない限り輙《たやす》く京に入ることを聴《ゆる》さず、また山陽道諸国の新任の司は海上にて赴任させることを望請し、裁可されている[19]。また園人は、太宰府から京へ運進する調庸の綿は毎年十万屯に及ぶため、ひとりその賃粮に正税を費すことが多大であるのみならず、それを運進する百姓は遂に生業を失ってしまう。これは民の業を妨げるばかりでなく、軍防上の見地からみても由々しい問題である。しかも現在、中央にある綿は儲料として充分なのであるから、今後は隔年に運進せしめ、もって民を救い、冗費を省き、兼ねて辺儲を済いさせたい旨を奏請している[20]。

『正倉院文書』の天平十年(七三八)の『駿河国正税帳』は、ばらばらとなった残簡であるが、それにおいてすら駿河国の正税をもって支弁した雑使の類は六十余項に及んでいるのであるから、天平十年において駿河国が動員した駅子が延人員にして千人をはるかに越していたことは容易に想察される。ましてや大同年間における雑使の頻度は倍加していたに違いないのであるから、正税の支出、送迎の煩務および駅子の動員によって、街道筋の諸国が疲弊していたことは充分に首肯される。また調庸を運進するには、毎年三月から七月までの波静かな時を限って海路をとったものであるが、難波津で船を求める間に官粮は尽き、また船を得ても風波麤《そ》嶮《けん》にして、海中に粮を絶つことがしばしばであって、ただに担夫の百姓の業を棄てしめるばかりでなく、またその『辛苦は極まりなかった』のである。[21]それ故、園人の献言は、まことに実情に即し、適切を極めたものであった。しかし山陽道の官吏が海上を赴任するとなると、ここに要請されるのは、海路の安全を保障することであって、そのためには風浪を待避する『泊』の整備が焦眉の急となってくる。[22]

いったい瀬戸内の航路は、大陸との軍事的・文化的航路として西紀前四世紀ころより弥生・大和文化の育成に決定的な意義をもっていたばかりでなく、国内的に見ても、大和朝廷の山陽、南海、西海方面統治の大動脈であった。大和時代の中頃から、時と共に墨江の住吉神社への尊崇が篤くなって行く過程は、海外関係の発展や律令制の整備に照応し、それを反映しているのである。造船術と航海術の発達は、ますますこの航路のもつ政治経済的意義を増大させ、摂津職の重要性はいよいよ加わったのである。ところが桓武天皇は、延暦三年（七八四）、長岡遷都を断行し、四年十月には三十万七千人を動員して淀川の堤防を修築せしめ、翌十一月には交野に天神を祭り、また山崎橋を架設された。更に同十二年には摂津職の停廃さえ行われている。そうした事柄は、一方では瀬戸内航路が淀川にも延長されて、山崎津がその起点となったこと、他方ではこの航路が大動脈たるの意義を一段と深めたことを物語るものとみねばならない。後にも再説するように、桓武天皇の治世は、大いなる国家的躍進を前にした変動期であって、帝の一代を覆った大規模な土木事業、遠征軍の派遣、旧豪族の淘汰、行政刷新等は一つとして右の躍動に胎胚せぬものはない。

長岡京や平安京の遷都に絡んでしばしば論議されたように、幾多の秘められた理由もあったであろうが、新たな民族的躍動に基づく国家の政治経済的発展が、首都とこの大動脈との連絡を要請したことは争えない事実であろう。それ故、桓武朝以来刷新された行政は、瀬戸内航路の発展を大きな条件としていたのであって、爾来、政府が瀬戸内の治安を維持し、山陽道の要津に船瀬の造作を命ずるなどして、あたかも生命線の如く本航路の確保に努力したのは、実は叙上のような深い理由によっている。

園人は、山陽道、西海道の牧吏を歴任し、かつ山陽道観察使をも経験し、瀬戸内航路のもつ政治経済的意義を最もよく理解していた為政者であった。彼自らも、大輪田の船瀬（後の兵庫津）の監督と修作を摂津国司に厳命しているが、(23)ともかく瀬戸内航路は彼の最も関心を寄せるところであったらしい。こうして内海交通はようやく安泰となり、諸使や往還の官人も大多数海路を利用するに至り、それはまた難波津や山崎津の未曽有の繁華を招いた。安芸国府が当時、津のあった今の安芸郡府中村に移転したことは、海路の殷盛を傍証するものとされるのである。(24)

次ぎに、地方民衆が当時最も難渋していたのは出挙であり、また最も困惑していたのは王臣神寺およびそれらと結託していた国司の横暴であった。公出挙の弊害については今さら説くまでもないが、その弊害を将来した理由は、(一)利稲の高率なこと、(二)この利稲を公《く》廨《げ》に使用したことであると考えられる。元来、公出挙そのものは、窮民の救済を目的とした社会政策であるから、それ自体はむしろ称揚さるべき政策と言わなければならない。けれども毎年これを農民に強制し、課するに高利率を以ってし、まして利稲を公廨料に当てようとするような財政的意義を賦与するに至っては、公出挙は国営の高利貸事業に堕してしまう。初め公出挙の利稲は年五割に規定されていたが（『雑令』）、貧窮の民がこれによって家産を破る者が多かったので、桓武天皇は、延暦十四年（七九五）閏七月に勅して、息利を三割に減省されたのであった（『紀』、『三代格』）。ところがこの破格の低利に乗じて、富豪の輩が競って挙給を求め、せっかくの恩典は窮民に及ばず、兼ねて国の倉庫も減損を免れぬ実情に立ち至ったために、大同元年（八〇六）正月には、『法令は恒規にして、不易の典なり』を理由として、五割の息利に復し、ひいて国家の財源を裕かにせんとしたのであった（『紀』）。園人はこれに着目し、弘仁元年（八一〇）九月に奏上して、年来、水旱、疲疫が相続き、百姓の弊衰はまことに深刻なるものがあり、僅かに今年の豊稔に頼ってしばらく先時の菜色を安んじているに過ぎない。されば、この際、利稲を弁償する農民の煩苦を軽少にしてやるのが当然である。それゆえ、息利を三割に減省して農民の負担を軽減してやって、彼らの復興を期したい旨を請い、幸に勅許を得ているのである(25)。もっとも、陸奥・出羽両国は除外され、旧来の如く据えおかれているが、軍防的見地から言って、この措置は妥当と考えるべきである。

公出挙に正税、公廨、雑稲の別が存することは言うまでもない。『弘仁主税式』に例をとって因幡国の出挙本稲を挙げるならば、『正税公廨、各三十五万束、国分寺料、三万束。』である。従って、右の二割減によって、因幡国の収納は七万六千束の減少を来たすこととなる。これを全国に及ぼして考えてみるならば、右の決定が日本の財政史上、特筆されるべき大英断であった所以がわかるのである。そして園人の奏請によって裁定された息利三割が爾来、変ることなく維持された事実に想到するならば、彼の国民に与えた恩恵が如何に尊いものであったかが自ら了知されるであろう。太政官は、それと共に、貧富の差に準じて公平に普挙することを命じているが（『三代格』巻第十四）、園人自身も奏上して、国司が公廨を制に拠って正当に使用し、かつ所得すべきことを命じている。国司の姦源となった公廨稲については、後節において更に論触する機会があるであろう。

出挙と共に、農民の愁苦していたのは雑徭である。雑徭は徭役と異り、公共の土木事業等のために、最長期間六十日間使役せしめるものであるが、必ずしも六十日を役せしめたり、また必要のない時に課役する要はないのである。当時、最長期間は三十日に半減されていたが、雑徭の徴発が全く国司の裁量に委ねられていたため、彼らはこれを奇貨として毎年課丁を役し、これを免れようとする人びとからは徭分稲を収めて私腹を肥やしていたのであった。国司がなぜ雑徭を最大限に徴発したかは、彼らに付せられていた作田の特権（『田令』）を想起すれば、自ら明らかであろう。のみならず雑徭を国司の墾田の佃に用いるため、農繁期に徴発されることが多かったから、農民の愁苦は深刻を極めていた。そこで園人は、弘仁三年には勅を仰いで、国司が他人名儀で墾田を買い、或いは言を王臣に託

して、競って墾地を占有することに禁断を加え、側面より雑徭の濫用に制遏《せいあつ》を加えている。(26)

雑徭と並んで農民の苦痛としていたのは調庸の運進であった。ことに国内に多数の封戸がある場合、当該国の収納は減少し、民衆は運進の労に悩んだわけであって、なかんずく播磨国は、かかる苦痛に直面していたのである。そして山陽道観察使たる園人がそれを傍観しているはずがなかった。すなわち大同二年九月十五日、園人は奏言して、播磨国は国内の封戸が巨多であるため甚だ疲弊し、人民また窮乏している。さればいま、春宮坊並びに諸寺の封を東国に移付し、播磨国は、その租を収めて不動となすこととしたい。然らばたちまち弊民は息い、不動の貯えも自ら積るであろうと請い、裁可を得て施行しているのである。(27)

当時、権勢ある中央貴族や、これと同じ構造をもった大寺は、ようやく執拗に、地方へその触手を伸ばそうとしていた。いったい班田収授法は豪族による土地の兼併を防遏し、全国民に彼らが労働を厭わぬ限り、一定の生活権を保証する制度であって、これによって階級的対立や国民相互の搾取をある程度に止めようと企図したもので、もって徳治主義的な律令制の基底たるべきものであった。しかしそれは、その基幹をなす律令機構と同様に、内部に幾多の矛盾を包容していた。

まず第一に、当時の国民は、まだ個人として（あるいは房戸として）社会経済的な単位を構成していたのではなく、郷戸の一構成員として存していたのである。然も郷戸なる大家族的共同体は、それが富裕であればあるほど、幾多の非血縁者を交えて多数の構成員を擁していたから、こうした均田制は、各郷戸の懸隔を制限することに役立っても、絶無ならしめることはできないのである。更に制限は田地にのみ加えられていたから、富裕な郷戸は、その非血縁的構成員の余剰労働を駆使して、新たな財物を獲得する方向へ走ったのである。まして班田事務の困難なために班田の施行が停滞したり、政府の権威が豪族の土地私有欲を抑え得なくなる時は、郷戸間の懸隔は忽ち甚大となり、これによってもたらされる社会的不均衡は、律令機構を根底から揺がすのである。

第二に、班田収授法は律令機構の母胎から直接生まれた政策であるから、社会経済の現状存続を前提としていた。ところが新しい国家体制の下に将来された人口の増殖と非生産的な寺院、宮殿の激増とそこに営まれる豪華な貴族的生活とは、土地の開発を必至ならしめたのである。この目的のために墾田が奨励され、さきに制定された三世一身の法は、天平十五年（七四三）に至って改変を見、墾田は長く私有財産となすことが許されたのである。ところがこの政策を悪用して王臣神寺がほしいままに開墾し、いたく人民の業を圧迫したため、政府は天平神護元年（七六五）に開墾を禁断したが、この政令は、殆ど遵守されなかった。とはいえ田地拡張は、国家経費や人口の増加に伴う不可避の緊急事であり、兼ねて権門勢家の開墾も国富を増す方便であったため、光仁天皇は、宝亀三年（七七二）十月にあえて令に違反しても、禁を解き開墾を認めたのである。それと共に、政府は度々官符を下し、墾田に際して当土の人民の生業を損わぬよう厳命したが、私欲に目がくらんだ王臣寺社の耳に入るわけはなかった。大同元年（八〇六）閏六月八日の官符（『三代格』巻第十六）によると、天武天皇四年（六七六）より延暦二十年に至る百二十七年の間、或いは詔旨を頒ち、或いは格符を下して、しばしば土地の占兼を禁断したとあるが、遂にこの弊風を抑圧することができなかった。そして王臣社寺による土地の兼併は、桓武朝ごろからますます熾烈《しれつ》となり、ようやく重大な社会問題と化すに至ったのである。

無論そうした不法行為が人民を窮迫に陥れ、国家の政治力並びに財政を危殆に頻せしめ、もって律令機構を根底より覆すであろうことは、当代の有為な政治家のかねて洞察していたところであった。そしてそれが当時最も卓越した民政家であった園人の黙視し得ぬ行為であったことは言うまでもない。すなわち前掲の官符によれば、その時（大同元年）、園人は、山海の利を勢家が独占して人民の生業をいたく阻害している事実を指摘し、一切この種の行為を禁断されんことを請うている。また弘仁二年には奏状を上って、墾田の公験を得る際、ただ四至だけを記入して、町段を明記せぬのは宜しくない。そのため有勢の輩は、この漠然たる四至を楯にとって、百姓の土地を横領し、甚だしきに至っては、官舎や人宅をすら墾田の範囲内に入れてしまっている。かかる悪質行為を封ずるために、今後は一切、町段を明記して公験を受けしめるようにしたいと請うている(28)。これまた恒例となって四至につけ込んだ瞞著行為は、ほとんど跡を絶つに至った。更に貪欲あくことを知らぬ王臣社寺は、山河林野が共同体の共有の下にあって、まだ私有化されていないのを奇貨とし、この方面にも勢力を扶植しようとしたのであった。

元来、山河林野は所定の共同体の成員の入会場《いりあい》であって、その使用や収益は、各人の等しく享受すべきものであったにもかかわらず、有勢の王臣や社寺は、頻りに如上の入会権を蚕食せんとしていたのである。然も無力な郷民は、彼らの生活を脅す不法行為を忿恨しつつも傍観するを余儀なくされ、保身栄達を念ずる国郡司は、王臣社寺と提携し、或いはその権力を恐れて黙視し、敢えて抗議することがなかった。この憂慮すべき現状にかんがみ、園人は、王臣社寺の悪質行為を黙認している所司は、そもそも憲章を蔑にし、民の生業を脅すこと甚だしき故をもって、断乎として重科に処すべきことを奏請し、かくて一切の不法行為を禁断する厳命を下し、王臣家、大寺、国司、豪族等の姦邪を悉く阻止芟除《さんじょ》しようとしたのであった(29)。

それと共に、園人は、民衆を道徳的に、また経済的に教導することも忘れなかった。このころ、農民が病人を路傍に棄てて看養せず、遂に餓死に至らしめる弊風があったが、園人は、弘仁四年（八一三）に奏上して、このような悪習は、旧を思い、労に酬いるという賢哲の遺訓に悖《もと》ること夥しい。一日も早く停止に従い、路傍に夭柱の鬼なく、天下、終命の人を多くしたいと請うているのである(30)。一方彼は、頗る殖産に意を用い、郷民が無自覚に山林を濫伐するのを禁止し、また漆や果樹、特に栗を植えるよう頻りに奨励しているのである（註29参照）。

園人の見解に従えば、叙上のように黎民を撫綏し、人民に政令を懇示し、それが滞りなく実行されているか否かを検察し、然も己を忘れて政道を思い、清廉身を持するのが官人たる者の崇高なる責務であったのである。こうして、『能を量りて職を授くるは、邦教の先んずる所[31]』と彼が言った官人の選定および登庸が重大問題となってくるのである。

律令制を理想的な機構と観じていた園人によると、いったい浮浪人ができるのは、悉く官人の闕怠によるのである。すなわち彼は言うのである、『夫れ百姓を撫綏するは、良宰に是れ資れり。今、吏、或いは其の人に非ずして、侵擾已むことなし。家を棄て、他郷に浮宕するも、其の由趣を尋ぬるに、過《あやまち》は官吏に在り』と。それゆえ、叙上のように官人は身を清く持し、人民を安堵させ、家郷を棄てしめぬよう努めねばならぬ。また流浪地に編付された場合、こうした浮浪人であっても、一天の下、咸《ことごと》く王臣であり、含養の恩は、専ら同じうするのが当然であるから、不熟水旱の年は平民と同様に調庸を免ずべきである[32]。ましてや陸奥・出羽両国の如きは、土地曠遠であって、民居稀少である。ゆえにその地の百姓や浪人は、辺彊の開拓と軍防に不可避の要素である。すなわち、『百姓離心せば、何んぞ辺隅を守らん』と言わねばならない。これらの百姓や浪人が便に随って土地を開墾するのは、拓植および軍備の上から極めて重要であるにもかかわらず、国司は巡検する度に、墾田の公験なくして開墾したという理由で折角の土地を悉く没官してしまう。そのため人民は、或いは逸散し、或いは留まりはしても静心なく、辺彊の経営上憂慮に堪えない。――かく園人は熟考して奏上に及び、今後はたとい公験がなくとも、両国の開田は公に得収せぬことを請い、先の調庸全免の事項と共に裁可を蒙っているのである。(33)すでに推論したように、弘仁四年(八一三)二月二十五日紀の記事なども、前後の事情を省察してみると、やはり園人の奏請もしくは処分に出たものとみなすべきであろう。

次ぎに、その官人であるが、まず令制の末梢組織である郡政の刷新に、園人は異常な熱意を注いでいる。実際、園人ほど郡政の改革に力を致した政治家は、前後を通じてなかったと断言しても憚らぬのである。つとに大和守であった延暦十八年の初め、彼は太政官に解して、郡司の任たるや掌《つかさど》るところ軽くないにもかかわらず、外考の官に置かれ、身を潤すものがない。それで擬用の日には、おのおの競って辞退し、これが郡務闕怠の主な原因となっている。ゆえに今後はこれを内考に置き、もって後輩を勧めることとしたい旨を請うている。そこで太政官は慎重に商量した結果、園人の解を穏当と認め、畿内諸国の郡司を内考に預らしめることを奏上し、裁決を得たことであった。(34)

この前年、ちょうど園人が大和守に補せられた直後、郡司の補任には一大変革が起こっていた。すなわち、従前の譜第の制は停廃され、新しく郡領を補す場合には、芸業が著聞で、郡を理《おさ》むるに堪える者を選ぶべきことが制せられたのであった。(35)この改革は、中央集権を強化し、郡司制度に律令制のもつ地縁的性格を賦与するという意味においては、まことに当然な措置であったと言える。けれども律令そのものが、必ずしも歴史的必然として日本の社会に胚胎したものでない限り、これを余りに徹底することは、現実との乖離《かいり》を招く危懼を伴うのである。ともかく園人は、爾来十三年間、新制の得失を凝視していたのであった。そして遂に弘仁元年（八一〇）十二月十三日、彼は大要次ぎのような奏状を上った。

　有労の胤、すなわち譜第の郡司は世を奕《かさ》ねて職を承けているから、郡中の百姓は長幼の別なくこれを信任している。従って事に臨んで務《まつりごと》を成すこと、実に他人の比ではない。ところが、延暦十七年には全く芸業の優れた者を選ぶこととして譜第を絶してしまい、大したことのない身分の賤しい者を郡領に選んで、門地の高い者の上に置くことにしたのである。これがため政を行えばうまくゆかず、訟を聴いても百姓はその決断に伏すことがない。かくして公の方では、万事が円滑に捗らず、私にあっては憂色が濃いのである。望み請うらくは、郡司を選ぶには先ず譜第を悉く物色し、どうしても適任者がない際は芸業者から採用することとしたい。そうしたならば実に道理に合うであろう。

というのが、園人の趣旨であった。右の奏状は幸に嵯峨天皇の容れるところなり、弘仁二年（八一一）二月、天皇は詔してこれを天下に施行せしめられた[36]。この結果、郡司の選任には再び血縁的要素が重んじられ、国司が譜第の人のうちからこれを推薦することとなったのであるが、実際はそうではなく、身京にありながら考選によって郡司に擬され、国の選定を抑退して補任される者が多かった。それで園人は、弘仁三年八月に再び奏言して、今後、郡司の詮擬は、専ら国の選定にまつべきこと、但し、適任者でなかったり、政績験れることのないような者は解任すべきことを請い、勅許を得ているのである[37]。

こうして、五畿内の郡司は破格の恩典に浴し、然も旧来の通り譜第から選任されることとなったため、郡司に闕員ある場合、その地の豪族達は競って郡領たらんことを望んだのであった。けれども、一旦郡司に補されて位を授かり、職田を受けた後は、ややともすれば詐病を使って、郡務を蔑にする傾きがみられた。園人は、これをいたく慨歎し、かくの如きは、朝章を欺瞞するも甚だしいものであるから、今後は左様な郡司は還本させ、また彼らの請託を受けた国司は直ちに解却し、もって姦源を遏《や》め、後進を励ましたい旨を奏上して裁可を蒙っている[38]。これ実に園人六十二歳の年である。彼が郡司制度の刷新にいかに精根を尽くしていたかを思うべきである。

郡司についで園人が力行したのは、国司制度の振粛であった。園人は、国司に廉潔と恪《かっ》勤《きん》を要求すると共に、彼らの生活の安堵を充分に考慮してやっているのである。上述の通り、彼は外任十八年の体験者であった。それゆえ彼の対国司政策は現実に即したものであって、決して机上の想念から生まれたのではなかった。

大同二年（八〇七）、園人が山陽道観察使であった時、彼は備前の国解を得て国府の書生について奏するところがあった。すなわち、彼ら書生は、元来白丁で課役の民であるが、公事に専当して私業を顧みられないでいる。ある場合には公用で長く京に留まり、ある時は部内を巡行し、その労苦は郡司に異らぬにもかかわらず、禄に至っては微々たるものである。ゆえに国の大小に従って正税一万二千束ないし八千束を彼らに借貸し、その貧窮を救ってやることとしたい—というのがその趣旨であった。正税の額は、国の大小によって一万束乃至四千束に減定されたが、ともかく彼の献言は裁決を蒙った(39)。書生らはこの正税をもって出挙するのであるから、右の措置によって彼らの生活が格段に潤されるに至ったことは言うまでもない。

更に園人は、山陽道観察使として、当道の諸国司が延暦四年（七八五）以降同二十四年の間に未進に終わった庸と雑穀の追弁に憂苦している現状を看過することができなかった。この未進は連年の不作と人民の疲弊とに基づくものであるが、また一方、国司は遷替もしくは死亡して追弁の事務が捗らず、百姓また疲弊して京に運進するに堪えないためでもあった。それで園人は、未進の分は穎稲をもって国衙《こくが》に直納せしめ、それで弁進させたい旨を奏請して勅裁を蒙っているのである(40)。然も園人は、百尺竿頭に一歩を進め、大同四年には再び奏上して、大同元年以来の諸国未進の雑物は、これに大赦の恩詔を及して一切免除に従わんことを請うたのであった。嵯峨天皇は、直ちにこの奏言を容れられたが、こうした臨機の措置によって、窮困の民は長く旧歳の責を忘れ、愁歎の国司は前任者の責を免れ、

新しい御宇の初めに当たって、悉く感激したことであった。(41)

かように国司の憂愁を払拭してやると同時に、園人は、国司を貪濁に走らすような姦源を封じようと試みたのであった。逆に言えば、彼は姦悪な国司が乗じようとした雑徭並びに公廨に、厳重な制約を加えたのであって、前者に関しては上に述べた通りである。つとに天平宝字元年（七五七）十月、太政官は諸国に符して、公廨はまず官物の欠負、未納を塡め、ついで国内の儲物を割き、然る後その見残を差法に準じて処分すべきことを命じている（『紀』、『延暦交替式』）。しかし国司は、ややともすれば姦遁の策を講じて、符旨を遵奉しようとしなかった。ここにおいて園人は、国司は、毎年税帳を勘え造り、皆署名して公廨の処分法を明記し、然る後に、公廨の残額を所得すべき旨を奏請し、これを厳重に施行させたのであった。(42)その結果、国司は、まだ官物を検せぬうちに公廨を用いることが法令上は勿論、実際にもできなくなった。また官物欠負のかどで『不与解由状』を突きつけられても、かれこれ陳弁することが許されなくなったわけである。

更に姦遁の源を絶ち、欠負の累を無くしようとした園人の慧眼は、これでおさまることはなかった。すなわち、弘仁五年（八一四）九月二十日、園人は、奏状を上って言うには、いま諸国司の行状を検すると、便利な国府に近い郡の官物の稲を公廨に当て、その地の農民にこれを挙給せず、彼らには遠く他郡の正倉に納める稲を授け、農民をして徒に往還に疲れしめている。それで不便な郡の正倉には物実《ものざね》が余っているが、交替に際しては諸郡の官物を通計している。すなわち総額では欠失はないけれども、帳面と物のあり場処とは相違している。実にこれは永年の悪習であって、出雲国に至っては最も甚だしい。もしこの際賊が乱をなし、或いは失火で焼けたとすれば、帳面と物実とは全く相違を来たすであろう。それゆえ、今後は帳によって収納し、甲、乙の郡に通計せぬようしたい、と述べたのである。天皇は、直ちにこれを裁可し、九月二十二日に太政官は符を下し、右の規定の遵行を命じたことであった(43)。彼は右の奏状において、『庶くば官家をして損少く、黎民をして急を済《すく》はしめん』ことを念じているが、しかしそこには二つの意図が包容されていることを看過すべきではない。

すなわち第一は、乱賊または失火によって官物が掠奪され、もしくは焼滅した場合、物実と帳面とは覿面《てきめん》に齟齬《そご》を来たし、その結果は『不与解由状』となって国司を苛むばかりでなく、後任者をも催煩さすゆえに、通計を禁断したのである。また仮に帳面の上では甲郡の正倉に五万束、乙郡の正倉に八万束、都合十三万束納置されていることとなってはいても、国守が十万束を横領している場合、彼は私曲を隠蔽せんがために放火して乙郡の正倉院を焼き、原因は神火であるとなし、また通計が黙認されているならば、実は乙郡の正倉には十万束あったと主張し得るであろう。太政官はかかる『神火』を認容せず、国郡司をして損物を塡納させる政令をしばしば発しているが(44)、これは簡単に実行されていなかったばかりでなく、少くとも『神火』によって国守は、官物横領の罪科を免れようとしていた。いずれにしても、園人の第二に意図したところが叙上のような国郡司の官物の犯用、虚納の隠蔽策に遁辞を与えぬにあったことは容易に想察される。

すでに雑徭の濫用に防圧を加えた園人が国司が人民を私に使役するような行状を極力排撃したのは当然であった。例えば彼は、行幸に際し、国郡司が言を貢献に寄せて人民を煩わすことは、最も避くべきであると、畿内の国郡司に禁令を下している[45]。弘仁三年、郡司に私に人民を役させたかどで、上野介・息長真人家成と大掾・酒人真人人上が罪科を蒙り、一方、弘仁四年、政績顕著の故をもって上野国甘楽郡の大領・壬生公郡守が褒賞に預かっていることなどは(『紀』)、最も端的に園人の意向を反映しているものとみなすべきであろう。

述ぶる所から明らかなように、園人が国家財政に対して採ったのは緊縮政策であった。そして民衆を綏んじ、国郡司の憂いを除くと共に、彼らを督励して租庸調の収納、官物の保管を完遂さすのがその政策の前提であった。もとより彼の緊縮政策は、振幅性を欠いた消極策ないし硬化した退嬰策ではなかった。第一に、墾田の奨励は天平時代以来一貫した国策であり、園人自身も大いにこれを激励するところがあった。ただ彼は、国策順応に言を寄せて貪績を肆にしようとする輩を警戒しただけである。一方、園人は、敢えて『雑令』の規定に抗しても出挙の利稲引下策を断行した。これを要するに、官民の協力一致によって国家の収入の正当な増加を図り、もって国の財政的基底を確乎たらしめると共に、国用はあたう限り節減して、征旅や水旱の絶えない国家の経済力を維持し、強化しようとするのが園人の方策であった。

従って弘仁五年（八一四）三月には、彼は敢えて奏上し、先に平城天皇は、諸費省減の意図をもって正月の二度の節会《せちえ》と三月節とを廃された。然るに弘仁に及んで正月二度の節会と九月の重陽の節会が興され、更に弘仁三年来、花宴の節会が追加された。これを大同に比べると四節が多くなったわけで、大蔵の貯えを損ずることが夥しい。よって九月九日の節会は停廃に従い、文人は別途に優遇したい旨を請うている(46)。更に弘仁七年には、国費節減のために五月節を停められんことを奏請したのであった(47)。無論、園人は、ただ経費節約だけを念じて、あらゆる節会を白眼視したのではなかった。例えば、相撲節会などに対しては、彼は諸国司を督励して相撲人を『日夜を論ぜず、火急催進』すべきことを厳命さえしている(48)。つまり節会の数は最少限度に止め、この限定された、歴史ある不可欠の節会を完全に遂行しようとするのが園人の趣旨であって、ここにもまた彼の為人《ひととなり》が窺われるのである。弘仁九年三月十九日、公卿達は、頃年、水旱が相続いて農作の損害が少くないから、臣下の封禄を減省し、臨時に国用を助けんことを奏請しているが（『紀略』）、これまた園人の提言によるものであろう。

五

神社、寺院に対して園人がとった態度は、極めて冷静であって、聊かも私情を挿むことなく、高い国家的見地から本問題を処理したようである。彼は、法相宗や三論宗の高僧とは勿論、新進の最澄や空海とも、交友関係はなかったと認められるし、また興福寺と特殊関係を結ぶこともなかった。上に触れたように、天平時代以来の僧尼の弊風が、洵に度し難いものがあったことは事実であり、かの『霊異記』は、この間の事情をつぶさに物語っている。尤も、このような事象は、逆に言えば、僧尼が貴族、衆庶の導師として熱烈に期待され、また彼らが社会的に鬱然たる勢力を占有していた証左であった。後世の僧尼に較べれば、その俗悪の度がまだまだ軽微であった当代の僧尼がかく指弾されるほど、彼らの社会的意義は重大であり、従って対寺院政策は当局の最も関心を寄せる問題であった。

早く光仁・桓武両天皇は教界の刷新にいたく心を悩まされ、その結果、僧侶の政治的跋《ばっ》扈《こ》はかなり抑圧されたのであったが、彼らの濫行に至っては、容易に矯正し難いものがあった。この憂うべき弊風を前にして、園人がなんらかの是正策を企図したのは、極めて当然であったと言えよう。すでに延暦十八年(七九九)、彼が勅を奉って南都の僧尼の濫行を厳重に検察したことは、上に述べた通りである。そして園人の一貫して渝らぬ方策は、僧尼は鎮護国家という重大責務に精進せよというにあったのである。ゆえに弘仁三年四月、彼は、勅を仰いで僧尼が外は勝因に託して人民を瞞着し、内は戒律に従わずして精進の行いなく、淫犯の状はしきりに聞こえるにもかかわらず、僧綱は黙認して捉搦を加えず、官司は、寛容に失して糺正の心がないことを責めている(49)。然も弘仁九年五月、すでにこのころ、山科で老を養っていたにもかかわらず、老軀を提げて廟堂に立ち、すなわち官符を下して、凡そ僧綱および諸国の講師は僧尼の師表であるから、よく彼らを教諭すべきことを命じ、更に、もしこれに遵行せず破戒の行いがあれば、かかる僧尼は断乎として懲粛すべきことを通達したのである(50)。

園人が、仏教をもって鎮護国家の要諦と観じ、また彼の政道観が律令を不易の典拠としたことを想起するならば彼が宗教界の律令体制たる国分寺の運営に力を注いだ事実は(51)、充分に首肯される。弘仁七年(八一六)、園人は、京より任所に赴く国分寺の僧及び童子一人が伝馬に乗ることを許可すると共に、路次の諸国に彼らに粮を給するよう命じ、もって恒例とさせている(52)。

国家構造、並びに国民生活の精神的本体をなす神祇に対する崇敬は、光仁・桓武両天皇の最も配慮されたところであるが、それはまた時代の趨勢でもあった。『本地垂迹説』の発生それ自体が、僧侶側における神祇のもつ国家的意義の自覚と考えられるであろう。園人自身が神祇の崇敬を忌避したとは認められないけれども、廟堂に列するまでの二十年間、彼は切実な民政問題に忙殺され、神社に関心を払うだけの余裕がなかったようである。[53]しかしながら叡智に富み、現実的政策をとった園人が、いつまでも神社に無関心でいなかったことは、言うまでもないのである。弘仁三年五月、彼は、勅裁を経て諸国に符を下し、神戸なき神社であっても、禰宜、祝は責任をもって神社を修理し、国司また厳にこれを検校すべきことを命じ、[54]九月には同じく勅裁を得て官符を下し、神社が託宣と称して妖言を放って民を惑わし、累を邦家に及ぼすことに、厳重に禁断を加えている。[55]更に弘仁六年六月、園人は勅裁を得て、伊勢大神宮に年中雑用料に他国の神税を転用させ、年中の神事が遅滞せぬよう便宜を講じてやっている。[56]かように、その立場から言っても園人が神社に関心を寄せていた事実は疑いを容れない。然も彼が熱烈な施策を試みなかったのは、善悪両用の意味において神社が顕著な社会経済問題を惹き起こしていなかったためであると言えよう。

さて、中央にあって園人が挙げた最も目醒しい政績のひとつは、班田の施行であった。遺憾ながら今日では、史料の欠如の為にその輪廓すらが充分に窺知しえない状態にある。すでに述べたように、大同三年（八〇八）六月二十八日、彼は、菅野朝臣真道の後を承けて民部卿に兼補された。この時、園人の双肩には班田の遂行という重大任務が課せられていたのである。班田の施行という天下の重大問題が、誰によって提起されたのかは、到底知悉する由もないが、庶政の綱粛を標榜していた平城朝において、懸案の班田が重要国策として採り上げられたことは、少しも不思議ではないのである。然も延暦二十年（八〇一）六月、校班に煩いが多いという理由から、一紀一行に変更された班田は、大同三年七月二日、すなわち園人の民部卿兼任の直後、『養老田令』に復して、『六年一班』に改定されたのであった[57]。幾多の経験から校班の難渋さは、自ら予想され得るところであってみれば、当代の廟堂にみなぎっていた不抜の決意は、思い半ばに過ぐるものがあろう。かくして諸国の班田使は任命を見たことであったが、旧豪族や大寺院の弥漫《びまん》する大和国に対しては、官は慎重に考慮するところがあり、その班田使は特に強固に組織されたのであった[58]。

当時、中央において園人を補佐したのは民部大輔従五位上・藤原朝臣継彦、民部少輔正五位下・大伴宿禰久米主などであった。継彦は、『性聡敏にして、識度あり』（『類史』巻第七十七）と言われた人物であって、当時六十歳であり、また久米主は五十九歳であったが、これまた老練な民部行政家であったのであろう。ともかく彼らの営々たる努力によって班田の業は逐次完成に向かい、弘仁元年九月にはまず畿内においてこれを施行し（『紀』）、ついで他国に及ぼすことができたのであった。まことにこれは、園人らが熱烈かつ円滑に事務を運び、また班田使を激励した賜物と言わねばならぬ。然も班田後の事務を整理して憩う間もなく、次ぎの班年たる弘仁七年が迫り来たった。そして弘仁五年にはいよいよ校田使を任命せねばならなくなったのである。『国《ハ》以《テ》レ民《ヲ》為《ス》レ本《ト》』という信条をもっていた園人が、誰よりもよく班田の定期的実施が律令制を維持する根本条件であることを知悉していたことは言うまでもない。その上廟堂には、園人の政策に満腔の賛意を表する中納言兼民部卿・藤原朝臣葛野麻呂や参議・藤原朝臣緒嗣の如き、強力な支持者がいた。然もなぜか弘仁五年（八一四）七月には『六年一班』は遵守するが、班田の事は、後班の国々が年限に満つるのをまって実施するという遁辞が述べられたのであった(59)。右大臣・園人の蓋世の政略をもってしてもなお打破し得なかった障壁が奈辺に存したかについてはここに論述を控えるが、ともかく彼の焦慮のうちにどうしても校班せねばならぬ弘仁九年がめぐって来たのである。しかしながらこの時分、園人には頓に老衰が加わり、さすがの彼も持続的熱意を要する班田の遂行には堪え得なかったらしい。幸いに彼の遺志は緒嗣によって継承され、彼は遂に天長五年（八二八）、万難を排して班田を断行したのであった。しかしその緒嗣も苦心経営して次回の校田の業を進めながら中途にして薨去してしまったのである。

園人は仁政主義者ではあったが、度を過ごした慈悲主義を奉ずることはなかった。つまり彼の現実主義的政道観がそれを許さなかったのである。弘仁十三年二月七日付の『太政官符』（『三代格』巻第二十）に、『去《ル》弘仁九年宣旨《ノ》偁《ニク》、犯盗之人《ハ》、不レ論《ゼ》二軽重《ヲ》一、皆配《セヨ》二役所《ニ》一者《てへり》』とある記事をもって死刑の停廃の法律的起源とみなす学者もいるが、この見解には遽かに賛同し難いものがある。第一に、右の宣旨に関する検非違使の解釈によれば、『犯盗之人』とは文字通り『盗みを犯せる人』すなわち強盗と窃盗とを意味しているのであって、『賊盗律』の適用範囲にあらゆる『罪を犯せる人』を含んではいないのである。第二に、すでに検非違使が了解に苦慮したように、『配《セヨ》二役所《ニ》一』とはいかなる意図の下に言われたものか、明瞭でないのである。その詮議はしばらく措くとしても、園人は、弘仁八年二月頃から政治の第一線を退いているのであるから、叙上の宣旨が、たといいかなる意味であったにせよ、彼の奏言もしくは提案によるものでないことだけは断言してよい。むしろ反対に、園人の政道観が現実的であっただけに、そこには幾らかのよい意味での法家思想すら介在していたことが指摘される。現に、弘仁四年三月の『太政官謹奏』にも、『夫宥《レシ》レ過《ヲ》肆《ニスルハ》レ罪《ヲ》、渙汗惟深《レシ》』と見えるのであって、無責任な慈悲は無慈悲となんら択ぶところがないのである。

総じて当代の通弊とするところは、幾多の推奨すべき政令が発布されても、容易にそれらが官民によって実行されぬことであった。従って園人が朝廷の威信を昂め、朝章を官民に尊重させるためには懲粛もまた不可避であると観じたのは、頗る正鵠を射たものといわねばならない。また弘仁四年に園人らは、弾正台の整備について奏上するところがあり[60]、更に同年三月にも、大赦の詔書によって自首した者を原免すべき期限の定めがないため頗る弊害が多い事実を挙げ、今後は赦書が出たのち三百六十日以内に自首させ、爾後は原免せず、もって姦源を断つこととしたい旨を奏請しているのである[61]。更に弘仁六年十一月、園人は勅を仰いで刑部省に符を下し、従来の例では年末に死罪の刑書を奏しているが、それでは太政官の死刑執行書が遠国に到達するまでに立春は過ぎ、その結果刑の執行が一年延びてしまうから、今後は十月の初めに判決して奏するよう命じている。(62) 死刑の執行に限って、『捨《テ》レ速《ヲ》従《フハ》レ遅《キニ》、是《レヲ》為《ス》ニ優長《ト》一』（『獄令義解』）という仁政主義的見解は、もとより園人の衷心より賛同するところであったに違いない。さればとて死刑の判決を下しながら一年も執行を延期することに対しては、彼は行政上、また人道上、悪結果を招致するものと考えたのであろう。

そのほか中央にあって園人が断行したと認められる改革は、大小多々があるが、それらは、『政事要略』や『類聚符宣抄』に譲ることとし、ここでは国司の交替、解由の強化、四度使の変革、少納言の督励についていささか述べることとしよう。まず国司並びに史生の秩限に関しては、従来いろいろな沿革があったが、弘仁六年七月、園人らは、西海道を除いた諸国司の秩限を慶雲の制に復し、主典以上の歴限を四年、史生以下の任限を十二年に改定せんことを奏請し、勅裁を蒙っている。(64) 国司交替の制が彼らの勢力扶植を抑制し、中央集権を徹底さすことは贅言するまでもない。けれども国司の秩限が短期に失することもまた、彼らをして地方行政に無責任ならしめ、巨額の交替料や多大の迎送費によって人民を疲弊させるばかりでなく、また国司を官人の財源とみなす悪風を助長させるのである。それゆえ、園人のような現実的政治家が先に立って、なぜ秩限を短減して慶雲の制に復帰させたかは、容易に了解し難いところである。(65) ただこれに平行して園人が解由状不与の制を強化し、もって国司の姦詐を勘責した事実を想起すると、彼が確乎たる定見をもってこの改変を行ったであろうことは、推察に苦しまないのである。同じく弘仁六年（八一五）十一月、園人は、諸国の四度使や臨時の諸使の往還が余りにも繁多であって、人民は迎送に疲れている実情に鑑《かんが》み、正税・計帳二使の公文は、今後、朝集使に付けて上るよう命を下している(66)。これは、すでに述べた園人の民政上の諸施策と一貫するものであり、まことに時宜に適合した政策であったと認められる。

少納言は、古来、侍従を兼ねる例であった。このため彼らはとかく欠勤しがちであって、政務の凝滞することが多かった。然も蔵人所の設置いらいその重要性は逓減しつつあった。園人らは、かかる実情に即して、弘仁四年十月、少納言一員を減省し、『職員令』の規定する通り三人とすることを奏請している(67)。一方、園人は、少納言の怠慢を責めると共に、彼らを督励し(68)、政務の円滑を計り、兼ねて局務の実権が、外記に移ることを防止しているのである。

なおここで少しく触れておかねばならぬのは、『新撰姓氏録』の編纂である。この編纂に参与したのは、言うまでもなく中務卿・萬多親王を初め、園人、緒嗣、阿部朝臣真勝、三原朝臣弟平、上野朝臣穎人の六人であるから、本書の中に園人の意向ないし学識が、どれだけ盛られているかを知察することは不可能である。元来、大化改新は旧豪族の打倒による中央集権を企図したのであったが、その政策は、中・小豪族の官僚貴族化の方向をとり、必ずしも徹底的な中央集権制が実現されたのではなかった。支配階級たる中央および地方の貴族は、氏と姓とによって秩序づけられていた。なかんずく、地方に対して野心をもつ中央の権門勢家は、この氏姓を種として別個な地方進出を企てる風が、ようやく著しくなって来たのである。彼らは、この国の歴史を通じて根強く内在する族制的な血縁関係に着目し、同じ氏族の名の下に、実際上の血縁関係とは別に、地方の豪族に社会的名誉を与え（上級の姓の奏請）、彼らと密接な経済的関係を結んだのである。また一方、地方の豪族は、中央の名門との血縁関係を国司に誇示して自己の違法を黙認させようとしていた。地方豪族の悪辣行為は、かかる中央貴族との自称血縁関係を煙幕としてなされることが頻繁であったから、氏姓的秩序を認容する政府としても、これに対し厳重な監視を施さざるを得なかった。それゆえ氏族志の編纂は、決して現実と遊離した懐古的事業ではなく、重要かつ緊急な政治経済的な対策であった。まことに、『新撰姓氏録』が『煥乎たる指南』の書として期せられていた事実は看過さるべきではないのであって、それは廟堂を出でずに治政の大綱を知るべき有職故実的な格式の編纂とは、いささか趣きを異にしていた。

最後に顧られるのは、園人の春宮傅としての功績である。人格、識見ともに優れた園人が、皇太弟の傅として適材であったことは言うまでもないのである。『愚管抄』（第三）には、『嵯峨東宮ノ間、平城国王ノ時、東宮ヲ可奉廃之由サタアリケリト。後中書王ノ御物ガタリアリケリ。ソレハ傅ノ大臣冬ツギ申ススメテ、事火急ニサブラフ可令中宗廟給トテ、桓武ノ聖廟ヲ拝シテ東宮訴申給ヒシカバ、天下ニクレユキテ平城（中略）思カヘラセ給ヒニケリトナンカタラセ給ヒケリ』と見えている。後中書王は周知の通り、具平親王のことである。『水鏡』（巻下）には、『ふゆつぎの東宮の傅にておはせしが』とあり、更に、『扶桑略記抄』（第二）には、『于㆑時、冬嗣卿為《リ》㆓東宮傅㆒。密《ニ》告《グ》㆓太子《ニ》㆒』と見えている。上に述べたように、当時の春宮傅は園人であって、冬嗣は春宮大進ないし春宮亮であった。従って問題を解釈する上での岐路は、如上の記事中の『春宮傅』と『冬嗣』のいずれに重点をおくかにあるのである。『于㆑時、京洛烟気忽《チ》塞《リテ》、昼日昏《シ》。』といった伝説的部分は一応考慮の外においてみるならば、当時、天皇と皇太弟の仲をとりもちえた人物が園人以外になかったことは、極めて明白である。既述のように内麻呂は長子の真夏が平城天皇の寵を蒙り、第二子の冬嗣が皇太弟の愛顧をうけ、困った立場にあったのである。事の真偽は、しばらく措くとしても、園人が神野親王及び大伴親王の春宮傅として、共に非常な信任を得、こよない顧問となっていた事実は疑いを要しないのである。[69] 嵯峨・淳和両天皇の睦じさは、『日本後紀』を初めとして、当時の詩集等から想察されるところであり、両朝における宮中の昌平は、まことにめでたい限りであったが、政界の元老として、かつまた春宮傅として、園人がかかる昌運に寄与するところ多大なものがあったことは、推測に苦しまないのである。かように政界随一の元老として、皇室の安泰をひたすら冀《こいねが》っていた園人が、弘仁五年（八一四）五月八日、嵯峨天皇が詔書を下して、府庫の費を省くがため、皇子女を臣籍に下し、朝臣の姓を賜わるべき旨を宣せられた翌九日、直ちに公卿を率いて奏状を上り、

『君臣之位は、自然ら各定れり。』として、叡慮を黐されんことを請うたのは(70)、まことに当然と言わねばならぬのである。

さて園人は、弘仁五年正月七日、従二位に叙され(『類史』、『紀略』、『補任』)、位、人臣を極め、諸方面に亙って大いに経綸を振った次第は、上来述べ来たった通りである。然るに弘仁八年二月頃から、彼の政治的活動が俄かに歇んでいる。世に『山科大臣』と言われていたのであるから(71)、彼は宇治郡山科郷に、おそらく安祥寺の近傍に山荘をもち、悠々と老を養っていたのであろう。ただ前に触れた弘仁九年五月の官符には、珍しく園人の名が見えているが、僧尼の濫行はよほど彼が気に病んでいたところと思われる。これによって推測すると、弘仁九年の五月頃には、彼の健康も少しく良好に向かったようであるが、それもほんの小康に過ぎなかったらしい。こうして同年十二月十九日、突然、園人は薨去している。時に年、六十三歳。嵯峨天皇は甚だ痛惜され、正一位左大臣を追贈し、使を遣してねんごろに喪事を護らされた(『紀略』)。しかし今日ではもはや園人の墓地がどこにあったかを究明すべくもない。

上来、叙説したところによって、園人の政績が極めて顕著であったこと、また彼の識見が卓越し、人格また高潔であったことが自ら明らかになったと思われる。まことに彼こそは、当代の人々がもって理想となした道徳的人物であったと思われる。殊に園人は、私欲や私勢に甚だ淡白であって、この点、同じ北家でも冬嗣などとは頗る選を異にしていた。

例えば弘仁六年六月二十七日、園人は、上表して先祖の功封を奉還せんことを請うている(『紀』)。これは一見して些細な事柄のように思われるであろうが、当時、藤原氏が賜わっていた功封は、鎌足及び不比等の封を合わせて一万七千戸もあったのである。一郷を平均五十戸として計算するならば、三百四十郷、すなわち全国の十二分の一に該当するものであるから、園人の挙は、たとい豊成や内麻呂によってすでに奏請されたところであったにせよ、またもって彼を先達とする藤原氏の大英断であったと言うべきである。

二二二〜二二三頁に掲げた系図14は、『尊卑分脈』を根幹とし、国史及び『公卿補任』に依拠して補訂したものである。これを一瞥しただけで、彼が家閥に無頓着であった事実が了解されるであろう。尤も、すでに述べたように、浜主は、『続日本後紀』に、『名家之胤、而余烈不レ聞《エ》、是《レ》可《シ》レ恨《ム》者也。』と評されているが、凡庸と言うよりは怠け者であったらしい。浜主は、大学頭、神祇伯を歴任して、天長四年(八二七)に従四位上を授けられている。これほどのことは、右大臣の嫡長子としては当然受くべき待遇であるばかりでなく、園人の晩年、彼はまだ従五位下に留まっていた。そのほかの子らも、多くは、『政迹《ノ》善悪無《ク》レ聞《ユル》、可レ謂レ得《タリト》二其《ノ》中庸《ヲ》一者也』(72)と評されたように、凡庸な人びとであったに違いない。しかし国の元勲たる園人の威勢をもってすれば、彼らのうちの誰かを相当な顕職に推挙することは、必ずしも困難ではなかったであろう。園人は、妻を官女として宮廷に出仕させたり、娘や養女を入内させるようなことをしなかったし、また自邸に行幸を仰ぐことも企てなかった。尤も、公卿としての立場上、二度ほど宮中に奉献してはいる。初めは大納言に任じられた弘仁元年（八一〇）五月十二日であり（『類史』七十八、『紀略』）、次ぎは弘仁五年十一月一日、中納言・巨勢朝臣野足と共に奉献しており（『紀』）、共に衣被や綿を賜わっている。そして右の奉献の回数は、当代の三公に列した者として、少きに失するほどであった。

弘仁四年四月、嵯峨天皇は皇太弟の南池に行幸された。そして文人に命じて詩を賦せしめられたが、(73)この時、園人は、次ぎのような歌を上った。

今日の日の池の辺《ほとり》にほとゝぎす平安《たひら》は千代と鳴くは聞きつや

天皇、すなわち和して、

ほとゝぎす鳴く声聞けば歌主と共に千代にと我も聞きたり

と詠じられた。園人の光栄、実に思うべしである。ついで彼は立って舞踏し、雅楽寮の楽人が楽を奏した。宴おわって、五位已上に衣被を、また諸王、藤氏の六位已下並びに文人にもそれぞれ綿を賜わったのであった。(74)園入自詠の歌で今日に伝えられたものは右の一首に尽きるが、それから判断すると、園人は全く文学的才能を持ち合わせていなかったらしい。重陽節をやめ、また文人墨客の待遇はほどほどにしたいと奏請した事実からも窺われるように、園人は、花鳥風月にさして興味を抱かず、かつそうした雅遊の限度を考慮していた模様である。彼が学識に秀でていたことは上述の通りであるが、しかし特に文藻に傑

- 楓麻呂　参議従三位　母　粟直若子
  - 園人　右大臣　従二位　母　内大臣良継女　号　山科大臣
    - 浜主　蔵　従四位上大学頭　安芸守　神祇伯　承和十二正四卒
      - 滋雄
      - 興雄　従五位下　土佐介　母　多治松成女
        - 当経　従五位下　能登守　母　大善氏
      - 女子　中宮大夫藤原良仁(冬嗣子)室　参議有実母
    - 関主　蔵　従五位上　安芸守　次侍従　因幡守　母　園主女
      - 時相　美作介
    - 並人　従五位下
      - 氏雄　正五位下　大蔵大輔　大和守
        - 常世
        - 高吉　従五位下
        - 峯雄　従五位下
        - 常棟
      - 氏宗
  - 園主　従五位上　三河守
    - 寵愛　従五位下
    - 諸貞　正五位上　大舎人頭
      - 貞守　従四位上　参議　貞観元五一卒　母　松野氏
        - 公仁　従五位下
          - 種雄　従五位下　加賀守
        - 今子　文徳天皇更衣(?)惟恒親王母
        - 女子　参議藤原清経室
    - 貞主　従四位下　遠江守
    - 貞公　蔵　従四位下　出羽守

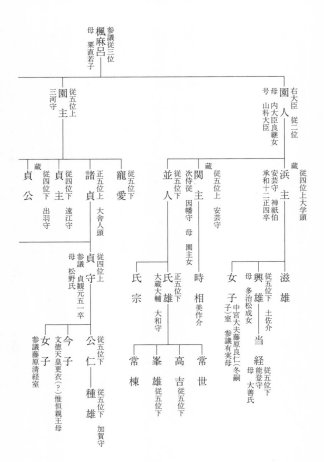

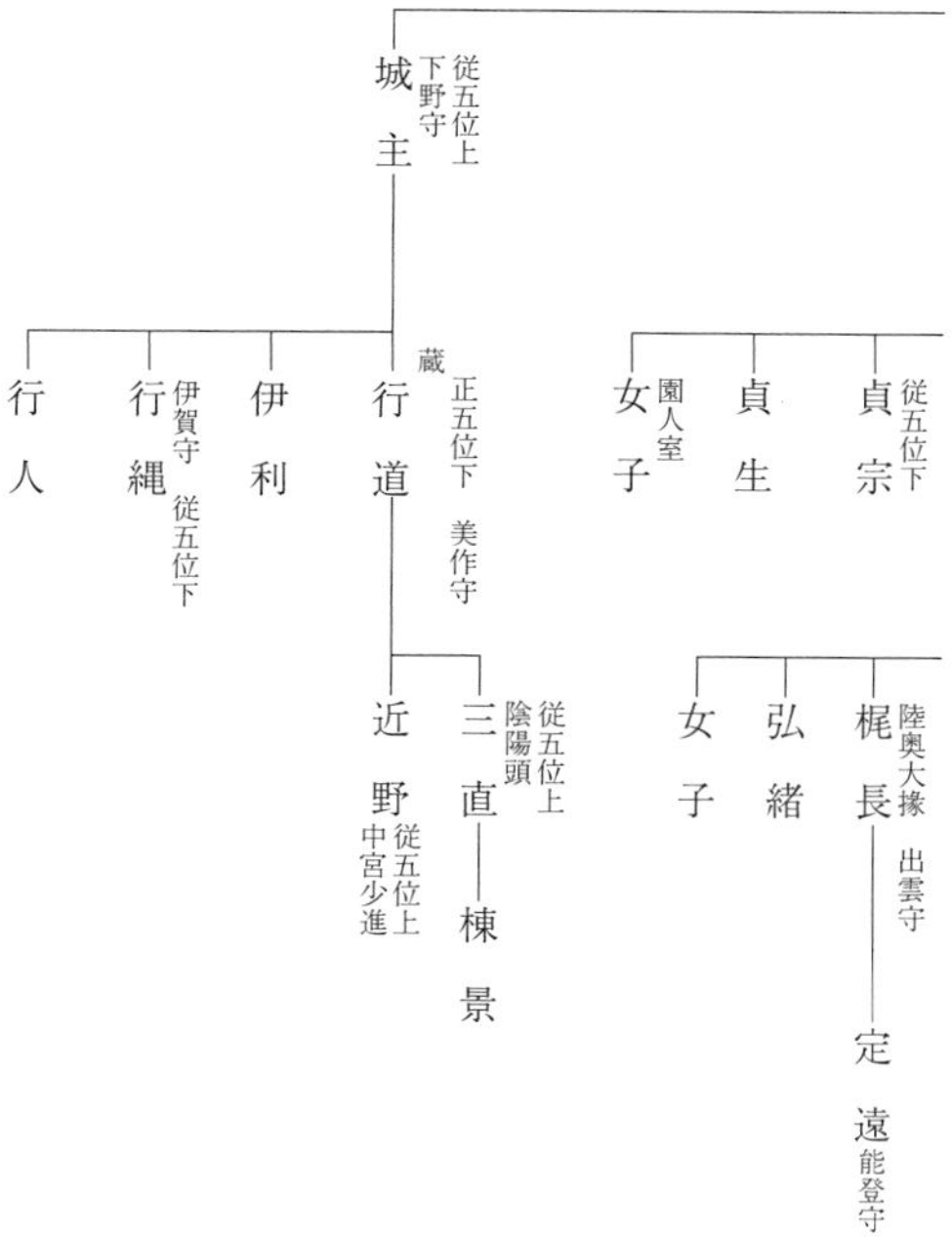

系図14　右大臣・園人の親族

出していたわけではなく、『凌雲集』以下の諸詩集にも、園人が賦した詩は絶えて見当たらぬのである。

六

ここで想起されるのは、国史に、『天皇、徳度高峙にして天姿嶷然たり。文筆を好み給はず、遠く威徳を照し給ふ。宸極に登りてより心を政治に励まし給ひ、内は興作を事とし、外は夷狄を攘ひ給ふ』とある、桓武天皇の性格と施政方針である。そしてこの大方針は、父・光仁天皇より継承されたところであったが、光仁天皇が深く敬仰されたのは天智天皇の偉業であった。政治を天智天皇の精神に復帰せしめようとする意志は、早く淳仁天皇の政策に反映を見るが、それが強烈に実現され出したのは光仁天皇の治世においてであった。

いったい大化改新に宿された天智天皇の理想は、中央集権に基づく官僚国家の建設にあったが、天皇はその実行の手段として、大豪族を芟除する為に、中・小豪族の協力を得ねばならなかった。その結果、折角の改新も全き改革に終らず、旧勢力のある程度の温存を余儀なくされたのである。こうした穏健な改革は、ひとり大化改新のみならず、爾後の社会的変動においてしばしば見受けられるところであるが、それは、国内を覆う惨澹たる流血事を惹き起こさぬ反面、新しい政治社会経済の体制に、相剋する二元性を賦与せずにはおかなかった。

光仁天皇はその血統の上から言っても、また社会や文化の動向を想察しても、天智天皇の理想に基づいて、律令機構の完成に進まざるをえなかった。そして天皇は、その方針の強力なる継承者として山部親王を見出されたのである。『弘仁格』の序に、桓武天皇の治績に触れて、『凝《シ》㆓情《ヲ》政体《ニ》㆒、騁《ス》㆓想《ヒヲ》治術《ニ》㆒。以為《ラク》、律令《ハ》是《レ》為《リト》㆓従《フ》㆑政之本㆒。』と評しているのは、まことに至当というべきである。

光仁・桓武両朝は、その顕著な政治性をもって特色としている。こうした政治性が、現実主義と逞しい意力とをその構成要素としていたことは、容易に認容される。しかしながらこの現実主義は、理想を欠いた、一途に現実即応のみを事とするものではないのであって、そこには律令という不易の政典が、『従政之本』として中核をなしていたのである。光仁天皇が、即位と共に幾多の令外宮を淘汰し、太政官の権威を旧に復されたのも、この故であり、また光仁、桓武、平城の三朝において断行された幾多の刷新と緊粛とは、いずれも律令体制の徹底を目標としたものである。(75) 尤も、このことは、『養老律令』への盲目的追従を意味するものではない。例えば、蝦夷討伐の如き現実問題に直面しては、部分的に徴兵制度を停廃し、賤民をも兵士に採用し、健児を徴集するという、『軍防令』に違反する政策が敢行された。

それ故、光仁・桓武両朝の治世において顕著に認められる政治性は、一面、復古的であると共に、また実に批判的、現実的な相を呈していたのであった。換言すれば、当代の政治性は規範的、並びに客観的な両面を具備していたのである。そして如上の異質的な両性格を併立せしめえた契機こそは、両朝において強く振起されていた政治意力であったわけである。したがって、そこに現れて来るものは、内攻的かつ批判的な心的傾向であって、この頃に及んで、更めて儒教的世界観が採り上げられたのは、決して故なしとはしないのである。こうした心的傾向は、芸術の分野では内面的でしかも現実的な様相をとり、学問の方面では、内省的で客観的なロゴス精神を形成する。弘仁時代において夥しく出現した『秘府略』、『羣書要覧』、『大同類聚方』、『会分類聚』等々の如き、尨大な類聚的労作の編纂は、沈邃《ちんすい》なロゴス精神と強烈なる意力とを得て始めて可能であったのである。『続日本紀』以下の五国史のような近代史の編著には、内省的な歴史意識が滲み出ていると共に、そこにはまた冷静な客観性が感得されるのである。右大臣・園人個人についてみても、彼は、『恠異之事、聖人ハ不レ語』[76]と断じ、一方では、医針の道は、国家の大要なりとして、医得業生四人を置いているのである。[77]もし園人が病床に臥したとすれば、彼は加持や祈禱よりも、まず第一に医師に治療を願ったに違いない。ここにもまた、時代精神の一端が窺われるのである。

さきに述べたように、そうした内省的な、閉された世界にとって、最も適切で、然も魅力あるものは、儒教的政道観であった。これすなわち『修メレ己ヲ治ムレ人ヲ』を前提とする徳治主義であるが、それは、日本流に受容されて独特の政道観を形成したのである。これによれば、天皇は血縁社会の宗家たる皇室の出であることが必要である。また天皇は、地縁社会たる国家の元首かつ民族宗教たる神道の最高神官として、天意を宣布するに足るだけの聖徳者であらねばならぬ。徳を修めざる者は、いかに皇統の出自であっても価値がないのである。かような三位一体性を具備するが故に、天皇は神聖なりとされたのであって、天皇に対する態度にはどこまでも理智的、調和的なものが存したのである。従ってかかる聖徳者としての天皇に仕える人臣は、まず君を輔《たす》け、陰陽を順にし、教化を明らかにする者でなければならぬと観じられるのであって、官吏の登用に際しても、第一に眼目とされるのは、実に徳行であったのである（『選叙令』）。かような政道観は言うまでもなく、当代に渙発された幾多の詔勅において絶えず窺い得るところである。蓋し、『羣書治要』のような儒教的政道観による施政の提要書が本邦にのみ伝えられ、（燉煌を別とすれば）中国に伝来を失した事実は、意味深いことと言わねばならぬであろう。

右大臣・園人は、『寛仁大度にして、君人の徳』を備えた光仁天皇の『宝亀之中、四海晏加、刑罪用うること希にして、遐邇欣戴』せる治世に青少年時代を過ごし、文華を好まず、心を政治に励まされた桓武天皇の治世に、地方官として辛酸をなめ、政治の実際を体験したのであった。識見豊かで、人格また高潔な彼が、いかなる政治家として育成されたかは、自ら明らかと言うべきである。

さて、廟堂の首位に坐しながら、私勢を張らず、精励刻苦、ひとえに政治に没頭したのは、右大臣・神王《みわ》であった。『公卿補任』は、神王を許して、『大臣性恭謹にして、文少し。物に接するに淡若たり。顕貴に居ると雖も、克く終あり。遺辞に云はく、質素にして鼓吹を賜ふことなかれてへり。』と記しているが、よく王の為人を穿っているものと思われる。そして政治的に神王の衣鉢を継いだのは、実に園人であり、彼の後継者となったのは藤原朝臣緒嗣であった。

緒嗣は、言うまでもなく百川の長子であり、贈皇太后・旅子の兄である。彼は延暦二十一年（八〇二）、父の遺勲により二十九歳で参議に任じられ、左大臣正二位に昇って承和十年に薨去するまで、廟堂に列すること四十二年の長年月に及んだのである。然も彼は、全く父の百川と性格を異にし、いささかも策謀を弄せず、『国の利害知つて言はざるはなし』と評されるほど、憚ることなく意見を奏上している。緒嗣の方針もまた律令体制に基づく緊粛政策であって、班田を断行し、軍備を整え、冗官を廃し、冗費を省き、専ら国威の振興と国力の充実に心を労して歇まなかったのである。彼また文華を好まぬ性質であって、当時の詩集などに彼の作品は見出されぬのである。まことに緒嗣は、四十二年間も枢要顕貴な地位にいたにもかかわらず、その羽翼を張り、朝廷に私勢を扶植しようなどとは毛頭考慮しなかった。(78)

尤も藤原氏の間には、早くから官僚貴族という自家の地位確立以上に出で、律令制の二元性という間隙を伝わって、政権を壟断しようとする野望を抱いていた人々のいたことも、争えない事実である。不比等がまずそれであるし[79]、特に、南家や式家の人々においてかかる傾向が見られるのである。藤原仲麻呂のことはいうまでもないが、式家の広継、良継、百川、種継、仲成[80]等も、錚々たる策謀の士であった。北家の小黒麻呂などもまた、私勢を張ることに汲々たる輩であった。けれども彼らは、その策謀家たるゆえんを陽に示した点で、全き成功を獲ち得ることができなかった。ところが、北家の内麻呂に至っては、徳量温雅、才機縦横にして、まことに卓越せる政治家であった。その彼が、三主に仕えて篤い信任を蒙りながらも、私に自家の為に謀る所があったことは、例えば彼と興福寺、特に南円堂との関係[81]からして容易に推測される。南円堂は冬嗣によって完成されたが、もともとこれは藤原氏―というよりも自家の興隆のために建立されたものであって、その供養の日には、他姓の人が六人も死去したとまことしやかに伝えられている[82]。

冬嗣は度量も大きく、識見に富み、文藻を好くし、『能く衆人の歓心を得る』（『補任』）術を心得ていた人物であって、早くから嵯峨天皇の信任極めて篤く、始めて蔵人頭に補されて機密に与かり、兄・真夏の失脚に乗じて父の遺勲をほしいままにしたのであった。さらに彼は、天皇と詩文の交わりをなし、あるいは私第に行幸を仰ぎ、妻の美都子を尚侍として後宮に配し、子・良房のために皇女の降嫁を許され、その娘を仁明・文徳両天皇の後宮に入れ、進んで宗教界にも気足を伸し、空海や最澄の檀越《だんおつ》となって、斯界の新勢力とも気脈を通じていたのであった。ともかく冬嗣は、元老たる園人の下にありながら、藤原氏のために勧学院、施薬院の建立をわが物顔にやってのけるほどの人物であって、擬制的氏姓制を強調することによって、幾多の藤原氏出身の政治家の遺勲を、氏長者然として自家に吸収しようと図ったのである。

新興の官僚貴族として政界に乗り出した藤原氏は、初め鋭意旧勢力の打倒に力を致すと共に、律令制の整備に全力を挙げて努力した。実際、藤原氏には有為な人材が輩出し、それは貴族的特権を重んずる官僚機構と相まっておのずと廟堂に決定的な地位を確保せしめた。従って爾余の諸氏の栄達は、ただ藤原氏の意向一つにかかるに至った。しかし園人や緒嗣のような謹厳な人物がいる間は、冬嗣といえどもそれを自己のために利用しようとする工作を進めながらも、まだ表面的に政権を私することは許されなかった。ところが承和十年（八四三）に緒嗣が薨ずると、良房は忽ち政権壟断の意図をあらわにし、特に天安二年（八五八）には、僅か九歳の清和天皇を擁立して位につけ、自らは摂政となったのである。今や人君が聖徳者であろうがなかろうが、もはや問題でなかった。天皇は、彼にとって必要な傀儡となったし、皇室そのものは自家の母系的部分に過ぎなくなったのである。冬嗣や良房は、かくも無惨に律令制を蹂躙したばかりでなく、自家の財政的地盤を強化するために、積極的に国司に働きかけるに至ったのである。もはや関心事は徳治主義でも、律令制の巧妙な運営でもなくなった。

さて、光仁・桓武両朝の営々たる努力によってもたらされた国運の隆盛は、前代に蓄を結んだ古典的精神に始めて絢爛たる花を咲かせるに至った。この燦然たる古典文化を担荷したのは、無論、宮廷を繞る貴族階級ではあったが、元来、当代にあっては、低級な姓を帯びた小貴族や庶民と雖も、実力次第で上位の姓を賜わり、昇進することができた。したがって弘仁時代の文化は、貴族によって運営されながら、まだ明確に貴族的ではなかった。事実、当代において、学芸、宗教、方伎の分野で名を挙げた人びとは、おおむね小貴族ないし庶民の出身者と断じても過言ではない。しかし彼らを囲繞する世界は、本来、内攻的かつ閉鎖的であった。従って、藤原氏の制覇によって明瞭化された家門の観念が強化され、新鮮な輸血路であった人材登庸の狭き門が閉されるに及んで、これら支配階級の間に家閥的観念が発生するに至るのは、まことに不可避的な趨勢であった。家閥的観念は、他階級に対しては、貴族的意識に外ならぬのであって、しかもそれはロゴス精神を基盤としていたのである。弘仁三年（八一二）五月二十一日紀に見える『勅、経国治家、莫㆑善㆓於文㆒立㆑身揚㆑名、莫㆑尚㆓於学㆒』といった記事は、そうした観点から考慮さるべきであろう。その結果、一方では強固な国家財政の支持を受けて意識的な貴族文化が生成し、他方では、彼らは、貴族的意識を昂めつつ逐次に庶民と生産部面とから遊離して行ったのである。当代における私学の盛行が、貴族文化の生長と緊密に連繫していたことは、言うまでもない。こうして滋育された貴族文化が今度は却ってロゴス精神を蝉脱しつつ情緒的色彩を強め、遂には全くロゴス精神を冷却するに至る過程については、改めて論ずるまでもなかろう。一方宗教界を一瞥しても、密教の発展が貴族文化の伸長と相表裏した事実が注意を惹いている。南都の仏教に鋭くも対立した北嶺の仏教が、華厳学と共に同じく一乗思想に立脚しながらも、因明《いんみょう》学を疎んじた事実にも、そうした事情を解明する内面的な一契機が窺知されるように思われる。儒学すなわち修身治国の道を明らかにする明経道はすたれ、それに付随した五行災異説などを基本とする陰陽道が隆盛に向かったのも、時代の趨勢を示唆している。歴史学を講ずる紀伝道は廃されて文章道が興隆し、遂に文章博士からは右大臣を出すに至るのである。

七

翻って、藤原朝臣園人の政道観を顧みると、それを貫くものは強烈な仁政主義であり、それは律令制の根幹をなす徳治主義と同一なのである。彼が理想とした政治形態は、聖徳を備えた天皇を中核とする賢人政治であり、またそのために彼が正当と認めた政治組織は、天皇親政下の官僚政治であった。園人の見解を忖度《そんたく》してみると、『黎民』は、まだ政治意識が低く、かつ教養が不充分である。従って国政は、最も教養の高い官僚貴族によって運営さるべきものである。凡そ倫理上の徳と、政治でいう徳との間にはなんらの径庭もないはずである。この目的に添うためには、貴族にそういう崇高な責務を担当し得るだけの自覚と教養とをもたす反面、野に遺賢なからしめるため、才幹に応じて庶民を貴族に抜擢すると共に、教育機関を拡充するのが必須であるとしたのである。実際、当時の一般的風潮に応じて、天平時代の末葉から、大学の整備と貴族子弟の修学とは、大いに政府の強調する政策であった。大同元年六月、諸王及び五位以上の貴族の子弟で十歳以上の者は、蔭によって出身する者であっても、悉く大学に修学すべきことが制定されたのも（『紀』）、蓋し賢人政治の当然の趨勢でなければならない。弘仁の頃、政府は銭貨を左右両京職に下し、その利息をもって学生の菜料に当てさせたが(83)（元慶八年九月十四日紀）、これまた人材育成を目図したもので、園人などの発意によることと推量される。更に園人は、明経による徳操の涵養と共に、政治を施行する官吏に実務上の法律知識をも要求して憚らなかった。例えば彼は、弘仁四年三月、明法道の振興を図って、明法生に対する試験方法を緩和することを命じているのである（『三代格』巻第五）。文華を好まなかった園人は、常に官吏の教養として明経、明法を重視したが、時代の傾向は、彼の本意に反して、文章道をのみ隆盛ならしめたのであった。

いずれにせよ園人は、『徳』を根本原理とする仁政のみを希求していた。もし官人が彼が要請するような徳操と教養とを具備しているならば、人民また師表として彼らを敬慕するであろう。さればかかる政治組織は、まさに理想的な制度でなければならない、と彼は思うのである。唐天竺に見られた圧政の類は、一に為政者が仁徳を欠いた結果に外ならない。為政者にその人を得、また得るよう絶えず努力する限り、律令制に具現されている賢人政治こそは、最も自然的かつ人間的なものと彼は思考したであろう。しかし一方で彼は、現実を直視せる政治家として、人間の肆縦《ししょう》な欲望を率直に認めていた。これを抑制して徳化を行う要諦は、官人の徳育と時機を得た施政、そしてそれを遂行する徳治国家の強力な権威以外にはないと観じていた。

無論、園人の世界観には、発展といった概念はなかった。律令体制は、万古不易であり、それは格式による臨機の施策によって永遠に維持さるべきものであった。園人の賢人政治という理想と施政にみる現実主義との乖離は、静的な彼の世界観のもたらす不可避的な帰結であって、当時としては、まことに止むをえぬことであった。それは少しも彼の政治家としての資格を傷つけはしないのである。かように彼は、徹底した現実主義者として文字通り地方の実情を熟慮しつつ政を施し、民衆生活の安堵、官吏道の粛正、地方行政の刷新並びに国家の昌運に、日夜努めて倦むことを知らなかった。現実主義的政治家である以上、彼は時に従って宜しきを制する政治の運用を充分に会得していたわけであって、すでに解説を加えた彼の目醒ましい政績は、雄弁にこれを物語っている。また彼が仁政主義者のとかく陥りやすい形式的な慈悲主義に堕して、却って人民を憂愁に沈ますことをしなかった所以も、そこに求められるのである。

しかしながら、園人の関心が時として余りに末端組織に注がれ、上部組織に及ばなかったことは、明らかに指摘しておかねばならない。例えば、出挙の利稲を引き下げることは、国家財政上の大英断として、無論結構であるが、それと同時に、国司の俸料をあらかじめ何万束、何千束と、それぞれ国の大上中下によって規定し、公廨稲の分配や職田の授与を停止したならば、出挙や雑徭による国司の苛斂誅求を根絶とまで行かなくても、ほぼ除去することができたであろう。まして国府の書生に正税を借貸するといったことは、書生の目前の貧窮を救済するには役立っても、結局は彼らを堕落させるのである。郡司制の改革は、彼の最も顕著な功績であるが、もし人民の安堵と国郡司の緊粛を真に企図するならば、なぜに園人は、問民苦使、巡察使の派遣といった監察機関の整備について奏請するところがなかったのであろうか。彼はすでに山陽道観察使の職を閲し、かかる地方行政の検察の必要を知悉していたに違いない。にもかかわらず、解由状の与不のみを厳重にしたのは、余りにも消極策に失したのではないか。

『神皇正統記』(後醍醐天皇条)には、『のちざまには、国司の任におもむく事さへなくて、其人にもあらぬ目代をさして国をおさめしかば、いかでか乱国とならざらん』と指摘しているが、なぜに園人は、後には年官年爵へと発達する国司遙任の悪風を厳禁しなかったのであろうか。否、彼自身、相模守の遙任を、まず辞退すべきではなかったか。かく観じ来たるならば、園人の政策が、多くの場合、末梢的な弊風の排除に向けられ、彼に律令制を没落させた諸契機の根絶を企図することが少かった事実は、認めねばならない。

政道観並びに政策の上から言っても、園人は律令制の全面的肯定者であった。けれども、『集解』に、『令者無《シ》レ疏。語《リ》ニ其《ノ》是非《ヲ》一、教《フ》ニ其《ノ》法則《ヲ》一。故《ニ》謂《フ》ニ之《ヲ》令《ト》一。又云《ク》、法也、式也。教令之法耳《ト》。』とあり、『弘仁格』序には、『令《ハ》以《テ》ニ勧誡《ヲ》一為《ス》レ本《ト》。』とあるように、令は治政の当為であって、必然を制したものではない。従って園人が律令の全面的肯定者である限り、彼の政策が永久にこの当為と現実との乖離に対する消極的な弥縫策に終始せざるを得なかったことは、極めて明白なのである。謂う所の武家法に対照して、律令の生成過程を吟味しただけでも、かかる乖離の必然性はたやすく了解される。ただ幸いにも彼の時代にあっては、君臣に人を得ていたため、この宿命的な乖離も、まだ破綻をもたらすことがなかったのである。たとい彼らの施策が必ずしも妥当ではなかったにしても、誠意と意力に溢れた時代の政治性が、これらの破局を未然に防いでいた事実は認められねばならない。

律令体制崩壊の萌動は、まず蔵人所や検非違使庁の創設から察知されるが、時代と共に、太政官の機能自体にも変化が生じて来たのである。やがて『受領』なる言葉は、公然と財源の意味をもつものと解されるようになった。もとより『国《ハ》以《テ》ニ百姓《ヲ》一為《ス》レ本《ト》』という言葉は、相変わらず用いられていた。しかしその意味は全く変転してしまった。『百姓』は、もはや『大御宝』ではなくなった。彼らこそは、受領の搾取の対象と観られるに至ったのである。中央にあっても、引き続いて廟堂の首位に坐した閑院左大臣の冬嗣、東三条左大臣の源朝臣常、忠仁公・良房、河原左大臣の源朝臣融、昭宣公・基経、致仕大臣の良世等々は、いずれも外任の経験をもたぬ人びとであった。それ故、彼らにとっては、廟堂を出でずして政治の得失を知る『格式』は、実に無二の宝典であったわけである。格式の編纂が、『姓氏録』のそれと意義を異にすると上に述べた所以である。そうした趨勢は、仏教界における天台・真言二宗の進出についても言えるであろう。空海が、当代における最高の教養人の一人であり、また彼の性格が八面玲瓏であったことは、縷言を要さない。それと共に、宮廷の恩寵獲得と真言宗の興立に彼がいかに腐心したかも、遍ねく知られている。彼は、『国民利福』を大旗幟として掲げ、冬嗣や三守の後援によって『綜芸種智院』を創設したが、それがもともと名声を得んがための方便に過ぎなかったことは、空海の遷化後、それがたちまち銭一千四百貫文で売却されている事実からも想察されよう[84]。いったい空海ほど伝説の上では全国を巡歴しながら、現実には衆庶救済のために少しも化遊しなかった高僧は珍しいと思う[85]。貴族的意識の旺盛な彼にとっては、御題目としてならばともかく、実際に民衆の利福のために挺身することよりも、朝廷の信任と、貴顕の帰依を得る方が、ずっと重大な関心事であったに相違ない。教養豊かで円転滑脱、巧みに人を操縦する点で、空海と冬嗣は肝胆相照らした仲であったのであろう。宗教上の律令制たる国分寺に対しても、天台、真言の両宗は、万難を排して進出を企てたが、やがて国分寺は、鎮護国家という自己の使命を放棄するにいたる。

いずれにしても、政道観は、現実的なものから形式的なものと化し、修身治国よりも栄達致富が主眼とされるようになるのである。そうした兆候は、例えば冬嗣らが撰した『内裡式』において、まず指摘することができよう。ロゴス精神の冷却と貴族階級の凝固は、自ら大学をして衰頽に赴かしめた。そして『姓氏録』に現れた氏族に関する政治的知識ではなく、割拠的な氏族意識が社会の前面に大きく泛かび上って来るのである。藤原氏にあっては、冬嗣の所持品であった朱器台盤が氏長者の象徴と観じられ、門閥意識を明確に表明するにいたった。かような潮流の中にあっては、園人や緒嗣の如き、謹恭にして至誠な、或いは圭角と誠実を備えた人物は、結局、時代からとり残されてしまうのである。

すでに、徳治主義的政道観は凋落し、強烈な意力は弛緩し、時代人の心は、理性的から情緒的に推移していたのである。積極的熱意が冷却するところ、万里の波濤を侵して新文化を獲得せんとする遣唐使の壮挙が停廃され、とつ国の言語と形式を借りて懐《おも》いを述べる詩文が衰頽して来るのは当然である。古典文化の晩期を特色づける浪漫主義の気運が澎湃として世を覆って来るのである。『古今集』や『土佐日記』は、早くも新しい時代の到来を告げている。『栄華物語』（巻第二十、御賀）に、『それだに為氏、常則などがかきたらんは、古代なるべし』とあるのは、藤原時代の人々が意識せざるを得なかったほど、時代の転換が著明であった証左である。貴族階級の凝結も、延喜・天暦の頃にはほぼ完了し、同じく閉されてはいても、内省的ではなく、ねっとりと凝滞した世界が現出し、貴族達は、かかる艶なる世界に躅躇し、いよいよ政治的に、文化的に、地方や民衆より遊離して別個の文化を創造するにいたる。

右大臣・園人の時代にあっては、かような傾向はいまだ顕著ならず、彼自身それを明瞭に意識せずに済んだであろう。それが緒嗣の衣鉢を継いだ最後の政治家たる本院大臣の時平の時分になると、彼の権勢をもってしても、如何ともなし難かったほど時代の趨勢は、決定的であったのである。実に彼は、暴虎馮河の勇を鼓して地方行政の刷新による律令機構の振興に突進したのであった。しかしながら地方に牢乎として根を張っていた王臣社寺や地方豪族の勢力は、到底抜き得なかったばかりでなく、彼がこの大改革を敢行する事によって、最も痛手を蒙るのは藤原氏であり、藤原氏のうちで一番打撃を受けるのは氏長者たる彼自身であった。彼の子孫が、富小路右大臣の顕忠を最後として没落したのは、理由のないことではない。そして時平が、自己の立場を知悉してかような大改革に専念したとするならば、まことにその君子の如き至誠と叡智とは、敬仰に堪えぬことであるし、また明確に意識せずにそうした大刷新に立ち向かったとするならば、実に彼こそは悲劇的人物であったと言うべきである。

註

（1）『公卿補任』は、『勝宝七年生』としているが、園人は弘仁九年六十三歳で薨去したのであるから、天平勝宝八歳の誕生とせねばならない。

（2）『家伝』下、参照。

（3）『新撰姓氏録』左京皇別上には、『美努王、娶従四位下県犬養宿禰東人女贈従一位県犬養橘宿禰三千代大夫人、生左大臣諸兄、中宮大夫佐為宿禰、贈従二位牟漏女王。女王適贈太政大臣藤原房前、生太政大臣永手、大納言真楯等。』と見える。

（4）『尊卑分脈』第一巻には、左のように誌されている。

清河（母異母妹従四位下片野朝臣女）――女子（房前室魚名母）
魚名（母清河女）

『補任』天平二十一年条には、清河について、『母異母妹従四位下片野。又清河君』と見え、また神護景雲二年条には、魚名について、『母異母姉従四位下片野朝臣』とある。清河や魚名の母は、房前の異母姉妹の葛野女王であったと解される。

（5）角田文衞『板野命婦』（本書所収）。

（6）楓麻呂は、神護景雲元年二月、太宰大弐となって赴任し、また淡海真人三船は、大伴宿禰家持と共に、同年八月、太宰少弐となって下向している。宝亀元年九月には、石上大朝臣宅嗣が太宰帥となっているが、ともかく当時の太宰府は、旅人、憶良以来再び天下の文運の淵藪となっていたのである。楓麻呂は三船と深く相知り、託するにその子を以ってしたことは推定に難くない上に、三船は、宝亀三年から延暦四年までほとんど引き続いて大学頭文章博士であったのである。

（7）延暦九年八月一日紀。

（8）弘仁三年六月二十六日紀。

（9）延暦二十四年十二月七日紀。

（10）『類聚国史』巻第百八十六、僧尼雑制、同日条。

（11）『公卿補任』延暦二十年藤原縄主の項、参照。但し、『紀略』によると、任官のことは正月には見えず、閏正月に度々行われている。恐らく閏正月に園人は、大和守を解かれたものと思われる。

（12）桓武天皇の皇子。治部卿四位に進み、弘仁九年十一月五日、薨去した。年二十六。母は、外従五位下・錦部春人の女、川上貞好である（『紀略』、『帝王編年記』、『一代要記』、『皇胤紹運録』、『皇胤系図』、等々、参照）。

（13）栗田寛『新撰姓氏録考証』（東京、明治三十一年）下、一〇二〇頁。

（14）延暦五年四月十一日紀及び同年同月十九日付『太政官謹奏』（『類聚三代格』巻第七、所収）。

（15）大同元年四月十九日から同年五月三十日までの間に、昇叙されたに違いない。同年四月十八日紀、同年六月一日紀並びに同日付『太政官符』（『類聚三代格』巻第七、『政事要略』巻第五十六、所収）、参照。

（16）『官職秘鈔』上及び『職原鈔』上、参照。

（17）敏久は、三河国の庶民の出であるが、彼の栄進は、園人らに認められた結果と考えられる。なお、『法曹類林』巻第二百及び弘仁六年十一月十四日付『太政官符』（『類聚三代格』巻第六、所収）、参照。

（18）弘仁七年五月十五日付『太政官符』（『類聚三代格』巻第五、所収）。

(19) 大同元年六月一日紀及び同日付『太政官符』(『類聚三代格』巻第七、『政事要略』巻第五十六、所収)並びに同月十一日付『太政官符』(『類聚三代格』巻第十八、所収)。

(20) 弘仁四年四月十六日付『太政官符』(『類聚三代格』巻第八、所収)。

(21) 神護景雲三年三月二十四日付『太政官符』(紀は、二十七日に作る)、延暦二年三月二十二日付同上(共に『類聚三代格』巻第八、所収)及び延暦十九年正月十六日付同上(上掲書、巻第十八、所収)、参照。

(22) 嘉祥二年九月三日付『太政官符』(『類聚三代格』巻第十六、所収)にひく、讃岐国諸郡の綱丁等の言には、『舟檝之行、本目無期。占雲而発。瞻風而泊。若失一時、違以千里。云々』とある。

(23) 弘仁七年十月二十一日付『太政官符』(『類聚三代格』巻第十六、所収)。

(24) 角田文衞『国分寺の設置』(角田文衞著作集第二巻所収)。

(25) 弘仁元年九月二十三日付『太政官符』(『類聚三代格』巻第十四、所収)。なお同日紀にも、その要綱は見えるが、園人の名を掲げていない。これまた『日本後紀』に記載されている政令の若干が、園人の発意ないし提言に拠ることを推定せしめる証左である。

(26) 弘仁三年五月三日付『太政官符』(『類聚三代格』巻第十五、所収)及び同日紀。

(27) 『類聚国史』巻第八十三、正税、同日条。

(28) 弘仁二年二月三日付『太政官符』(『類聚三代格』巻第十五、『法曹至要抄』中、『裁判至要抄』、所収)。但し、既に掲げたように、紀は、正月二十九日に作っている。

(29) 大同元年閏六月八日紀。

(30) 弘仁四年六月一日付『太政官符』(『類聚三代格』巻第十九、『政事要略』巻第七十、所収)及び『類聚国史』巻第七十九、『水鏡』巻下。

(31) 弘仁三年八月五日付『太政官符』(『類聚三代格』巻第七、『選叙令集解』所引)。
(32) 弘仁二年八月十一日付『太政官符』(『類聚三代格』巻第十七、所収)。
(33) 弘仁二年正月二十九日紀及び同日付『太政官符』(『類聚三代格』巻第十五、所収)。
(34) 延暦十八年四月二十八日紀。
(35) 『類聚国史』巻第十九、国造及び巻第四十、采女、延暦十七年三月十六日条。
(36) 弘仁二年二月二十日詔(『類聚三代格』巻第七、『選叙令集解』〔但し、二月七日に作る〕、所引)及び同月十四日紀。
(37) 弘仁三年八月五日付『太政官符』(『類聚三代格』巻第七、『選叙令集解』〔但し、弘仁二年に作る〕所引)及び同年六月二十六日紀。
(38) 弘仁八年正月二十四日付『太政官符』(『類聚三代格』巻第七、所収)。
(39) 大同二年四月十五日付『太政官符』(『貞観交替式』、『類聚三代格』巻第十四、所収)及び『類聚国史』巻第八十四。
(40) 大同三年五月十九日紀。
(41) 『類聚国史』巻第八十四、免官物、大同四年七月一日条。
(42) 弘仁五年七月二十日付『太政官符』(『貞観交替式』、『類聚三代格』巻第十四、所収)。
(43) 弘仁五年九月二十日紀及び同年同月二十二日付『太政官符』(『類聚三代格』巻第十四、所収)。
(44) 延暦五年八月七日付『太政官符』(『貞観交替式』所収)、同年同月八日紀、弘仁三年八月十六日付『太政官符』(『貞観交替式』、『類聚三代格』巻第十四、所収)及び同日紀、等々。
(45) 『類聚国史』巻第七十四、九月九日及び巻第七十八、献物、弘仁五年三月四日条。
(46) 同右、巻七十四、九月九日条。

(47) 同右、巻七十三、五月五日、弘仁七年四月十日条。
(48) 天長八年七月二十七日付『太政官符』(『類聚三代格』巻第六、十八、所収)。
(49) 弘仁三年四月十六日紀及び弘仁九年五月二十九日付『太政官符』(『類聚三代格』巻第三、所収)。
(50) 右掲『太政官符』。
(51) 例えば、弘仁三年三月二十日付『太政官符』(『貞観交替式』、『類聚三代格』巻第三、『政事要略』巻第五十五〔但し、三月十日に作る〕、所収)、参照。
(52) 弘仁七年五月三日付『太政官符』(『類聚三代格』巻第三、所収)。なお、『延喜主税式』、『帝王編年記』巻第十二、参照。
(53) 延暦十八年六月十五日紀。
(54) 弘仁三年五月三日付『太政官符』(『類聚三代格』巻第一、『政事要略』巻第五十四、『貞観交替式』、所収)及び同日紀。
(55) 弘仁三年九月二十六日付『太政官符』(『類聚三代格』巻第一、所収)及び同日紀。
(56) 弘仁十二年八月二十二日付『太政官符』(『類聚三代格』巻第十五、所収)。
(57) 大同三年七月二日紀。承和元年二月三日付『太政官符』(『類聚三代格』巻一所収)及び同日紀。
(58) 大同三年九月二十六日紀。
(59) 弘仁五年七月二十四日紀。
(60) 弘仁四年六月十三日付『太政官謹奏』(『職員令集解』所引)。
(61) 弘仁四年三月二十日付『太政官謹奏』(『貞観交替式』、『政事要略』巻第五十九、『類聚三代格』巻第二十、所収)及び『類聚国史』巻第八十六、赦宥、弘仁四年三月十八日条。
(62) 弘仁六年十一月二十日付『太政官符』(『類聚三代格』巻第二十、『政事要略』巻第二十五、八十一、所収）及び同月二十一日紀。
(63) 慶雲三年二月十六日紀。
(64) 天長五年十月十一日付『太政官符』（『貞観交替式』、『政事要略』巻第五十九、所収）、承和二年七月三日付『太政官符』（『類聚三代格』巻第五、所収）及び弘仁六年七月二十五日紀。
(65) 弘仁六年十月四日付及び同七年五月十五日付『太政官符』（『類聚三代格』巻第五、所収）。
(66) 弘仁六年十一月二十一日紀及び弘仁十三年四月十五日付『太政官符』（『類聚三代格』巻第十二、所収）。
(67) 『類聚国史』巻第百七、監物、弘仁四年十月二十五日条。
(68) 例えば、弘仁五年七月二十日付『宣旨』（『類聚符宣抄』第六、所収）。
(69) なお『日本紀略』弘仁十四年四月十六日条、参照。
(70) 『河海抄』巻第一、桐壺。
(71) 『公卿補任』、弘仁九年条、『尊卑分脈』第一編、『本朝謚号雑記』、『帝王編年記』巻第十二、等々。なお、藤原朝臣三守を『後山科大臣』と言う場合、園人を『前山科大臣』と称するのである。
(72) 斉衡元年十二月十九日紀。
(73) 『凌雲集』及び『文華秀麗集』巻上、参照。
(74) 『日本紀略』弘仁四年四月十日条及び『類聚国史』巻第三十一、天皇行幸下、同日条。
(75) 延暦十年の『律令二十四条』や同十六年の『令格四十五条』等は、いずれも体裁を少しく変更しただけで、律令に改訂を加えたものではなかった。
(76) 前掲、弘仁三年九月二十六日付『太政官符』。
(77) 弘仁五年三月十二日付『太政官符』（『職員令集解』所引）。

(78)『公卿補任』は、承和十年条に、緒嗣のことを『第一富人云々』と記し、また『皇代記』仁明天皇の項の首書には、『天下之富人也』と見える。四十二年間廟堂に列し、しかも質素な緒嗣が自ら財をなしたことは、容易に首肯されるところである。それは、彼の廉潔を覆うものではあるまい。
(79) 角田文衞『不比等の娘たち』(本書所収)。
(80)『薬子の変』は勿論であるが、伊予親王の一件も、南家の勢力を失墜せしめようとした仲成らの陰謀であろう。
(81) 昌泰三年六月二十六日『興福寺縁起』、承暦三年『興福寺伽藍記』、その他。
(82)『帝王編年記』巻第十二、『興福寺濫觴記』、その他。
(83) 元慶八年九月十四日紀。
(84)『東宝記』第六。
(85) 空海の唯一の社会事業たる讃岐国満濃池の修理の如きも、官の命令によって為したものである。『日本紀略』弘仁十二年五月二十七日条、『化行記』、『大師御行状集記』等々、参照。
(86)『江家次第』巻第二、裏書、『江次第鈔』第二、その他。

唐儛師春海貞吉

一

私どもの若い頃には、祖父とか祖母と呼ばれていたのは、いずれもが天保ないし安政年間に生まれた人びとであった。つまりこれらの人びとは、すべて江戸時代の末期の生まれであったが、時が大正年間であったから、それは至極当然のことであった。

一九六〇年代の現在、江戸時代の生まれといった人びとは実に稀有の存在であって、九千万国民のうちでも極く僅かしか数えられないのである。私などは、『戊辰の役』における奥州二本松城の陥落の光景をつぶさに物語ってくれた祖母の話を、今更のように懐しく思う昨今である。

いま想いを平安時代に馳せてみると、宇多天皇の治世は、奈良時代に生を享けた人びとがまさに姿を消そうとしている時であった。その時分、辛うじて生存していた奈良朝人に、なんとも言えぬ感慨を覚えるのは、江戸時代生まれの人達が間もなく没影しようとしている現在に私どもが生きている為であろうか。

尤も、奈良朝生まれの人びとは、すでに仁明天皇のころから激減の道を辿っていた。今日に比べて平均寿命がずっと短かった当時のこととて、このような激減は、現在以上に人びとの胸にこたえたことであろう。『続日本後紀』によると、承和十二年（八四五）の正月八日、大極殿において最勝会が行われた日、天皇を初め千をもって数える観衆が溢れる大極殿の前庭において、外従五位下の尾張連浜主は、和風の『長寿楽』を舞った。『鮐背《たいはい》の老』（肌に河豚のような斑文の現れたひどい老人）で起居すらが困難な人であるのに、一旦舞い出すと、その軽妙さはさながら少年のようであって、人びとは深く感動したことであった。

浜主はもともと伶人（楽人）であり、時に百十三歳であった。すなわち彼は、聖武天皇の天平五年（七三三）の生まれで、称徳、光仁、桓武、平城、嵯峨、淳和、仁明の七朝に仕えた故老であった。浜主は自ら和風の『長寿楽』を案出し、天皇に表を上って正月の佳日にこの楽の舞いの天覧を請い、その願いがかなって正月八日にそれが演じられたのであった。彼が上った表には、次ぎのような歌が認《したた》められていたという。

七代《ななつぎ》の御代にまわへる百《もも》ちまり十《とお》の翁《おきな》の舞ひたてまつる

なか一日をおいた正月十日、天皇は浜主を清涼殿の前庭に召し、また長寿楽の舞いを所望された。舞い終わった後、彼は、

翁《おきな》とてわびやはをらむ草も木も栄ゆる時に出でて舞ひてむ

の歌を奏した。天皇は賞歎し、御衣一襲《かさね》を賜うたし、左右に侍る殿上人も涙を流さぬ者はいなかった。それにも増して、浜主の感激はいかばかりであったことか。

翌承和十三年の正月二十六日、天皇は再び浜主を清涼殿の前庭に召して舞いを奏さしめ、従五位下を授けられた。翌年正月にそのことがなく、浜主に関する記事が国史にもはや現れていない点からすると、浜主は承和十三年に卒したか、承和十四年正月には老衰が著しく、同じ年に歿したかのいずれかであったのであろう。奈良時代の歴史を自ら体験した人びとは、仁明朝いらい激減し、宇多朝になると寥々たる有様となったのである。長寿はめでたい限りではあるが、それだけに誰しもが命のはかなさを思い知らされるものなのである。

二

三善清行は次ぎのような話を伝えている（『善家秘記』）。

寛平年中に、外従五位下春海貞吉《はるみのさだよし》という人がいた。この人は、もと唐儛師《からまいのし》であった。ついで彼は、雅楽助《うたのすけ》に任じられ、遂に五位に叙された。彼は、しばしば余の家に訪ね来たって心に懐うことを次ぎから次ぎへと語り、なんでもあからさまに話し、包み隠すようなことがない。

時に余は四十五歳であったが（寛平三年）、すでに白髪が頭を覆うていた。貞吉は余の頭髪をみて大変心配そうな顔色を泛かべて言うには、『枸杞《くこ》の服用もされないで、どうしてかような老衰を招かれているのですか』と。余は、『枸杞が老衰を防ぐのに効果のあることは、医学の処方書にもつぶさに記されています。しかし愚老はまだそこまで暁《さと》るにいたらず、敢えて服用したことがありません。どうぞその服用の方法をざっと説明して下さい』と答えた。それに答えて貞吉は、『昔、大同元年、私が二十六歳の時、大嘗会の由基所《ゆきどころ》で風俗儛を踊った功労で、左近衛となりました。その後、医者の話によって、方一町の地に枸杞を播き育て、他の薬草などは植えませんでした。汁物を飲んだり、ものを食べる際にも、必ずこの薬を混えましたし、足を洗ったり、沐浴する場合にも、絶えず枸杞の汁を入れました。それで私は、今年、百十六歳になりますが、なお若々しい恰好をしているのです』と言い、更に枸杞による養生の方法を色々と話してくれたが、それを記載すると長くなるので、ここでは述べないことにする。

貞吉は、寛平九年の夏、親しい知人が疫病にかかったのを見舞い、それが伝染して突然卒した。時に彼は、百十九歳であった。

寛平九年（八九七）に疫病―恐らく天然痘―が流行したことは他の文献に見えないが、

ともかく健康に自信のある貞吉は、恐れず患者に接近し、そのため感染して急逝したのであった。

三

学者並びに政治家としての三善《みよしの》宿禰清行《きよゆき》（八四七～九一八）は、『善相公』の名で遍く知られており、今さら解説を加える必要はなかろう。彼が残した著書のひとつ『善家秘記』一巻は、『善家異記』とも呼ばれ、彼が見聞した当時の社会の異聞や珍事を漢文で筆録したものである。遺憾ながら本書は早く亡佚し、その断章が『政事要略』や『扶桑略記』に伝えられているに過ぎない。春海貞吉に関する話も、前記『政事要略』（巻第九十五）に収録されている同書の断章のひとつなのである。

春海貞吉、精確には、外従五位下・春海貞吉は、寛平九年（八九七）に百十九歳で卒したのであるから、光仁天皇の宝亀十年（七七九）に生まれた人であった。長岡遷都は彼が六歳の時であったから、彼は平城の故京をぼんやりしか覚えていなかったであろうが、ともかく彼は、奈良時代人として最後まで生き延びた人びとの一人であった。彼の長寿は全く驚くに足るものがあり、医学や衛生の発達し、人口が著しく増大した現在の日本でも、彼ほどの長寿者はいないのである[1]。また神武、孝安、孝霊、崇神といった伝説上の天皇や例の武内宿禰《たけしうちの》などは問題にならないから、結局、貞吉ほどの長寿者は、史料的には、彼以前にもほとんど求め難いのである。

下級の官人のこととて、彼の名は殆ど国史に録されてはいない。それでも元慶六年（八八二）三月二十八日、当時百四歳で雅楽少允《うたのしょうじょう》従七位上であった彼が外従五位下に昇叙されたことは、『三代実録』に明記されている。これは、三月二十七日に行われた皇太后（藤原高子）四十の算賀の祝宴が行われ『楽飲、歓を極めた』が、この時に舞った五位以上の子弟に左兵衛府において舞いを教えた功績によるものらしかった。

貞吉は、若い頃に舞いを習い、この方でかなり上達していたようである。大同元年（八〇六）の大嘗会というのは、貞吉の記憶違いであって、由基所が設けられたのは大同二年十二月であり、伊予親王の事件のために延期された大嘗会が行われたのは、大同三年十一月のことであった。いずれにしてもその際に舞った風俗儛で彼は認められ、左近衛府の近衛に採用されたのであった。貞吉は、武技や馬術ではなく、舞いの技能によって近衛に任用されたわけである。天皇の身辺に厳重な警戒を必要としなかった当時においては、近衛の本来のものではなく、余技に過ぎなかった舞いや奏楽の技能が重視されるようになり、その方で達者な人を近衛に取る傾向がみられたのである。その後、貞吉は雅楽寮《うたりょう》の唐儛師に転じ、長くその任にあったらしい。老齢に至ってから貞吉は、唐儛師の地位を後進に譲って雅楽少允に転じ、寛平年間には雅楽助に昇任したことであった。

貞吉の枸杞礼讃は二十代に始まった。恐らく彼は、右京に四十丈四方の宅地を購入していたらしく、そこに枸杞の木を一面に栽培していた。この徹底した服用から推測すると、彼は拘杞の実（拘杞子）ばかりでなく、茎や根まで煎じて用いたのであろう。

拘杞 Lycium chinense の名は、最近の枸杞ブームによって一般に知れわたっているが、漢方医学では古くから不老長寿の妙薬として貴ばれている。もともとこれは原野に自生する高さ七、八尺の落葉灌木である。その赤い実を煎じた液汁は、肝臓にきく強精剤であるが、茎や根を煎じても効果がある。平安時代の前期には枸杞の服用が流行したらしく、三善清行は、天平宝字元年（七五七）に生まれ、やはり枸杞を愛用して天安元年（八五七）、百一歳で卒した左馬允の竹田臣千継のことや、文徳天皇がこの千継を典薬允に任じ、薬園に枸杞を植えしめられたことなどを同じ著書に記録している。

無論、枸杞は不老長寿の特効薬ではないし、竹田千継や春海貞吉の長命も枸杞の服用だけの結果とは思われない。しかし彼らの老いてますます旺んな肉体が枸杞に負うところが多かったことは否定されないであろう。それに停年の定めがなく、脚腰が立ち、頭がぼけぬ限り何歳まででも出仕できる律令の官人制は、官人たちの長命に意外に強く効果があったものと想定される。

春海貞吉などは、日本史上における長寿記録の保持者の一人であると認められる。恐らく彼を最後として奈良朝生まれの人びとは後を絶ったことであろう。そして奈良朝人が姿を消しつつあった元慶から寛平年代へかけての短期間に、日本の歴史がひとつの曲り角に際会していたことは、偶然ではあろうが、甚だ興味深く覚えられるのである。

註

(1) 日本一の高齢者であるとともに、高齢の点で近代のレコードを作っていた山梨県大月市初狩町藤沢に住んでいた小林やすは、弘化三年(一八四六)三月二日の生まれで、昭和三十九年五月二十九日、脳卒中のため百十八歳で歿した(昭和三十九年五月三十日付『朝日新聞』による)。そのため、日本一の高齢者は釜石市平田の中村重兵衛氏(嘉永五年六月十日生まれ)となった。医学が発達し、人口が激増した現代の日本においてすら百十八歳の長寿を得ることは、殆ど不可能に近いのである。昭和四十年九月三十日現在、満百歳以上の長寿者は全国で百九十五名(うち男三十六名、女百五十九名)に過ぎない。なお、その百九十五名のうち百一歳以上は九十四名である(厚生省の発表による)。

一

『大和物語』は、宇多天皇を『亭子《ていじ》のみかど』と呼び、なにかとその事蹟や逸話を伝えている。『大鏡』（第一巻）も、『つぎのみかど、亭子のみかどと申しき』と述べている。また『本朝皇胤紹運録』の宇多天皇の条にも、『号亭子院』と見え、『亭子《ていじ》』と言えば、すぐ宇多天皇を連想するのが常識となっている。[1]

言うまでもなくそれは、宇多天皇が遜位の後、亭子院を御在所のひとつとされていたためである。亭子院については、『二中歴』（第十）に、

亭子院寛平法皇御所 七条坊門南 油小路東

とあり、その所在は明確である。尤も、『拾芥抄』（中、第二十）には、

亭子院七条坊門北（南）西洞院二町、寛平法皇御所、元東七条后（温子家）

と見え、記述の内容がいくぶん異っている。括弧内の文字は、『故実叢書』所収の『拾芥

抄』に書き加えられたもので、寛永の刊本にはみられない。またここでは二つの町にわたるように記載されているけれども、天文古抄本の『東京図』と寛永刊本の『左京図』では、亭子院は、七条坊門南・西洞院西で一つの町を占めるものとして図示されている。従って亭子院の位置については、『二中歴』の記述が精確であって、『拾芥抄』の方は、それが皇太夫人・藤原朝臣温子の邸宅であったことを伝えている点で価値があるのである。

なお、毘沙門堂（京都市東山区山科の門跡）所蔵の『古今集註』にも、『亭子院トハ御所ノ名也。宇多院ノ御事也。……寛平号亭子院也。件所ニ御座之時歌合歟。但件歌合不入歌等。件院ハ七条坊門南油小路東所也。』と記されている。要するに、亭子院は、七条坊門の南、油小路東（または西洞院大路西）、つまり左京七条二坊十四町にあったのであり、これは全く疑いがない事実といってよいのである。

二

歌人の伊勢が仕えた皇太夫人・藤原朝臣温子は、一説では『温子《うるふこ》』と読まれている。(2) 言うまでもなく彼女は、関白・太政大臣の基経と操子女王との間に生まれた娘であり（貞観十四年生）、仁和四年（八八八）十月、後宮に入って宇多天皇の女御となり、均子《ひら》内親王を生んだ。宇多天皇は、皇子・敦仁親王を温子の養子とした上で太子に立てられた。それで太子が即位されると（醍醐天皇）、彼女には皇太夫人の尊称が贈られたのである。(3) 温子は、『東七条の后』とか、単に『七条の后』とか呼ばれていた。(4) 言うまでもなくこれは、彼女の里第が左京の七条にあったためである。『日本紀略』延喜三年（九〇三）八月二十八日条には、『中宮、自㆓朱雀院㆒遷㆓御東七条宮㆒』と記されており、彼女が晩年をここで過ごしたことが明らかである。延喜七年六月八日に温子が亭子院において崩じた後、(5) この邸宅は宇多法皇に伝領されたもののようで、延喜八年いらい法皇はしばしばこの邸宅を使用されている。(6) その頃には、『東七条第』よりも『亭子院』の名称が多く使われた。延喜十三年三月十三日の『亭子院歌合』は、余りにも有名である。

一体、『亭子院』の『亭子』とは、涼亭または四阿《あずまや》の意味である。最も簡単な解釈は、東七条第の泉殿などで文人たちの詩会が行われたため、法皇がこの邸宅を『亭子院』と名づけられたのではないか、ということである。それも一応うなずけるのであるが、著者は温子の所有になる以前からこの邸宅は、『亭子院』という別称をもっていたのではないかと思うのである。

三

ところで、淳和天皇は、皇后・正子内親王をいたく尊んでおられたが、後宮において天皇が最も寵愛されたのは、尚蔵の緒継女王と女御の永原氏の二人であった。前者については、承和十四年（八四七）十一月紀に左のように記されている。

己巳（七日）。尚蔵《くらのかみ》従二位緒継女王薨。女王、能有二妖媚之徳一。淳和太上天皇、殊賜二寵幸一、令レ陪二宮掖一。薨時遺命、不レ受二葬使一。于レ時年六十一。

しかしこの女王は、ついに皇胤を宿すことなく終わったのである。

女御の永原氏は、後述するように、名を原姫《もと》といった。恐らく彼女は、諸陵頭従五位上・永原朝臣最弟《よしおと》麻呂[7]の縁者で、初めは女孺くらいの立場で宮仕えしていたのではなかろうか。

『唐招提寺文書』には、仁和三年七月七日付の『永原利行家地売券案』[8]（正親町元伯爵家旧蔵）がある。その文面は、次頁に掲げた通りであるが、なによりも注意されるのは、永原朝臣利行が前記の緒継女王家の家司の別当であったことである。これから推理すると、等しく淳和天皇の嬪妃でありながら、緒継女王と『永原の女御』とは対立ないし敵視の関係ではなく、主従のような関係にあったのではないかと思われる。恐らく永原原姫は元来、緒継女王のもとに仕えていた女孺などであったが、たまたま天皇の目にとまった。天皇は、緒継女王の了承をえて永原氏を寵したが、永原氏はそれで高ぶることをせず、まめまめしく緒継女王に仕え、女王は彼女を妹のように愛したと見るのは行き過ぎであろうか。

皇子女に恵まれなかったとは言え、女王は臨終を前にした承和十四年十一月三日、家地

謹解　□(申カ)売買墾田并□(家カ)地立券文事
合墾田陸段弐佰拾歩　直貞観銭伍貫文
在城上郡弐拾条□里十八坪一段二
百歩　十九坪
二百六十歩　弐拾壱条三跡田里廿
四坪二段
百歩　廿五坪二段二百廿歩
直銭肆貫玖百弐拾文
家地肆烟　在平城左京六条三坊十五坪内
四至 東限大路　南限以先日文室仁光賜地　西限家地残　北限以先日田中院進地
直銭陸貫文
右墾田等、故尚蔵従二位緒継女王地也。
而以去承和十四年十一月三日、賜家別当
永原利行已了。因茲副其給書、加彼利行
之女子穀子并利行弟蔭子(正脱カ)六位上永原朝臣
岑胤之署名、売与招提寺塔院八講所既畢。
仍注勒売買両人并保証等署名、立券文如
件。以解。

仁和三年七月七日　専売利行女子
永原穀子
相売弟蔭子正六位上永原朝臣岑胤
保証刀禰　男　同姓良蔭
男　同姓忠通
軽我春澄
大神朝臣康生
縵連
宗岳朝臣丘(道)高
三国真人静雄

郡判
郡老伴宿禰鹿雄　擬主帳子部連田作
擬大領糸井造継貞　壬生造
擬大領内蔵伊美吉氏雄
擬少領中臣連情継

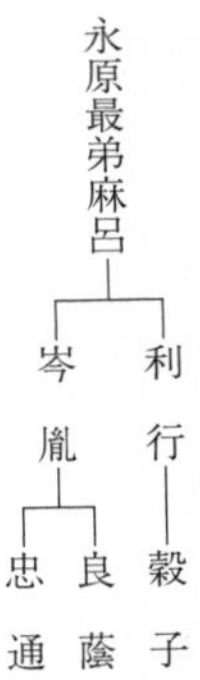

系図15　永原氏略系

や墾田を永原利行に贈与した。これは、永原利行が女王の信任の篤い家司であったことの証拠である。この利行は、女御の縁者であったに相違ないから、女王と女御の永原原姫とはどうしても良好な関係にあったと推断せざるをえないのである。

なお、岑胤は『蔭子』であったから、利行、岑胤の父は、少くとも五位を帯びた官人であったはずである。平城・嵯峨南朝において五位に叙された永原氏と言えば、弘仁三年（八一二）正月十二日、豊前守を兼任した諸陵頭従五位上・永原朝臣最弟麻呂のほかにはいないようであるから、彼ら兄弟は、この最弟麻呂の子とみてもよいであろう。女御の永原氏が最弟麻呂の娘であったかどうかは不明であるけれども、彼の縁者であったことは確実である。

女御の永原氏、すなわち永原朝臣原姫の性格とか才能といったことについては、全く伝えられるところがない。淳和上皇は承和七年五月に崩じ、緒継女王は同十四年十一月に崩じたが、原姫はその後も健在で過ごし、貞観五年（八六三）以後もなお生存していたらしい。晩年には、太秦《うずまさ》の広隆寺の熱心な檀越となり、多大な財をこれに施入した。これは、承和三年（八三六）に僧都・道昌が広隆寺別当となって同寺の復興を企てた時、彼女が道昌の勧進に応じたことを示すものである。いま、貞観十五年の『広隆寺縁起資財帳』[9]と寛平二年（八九〇）ごろの『広隆寺資材交替実録帳』[10]によってみると、永原朝臣原姫は左のような寄進を行っている。

(1)聖観世音菩薩像　壱軀　高さ三尺三寸　仁和二年現在、般若堂に安置さる。
(2)高座の調度雑物三種（前机二前、幡八旒、茵二枚）
(3)礼堂の虵舌　十一条
(4)金色阿弥陀仏像　壱軀　居高八尺
(5)金銅火炉　一口
(6)土敷　十六条
(7)白蓋　八条

特に(4)の丈六の阿弥陀仏像の製作には、莫大な経費を必要としたに違いない。問題は、彼女が寄進した(4)の仏像と、広隆寺講堂に本尊として現存するやはり丈六の阿弥陀如来の坐像とが同一か否かにあるのである。と言うのは、承和年間に道昌が再建した伽藍は、久安六年（一一五〇）の正月十九日に火災のため烏有に帰してしまったからである。[11]広隆寺の現講堂は保元年間（一一五六～五八）に造営され、永万元年（一一六五）に落慶供養されたものと一応考えられているけれども、この講堂の建築（殊に規模）や本尊をめぐっては疑問が多く伏在しており、容易に解決し難い実情である。それに久安六年の火災がからん

でいるため、問題の解明はますます困難となっているのである。(12)

講堂に現存する本尊は、裳懸座の須弥壇に結跏趺坐した丈六の阿弥陀如来の木像であって（高さ二・七メートル）、躰部は一木をもって、両手だけを寄せ木で作り、上に厚く漆を塗り、更に金箔を置いたものである。顔は輪廓が豊満でありながら表情は厳しい。体軀は塊量的に作られ、刀法は鋭く、全体として均衡をえている。両手をもってなす印相は、転法輪印であり、光背は極めて簡素な二重光である。全般的にみれば、本像は承和年間の製作と認むるに足る諸特徴を備えている。

はたしてこの本尊が永原御息所の寄進像と同一かどうかの問題は、まだまだ確証されないが、こうした巨像が広隆寺にもう一軀別にあったことが証明されぬ一方、他から移入したとも思えないから、積極的な反証がない限り、やはり講堂の本尊は、久安六年の火災の際に全力をあげて救い出されたのであり、それは永原御息所寄進の丈六像と同一であると認めるのが穏当であろう。

次ぎに、貞観十五年（八七三）の『広隆寺縁起資財帳』を通覧してみると、そこでは永原朝臣原姫は、『故尚蔵永原御息所』、『故永原御息所』、『故永原尚蔵』などと記載されている。それゆえ、彼女が貞観十五年以前に逝去したことは、確実であると言ってよい。しかし彼女がはたして『尚蔵』に任じられたかどうかは、甚だ疑問であり、恐らくこれは誤記と考えられる。というのは、前記の通り、承和十四年十一月まで、尚蔵は緒継女王であったし、仁明天皇の治世の末年や文徳天皇の治世（但し、斉衡三年まで）に、今さら彼女が尚蔵に任じられるなどということは、考えられぬからである。

なお、永原朝臣は、『新撰姓氏録』（左京皇別上）に、『天武天皇皇子浄広壱高市王之後也。続日本紀合。』と見える氏姓で、高階真人、豊野真人などと同系統に属している。どういう縁故によってか、この氏人の女性は、桓武朝の時分から官女として後宮に進出し、掌侍、典侍級にまで昇進したようである。原姫などもその一人であったが、幸いにも玉の輿に乗り、女御にまで進んだのであった(13)。

四

嵯峨天皇の後宮において最も権威のあったのは、むろん、檀林皇后であったけれども、天皇に最も寵愛され、それだけに隠然たる勢力をもっていたのは(14)、尚侍従二位・百済王慶命であった。彼女は、鎮守府将軍・百済王教俊の娘であって、恐らく尚侍の明信の世話で後宮に入ったものであろう。彼女は、弘仁六年（八一五）に皇子の定《さだむ》を、ついで鎮《しずむ》を生んだ。天皇は弘仁五年、諸皇子女に源氏を賜わった関係から、いかに慶命を寵し、定を愛されても、今さら定を親王とすることができなかった。そこで貞観五年正月三日紀は、この問題について左のように伝えている。

……太上天皇（嵯峨）以レ定、奉二淳和天皇一為レ子。淳和天皇受而愛レ之、過二所レ生之子一。更寵姫永原氏、令レ為二之母一。故世称三定有二二父二母一焉。原姫所謂亭子女御也。天長四年二月二十八日、淳和天皇奉二書於嵯峨太上天皇一、請三以レ定為二親王一曰、……者、嵯峨太上天皇遂不レ聴焉。（下略）

つまり源朝臣定は、淳和天皇と女御・永原朝臣原姫の養子とされた。定は、目醒ましい昇進を遂げたけれども、貞観五年正月三日、大納言正三位右近衛大将のまま薨去したのであった（四十九歳）。同日紀に述べられた薨伝によると、彼は、淳和・嵯峨両太上天皇の崩御と、生母の尚侍・百済王慶命の薨去（嘉祥二年正月二十二日）によって三たび服解しているのが。しかし養母のためには、いまだ服解していなかった。これはすなわち、永原原姫が当時まだ在命していた証拠である。しかし貞観十五年（八七三）の『広隆寺縁起資財帳』には、故人として扱われているから、彼女は貞観五〜十四年の間に逝去したものと判断される。

前に掲げた『三代実録』の引用文によると、永原御息所の名は『原《もと》姫』であって、『亭子』ではない。通称は、殿舎、邸宅、土地の名などによるものであり、本名をつけて言うような非礼の事は行われないのである。例えば、『麗景殿の女御』、『五条の后』、『広幡の更衣』の類である。従って、『亭子の女御』の『亭子』は、絶対に永原御息所の本名などではない。

五

淳和天皇の御息所の永原朝臣原姫は、『亭子の女御』と呼ばれていた。『亭子』という名のついた殿舎は内裏にもないし、また平安京の中にも、隣接地にもそういった地名は存していない。それ故、これはどうしても邸宅の名と解さねばならない。換言すれば、『亭子の女御』という名称は、明瞭に彼女が亭子と名のついた邸宅を里第としていた事実を証示している。

この場合、『院』とか『第』といった語は省かれるのが原則である。つまり『東五条第の后』(藤原順子)ではなく、『五条の后』なのである。『菅原の君』は、菅原氏の女君の義ではなく、菅原院に住む女君のことである。私邸の場合、下を『院』とするか『第』とするかは語呂《ごろ》の問題であり、一定の原則はなかった。永原原姫の邸宅は、多分、『院』の字をつけて『亭子院』と呼ばれていたと推定される。

女御に邸宅や封戸を賜わるのは、普通にみられるところであり、決して異例ではない。仁明天皇は、承和五年(八三八)三月、掌侍の正五位下・大和宿禰舘子にすら左京二条二坊十六町の二分の一(四十丈に二十丈)を賜わっている。(15) 淳和天皇が寵愛する女御の永原朝臣原姫に一つの町(四十丈四方)を邸宅として下賜されるといったことは当然であり、必ずやそのようにとり行われたであろう。詩文に造詣の深い淳和天皇が愛する女御の邸宅を『亭子院』と命名されたのではないかという想定は、充分に考慮される。

ところで、源朝臣定は、『四条大納言』または『賀陽《かや》院大納言』と呼ばれていたという。(16) その位置は不詳であるにしても、定の本邸は左京四条にあったのであろう。賀陽院については、『拾芥抄』（中、第二十）に、

高陽院 中御門南堀川東、南北二町、南一町後入賀陽親王家、

とあり、左京二条二坊のうち、九、十町を占めていた由が記されている。しかし、『のち賀陽親王家に入る』というのは誤記であって、桓武天皇皇子の賀陽親王の邸宅—賀陽院—は、二坊の十町を占め、後に九町が買い足されて（関白頼通によって）南北二町の大邸宅となったのであろう。賀陽親王は、承和年間から紀伊郡石原郷（京都市南区吉祥院石原町付近）の『石原の家』に閑居していたらしいから、(17) 定は賀陽院またはその一部を借用していたのであろう。

源朝臣定には、包《つつむ》、至《いたる》、精《すぐる》、唱《となう》の諸子があった。(18) 彼らは住む邸宅に困らなかった。従って永原御息所が逝去し、亭子院を彼らもしくは彼らのうちの一人が相続した場合、このような邸宅は生活には不必要であったに相違ない。以下は推定であるが、藤原朝臣基経は、将来に備えてこの邸宅を購入し、女御となることが予想されている娘たち（頼子、佳珠子、後には温子）の里第に供しようと意図したものとみられる。

もし仮に永原御息所が貞観十年に逝去したとすれば、基経は時に中納言従三位であり、長女の頼子は、十二歳ほどであった。無論彼は、太政大臣であった養父の良房の指示ないし許諾をえて買収したはずであり、彼のこの行為は、娘たちの将来を慮ってのことであった。良房や基経から買収の申し入れがあった場合、包以下の兄弟は、到底拒否することはできなかったし、またその必要も全くなかったであろう。基経は、頼子や佳珠子の入内に際しても、東七条（亭子院）を利用したと推量される。この姉妹の入内は、あまり好結果をもたらさなかった。それだけに温子の入内の時には、準備には万端を期し、女房にも伊勢のような超一流の歌人を加えたのである。当然彼は、東七条第を温子の財産として持参させたものと考えられる。その頃、この邸宅は、単に『東七条第』と呼ばれており、『亭子院』という名称はすたれていたらしい。この古い雅名を復興し、『亭子院』の名を遍からしめたのは、ほかならぬ宇多法皇であったと推量される。

大変煩わしい過程を辿ったが、温子や宇多法皇の『亭子院』の草創や名称が、寛平や延喜頃のものではなく、遠く淳和天皇の天長年間に遡ることは、以上によってほぼ確かめられたのではなかろうか。それとともに、淳和天皇の寵姫であり、広隆寺講堂の丈六の阿弥陀本尊の寄進者であった永原朝臣原姫に図らずも照明を与え得たことは、望外の欣びであったと言えよう。

註

(1) そのほか同様な例は、『古今和歌集』、『伊勢集』など、なお幾つか挙げることが出来る。
(2) 『古今秘註抄』古今集巻十八。
(3) 角田文衛『藤原基経の室家』(本書所収)、参照。
(4) 『日本紀略』延喜七年六月八日条、『扶桑略記』第二十三、同日条、『古今和歌集』巻第十九、第一〇〇六番、『古今和歌集目録』、『一代要記』丙集、『伊勢集』下、その他。
(5) 『園太暦』文和元年十二月五日条、参照。
(6) 『和名抄』巻四、『体源抄』巻十二。
(7) 大同三年六月二十四日紀、弘仁三年正月十二日紀、等々。
(8) 『平安遺文』第一巻、所収。
(9) 『平安遺文』第一巻、『大日本仏教全書・寺誌叢書』第三、所収。
(10) 『続群書類従』、『平安遺文』第一巻所収。但し、『平安遺文』第一巻は、これを仁和三年の項に収めているが、内容から推してこの実録帳は、寛平元年以前には遡らないものである。
(11) 『百錬抄』第七、『台記』久安六年正月十九日条、その他。
(12) 足立康『広隆寺講堂の三尊像』(『建築史』第三巻第五号掲載、東京、昭和十六年)、望月信成編『広隆寺』(京都、昭和三十八年)、四〜八頁等々、参照。
(13) なお興味深いのは、緒継女王家の別当が永原朝臣利行であったことである。淳和天皇の後宮にありながらこの女王と永原御息所との関係は、良好であったように見える。『唐招提寺文書』仁和三年七月七日付『永原利行家地売券案』(『平安遺文』第一巻、所収)、参照。
(14) 『一代要記』乙集。

(15) 承和五年三月十五日紀。
(16) 『尊卑分脈』第三編、嵯峨源氏、『公卿補任』貞観五年条。
(17) 元慶七年二月二十一日紀。
(18) 『尊卑分脈』第三編、嵯峨源氏。

付記 亭子院の旧址は、下京区紅葉町、玉本町の辺にあたっている。現在の植松児童公園は、亭子院敷地の東北部を占めるものである。宇多法皇の崩後、亭子院は仏寺とされたが、下京区不動堂町の明王院不《ふ》動《どん》堂(塩小路油小路下ル西側)は、亭子院の法燈を継いだ寺院とみなされている。しかし不動堂の地そのものは、古の亭子院の敷地ではない。

なお、百済氏の教俊と慶命との関係については、藤本孝一「『三松家系図』——百済王系譜——」(『平安博物館研究紀要』第七輯所収、京都、昭和五十七年)、参照。

小野小町の身分

一

『古今集』序において貫之が評した六人の歌人、すなわち六歌仙のうち、文屋康秀、大伴黒主、喜撰の三人は、歌の数も少い上に独自な歌風を樹立するに至らなかった。やはり六歌仙時代を代表しているのは、すでに言い古されたことではあるが、小町、遍昭、業平の三人である。

これら三歌仙のうち、伝記の明確なのは、僧正・遍昭（八一六〜八九〇）だけである。[1] 業平の場合は、一応、伝記は判明しているものの、様々な伝説的要素がそれに添加され、ためにその実像はかなり歪曲されている。小町に至っては、実在の人物であったことは確実であるけれども、それに纏わりついた口碑、伝説の類は余りにも夥しく、彼女の実像は全く霞んでしまっている。その結果、小町の生存年代、名前、家系、身分などについては、中世から今日に至るまで多種多様の臆説が呈示されており、甲論乙駁、ただ去就に迷うばかりである。小町は王朝女流文学史の冒頭に位置するだけに、この昏迷は憂慮に堪えない。

まず小野小町の生存年代についてであるが、これには承和説と貞観・元慶説との対立がみられる。しかし二つの臆説は、氷炭相容れぬものではない。別に説いたように[2]、小町の出生を仮に弘仁十一年（八二〇）頃と想定するならば、元慶八年（八八四）において小町は六十五歳くらいである。それ故、在世年代に関しては、承和説も、貞観・元慶説も二つながら成立するのであって、山口博氏[3]のように、いささか強引な考証によって元慶説を主張する必要はない。

次ぎに小町の身分についてであるが、これには、㈠采女説、㈡中﨟女房説（または命婦説）、㈢氏女説、㈣更衣説などがある。第一の采女説は、本居内遠らによって江戸時代から提唱された臆説であるが、黒岩涙香（周六、一八六二〜一九二〇）も声を大にしてこれを叫んでいる。これは小町が『出羽国郡司女。』と言う『古今和歌集目録』の所伝を重視して想定された仮説である。しかし采女の貢進は、大同二年（八〇七）十一月に停廃されたし、それが規模を縮小して復活された弘仁四年（八一三）正月にあっても、陸奥・出羽両国は、采女の貢進を免除されたから[4]、この采女説には成立の余地がない。

㈡の中﨟女房説は、前田善子氏[5]、そして命婦説は、熊谷直春氏[6]によって提唱された。小町が宮廷女性であったことは疑いがないにせよ、彼女が宮人《くにん》であった形跡は認められない。官女に固定的な上、中、下﨟の区別が生じ始めるのは、平安時代も後期になってからのことであり、前期にはそうした階層の区分はなかった。

㈢は、山口博氏が強硬に提唱する氏女説である。(7)山口氏は、氏女の制は、大同元年（八〇六）十月に復活されたこと、(8)『延書中務式』に氏女貢進の条が見られることに基づいて、氏女は、大同元年に復活されて以来、『延書式』の編纂された延喜五年（九〇五）、つまり古今集時代まで存続したと理解し、氏女の性格は小野小町の帯びた諸条件に合致すると考え、小町は、皇太后・藤原高子に仕えた氏女であろうと推定されている。

まず第一に、平城朝において遂行された諸改革は、三、四年後の弘仁年間に至って著しく改廃された。氏女の制を復活した(9)『太政官符』に『中間《なかごろ》停廃』と見える通り、奈良時代から延暦期にかけて、それは全く停廃されていた。大同元年にその復活が図られたとしても、一片の政令でそれが蘇ったとは考えられない。嵯峨朝は、新しい氏女の制を敢えて停止しなかったとしても、冷淡な態度をとったようで、氏女に関する史料は、『延喜中務式』以外の文献には、全く見出せないのである。換言すれば、氏女の制は、嵯峨朝いらい実施されなかったと認められる。

『延喜中務式』に大同元年（八〇六）十月の氏女復活に関する『太政官符』が抜粋されているのは、『弘仁中務式』の条文をそのまま採ったからであり、『延喜式』は実施されていると否とを問わず、それが法的に停廃されていない制度は、すべてその施行細則を記載しているのである。『延喜式』に記載されていることは、当時、それが実施されていた証拠とはならない。氏女の復活は、一片の政令だけに終り、実施されなかったと思考される。

氏女は采女と対をなすものと考えられ勝ちであるが、永い伝統を有する采女と天武朝に始まった氏女とは、その性格が似て非なるものがあった。采女は、それを辞さない限り、終身、某郡采女と言う資格はついて廻った。例えば、『続日本紀』の延暦六年（七八七）四月十一日条には、

武蔵国足立郡采女掌侍兼典掃従四位下武蔵宿禰家刀自卒。

と記されている。これに対して氏女の方は、資格ではなく、女孺候補者の名称であり、あくまで臨時の名である。仮に小町が氏女であったにしても、官仕を許され、女孺に任用された途端に氏女の称は彼女から落脱するのである。

『後宮職員令集解』の縫司の条には、

此司無二女孺一者、氏女、采女、分二配諸司一之外、皆総在二此司一也。古記云、充二諸司一外、余氏女、皆置二此司一。

と見える。確かに『後宮職員令』の縫司の条には、女孺を置く旨も、ましてその定員も記されていない。とすれば、未配分の氏女や采女は、氏女ないし采女の名で待機していたのであろうか。『延喜中務式』宮人時服条には、

縫司一百七人。尚縫、一人。典縫、二人。掌縫、四人。女孺一百人。中宮女孺九十人。

とあり、また、

内教坊未選女孺五十人。

と見える。この未達の選は、選字の第一の意味、すなわち、『遣る』、『送る』、『遣わす』の義であって、[10]『未選』と言うのは、『遣わされる官司がまだ決っていない』ことである。

参任した氏女、采女、官女志願者は、女孺に任命の上、内教坊に入れられ、ここで宮廷の慣例や作法を学び、官司への配属を待ったもののようである。『大宝令』の『古記』が著された頃は、こうした教習と待機は、縫司で行われていたらしいが、平安時代前期には、内教坊がその場処に定められていたと見える。元来、内教坊は、女楽および踏歌を調習する所であるが、[11]その敷地は広く、この種の教習所としては恰好の場処であった。

叙上のように、采女は女孺に任じられても、資格としての采女は落脱しなかった。平安時代前期においては、氏女の制がどれほど実施されたかは不明であるが、氏女と言うのは、あくまで氏の長者より推薦された女孺候補者のことであり、資格ではないから、一旦、女孺に採用されるならば、氏女の称は消失したのである。その点、采女と氏女の性格は、全く異なるものがあった。もし小野小町が地位の低い官女として皇太后・高子に仕えたとしても、それは中宮女孺の一人として認めねばならない。どの点から検討しても、小町の氏女説は成立しないし、また氏女であったと言う前提のもとに展開された小町論は、稔りの少いものと言うべきである。

二

(四)は、小町更衣説であるが、前にも指摘した通り(12)、著者はこの仮説に加担している。これを立証するためには、小野小町と言う名の分析から考察を進める必要がある。

周知のように、彼女の氏は名族の小野、姓は朝臣である。当時の女性の名としては珍しい『小町』は、果たして実名であるのか、それとも後宮における通称なのであろうか。まず実名としてこれをみれば、小町と言う諱《いみな》は、平安時代前期後半における貴族の女性名としてはふさわしくない。なるほど寛弘元年の『讃岐国大内郡入野郷戸籍(13)』には、額田部乙町女、秦糸町女、錦幡《にしきはたの》町女、葛木今町女、小野吉町女、伊西部《いせべの》小町女といった女性名が検出される。しかしそれらは、小野小町の在世時より一世紀半も後のことであり、これから逆に小野小町の『小町』というのは諱、すなわち実名であったと推論することは出来ない。むしろこの場合は、×町と言う宮廷女性の呼び名が庶民の趣向に投じて沈澱し、平安時代中期の頃に庶民の間に普及したと認むべきである(14)。承和から元慶年代にかけての貴族社会では××女（例えば、小町女）と言う女性名は、全く廃《すた》れていた。

それ故、『小町』は実名ではなく、後宮における更衣の呼び名であったと理解される。然もそれは、仁明朝、文徳朝に一時的に行われた呼び名であって、清和朝以後には見られなくなるものであった。

いま実例を示すと、『古今和歌集』（巻第三、第一五二番）には、

三国町

やよや待て山ほとゝぎす言《こと》づてむわれ世の中にすみわびぬとよ

と見えている。この『三国町』について、『古今和歌集目録』が『正四位下紀名虎女。仁明天皇更衣、貞登母。登者、仁明天皇第十五子。』と述べているのは、大変な誤謬である。なぜならば、『三代実録』の貞観八年（八六六）三月二日条には、

是日勅、沙弥深寂賜㆓姓貞朝臣㆒、名登㆒、叙㆓正六位上㆒、貫㆓右京一条一坊㆒。（中略）深寂是仁明天皇更衣三国氏所㆑生也。承和之初、賜㆓姓源朝臣㆒預㆓時服月俸㆒。厥後依㆓母過失㆒、被㆑削㆓属籍㆒。仇出家入道。

と記されているからである。すなわち仁明天皇の更衣・三国真人某女は、丹波介・藤原有貞と密通した疑いで更衣を停められたのであったが[15]、『三国町』と言うのは、更衣・三国真人某女の呼び名であった。『皇胤紹運録』にも、貞登に関して、

正五位下、備中守。本姓源。出家名㆓深寂㆒。還俗賜㆓貞朝臣㆒。母、更衣三国氏。

と記されている。[16]『古今和歌集目録』[17]が誤って『三国町』を紀名虎の娘と記したのは、有貞の妻が名虎の娘であったことに引きずられ、錯覚を起したためであろう。

更に『古今和歌集』（巻第十七、第九三〇番）には、左のように見える。

田村（文徳天皇）の御時に、女房の侍ひにて御屏風の絵御覧じけるに、『滝の落ちたりける所おもしろし。これを題にて歌よめ』と、侍ふ人におほせられければよめる、

三　条　町

思ひせく心のうちの滝なれや落つとはきけど音の聞えぬ

右の『三条町』については、『勅撰作者部類』には、『更衣静子。惟喬親王母。刑部卿紀名虎女。』と見え、また『尊卑分脈』（第四編、紀氏）は、『古今作者。号三条町。静子文徳天皇更衣。惟喬親王母。従四位上。』と注している。例は少いけれども、『××町』が仁明・文徳両朝の頃に用いられた更衣に対する呼び名であることは、以上によってほぼ了解されるのである。無論これは公式の称号ではなく、宮廷生活での便宜のため、氏の名や里第の名に因んでつけられた呼び名に過ぎない。恐らく名虎の娘で静子の姉、仁明天皇の更衣であった紀種子は、『紀町《きのまち》』と呼ばれていたため、静子の方は、里第の所在地の名をとって『三条町』と謂われたのであろう。

このように考察してみると、小野小町は明らかに仁明天皇ないし文徳天皇の更衣であったことが帰結されよう。彼女が『小町』と呼ばれたのは、夙に黒岩涙香が『小野小町は、姉と一緒に奉公して居た為に、姉の方が「小野の町」と云はれ、妹の方が其れと区別して「小野の小町」と呼ばれました。[18]』と指摘した通り[19]、彼女の姉もしくは近親の女性がすでに更衣として入侍し、『小野町』の通称を得ていたためであろう。『小町』の小は、junior の意味であって、後で参仕した場合つけられる文字である。小町の里第は、右京二条一坊四

町にあったと推定される。[20] もしこれを事実とすれば、彼女を『二条町』と呼んでもよいわけであるが、彼女の場合は、小字を冠して『小野小町』と呼ばれたものと推測される。

重ねて言うが、更衣に対する『××町』は、公式な称呼ではないから、里第の名をとっても、氏の名に因んでもよく、要するに紛れない呼び名をつければよかったのである。

仁明天皇の承和年間には、承香殿は新設されていたけれども、[21] 後宮五舎（飛香舎、凝花舎、襲芳舎、昭陽舎、淑景舎）は、まだ建立されていなかったようである。[22] そのため、女御たちの曹司には後宮五殿（承香殿、弘徽殿、登華殿、麗景殿、宣耀殿）がそれぞれ充てられていたけれども、更衣には独立した舎屋が与えられず、常寧殿または他の殿舎の廂を几帳や壁代で区切り、これを曹司として賜わったものと臆測される。

三国町の町とは、殿舎内において更衣の三国真人某女が起居する仕切り、つまり局を指している。『日本国語大辞典』（第十八巻、三六七頁）は、まち（町）の第二の意味として、『宮殿、または邸宅内の一区画。』を挙げ、その典拠を示している。つまり殿舎内の仕切られた区画が町なのであって、それらはそこに起居する更衣の氏ないし里第の名に因んで『××町』と言われ、ひいてはそれは更衣自身に対する呼び名となったことが察知される。

この意味で前田氏が、『この二例によれば、「町」の呼名の出所は、常寧殿を一名后町と称したことにより、この更衣達がこの御殿の内に局を賜はつて居たところから、三条町・三国町と呼ばれたものと思はれる。[23]』と述べられたのは、鋭い指摘と言うべきである。更衣たちの町は、必ずしも常寧殿に固定的におかれたのではなかった。清和天皇の女御（のち皇太夫人）藤原高子の曹司は常寧殿にあったが、(24)かような場合には、貞観殿を除く他の適当な殿舎に更衣たちは局を賜わったものと思われる。

歌人・伊勢が仕えた宇多天皇の女御・藤原温子の御所は、弘徽殿であった。(25)この場合、女御・温子に対する呼び名は、『弘徽殿の女御』であった。何故ならば、女御・温子は、弘徽殿を独占的に御所としており、他の女御はこの殿舎には曹司していなかったからである。

ところが更衣の場合、特に五舎が建立される以前には、殿舎内の一区画だけが居として与えられていたから、ある更衣を呼ぶには、殿舎の名を言うわけには行かず、町—三国町とか三条町とか—の名をもってしたと想察される。清和天皇以後は、五舎も増設され、更衣たちは殿舎の町を曹司としなくても済んだため、(26)更衣を『××町』の名で言う呼び名は、自ら廃れたに相違ないのである。

小野小町が初めから更衣として入内したのか、或いは『自ら進仕した』女孺(27)ないし勧誘されて出仕した女孺で君寵を得て更衣に補されたのかは不明であるが、彼女の身分が—その齢からみて仁明天皇の—更衣であったことは、殆ど疑いがないであろう。

更衣であったとすれば、当然、叙爵され、位田を賜わったはずである。小野小町は、晩年も活発な作歌活動を続けたようであるが、その生活上の基盤は、父（恐らく前出羽守・

小野朝臣滝雄）よりの遺産もさることながら、この位田に存したものと想定されるのである。

註

（1）『大日本史料』第一編之一、二五五〜二九六頁、参照。
（2）角田文衞『小野小町の実像』（同『王朝の映像』所収、東京、昭和四十五年初版）。
（3）山口博『閨怨の詩人小野小町』（東京、昭和五十四年）三七頁以下。
（4）『続日本紀』大宝二年四月十五日条、寛平九年正月二十五日付『太政官符』（『類聚三代格』巻第四、所収）等、参照。
（5）前田善子『小野小町』（東京、昭和十八年）一五六頁以下。
（6）熊谷直春『小野小町の真実』（『国文学研究』第四十七輯掲載、東京、昭和四十七年）。
（7）山口、前掲書。
（8）大同元年十月十三日付『太政官符』（『類聚三代格』巻第四、所収）、『日本後紀』大同元年十月十三日条（『類聚国史』所引）。
（9）氏女に就いては磯貝正義『氏女制度の研究』（同『郡司及び釆女制度の研究』所収、東京、昭和五十三年）、参照。
（10）選の第二の意味は、『えらぶ』である。諸橋『大漢和辞典』巻十一、一七七頁、参照。
（11）平安宮の内教坊の位置や規模については、『大内裡図考証』巻第二十三、内教坊条、参照。

(12) 角田、前掲論文。
(13) 『平安遺文』第二巻、所収。
(14) 角田文衛『日本の女性名』(上)(歴史新書、東京、昭和五十五年)、一六六〜一六七頁、参照。
(15) 『三代実録』貞観十五年三月二十六日条。
(16) 同じ趣旨の注記は、『二代要記』(乙集)や『帝王編年記』(巻第十三)にも、見出される。
(17) 『尊卑分脈』第二編、真作孫。
(18) 黒岩涙香『小野小町論』(東京、大正二年)一一頁。
(19) 『古今和歌集』巻第十五、第七九〇番、参照。
(20) 『角川・日本地名大辞典』京都府、下巻、八四頁、参照。
(21) 東寺所伝『大内裏図』には、承香殿は弘仁巳後の所建と記してあったと言う。『大内裡図考証』巻第十三、承香殿条、参照。
(22) 『続日本後紀』承和九年四月十一日条、参照。
(23) 前田、前掲書、一五八頁。
(24) 『三代実録』元慶八年二月四日条。なお、清和天皇の常御殿は、東雅院、仁寿殿、弘徽殿、清涼殿、常寧殿、清涼殿、綾綺殿と言うふうに転々とした。角田文衛『藤原高子の生涯』(前掲『王朝の映像』所収)、参照。
(25) 『後撰和歌集』巻第十九、第一三二二番、参照。
(26) 例えば、『源氏物語』の桐壺の更衣は、一人だけで淑景舎を曹司としていた。
(27) 歌人・伊勢の場合は、勧誘されて宮仕えに上った(『伊勢集』一番の詞書)。

恬子内親王

一

『伊勢物語』第六十九段の叙述は、在原業平と斎宮・恬子《やす》内親王とのはかなくも美しい逢瀬を描いたものとして、古来、人口に膾炙《かいしゃ》している。いま蛇足ながらその内容を意訳してみよう。

昔、ある男があった。その男は、（朝廷の命をうけて）伊勢国に狩使《かりのつかい》に赴いた。当時、斎宮の任にあった内親王の母親が『普通の使よりはこの人をよくおもてなしするように―』と斎宮に言い遣っていた。母親からの言葉があったので、斎宮は、非常に懇《ねんごろ》にこの男をもてなした。朝には狩に送り出してやり、夕方に帰ってくれば自分の館に来させた。このように斎宮は懇に彼をいたわった。到着後二日目の夜、この男が思い余って、『貴女とお逢いしたい』と斎宮に申し上げた。斎宮もまた『逢わない』と固く思いもしなかった。しかし人目の多いこととて、（夜の更けるまでは）よう逢わなかった。この男は、狩の使の正使であったので、遠くに寝せず、斎宮の閨《ねや》近く泊らせていた。それで斎宮は、人びとの寝静まった子の刻の頃に、男のもとにそっとやって来た。男もまた（斎宮のことが気にかかって）寝られず、外の方を眺めながら臥せていたが、朧な月の光の中を斎宮は小さい女童を先に立ててやってきて、寝所のところに立ったのであった。男は大変嬉しく覚え、自分の臥床まで連れて来て、子の刻から丑三つの刻まで（三、四時間）ひとつの床にいたが、まだなにごとも語り合わぬうちに斎宮は帰って行った。男はそれが悲しくて寝られなくなってしまった。その翌朝、男は斎宮のことが気になったけれども、自分の方から使をやるような筋ではないので、大変心もとなく（斎宮の方からの便りを）待っていた。そうすると夜がすっかり明けてから暫くして、斎宮の方から詞書がなく次ぎの歌だけをよこして来た。

君やこし我や行きけむおもほえず夢か現《うつゝ》かねてかさめてか

（貴方が来られたのか、私が伺ったのかよく覚えておりませんし、またあれは夢だったのでしょうか、それとも現実だったのでしょうか、それとも夢の中か、または眼が醒めている時のことでしょうか。）

この男は、ひどく泣いて次ぎのような歌を詠んだ。

かきくらす心の闇にまどひにき夢うつゝとはこよひ定めよ

（真暗となった闇のようなこの状態では、私も〔よくわからず〕迷っています。あれが

（夢であったか現実であったかは、今夜お出での際に決めましょう。）

この歌を斎宮の方に遣した上で狩に出たのであった。野をあちこち行ききしたけれども、男の心はうわの空で、せめて今夜だけでも、非常に逢おうと思っていた。しかし斎宮寮頭を兼ねていたこの国（伊勢）の守が、狩使が来ているときいて来て、一晩中酒宴を催してくれた。そのため全く二人で逢うこともなく尾張国へ出発することになりそうなので、この男も人知れず血の涙を流すほど（悲しく思ったの）であったが、なんとしても逢うことができない。夜が次第に明けようとしている頃に、斎宮の方から差し出した杯をおく受皿に歌を書きしたためて寄こした。それをとって見ると、

かち人の渡れど濡れぬえにしあれば

（歩いて渡る人でも濡れぬほどの浅い江でありますから――。）

とだけあって、下の句は記されていなかった。そこで同じ杯の受皿に男は、松明《たいまつ》の燃え残りの炭で、その歌の下の句を書き継いで渡した。

またあふ坂の関は越えなん

（また相坂の関を越えてお会いしましょう。）

そうして夜も明けたので男は、尾張国へ向かって出立したのであった。

斎宮は水尾の帝（清和天皇）の御代、文徳天皇の皇女で、惟喬親王の妹の方である。

最後に粗訳した『斎宮は水のをの御時、文徳天皇の御むすめ、惟喬の親王《みこ》の妹』は、無

論、後人の註記であるが、しかし非常に早く書き加えられたものであることは、学界の定説となっている。

『伊勢物語』を構成している説話のすべてが必ずしも史実でないこと、また史実を背景としているものでも、様々に潤色が加えられていることは、学界の常識である。しかしこの『狩の使の段』に関する限り、その史実性は殆ど疑いがないものとされている。なによりもそれをよく証明しているのは、『古今和歌集』であって、そこには、

業平朝臣の伊勢の国にまかりたりける時、斎宮なりける人に、いとみそかにあひて、またのあしたに、人やるすべなくて、おもひをりけるあひだに、女のもとよりおこせたりける

よみ人しらず

君やこし我やゆきけんおもほえず夢かうつゝかねてかさめてか（巻第十三、第六四五番）

返し

なりひらの朝臣

かきくらす心のやみにまどひにき夢うつゝとは世人《よひと》さだめよ（同巻、第六四六番）

と記されているのである。業平の時代の斎内親王と言えば、恬子内親王であることは周知の事実である。しかし斎内親王の密事《みそかごと》なので、名を挙げることを憚り、『よみ人しらず』としているのである。

更に、『権記』寛弘八年（一〇一一）五月二十七日条には、藤原行成が一条天皇に奏した奉答の中に、『但《シ》、故皇后宮《ノ》（藤原定子をさす）外戚高氏（高階氏）之先《ハ》、依《ツテ》二斎宮《ノ》事《ニ》一為《ル》二其《ノ》後胤一之者《ハ》、皆以《ツテ》不《ル》レ和《セ》也。云々』という言葉が見えるし、また『江家次第』（巻第十四）をみると、『中将（業平を指す）与二斎宮一密通《シ》、令《ム》レ生《マ》二師尚真人《ヲ》一。仍《ツテ》高家（高階氏の人々）干レ今不レ参《ラ》二伊勢《ニ》一。』と記されており、同様な伝えは、『古事談』（第二）にも記載されている。つまり平安時代の中期以後には、業平が恬子内親王に子を産ませ、その子が高階氏の養子とされたことは、誰知らぬ者はいない公然たる秘密とされていたのである。

二

そこで幾分煩瑣に亘るけれども、二人の逢瀬が何処でいつ行われ、どのような結果を招来したかについて、暫く考究してみることとしよう。

最も簡単なのは場所の問題である。これは専ら御巫《みかなき》清直（一八一二～一八九四）が精魂を傾けた斎宮研究に負うているのである(1)。

まず明白なのは、彼らの情事が伊勢にある斎宮寮で行われたということである。この斎宮寮は、十四世紀いらい廃滅し、現在では辛うじてその位置や境域が推知される程度である。遺跡は、現在、三重県多気《たき》郡明和町大字斎宮（古くは、伊勢国多気《たけ》郡斎宮村）字楽殿に

第6図　斎王宮址付近地図（松阪図幅）

位置しており、丁度、それは松阪市と伊勢市の中間にあり、近畿日本鉄道山田線の斎宮駅のあたりから北約二五〇メートルまでの地域にあたっている。これは、古の多気郡多気《たけ》郷の地であって、付近には式内社の竹神社も存している。伊勢国府は鈴鹿郡枚田《ひらた》郷（現在、三重県鈴鹿市国府町）に置かれており、そこから多気郡の斎宮寮は、東南約四〇キロの地点にあった。この斎宮が何故に度会《わたらい》郡の皇大神宮の西北約一三キロの地に位置していたかは興味あ

第７図　《斎王の森》南方よりのぞむ

る問題であるが、今は故意に言及しないでおく。明和町大字斎宮字楽殿には、『斎王の森』というこんもりとした小さい森があり、そこには今なお小さい神祠が祭られている。この森は斎宮寮の膳部司の遺跡らしく、それを北辺とした広い一画が斎宮寮の境域と考えられている（第７図）。明治以前にはその辺の小字名には、まだ幾つかの殿舎の位置を暗示するものが少くなかったと思う。例えば、小字御館《みたち》などは、そこに斎宮頭の宿館のあった[2]ことを示すものと認められる。

御巫清直の研究によると、斎宮寮は内、中、外の三院から構成されていた。内院はすなわち斎内親王の御所であって、御殿、寝殿、女官曹司、大盤所、御湯殿、御厠殿、御匣殿《みくしげ》、御汚殿、神殿、南庭東西の助舗《ひたきや》、南門、西門、南廊、東廊などから構成されており、御殿、寝殿などは南面して営まれていた。中院には寮庁、頭《かみ》の宿館、造寮所、厨家などの建物があり、外院には主神司以下十二司、大社十七座の神殿、戸座所《へやどころ》、炊殿、南門、西鳥居、大垣などが配されていたようである。斎宮寮の方形の敷地は溝で囲まれ、外側には柳や松が列をなして植えられていた[3]。

『伊勢物語』第六十九段の叙述と斎宮寮の構成とを対照させながら考察してみると、在原業平と恬子内親王との密事の次第も、ほぼ判然としてくるのである。すなわち、業平を正使とする狩使の一行は、鷹狩りのため朝命を帯びて多気郡に来たり、斎宮寮を宿舎とした。業平以外の人びとは中院の厨家などに泊ったが、業平は正使であるばかりでなく、彼の妻は斎宮の従姉であるし、また特に生母（紀静子）からの言葉もあったので、内院に請じられ、そこに寝所を提供されたわけである。恐らく彼の寝所は、『御殿』（斎王の常の御座所）に隣した西庇に設けられたのであろう。恬子内親王の御座所は、月水の時以外は寝殿（母屋の塗籠）であった。西庇は寝殿と相近く、御殿を距てて接続し、女房たちの曹司からやや離れていたから（第8図）、恬子内親王が深夜ひそかに業平に忍んで来るのは、割合に容易であったに相違ない。これは、最も秘密を要する情事であって、女童以外の何人にも気づかれてはならぬことである。内親王の寝所の東に接した曹司や南の廂（細殿）には何人かの女房が寝《やす》んでいたに違いない。業平が忍んで来るのではなく、内親王が出向いたのは、はしたない事のようにも思われようが、密事を気どられぬためには、業平だけが寝んでいる『西庇』に彼女の方が忍んで行くしか仕方なかったのであろう。

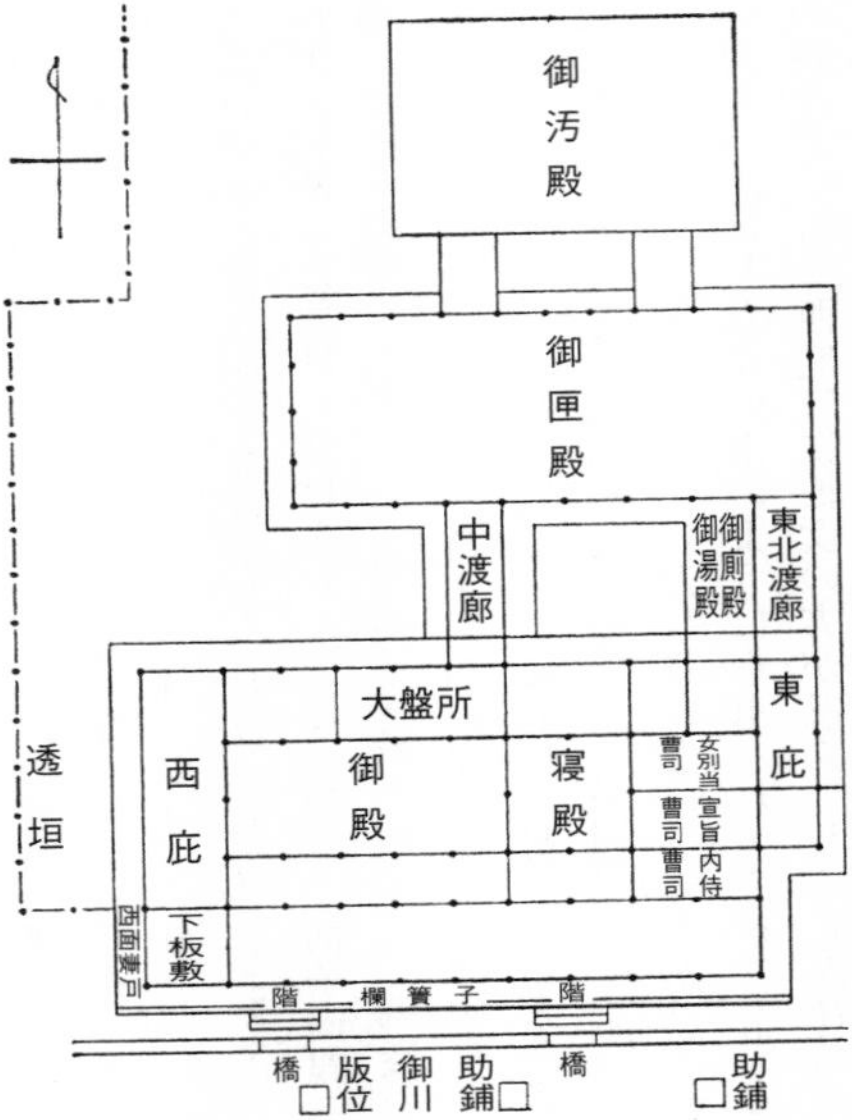

第８図　斎王寮内の殿舎（想定復原図）
御巫清直の原図による

この建物は、斎宮寮内院の中核をなす殿舎であったが、その位置は現在の『斎王の森』の東南約一〇〇メートルの地と思考される。従って業平と恬子内親王とのはかない情事は、三重県多気郡明和町大字斎宮字楽殿の東南部で行われたものと推断されるのである。

三

次ぎに彼ら二人の密事《みそかごと》は、いつ頃行われたのであろうか。まず明らかと言ってよいのは、それは貞観五年（八六三）の二月以前ではないということである。

『三代実録』によると、在原朝臣業平は、貞観四年三月七日、正六位上より越階して従五位上に昇叙されたものの、まだ官についていなかった。散位の業平が左兵衛権佐に任じられ、やっと官界に返り咲いたのは、貞観五年二月十日のことであった。同年三月二十八日、彼は次侍従の兼任を命じられた。翌六年三月八日、業平は左近衛権少将に転じ、更に同七年三月九日には右馬頭に補任されたのである。

他方、彼らの情事は、貞観八年二月以後ではなかったはずである。何故ならば、業平を篤くもてなすようにと言った恬子内親王の生母・紀朝臣静子（文徳天皇更衣）は、貞観八年二月に卒去しているからである。(4) それ故、二人の逢瀬は、貞観五、六、七年の三年間のある朧夜に行われたとみなさねばならない。

当時の伊勢国司についてみると、伊勢守は従四位上・源朝臣冷《さぶし》（貞観三年正月十三日より六年正月十六日まで）、ついで従四位上・源朝臣興《おこる》（貞観六年正月十六日より同十年正月十六日まで）であったが、二人とも遙任であって都にとどまっていた。伊勢国府にあって行政の最高責任者となっていたのは、権守の従四位下・高階真人岑緒《みねお》（貞観三年五月二十日より七年正月二十七日まで）、ついで従五位上・藤原朝臣宜《よろし》（貞観七年正月二十七日より同十一年正月八日まで）であった。一方、斎宮寮に関しては、従五位下・藤原朝臣諸房が貞観三年五月二十九日、斎宮頭に任じられ、同八年二月十三日までその地位にあった。彼は伊勢に下向はしたであろうが、そこに常住していたかどうかは大変疑わしい。それあってか、貞観七年五月十六日、権守の藤原宜は異例の斎宮権頭に任命されている。後代になると、伊勢守は便宜上、斎宮頭を兼ねるに至るけれども、この頃には伊勢国司の守ないし権守が斎宮寮の頭または権頭を兼任することは異例であった。

『伊勢物語』（第六十九段）には、『国の守、斎《いつきの》宮の頭《かみ》かけたる、云々』と見える。従ってそこに登場する人物は、伊勢権守兼斎宮権頭従五位上・藤原朝臣宜でなければならない。ところが宜の斎宮権頭兼任は、貞観七年五月十六日であるから、業平が狩使で伊勢国に赴いたのは、貞観七年五月から翌年一月までの間のことと推測されてくるのである。

貞観八年と言えば、その間三月十日に都では朝堂院の応天門が焼失し、政界には不気味な不安がみなぎっていた時分である。『三代実録』は、この年の五月の条にやや不思議な記事を載せている。

廿六日己巳。勅すらく、『伊勢の斎内親王の来たる六月《みなづき》の祭に参るを停む』と。是れより先、大神宮司言《まう》す、『頃年《としごろ》、国内に疫病繁発し、神郡の百姓にして病死する者衆し。邪穢に経触《けいそく》し、人の駈役するもの無し。望み請ふらくは、旧例に准拠し、斎内親王の神宮に奉参するの儀を停められんことを。但し、祭祀の礼は、宮司供奉《ぐぶ》せん』と。

このころ、伊勢国に疫病が蔓延していたというのは、決して虚構ではなかった。現に同年七月四日紀にも、

伊勢国の大神宮の封・多気、度会の両郡の百姓に飢饉あり。使を遣して之れを賑給《しんごう》す。

と見えている。当時の大神宮宮司は、大中臣朝臣岑雄（貞観四年二月七日より同十年八月十四日まで）であった。(5)彼は貞観六年九月十六日、恬子内親王が離宮院に赴く途中、鈇田橋《かせだのはし》の桁が損じているのを修理せず、随行の官女一人が馬もろともに橋から落ちて怪我した事件の責任を問われ、七年五月十三日に釐務《りむ》を一時差し止められた苦い経験をもっていた。(6)斎宮関係のことで神経質になっていた岑雄は、触穢のことで問題が起こるのを恐れ、六月祭に斎宮が参拝するのを停止されるよう、神祇官に解を上ったのであろうが、それにしてもこの『大神宮司解』には、小細工の痕があるように感じられる。

そのころ、多気・度会両郡に疫病が流行していたことは事実であろう。しかし『三代実録』からみても、それが猖厥を極めていたとはみなし難い。家内に死人が出て穢れた人ばかりであって、斎宮の奉拝の行列に駈役する人がいないというのは、どう考えても不自然であって、それは口実ではあっても、決して事の真相ではなかったであろう。むしろ奉拝できぬ事情が斎内親王の女体の中にあったのではないか。斎宮の情事はもとよりのこと、懐妊にいたっては、歴史上、未曾有の大不祥事件であり、それが伊勢権守兼斎宮権守・藤原朝臣宜や大神宮司・大中臣朝臣岑雄の断罪を招くことは必定であり、神祇伯従四位下・中臣朝臣逸志にすら累を及ぼす恐れがあった。恬子内親王の乳母や宣旨が権守や宮司と密議を凝らし、この一大不祥事件を闇に葬ろうとしたのは、蓋し充分に想定されるところである。

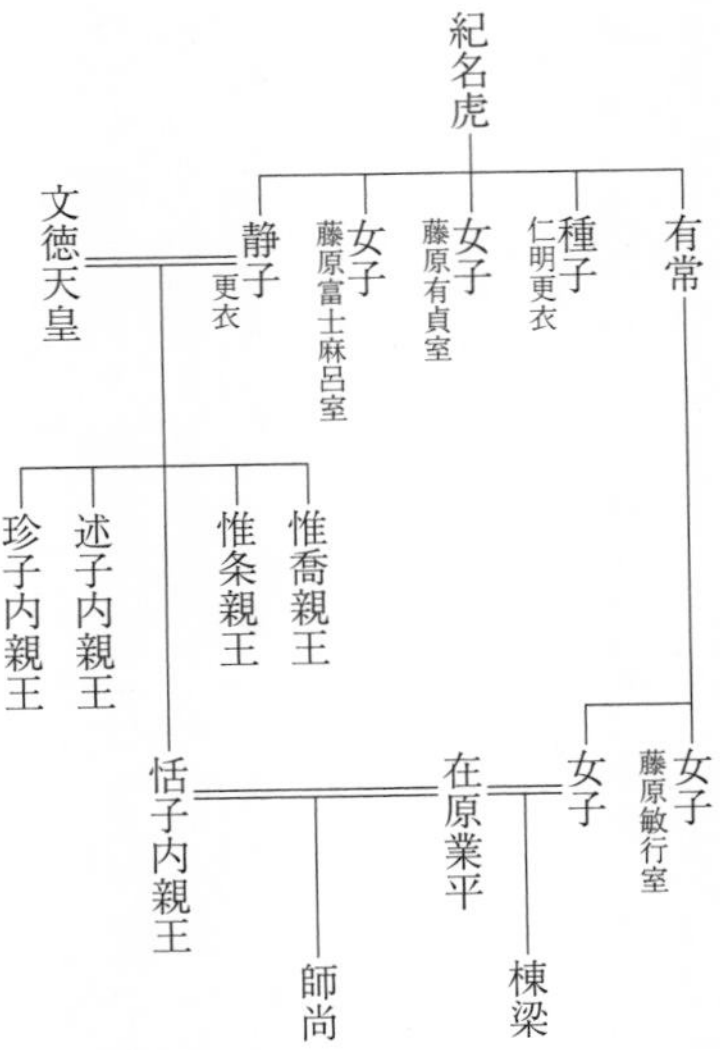

系図16　皇室・紀氏関係系図

斎宮は、他の神事ならともかく、大神宮の三節祭（六月と十二月の月次祭と九月の神嘗祭）だけは絶対に神宮に参向して太玉串を奉持して拝礼せねばならなかった。[7] これは少々の病気などで停止しうるものではなかったし、また大病を仮称すれば、当然、医師などの出入が起こり、秘密が漏洩する可能性が多くなる。また九箇月、十箇月の大きな腹をかかえていたのでは、人目につかずに神事を済ますことはできない。最も好都合なのは、触穢のため駈役する人がいないのを理由に奉拝を停止することであったに相違ない。

その時分、太政官の執政たちの注意は、『応天門の事件』に集中されていた。従って大神宮司の『解』などは簡単に承認され、深く吟味されずに済んだに違いない。当時、太政大臣の良房は洛東白河に隠居しており、太政官にあって一般行政を主宰していたのは、左大臣の源朝臣信《まこと》ではなく、右大臣・藤原朝臣良相《よしすけ》であった。良相の娘の染殿の内侍は、嘗ては業平の本妻（正妻ではない）であった。(8) もしこの不祥事件が良相に密かに告げられていたとすれば、良相はましてて右の解状をさりげなく処理したはずである。

かように推察を進めてみると、貞観八年の六月か七月かは、恬子内親王の産月に当たっていたのではないかと帰結される。もしそれが的中しているとすれば、業平と内親王との情事は、それより十箇月遡った貞観七年（八六五）九月か十月に行われたと認められるのである。

『伊勢物語』（第六十九段）によれば、彼らが情を交したのは、『月もおぼろなる』夜であったという。強いて臆測すれば、それは貞観七年十月中旬のことではなかったか。というのは、狩使は冬から早春にかけて遣されるのが常であり、(9) また朧月夜がみられるのは月の中ごろであったからである。但し、暦の上では冬といっても、貞観七年十月十五日は、太陽暦では西紀八六五年十一月十一日に当たっており、むしろ肌には快い季節であった。

四

しかしながら恬子内親王は、晩秋（太陽暦）の朧月夜という浪漫的な雰囲気に狂って殆ど初対面の業平の臥床に忍び込んだのであろうか。この問題を明らかにするためには、彼女の出生について調査してみる必要がある。

ところで、文徳天皇の更衣・紀静子は、右兵衛督正四位下・紀朝臣名虎の娘であって、天皇との間に、齢の順から挙げて惟喬《これたか》親王、惟条《これえだ》親王、恬子内親王、述《のぶ》子内親王、珍《よし》子内親王の五子を儲けた。『伊勢物語』（第六十九段）の古註にもある通り、恬子内親王は惟喬親王の妹であった。惟喬親王は承和十一年（八四四）の生まれ[10]、惟条親王は承和十三年（八四六）の生まれ[11]であるから、恬子内親王は、惟条親王の姉とは考えられず、どうしても妹とみなさねばならない。

他方、恬子内親王は文徳天皇の第二皇女であり、同母妹の述子内親王は第五皇女であった[12]。第三皇女の儀《よし》子内親王は、清和天皇（嘉祥三年三月生）の同母姉であって[13]、嘉祥元年（八四八）ごろの生まれと推定される。それ故、恬子内親王は、嘉祥元年ごろより以前の生まれとみなされるのであり、しかも惟条親王より二歳くらい若かったとせねばならない。従ってその誕生は、嘉祥元年頃とみるのが妥当であろう。儀子内親王とは同じ年の生まれで、生まれ月が早かったとみるべきではなかろうか。もしこの推定が穏当であるとすれば、彼女は貞観七年において十八歳であったと思量される。

在原朝臣業平は、元慶四年（八八〇）、五十六歳で卒しているから[14]、天長二年（八二五）の生まれであり、貞観七年（八六五）には四十一歳であった。彼の正妻は歌をよくし[15]、紀朝臣有常の娘であった[16]。つまり恬子内親王は、業平の正妻の従妹に当たっていた。

『三代実録』によると、恬子内親王は、貞観元年、斎内親王に卜定され[17]（十二歳位）、翌年八月、野宮に入り、四年九月一日、大神宮へ群行した。爾来四年間、潔斎に明け暮れしている間に彼女も婦人として成長した。いかに祖神に仕えるという尊い任務に従っているとは言え、彼女は清浄な禁苑における余りにも清浄な生活に疑問を抱くに至ってはいなかったであろうか。斎宮には一定の任期がなく、譲位ないし不吉な事故がない限り、絶対に退下《たいげ》は許されなかった。然も清和天皇はまだ少年であり、譲位は十五年、二十年も先と考えられたことであろう。その間に彼女の青春は過ぎ去り、禁苑において老醜を迎え、晩年の生活は荒涼たるものとなるであろう。神の道には優れた哲理も、個人を救済するに足る教理もなかった。然も彼女は、自らのではなく、国家の意志によってこの浄らかな禁苑に入れられたのである。成長するにつれて、彼女の女心に打ち克ち難い懊悩が生じ、晴れやらぬ気拝を抱くようになったとしても、それは当然のことであった。恬子内親王と業平が貞観七年において果たして初対面であったかどうかは、疑問である。小野宮の惟喬親王と親しく、かつ妻の関係から紀家に出入りしていたであろう業平のことであるから、彼は幼女ないし少女時代の恬子内親王を幾度か見知っていたのではないかと推量される。

親族間のことであるから、貞観三年以後も、恬子内親王や業平は、お互の消息を大体知っていたはずである。わけても業平の卓越した歌才と水際立った色好みは、貴族社会の注目の的であったし、また『三代実録』に特記されたほど彼の美貌は耀くばかりであった。

業平の父・阿保親王は、『才、文武を兼ね、膂力《りょりょく》あり、絃歌に妙なり』(18)と称されたほどの偉丈夫であったし、母の伊都《いと》内親王は、小柄で華奢な美人であったらしい(19)。業平は、容貌や才能に関して、両親のよいところだけを承けたらしかった。

事を平安時代に限って言うならば、『色好み』は、必ずしも軽蔑の対象とはならなかったし、婦人たちも、『色好み』の男を嫌悪するどころか、こうした男性に異常な関心と興味を抱いたのであった。『伊勢物語』はもとより、『平仲物語』などをみても、名だたる色好みと知りながら誘蛾灯に惹きつけられるように、女達がみすみす乗じられて行く姿に、大きな驚きが覚えられるのである。

業平の来訪は、つとに斎宮寮に通知されていたはずである。業平の一行は、伊勢国府に立ち寄って馬や勢子などの徴発を依頼し(20)、やがて多気郷の斎宮寮に向かったのであろう。そして恬子内親王や彼女の女房たちは、美貌と歌才と、それに色好みによって音に聞こえた業平の来訪をどれほど心をときめかせて待っていたことか。住むのが清浄な禁苑であるだけに、恬子内親王や女房たちは、誘惑に無抵抗であり、脆かったと言えよう。業平も、恬子内親王の美貌や歌才を仄聞《そくぶん》しており、伊勢への下向を命じられた時から、美しく成人したこの貴女に、ある期待を抱いていたと思われる。

業平と恬子内親王が結ばれたのは、彼が到着後二日目の朧夜であった。然も、内親王が催眠術にかけられたように、業平の臥床に忍び込んだ。そこには、斎内親王という余りにも厳しい立場は、全く忘れられており、彼女は生身の女性として歴史上、未曾有のでき事をあえて行った。それは、はしたないといった言葉で評さるべき行為ではなかった。運命の絆によって必然的に結びつけられる二つの魂があったばかりである。

外見は行きずりの恋に似ているけれども、かくなるべきあらゆる必然性が揃っており、恐らく二人にとってそれを避けることはできなかったのであろう。

五

内親王にとって、それは一期一会の契りであった。まことにそれは、『夢か、うつつかわからぬ、朧夜の幻想のようなものであった。しかしこのはかない逢瀬によって彼女がみごもるとは、二人の全く予想せぬところであったであろう。

『尊卑分脈』（第四編、高階氏）は、高階師尚に註して、

実在原業平子也。密二通斎宮恬子内親王一出生。依レ之此氏族子孫、不レ参レ宮者也。

と記し、『古今和歌集目録』には、

斎宮恬子内親王　恋三。

文徳天皇第二皇女。母同惟《マヽ》高親王。貞観元年十月日為《リ》二伊勢斎王《ト》一。十八年退《ク》レ之《ヲ》。延喜三年六月八日薨《ズ》。業平朝臣為《リ》二勅使《ト》一参《リシ》二伊勢《ニ》一之時、密通《シテ》懐妊《シ》、生《ム》二高階師尚《ヲ》一。依《リ》レ有《ルニ》二

顕露㆒、怖レテ令ム㆓茂範ヲシテ為サ㆑子ト。高階姓世隠秘シ、人不㆑識ラ㆑之ヲ。
高階氏。茂範、従五位上摂津守。師尚、従四位下備前守。

と見えている。大江匡房が『江家次第』の中で同様な記述をしていることは、すでに見た通りであり、恬子内親王が一会の契りによって業平の子を産んだこと、その子が高階茂範の養子となり、師尚《もろひさ》と命名されたことは、史料的に疑う余地がないのである。

恬子内親王がこの懐妊によって深刻に悩んだとは、強ちには言えないであろう。一箇の婦人として、彼女は母となる歓びも抱いたはずであり、その心境には複雑なものがあったと思う。しかし斎内親王の日常に対して責任のある藤原宜（斎官権頭）、大中臣岑雄（大神宮宮司）、宣旨、乳母などの狼狽と懊悩は、察するに余りあるものがあったに相違ない。彼らはひそかに協議した結果、この不祥事件を極秘裡に処理することに決定し、生まれ出ずる児については、高階真人岑緒に助力を請うたのであった。

岑緒が伊勢権守となった貞観三年、恬子内親王は斎内親王として伊勢に下向した。恐らく岑緒は、このあどけなく清らかな美少女の斎宮に深い愛情を覚え、三年余りに亘って懇に世話したのであろう。従って斎宮懐妊という恐るべき事件について助力を求められた時、彼は生まれる児を息子の茂範の子とすることを発議したものと見える。岑緒は貞観七年正月、伊勢国府から引き揚げ、散位として都にいたのである。

関係者の巧みな処理によって、この不祥事件は闇に葬られた。それに貞観八年（八六六）には『応天門の変』があり、世人の目はひたすらこの政治的陰謀の成り行きに集中されていた。恬子内親王はそのまま斎宮にとどまっていたし、業平も右馬頭としてなに食わぬ顔で出仕していた。斎宮の関係者たちも咎めを受けないで済んだ。この事件が貴族社会の一部で語られるようになったのは、十世紀になって、直接の関係者たちが世を去った後のことであったと思われる。

貞観十八年十一月二十九日、清和天皇は皇太子・貞明親王（陽成天皇）に譲位され、それによって恬子内親王はやっと斎宮から退下することができた。貞観元年に卜定されて以来、十八年に近い奉仕の生活であった。その間に花の盛りは過ぎてしまい、彼女はもう二十九歳ほどになっていた。解放されて京に戻ったものの、前斎宮の生活はなお規制されており、勅許なくしては結婚することもできなかった。然も母方の従兄として最も頼りになる従四位下・紀朝臣有常は、翌年正月、六十三歳で卒してしまった[21]。

恬子内親王の長兄・惟喬親王は、四品弾正尹であった貞観十四年七月、病を理由に出家し[22]、愛宕郡小野郷に隠棲して殆ど俗界と縁を絶っていた。業平はしばしば法親王を小野の草庵に訪ね、互に慰め合っていたようである[23]。法親王は、恬子内親王との一件については業平を咎めなかったらしく、業平は紀有常などと共に弾正宮に扈従《こじゅう》し、遊猟などに赴いていたのであった[24]。その業平も間もなく幾多の優れた歌什を残して世を去った（元慶四年）。

貞観十八年の末か翌年早々に、十五年ぶりに帰洛した恬子内親王は、今さらながら世の移り変わりに目をみはったことであろう。業平は十余年も右馬頭を勤めた後、貞観十七年正月、右近衛権中将に任じられ、『在中将』と呼ばれていた。帰洛後の恬子内親王が再び業平と結ばれたかどうかは、史料がないためなんとも言えない。しかしすでに五十を越え、中将の栄職にある業平は、敢えて恋の冒険を繰り返そうとはしなかったであろう。内親王も、一期一会の幻のような契りを胸に秘め、一子・師尚のためにも、密事を繰り返さぬ決意をもっていたらしい。

恬子内親王が帰洛後、何処に住んでいたかはさだかでない。最も可能性の多い推定は、彼女が惟喬親王の家族と共に、小野宮に住んでいたのではないかということである。

知られる限りでは、惟喬親王には、兼覧《かねみ》王と、『小若君《こわかぎみ》』の名で伝えられている某女王との二人の子女があった。『中古歌仙三十六人伝』は、どういうわけか兼覧王を国康親王（仁明天皇皇子）の子と記している。しかし他の文献はすべて彼を惟喬親王の王子としており[25]、まずこれが正しいとみなされる。とすれば、『後撰和歌集』（巻第一、一四番）に、

かれにけるをとこのもとに、その住みけるかたの庭の木の枯たりける枝を折りて遣しける

もえ出づる木のめを見てもねをぞ泣く枯れにし枝の春をしらねば

の歌を残した『兼覧王の母』は、惟喬親王の妻妾の一人であったと認めねばならぬ。彼女は親王の嫡室ではなかったらしいが、幸にも王子を産んでいた。もし兼覧王が小野宮に移

り住んでいたとすれば、彼は必ずや母親―もし存命ならば―をも手許に呼んでいたことであろう。

また『後撰和歌集』(巻第三、第九三番)には、

つねに消息つかはしける女ともだちのもとより、桜の花のいと面白かりける枝を折りて、これそこの花に見くらべよとありければ、

わが宿の歎きは春もしらなくになに丶かはなをくらべても見ん

父のみここ丶ろざせるやうにもあらで、常に物思ひける人にてなんありける

という記載がみられるが、作者の『こわかぎみ』は、惟喬親王の王女であったとされている。(26) この王女は、親王の嫡室が生んだ娘で、早く母を失って寂しい生活を送っていたのではなかろうか。恬子内親王は、この物思いに沈む姪をいたわりながら小野宮で一緒に暮していたように推測される。

この小野宮は、言うまでもなく惟喬親王が住んでいた名邸であって、左京二条三坊十一町(27)(大炊御門大路南・烏丸小路西)、今日で言えば、中京区烏丸通夷川《えびすがわ》、少将井町の京都商工会議所の付近に位置していた。周知の通り、この小野宮は後に関白太政大臣・藤原実頼の所有に帰し、それに因んで実頼は『小野宮』と呼ばれた。(28) 確認できる限りでは、実頼は承平八年正月には、すでにこの邸宅に住んでいた。(29) 恐らく摂政・左大臣の藤原忠平は、承平二年(九三二)に兼覧王が卒した直後にそれを買収し、長子の実頼にこれを与えたので

あろう（時に実頼は、三十三歳で参議）。

高階真人茂範の養子とされた師尚は、健やかに育って行った。茂範には、師尚より五つ上の嫡子・時格（貞観三年生）がいた。彼は年少で清和天皇の侍臣となり、非常な愛顧を蒙っていた。それで清和上皇が元慶三年（八七九）五月八日に出家された際、彼は一緒に剃髪してしまった[30]。これが後に天台座主となった玄鑒にほかならない。このために師尚は図らずも茂範の嗣子とされ、高階氏の主流を継ぐこととなった。

恬子内親王が正式に師尚と対面できなかったことは言うまでもない。師尚の出生にまつわる秘密は、師尚にも告げず、彼女自身と共に葬りたかったであろう。とは言え、内親王は元慶の末年いらい、官界における我が子の動きを蔭ながら眺めていたに相違ない。師尚は官人としては平凡な方であったようで、承平から天慶などにかけて、備前、但馬の権守、周防守、信濃守、大和守などを歴任し、晩年、民部大輔を経て、従四位上右近衛中将に昇進したのであった[31]。

延喜十三年（九一三）の六月八日、恬子内親王は長い一生を終えた[32]。享年は六十八歳ほどであった。恐らく彼女は、小野宮において薨去したのであろう。

ここでゆかしく思うのは、後半生における恬子内親王の心境のことである。残念ながら彼女がものした詠草は、『古今和歌集』に一首伝えられているだけであって、晩年の心境に触れたような歌は、全く現存していない。しかし現代人の感覚ではなく、彼女自身の立場―歴史的環境―からみても、その生涯は決して幸福なものではなかったと思う。彼女の青春は、祖神に奉仕するという崇高な任務のため、斎宮寮という禁苑においてあだに過ぎてしまったし、またそれから解放された後も、前斎宮に寄せる周囲の尊崇と監視の目は止むことがなかった。それは彼女ばかりが経験した運命ではなかった。退下の後に后などになった数少ない例外を除けば、代々の斎宮や斎院が甘受せねばならなかった悲しい運命なのである。

その恬子内親王の生涯にとって、ただひとつの救いは、業平との一期一会の契りであったに違いない。洵にそれは、夢のような逢瀬ではあったが、しかも運命は彼女に一子を授けたのであった。斎宮の歴史にとってそれは前代未聞の不祥事件であったけれども、幸いに周囲の取計らいによって露顕せずに済んだ。無論、愛児を手許で育てるといった欣びは到底許されなかった。晩年の彼女が自分の生涯を絶望視せずに暮しえたとすれば、いかにはかないものであったにせよ、運命の絆によって業平と結ばれたあの朧夜のせいであったであろう。

六

人間のかりそめな情事が後世に意外な影響を及ぼすといった例は、歴史上、しばしば見られるところである。殊にそれが支配層における密事《みそか》である場合には、その感が深い。恬子内親王と在原業平との生涯にただ一度の契りなどは、まさにその好例と言えよう。しかしよく考えてみると、彼らの逢瀬は、表面的には行きずりの交情のように見えても、実はかくならざるをえない宿命のままに二人が動いたという感慨も得られるのである。

上来、著者は、僅かな史料に基づいて恬子内親王と業平との情事をあれこれと詮索するところがあった。それは決して二人の情事に好奇の目を光らし、秘められた私事をあばきたてようとするためではなかった。実のところ、この論考の主目的は、高階真人師尚の奇しき出生を明らかにするにあったのである。

高市皇子に由来する高階氏の主流は、血統的には茂範をもって断絶し、不可思議な縁《ゆかり》から業平と恬子内親王の子孫がこれに代わった。この新しい高階氏は、代々潜在的なエネルギーをもって存続し、間隙があれば突如噴出するといった野望を捨てなかった。一条皇后・定子の悲劇は何処から来たったのか、白河法皇の院政の実力者は誰であったか、信西入道は誰の養子であったか、後鳥羽天皇の真の擁立者は誰であったか、関白兼実や基通を繰り、畏怖させた実力者は誰であったか、降っては楠帯刀正行を討ち死にさせ、足利家の直義を走らせ、尊氏を窮地に追いやったのは誰であったか、こうした数々の問いは、高階氏を抜きにしては解答できないであろう。

これは生理的な血統によるのではなく、高階氏の一門に牢乎として根を張った伝統的なイデオロギーによるものであり、それは師尚の孫の高二位こと成忠の頃から培われ、執拗に固持されたものであった。高階氏の人びとは、関白はおろか大臣にも納言にもならなかった。それだけに歴史上、目立たない存在であるが、やや立ち入って仔細に各時代の歴史を吟味してみると、各方面に進出している一門の人びとの不敵な青白い権勢欲に、今更ながら瞠目せざるをえない。その意味において、恬子内親王と業平との契りは、単に朧夜が誘った一幕の情事だけではすまされない。

しかしそれにしても、業平とはどういう人物であったのか。無論、『色好み』とは下賤な漁色家のことではない。けれども、命をかけた恋ならともかく、行きずりのような契りに自分の社会的生命を賭すというのは、全くゆゆしいことである。古い事件ではあるが、高安王は前斎宮・紀皇女（天智天皇皇女）と婚したために伊予守に左遷されたし、(33)やや降っては、中務大輔の菅生王は前斎宮・小家内親王に通じたというので、除籍・免官され、内親王また族籍を剝奪された。(34)もとより『大宝律』には、斎内親王に密通する件についての罪科は規定されていない。しかしこの禁制は厳然たる不文律であった。前斎宮・当子内親王とのロマンスで三条天皇を激怒させたのが恬子内親王と業平の血をひいた三位中将・道雅であったのも、不思議な因縁と言えよう。

業平は、前斎宮との恋すらがいかに危険であるかを知悉していた。ましてや相手は現任の斎宮である。そして彼は現任の斎宮に子を産ませるという前代にも後代にも例のない離れ技をやってのけ、時人には悟られずに事を済ましてしまった。一体彼は、その本質において、好機さえあれば女人の閨に入り込もうとする痴漢であったのであろうか。それとも、はかない逢瀬であれ、爛れるような契りであれ、ともかく絶えず情炎を燃やしていなければ、その創作の泉が枯渇してしまうような歌人であったのか。

業平の人柄や動機がなんであったにせよ、あの朧月夜の情事が恬子内親王の生涯に『生けるしるし』を与え、権勢好きな高階一家を作り出したことは、看過してはならないであろう。

註

(1) 御巫清直『斎宮寮考証』、同『斎宮寮廃蹟考、付・斎宮寮廃蹟図』(共に『大神宮叢書・神宮神事考証』中篇に収録、岐阜市、昭和十一年)。
(2) 神宮司庁編『神宮要綱』(宇治山田市、昭和三年初版)、五六一貫以下、参照。
(3) 『延喜斎宮式』、参照。
(4) 菅原道真『為弾正尹親王先妣紀氏修功徳願文』(『菅家文草』第十一、所収)。
(5) 『二所大神宮例文』。
(6) 『大神宮諸雑事記』第一。
(7) 前掲『神宮要綱』二七九頁以下、参照。

（8）『大和物語』第百六十段。『毘沙門堂古今集註』によれば、『染殿の内侍』は良相の娘で、業平との間に一子・滋春を儲けたという。これは単なる臆測であるが、貞観六年正月八日紀にみえる典侍正五位下・藤原朝臣能子は、『染殿の内侍』のことではないかと思われる。
（9）延喜五年十一月三日付『太政官符』（『類聚三代格』巻第十九、所収）。
（10）天安元年四月十九日紀。
（11）貞観十年九月十四日紀。
（12）『一代要記』乙集、『古今和歌集目録』、『斎院記』等々。
（13）元慶三年閏十月五日紀。
（14）元慶四年五月二十八日紀。
（15）『古今和歌集』巻第十五、第七八四番。
（16）『尊卑分脈』第四編、紀氏、『紀氏系図』（『群書類従』所収）。
（17）貞観元年十月五日紀、同年十二月二十五日紀、『一代要記』乙集、『斎宮記』。
（18）承和九年十月二十一日紀。
（19）天長十年九月二十一日付『伊都内親王施入願文』（御物）に押された内親王の手印、参照。
（20）註（9）参照。
（21）元慶元年正月二十三日紀。
（22）貞観十四年七月十一日紀。なお、貞観十六年九月二十一日紀、同年十月十八日紀、『菅家文草』第十、参照。
（23）『伊勢物語』第八十三段、『古今和歌集』巻第十八、第九七〇番。
（24）『伊勢物語』第八十二段、『古今和歌集』巻第九、第四一八番。

(25) 『尊卑分脈』第三編、文徳源氏、『本朝皇胤紹運録』、『古今和歌集目録』、『勅撰作者部類』、『一代要記』乙集、等々。
(26) 『倭歌作者部類』第三。
(27) 『拾芥抄』中、第二十、『二中歴』第十。
(28) 『九暦』承平八年正月五日条。
(29) 『古今和歌集目録』。
(30) 『本朝高僧伝』巻第四十七、『華頂要略』巻百二十。
(31) 『尊卑分脈』第四編、高階氏、『類聚符宣抄』第八、『本朝世紀』天慶四年四月二十五日条、『貞信公記』天慶九年三月二十九日条、『九暦』同年十二月二十六日条、等々。
(32) 『日本紀略』延喜十三年六月十八日条、『古今和歌集目録』、『九暦』天暦四年十月二十四日条。『日本紀略』の十八日の十字は衍字と考えられる。『九暦』の六月十三日は、葬送の日のことらしい。『古今和歌集目録』や『帝王系図』(顕昭『古今集註』巻一、所引)に見える六月八日が忌日と認められる。
(33) 『万葉集』巻第十二、第三〇九八番。
(34) 宝亀三年十月五日紀。

付記(一) 最近、福井貞助氏は、『伊勢物語』の成立問題に関聯して、業平と斎宮の情事に触れ、それは『本来全く無根の事であり、……業平の歌にまつわりついた創作的な所産で、噂ありとすれば、こういう文芸より生じたものと見るのが至当である。』と述べられている(同著『伊勢物語生成論』四七〇頁、東京、昭和四十年)。同氏にとってそれは、『業平集』にあったであろう空想的歌物語であり、『全くの仮作』なのである。その主な理由は、紀貫之らの撰者が、『表面には表われずとも噂されているものを、年月もさほどへだたらぬ頃、わざわざ暴露する様な形で、公的な勅撰集に書き記す筈もない。』ことに求められている（前掲書、四六九～四七〇頁）。

しかしこの物語に現れている特殊性に吟味を加えず、ただ『古今和歌集』に採られているという理由だけから業平と恬子内親王との情事の史実性を否定するのは、歴史的事象を取扱う態度としては、軽率に失するであろう。『古今和歌集』の編修当時、二人の密事は、公然の秘密として流布していたし、しかも四十年近い昔のことで、一番の責任者たる業平は早く卒し、すでに時効にかかっていたとすれば、それは撰者たちが文学的見地から儚い恋を詠った名歌としてこれを勅撰集に採用するのを躊躇する必要はなかったのではないか。たとい前代未聞の不祥事件であったにせよ、それはもう昔の話であって、今さら問題になるような事柄ではなかった。仮に宇多天皇または醍醐天皇がこれを咎められたとしても、当事者の一人たる業平はとうの昔に卒去しており、今さら打つべき手はなかった。またそれは、この不祥な噂を公的に認めるという逆効果さえ招く懼れがあったであろう。

恐らく二人の密事は、業平が歿し、その歌稿が世上に知られた頃から一般に流布されたのではなかろうか。広く知られていた公然の秘密であるため、撰者たちは二人の贈答歌を採用するのを憚らなかったのであろう。ただ恬子内親王や高階師尚は在世していたから、内親王の名を出さず、『読人知らず』としたわけである。

他方、二人の情事に関する伝えの中には、短い物語であるにもかかわらず、幾つかの重要な歴史的特殊性が認められる。すなわち、㈠業平が狩使として伊勢国に赴いたこと、㈡猟場として好適な多気郡で狩りをする—神郡たる度会郡では狩りは出来ない—場合の足場として斎宮寮は適当であること、㈢京にある斎王の生母から業平を厚遇するよう通知があったこと、㈣当時の伊勢守は斎宮頭を兼任していたことは、虚構を許さない条件をなしている。貞観八年六月の六月祭に斎宮・恬子内親王が事を疫病の流行に寄せて奉参しなかったという『三代実録』に見える事実は、ますます二人の情事の史実性を裏づけているし、かくして生まれた子（師尚）が高階岑緒の子・茂範の養子にされたという特殊な伝えは、虚構のよくし得るところではない。『伊勢物語』の成立論も、二人の密事を史実と認めた上で、再検討さるべきであろう。『古今和歌集』に採択されているといった理由だけを強調し、この伝えのもつ歴史的特殊性を検討せず、ただちにそれを類型的な説話のようにみなす態度には、支持し難いものを覚えるのである。

なお、多気郡においては、昭和二十八年、斎宮村と明星村とは合併して斎明村、大淀町、上御糸村、下御糸村とは三和町となった。そして昭和三十年四月十五日、斎明村と三和町は更に合併して明和町となって今日に至っている。

付記(二)　なお、『斎宮村郷土誌』（三重県多気郡斎宮村、斎宮商工会、昭和十年刊）には、斎宮寮篇があり、斎宮全般について詳しい記載が見られる。

また三重県教育委員会による斎宮址の発掘調査は、昭和四十六年より開始されている。

右大臣源光の怪死

一

醍醐天皇の延喜十三年（九一三）三月十二日、右大臣・源朝臣光《ひかる》が薨去した。当時、大納言であった藤原忠平の日記（『貞信公記』）の抄本には、これについて左のように誌されている。

三　日　神泉（神泉苑）に幸し給ほんと欲す。而るを右大臣忽ち不覚なるに依りて停止し給う。

十二日　右大臣薨ず。

十八日　御読経結願の後、右大臣薨ずる由を奏す。贈位の事あり。並びに別に物を給ふ。今日、警固せず。

この無表情で事務的な日記を読んで分かるのは、右大臣が三月二日、突然倒れて人事不省に陥り、ついに十二日に息をひきとり、十八日に薨去の旨が天皇に正式に奏上されたということである。右大臣は時に六十八歳の老齢であった。老人が脳出血を起こして卒倒し、意識を失ったまま病床にあり、十日ほどで死んでしまうような例は、いたってありふれたことであるから、忠平の日記を読んだ限りでは、右大臣の死に誰一人疑念をさし挿む人はいないと思う。

けれども、右大臣の死は、必ずしも忠平が事務的に記載したように自然なものではなかった。すなわち、『日本紀略』は、同年三月十二日条に、左のように記載している。

右大臣源朝臣光薨ず。年六十八。西三条の右大臣と号す。狩猟之間、泥中に馳け入り、其の骸《なきがら》、見えず。薨奏あり。

また『尊卑分脈』(第四編、仁明源氏)は、源光に註して、

鷹狩の間、塹中に馳け入りて薨ず。その骸、見えずと、云々。

と述べているが、これは『一代要記』(丙集)から引用した後人の追記らしく、同じ文章が後者にしるされている。『日本紀略』の性質から考えても、右大臣の不慮の死は事実とみて差支えないと思われる。

薨去した当時、源光は、右大臣、正二位、左近衛大将であった。然も彼は単なる右大臣ではなく、上位に摂政、関白、左大臣のおらない『一の上』の右大臣であり、執政の首位にあったのである。尤も源融は、左大臣として筆頭の執政の地位にありながら実権は右大臣の基経に握られていた。しかし光の場合、彼が名実ともに実力者であり、若い忠平(延

喜十三年に三十四歳）を完全に抑えていたことは、『醍醐天皇御記』などから明瞭に看取される通りである。

光は、六十八歳とは言いながら、乗馬して鷹狩りするほど頑健で矍鑠《かくしゃく》としていた。彼がどこで鷹狩りをしたかは明記されていないけれども、右大臣という立場上、そう遠出したはずはなく、平安京近辺の原野、恐らく、北野ではなかったかと推測される。醍醐天皇も、延喜十八年十月八日、この北野で鷹狩りをされている。その時分（延喜十二年）、宇多法皇は亭子院におられたらしいが、(1)仁和寺のある宇多野での鷹狩りは光も遠慮したことであろう。

光が落ち込んだのは、『日本紀略』によれば『泥の中』、つまり泥沼であり、『一代要記』によれば『塹《ほり》』であった。老人が馬もろともに落ち込んだとすれば、驚いて心臓痲痺を起こすか、水を呑んで溺死するかであろうが、しかしそれにしても、その遺骸がみつからなかったというのは、どういうことであろうか。

古《いにしえ》の京都盆地には、現在よりずっと多く沼沢地が存していた。それらは、洪積世の山城湖が死滅して化石湖となる際にとり残された水深の浅い湖沼であって、無論、紺碧の水をたたえた深い火山湖などではなかった。右大臣の光は、北野あたりに存した泥池に落ち込んだに相違ない。しかしこの種の池は、大した深さではないし、底にたまった泥はかなりの量があったとしても、現在の深泥《みどろ》ヶ池のように、人を呑み込むほどの厚さであったとは考えられない。それなのに彼の遺体は、遂に見いだされなかった。

鷹狩りであるから、光の一行には、少くとも幾人かの随身や家司、雑色、勢子などが加わっていたはずである。一行から離れて疾馳した右大臣が誤って池に落ちたとしても、随従した人びとは、直ちに池にはいって遺体を捜したに違いない。すでに陽春の候であり、(2)池にはいることなどはなんでもなかった。

源光は、天皇の信任の篤い右大臣であり、左近衛大将の重責を帯びていた。彼は、仁明天皇の皇子であり、第一の重臣であった。不幸にして鷹狩りの一行が彼の遺体を捜し出せなかったとすれば、当然、衛府や検非違使庁の舎人が出動し、次第によっては、池を乾かしても、遺骸を捜索したに相違ない。しかし遂に光の遺骸はみつからなかった。彼が乗っていた馬の方は、恐らく泳いで岸に上り、濡れたまま嘶いていたことであろう。

『日本紀略』などによって右大臣・源光の奇怪な死の情況を吟味してみると、どうもそこには恐るべき犯罪の臭いが濃いのである。奈良時代このかた政権を担当する執政がかような怪死をとげた例は、これを措いて他に求められない。この事件は、当時にあっても、それから千五十余年を経た今日ではなおさら秘密のヴェールに覆われているけれども、これは完全犯罪の形をとった凶悪な暗殺事件とみる可能性が強い。

いま仮に右大臣・源光が巧妙な手段によって暗殺されたものと想定するならば、いったい誰が首謀者となり、またどのような理由からそれを実行したのであろうか。これについ

表四　右大臣源朝臣光年譜

西紀	年月日	年齢	事項	備考
八四六	承和十三年某月某日	一	平安京に誕生。	『公卿補任』は、承和十二年の生まれとする。
	某年某月某日		源姓を授けられ、臣籍に降る。	
八六〇	貞観二年十一月十六日	一五	従四位上に推叙される。	
八六一	三年五月十四日	一六	次侍従に任じられる。	まもなく官を辞す。
	某年某月某日		仁明天皇皇子・沙弥深寂が還俗し、皇子に列せられんことを願っていて上表。	この願いは、貞観八年三月二日に勅許された。
八六五	七年正月二十七日	二〇	美作守に登用される。	『公卿補任』は、正月二十日とする。
八七二	十四年二月二十九日	二七	相模権守に任じられる。	
八七三	十五年二月二十二日	二八	讃岐権守に任じられる。	
八七六	十八年正月七日	三一	正四位下に昇叙される。	
八七六	十八年正月十四日	三一	左兵衛督に任じられる。	
八八一	元慶五年二月十五日	三六	相模守を兼任する。	『公卿補任』一本には、『相模権守』とある。この方が正しいであろう。

八八二　六年二月三日　三七　播磨権守を兼任する。　『公卿補任』は、二月二日とする。
八八二　六年六月二十六日　三七　相撲司を任じられるに際し、左司を命じられる。
八八四　八年四月一日　三九　参議を命じられる。　左兵衛督兼播磨権守はもとの通り。
八八四　八年六月十七日　三九　田原天皇の国忌を廃せんことを請う『太政官謹奏』に連署する。
八八四　八年十一月十三日　三九　薬師寺別当の兼任を命じられる。　『東南院文書』による。
八八六　仁和二年六月二十五日　四一　相撲の左司を命じられる。
八八六　二年十月十三日　四一　光孝天皇皇子・滋水清実に貞朝臣の姓を賜わらんことを願う上表に連署する。
八八七　三年正月十九日　四二　母の喪によって官を辞す。
八八七　三年三月二十九日　四二　本官に復す。
八八七　三年八月二十二日　四二　皇太子を立てんことを請う上表に連署する。
八八八　四年三月七日　四三　相模権守を兼任する。　参議左兵衛督はもとの通り。

八八九	寛平元年正月十六日	四四	備中権守を兼任する。	
八九一	三年三月十九日	四六	中納言に昇任し、従三位に叙される。	兼官なし。
八九二	四年二月二十一日	四七	民部卿を兼任する。	
八九三	五年二月二十二日	四八	左衛門督を兼任する。	民部卿の兼任は解かれる。
八九三	五年三月 六 日	四八	検非違使別当を兼任する。	
八九七	九年二月 某 日	五二	検非違使別当の兼官を解かれる。	
八九七	九年六月十九日	五二	権大納言に昇任し、按察使を命じられる。	
八九九	昌泰二年二月十四日	五四	大納言に昇任する。	按察使はもとの通り。
九〇一	延喜元年正月 七 日	五六	右大臣に任じられ、正三位に叙される。	按察使の兼任を解かれる。
九〇三	三年正月 七 日	五八	従二位に昇叙される。	
九〇四	四年二月 十 日	五九	皇太子傅を兼任する。	皇太子は、崇象親王（保明親王）。
九〇六	六年八月二十五日	六一	右近衛大将を兼任する。	皇太子傅はもとの通り。
九〇九	九年四月二十二日	六四	左近衛大将の兼任に転ずる。	皇太子傅を辞した年月は不明。
九一〇	十年正月 七 日	六五	正二位に昇叙される。	

九一三　十三年三月三日　六八　突然、人事不省に陥る。三月二日、鷹狩りに出て行方不明になったもののようである。
九一三　十三年三月十二日　六八　薨　去。
九一三　十三年三月十八日　薨　奏。正一位を追贈。

て暫らく推理を試みてみるのも、平安時代政治史の研究の上で無益ではあるまいと思う。

二

まず被害者の源朝臣光であるが、言うまでもなく彼は、仁明天皇の皇子であった。(3) ただし、母は高級貴族の出ではなかったらしく、その名は伝えられていない。しかしともかく彼は皇子である上に聡明でもあったから、官人としての昇進は早かった。いま『三代実録』や『公卿補任』などに基づいて彼の略年譜を作れば右の通りである。

この年譜を一瞥して明らかなのは、源光が決して平凡な皇子ではなかったという事実である。残念ながら史料が不足しているため、政治家としての彼の治績はよく分かっていない。辛うじて判明しているのは、検非違使別当の任にあった頃の彼の業績である。それに関する諸史料(4)は、彼が歴代の検非違使別当のうちでも出色の方に属し、任務の遂行に頗る意欲的であったことを証示している。

　菅原道真は、光より一つ年長であった。寛平七年（八九五）いらい中納言の任にあった両名は、寛平九年六月十九日、一緒に権大納言に昇進した。同じ日、藤原時平は二十七歳の若さで大納言に任じられ、左右両大臣が欠員の折とて、廟議を主宰することとなった。

　道真に対する宇多天皇の信任が極めて篤かったことは、『寛平御遺誡』が如実に語る通りである。それで宇多天皇は、寛平九年七月三日の譲位の際に宣命を下し、その中で、『少主（醍醐天皇）いまだ長ぜざるの間は、万機の政は、大納言菅原朝臣、宣行せよ』と命じられた[5]。同じ日、道真は正三位に昇叙され、同じく権大納言であっても、光を越えてその上位に列するようになった。

　宇多上皇の道真に対する異常な信任は周知の事実である。確かに彼の『学行才名は、天下を鼓動す[6]』るほどのものがあったけれども、その人柄はいくぶん円満さを欠いていたし[7]、右大臣に任じられた際、これを辞退した上表文[8]（第一表より第三表まで）に述べているほど謙遜で清廉な人物ではなかった。娘の衍子を宇多天皇の女御に入れ、寧子を尚侍となし、もう一人の娘を斉世親王の室としたことなどは[9]、藤原氏の亜流たらんとする意図に出たものであり、自ら進んで災厄を招いたと言えよう。

　寛平九年から昌泰三年（九〇〇）までに出された『太政官符』は、写しの形で相当数現存している。これらの官符は、時平または道真の宣によって下されており、他の執政は全く関与していない。つまり寛平九年（八九七）七月三日の宣命によって他の執政は著しく気分を害し、参内して朝議に与らなくなったのである。無論、これは道真に対する執政たちの反感の表れであって、彼が『人心已に従容せず、鬼瞰《かん》かならずや睚眦《がいさい》を加へん』(10)とか、『なほ炉炭に踞《こしか》けて以つて焼亡を待ち、治水を履んで陥没を期するが如し』(11)といって懼れていた事態が現実となったことを意味していた。そして『奏請、宣行は、両臣（時平と道真）に非ざるよりは、更に勤むべからず』(12)と称して拗《す》ねた『諸納言』とは、すなわち権大納言・源光、中納言の藤原高藤と藤原国経の三人であった。道真左遷の謀議は、時平を中心に源光、藤原定国、藤原菅根によって進められたが、定国は高藤の子で頭中将を経て参議の要職にあり、参議・藤原有実の婿であった。(13)菅根は蔵人頭であったが、彼は、庚申会の夜、殿上で道真に頰を打たれて以来、深く含むところがあった。(14)

事情はどうあれ、差し当たって重要なのは次ぎの事実である。すなわち、道真の左遷を画した人びとのうち、時平は延喜九年（九〇九）に、定国は延喜六年に、菅根は延喜八年に、『天神の祟りによって』死亡し、(15)延喜九年からこのかた時めいているのは、源光ただ一人であったということである。源光暗殺の理由の一半は、恐らくこの辺にあったのであろう。

光源氏とは違って、本物の源光の方は、風流の士ではなかった。歌も漢詩も得手でない彼は、(16)宇多上皇の社交グループにははいっていなかった。彼がどのような政績を残したかは、史料不足のためあまり明瞭でないけれども、行政には甚だ明るかったと推測される。また彼は、頭脳も明晰であって、『身の才《ざい》賢く、智《さとり》明らかなりける』(17)人物であったと伝えられている。

『今昔物語集』(巻第二十、第三話)によると、醍醐天皇の御代に、左京五条・西洞院の道祖神《さえのかみ》(18)の社に柿の巨木があり、その木の上に突如仏が現れてめでたい光を放ち、さまざまの花を降らすような珍事件が起こった。そこで京中の上下の人びとが無数に詣で集まり、牛車も割り込めないほどの群集で、人びとが騒ぎ拝むことが六、七日に及んだ。これを聴いた光は、『これは必ずや天狗などの所為であろう。外道の使う幻術は七日が限度であるから、今日、麻呂が行って見てやろう』と言い、美しく装束して檳榔毛の事に乗り、前駆を先に立て、大臣の格式で堂々とそこに乗り込んだ。集まった人びとを払いのけて車を入れ、榻《とう》(轅《しじ》をのせる台)を立てて事を安定させた後、車の簾《すだれ》を巻き上げて仰ぎ見ると、なるほど柿の梢に仏が坐《いま》し、金色の光を放っており、空からは雨のように花が降り、まことに貴い有様であった。

しかし光は、頗る不審に思えたので、目をまばたかないでじっと仏をみつめ、一時《いっとき》ばかり睨み続けた。その仏はなおもしばらく光を放ち、花を降らせていたが、なおも睨み続けると、遂に堪えきれなくなって、突然、翼の折れた大きな屎鵄《くそとび》(のすり)となって木の上から地面に落ちてばたばたした。多くの人びとはこれをみて、実に不思議なことだと思った。小さい童たちが寄ってたかってこの屎鵄をうち殺してしまった。光は『やはりそうだったのだ。まことの仏は、なんの理由もなく突然樹上になど現れるものではない。これが分からないでこの間から人びとがやかましく拝んでいたのは、実に愚かなことだ』と言って帰られた。現場に居あわせた何人かの者は、大臣を讃めていたと言うし、また世人もこれを聴いて『大臣は、賢い方であった』と言って讃めていたとのことである。

右の説話の信憑性はともかく、右大臣・源光が不屈で賢明な人物であったことは、当時の人びとも認めていたのであろう。しかし晩年の彼は、政治的には大勢順応主義であったらしく、進んで自己の政策を打ち出し、これを実行するほど積極的ではなかったと推量される。彼は文華を好まない反面、鷹狩りにいたく関心を寄せ、老齢にもかかわらず、自ら乗騎して野に赴いていた。暗殺者は、そこに彼を殺害するに都合のよい隙を見出したに相違ない。

三

右大臣・源光は、道真の怨霊によってとり殺されたのではない。しかしそう見えるほど犯罪は巧妙な形で行われ、朝廷も世人もそこに殆ど殺人事件の臭いをかぎ出さなかったように見える。そこに彼の怪死に関して人びとの疑念を晴らしたのは、どこからともなく流布された次ぎのような噂であった。

（延喜）十二年秋九月、西三条の源の右丞相（光）、忽ちにして重病に寝《い》ね、命、糸髪に懸かれり。因って和尚（静観僧正）を請じ、修法すること七日なり。七日いまだ満たざるに病苦悉く差《い》ゆ。丞相、先年夢みるに、化人ありて云ふ、『汝、五十九を以つて命の限りと為す。須らく早く延命の法を修むべし』と。覚《さ》め畢つて憂歎すれども、敢へて人に語らず。明旦、和上（静観）の入室の弟子仁昭大法師《ほっし》を招き喚び、語るに夢のことを以つてす。転《うたた》和上をして観音の法を修せしむ。その修法の間、丞相夢む。優婆塞あり、羽をもつて面《かほ》を覆ひ来り、相語つて曰く、『能く去るべきを留むるの人は、是れ施無畏の者なり。汝これを知るや。施無畏と謂ふは、是れ叡山の座主なり。汝の命、已に六年を延ばせり』と。覚め畢つて感涙すること雨の如く、遥かに山頂を拝せり。これに因つて丞相常に人に語つて云ふ、『天台座主は、是れ観音の化身なり』と。その後も亦、延命菩薩の法を修せしむ。その間、丞相また夢む。壮年の比丘あり、語りて云ふ、『汝いままた三年を加ふ』と。而して丞相、年六十八にて薨ぜり、果たして丞相の夢の如し。(19)

源光が果たしてかような夢をみ、死期を悟っていたかどうかは、甚だ疑問である。死期を知っていたとすれば、その頃、光は大いに行動を慎み、決して騎乗して鷹狩りなどには赴かなかったであろう。

言うまでもなく増命《ぞうみょう》は、第十代の天台座主であって、『静観僧正』の諡を賜わった僧である。宇多天皇の知遇を蒙り、延喜五年四月には、上皇は斉世親王（その室は道真の娘）と共に延暦寺に登り、戒壇院において増命から廻心戒を受けられた。[20] 彼は、高徳で政治的手腕も並々ならぬ僧であったようで、当時の仏教界において最も上皇に接近していた。但し、彼について気になるのは、『本朝高僧伝』（巻第四十七）にみえる左の記事のことである。

延喜延長の間、台密の諸師、法力を以って世を驚す者、枚数し難し。命師（増命）その中に立つて特に神験を擅《ほしいまま》にす。観音の応化、議すべからず。

源光の延命のために観音法を修したという説話と、光が眼力で樹上の仏の正体を看破したという話とは、混線しながらも、どこかで関連しているもののようである。

右大臣の源光は、壮者を凌ぐほど壮健であった。それ故にこそいよいよ長寿を希って天台座主の増命に観音法を修して貰ったことは、充分ありえたと思考される。しかし五十九の命数を増命によって六十八歳まで延ばして貰ったことや、それ故に六十八歳で死ぬのは光の宿命であったと世人に信じさせることは、恐らく謀略に出たものである。こうした噂をそれとなく世間に流した暗殺の主謀者は、恐ろしく狡智にたけた人物であった。

それにしても、源光暗殺の主謀者は、誰であったのであろうか。この場合、最初に容疑線上に泛ぶのは、光の薨去によって利益を蒙った人と、光に対してかねがね怨みを抱いていた者でなければならない。いま延喜十三年二月現在の執政を表示すれば、表五に示した通りである。

左のうち、大納言・源湛は延喜十二年十二月に致仕を請うていたが、勅許のないままに引き続きその座にあった。延喜十四年八月十三日に許しが出て退官したので、大納言一名が欠員となっていたし、また光の薨去いらい右大臣は空席であって、忠平は大納言のまま執政の首位に立ち、朝議を主宰していた。こうした欠員を補充する除目は、湛が退官してから十二日を経た八月二十五日に行われ、その結果次ぎのような人びとが昇任したのである。

右大臣　藤原忠平
大納言　源　昇
　　　　藤原道明
中納言　藤原清貫

表五　延喜十三年二月における執政の構成

官	位階	氏名	年齢	兼官と補任叙位月日
右大臣	正二位	源　光	六八	左近衛大将。
大納言	正三位	藤原忠平	三四	右近衛大将。正月七日、正三位。
	従三位	源　湛	六九	正月二十八日任。
中納言	従三位	源　昇	五五	民部卿。
	従三位	藤原道明	五八	正月二十八日任。
	従三位	藤原定方	三九	正月二十八日任。
権中納言	従三位	藤原清貫	四七	正月二十八日昇任、昇叙。
参　議	正三位	藤原有実	六七	左衛門督。
	従三位	十世王	八〇	宮内卿。正月二十八日兼任播磨守。
	正四位下	藤原清経	六八	右衛門督。
	正四位下	藤原仲平	三九	左兵衛督。正月二十八日兼任備前権守。
	正四位下	藤原興範	七〇	太宰大弐。
	従四位上	源　当時	四六	右兵衛督、検非違使別当。正月二十八日兼任播磨権守。
	従四位上	藤原枝良	六九	正月二十八日任。修理大夫、春宮亮。
	従四位下	橘　澄清	五三	正月二十八日任。右大弁、勘解由長官。

参議　藤原保忠

なお参議の藤原有実は、これより早く五月十二日に薨去している。保忠は、言うまでもなく時平の長男であり、二十三歳の若さで参議に抜擢されたのである。

以上によってみると、光の薨去によって利益を蒙ったのは、第一に忠平であり、余恵を受けたのは、昇と道明であった。道明は、藤原氏とは言っても南家に属していたばかりでなく、代々橘氏と姻戚関係にあった人である。彼が参議（のち中納言）・橘澄清と合力して山城国紀伊郡に道澄寺を建立したことは、遍く知られている[21]。彼は文章生の出身であり[22]、苦労して昇進した人だけに法律や事務に明るく、時平や定国とともに『延喜式』の編修に与ったこともあった。忠平は、自分より二十四歳も年長で、行政に熟達していた道明に対しては、よほど遠慮していたと見え、彼の在世中は敢えて左大臣になろうとは意図しなかった[23]。ただ系図17が示すように[24]、彼と道真とは無関係ではないが、同時に彼と中納言・定方との関係も重視されねばならない。道明は名臣としての呼び声が高く[25]、また篤く仏教に帰依していたし、ま

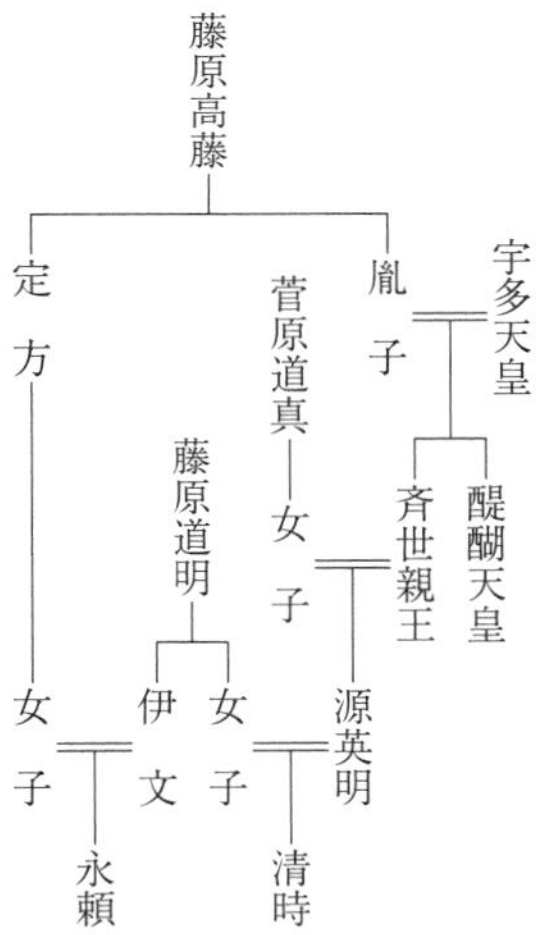

系図17　藤原道明の親族関係

た自分の昇進の限度を弁えていたであろう。かように検討した結果では、彼を暗殺の共謀者、ましてや主謀者などとは、認め難いのである。

昇は、河原左大臣・源融[26]（嵯峨天皇皇子）の子で、源港の弟である。娘の貞子を宇多法皇[27]の更衣として差し出し（小八条御息所）、また父から伝領した河原院を法皇に献上したことなどからも明白なように、彼は宇多法皇に近い人物であった。もう一人の娘は、後で離別したとは言え、時平に関係して顕忠（右大臣）を産んでいる。源昇は、温厚な長者であった。のみならず、源氏の長老たる右大臣・源光を暗殺し、源氏の勢力を失墜さすような陰謀を企てたり、或いはこれに参加を求められたりするような人柄ではなかったと判断される。実際、右大臣暗殺といった未曾有の計画は、自分ばかりでなく、一族の運命を賭さねばならぬことであり、よほどの胆力と計画性がなければ、企図することさえ出来かねるのである。更にこの種の陰謀は、相手に対する怨恨が原因であっても、これを決行するためには、相手を斃《たお》した後に得られるであろう有形、無形の利益の存することが必須の条件となっている。

その点では、道真の息子たちには、右大臣・源光を暗殺するほどの理由はなかったはずである。道真の左遷を図ったにしても、光は主謀者ではなかったし、また彼は右大臣の現職にあるとは言え、もはや先の知れた老人であった。更に、長男の高視を初め道真の息子たちは、延喜六年にはもとの官位に復していた。道真が右大臣の高位に昇ったこと自体が異常なのであり、祖父・是善当時の状態に戻ったとすれば、菅原氏としては安泰であった。現に高視は、延喜六年に本官に復し、大学頭に再任されている[28]。その弟の景鑒は、鋳銭長官、周防守に任じられ、延喜八年に卒している[29]。高視は延喜十三年に卒した[30]。月日は明確でないけれども、彼は源光の薨去後に他界したのであろう。高視は、せっかく旧に復した菅原氏一門の運命を賭してこの危険な陰謀を企図したであろうか。高視なき後、大学頭に任じられた淳茂の場合も同様であって[31]、儒家としての地位が殆ど保証されている現在、心底に恨みは秘めていたにせよ、一門の破滅を招くかもしれない暗殺を彼らが計画し、実行した可能性は、考えられないといってよかろう。

五

源光の暗殺事件について、多少とも犯人としての疑いのある人物を個別的に吟味した結果、次第に容疑が濃くなって行くのは、やはり大納言の忠平なのである。そこで怨恨と利益の二つの面に分けて彼に対する容疑を検討してみることとしよう。

まず怨恨の問題であるが、従来の諸説は、すべてが忠平と道真との友誼を強調している。例えば、『愚管抄』（巻第三）には、

……貞信公ハヲトヽ（時平の弟）ニテ、菅丞相ノツクシ（筑紫）ヘヲハシマシケルニ

モ、ウチウチニ貞信公御音信アリテ、申カヨハシナドセラルレバ、ソレヲバイカガハ
アダニヲモハントイフヲモムキナリ。

と述べられ、『北野縁起』（下）にも、

菅丞相の筑紫へくだり給ひしとき、貞信公は本院のおとゞの御弟にて右大弁にておはしけるが、このかみの謀計にもともなはず、菅丞相とひとつにて、消息をかよはして、隔る御心おはしまさず。

と見ている。これらの記事を文字通り解するならば、いささか奇妙に思われる節がある。

第一に、道真の左遷であるが、これに関する謀議は、昌泰三年（九〇〇）の後半に極秘裡に進められたのであり、宇多法皇すらが太宰権帥の発令される当日まで聾棧敷に置かれていた。前参議であっても、右大弁兼侍従の任にあった忠平、そして親道真派であり、法皇の侍臣であった忠平が謀議に加えられなかったことは、全く当然であった。すなわち忠平は、謀議において左遷に反対したのではなく、そもそも彼は、謀議に参画を求められなかったのである。

忠平は、後にこそ関白太政大臣になったけれども、それは他人はもとより当の忠平自身すら予測できぬことであった。なるほど彼は、右大弁の要職にあった。しかし彼はまだ年齢ようやく二十一歳に過ぎず、いかに将来を嘱望されてはいても、道真に親しく音信しうるような柄ではなかったし、また消息を取り交わしていることが露顕した時には圧迫を蒙

る立場にあった。忠平が配流地の道真に手紙を出しえたのは、道真が妻の伯父であるためであり、そこに露顕した場合にも弁明や酌量の余地があったのである。忠平は、道真が政治家として先輩であり、恩顧に与っていたといった理由から、醍醐天皇、時平、光などの意向を懼れず、道真に消息を遣したのではないかと思料される。

忠平と妻の順子との固い結びつきは、彼女の卒去の日まで渝らなかった。祖父の菅原是善は早く他界していたから（元慶四年）、父代わりになって順子の世話をみてくれたのは、必ずや道真であったであろう。その伯父を失脚させ、菅原一門の栄達を挫いた時平や光などに対し、順子は怨みと憎しみを覚えていたと思われる。忠平もまた先輩かつ義理の伯父の左遷を憤っていたであろうが、更にこの事件が延喜八年まで彼を日陰におくに至ったことに憤懣を覚えていたに相違ない。夫婦のそれぞれが別々に怨みや憤りを抱くことによって、忠平や順子が胸に秘めた憎悪は倍加され、かつ執拗なものと化していたはずである。順子が忠平を唆したり、二人が協議したりしなくても、忠平の体中には復讐の執念が燃えて絶えなかったのではなかろうか。

次ぎに、忠平が仮に源光を暗殺したとして、彼は光の薨去によってどれほどの利益を享受したであろうか。忠平は、光の薨去後もなお一年半ほど大納言の職に留まっており、直ちに右大臣にはならなかった。これは、醍醐天皇を初め、上卿から庶民にいたるまでの世人の嫌疑をそらすためであり、一方では同母兄の仲平に遠慮したせいか、或いは天皇が彼の右大臣昇進を欲せられなかったためであろう。しかし大納言の座にそのまいたとしても、左右両大臣が欠員であった当時、光の薨去は、とりもなおさず忠平政権の成立を意味していた。つまり彼を暗殺の主謀者と仮定するならば、忠平はそれによって永年の恨みを晴らし、一方では、時平の亡きあと暫らく藤原氏北家から離れていた政権を取り戻すことができたのである。彼が蒙った利益は、道明や昇が得たものとは種類を異にする莫大なものであった。かように推理して来ると、藤原忠平には、右大臣・源光を暗殺する動機は充分にあったと判断せねばならなくなるのである。

この判断を妨げるただひとつの事項は、右大臣・源光は、延喜十三年（九一三）において六十八歳で、老い先も短かったということである。忠平が敢えて暗殺という非常手段を弄せずとも、光の薨去ないし致仕は、数年ならずして期せられたのではないかという疑問である。これに対する解答は、比較的簡単であるように思われる。後々までも、忠平の政治力の背景は宇多法皇であり、醍醐天皇に忠平はさほど親しまれていなかった。延喜十五年正月、醍醐天皇は、執政の首位に立つ忠平に触れて、日記にこう誌されている。

廿一日……大納言藤原朝臣を召し、右大臣の男実頼を院の仰せに依つて叙すべき事（従五位下）を仰す。位記を作り、之れを奏せしむ。[32]

右大臣・忠平の長男の実頼は正月二十日に元服した。[33]醍醐天皇は、当然これを耳にされているはずであるが、その叙位は天皇の発意からではなく、法皇の仰せによってなされたのである。誰がみても、天皇と忠平の間がしっくりしなかった事実が推知されよう。従って忠平としては、宇多法皇が健在で天皇に対する発言力が大きい今のうちに、自己の勢力を揺ぎないものにしたいと念じたのではないか。なるほど、右大臣・源光は、六十八歳の老齢であった。しかしこの老人は、騎馬で鷹狩りに出かけるほどの元気さであり、叔父の国経のように八十一歳ぐらいまでは健在で、政権の座を占め続け、その間に左大臣まで昇進する可能性は充分に考えられた。もう十年と言えば、その間に定方（天皇の叔父）、仲平、保忠（時平の長男）が彼の後に続いて昇任し、実頼の昇進は自から仰えられるであろう。特に忠平は、醍醐天皇に信任の篤い保忠の進出を懼れていたと推測される。そして彼の政権を打ち樹てるためには、老いてますます盛んな右大臣・源光が目の上の瘤となっていた。然もこの老人は、道真の左遷を謀った者たちの唯一の存命者である。とすれば、光が老人であるからといって、数年ないし十年もじっと彼の死を待つわけにはいかなかったであろう。

六

もうしばらく忠平を源光暗殺事件の主謀者と仮定して、推理を進めてみよう。

その場合でも、忠平は最初から源光に殺意を抱いたのではなかろう。彼が最も望ましく思ったのは、源光の失脚であったに相違ない。しかし源光は、道真が乗じられた隙をまのあたりに見ていただけに、娘を天皇や親王に差し出しもしなかったし、息子たちの昇進についても淡々としていた。[34]勝れた政治家ではないにしても、彼は行政や吏務には明るかった。彼は法皇のグループには加わらず、ひたすら醍醐天皇に仕え、篤く信任されていた。忠平は、どれほど光の身辺を調査しても、失脚の理由を求める隙を彼に見出すことはできなかったのであろう。こうして聡明で奸智にたけた忠平は、延喜十年頃から光を暗殺する計画を立て、ひそかに案を練るとともに、光の身辺やその行動を監視していたに違いない。

源光は、『西三条右大臣』と呼ばれていた。[35]それは、彼が恐らく右京の三条に邸宅を構えていたからであろう。普通、『西三条』と言えば、右大臣・藤原良相（忠平の祖父の弟）の邸宅のことであり、それは右京三条の坊城小路西・姉小路北にあった。[36]良相の子・常行《ときつら》（大納言）が貞観十七年に亡くなった後にそれは売却され、遂に源光がこれを買い求めたものらしい。

もしも源光が家司に命じて邸宅の警戒を厳しくしていたとすれば、暗殺者がその邸宅に忍び込むことは容易ではない。警戒が特に厳重でなくとも、目的を遂げた後、暗殺者が随身の近衛たちに捕われる懼れが多い。右大臣の格式をもって参内する彼を姉小路から朱雀門の間の路上で襲うことは、更に困難である。かような暗殺の方法は拙劣であり、幸いに暗殺者が捕われなくとも、大納言たる忠平に先ず嫌疑がかけられることは必定である。聡明な忠平は、極秘裡に右大臣を抹殺しようと企てたに相違あるまい。そして右大臣が時々、少数の供をつれ、乗馬で鷹狩りに赴く遊猟に絶好の機会を見出したことであろう。

この暗殺を実行するに当たって、まず忠平が打った最初の手は、恐らく背後から宇多法皇を動かし、源当時《まさとき》を参議に据えたことであろう。すなわち、延喜十一年（九一一）九月十三日、右兵衛督の源当時は参議を命じられた(37)。更に忠平は、自分の帯びていた検非違使別当を当時に譲るよう工作し、これに成功した（十二月二十八日）と推測される(38)。当時は、宇多天皇に忠実であった右大臣・源能有の長男であり、時に四十四歳であった。前記のように、彼の妹・昭子は、忠平の本妻であった。この人事は、左衛門督の有実や右衛門督の清経をさし措いて、右兵衛督で参議としては新しい当時を別当に命じたという点で、やや不自然であり、裏面工作の臭いが幽かに感じられるのである。

忠平は、義兄の源当時を参議に推挽して恩を売り、更に彼に別当の職を譲って都下の警察権を握らす工作を画策し、これに成功したと思われる。忠平自身は右近衛大将を兼ね、右近衛府を掌握していた。忠平が当時を推したのは、彼が義兄であったばかりでなく、能有と当時の父子が道真と頗る懇意であったためと推察される。当時は、寛平七年には右衛門権佐（右金吾亜将）の任にあった。『菅家文草』（第五）には、『右金吾源亜将（源当時）は、余と師友の義あり。夜を直盧に過し、相談言して曰く、「義父大納言、去年五十なれども、心往事に留まり、年を過ぐるも賀なし……」と、』という序のある道真の詩が収められている。道真は、紀長谷雄（そのころ大学頭）などと一緒に宴を設け、能有の五十賀を祝ったことであった。当時は、職務の都合上、源光の下で働いたこともあった[39]が、道真に対する思慕の情は、引き続いて抱いていたはずである。このような人物を検非違使別当に推したのは、忠平に何等かの魂胆があってのことであった。

とは言え、忠平が当時に暗殺の計画をうちあけ、協力を求めたとは考えにくい。忠平は、測り知れぬほど深謀遠慮の人物であったからである。暗殺の計画は、忠平と腹心の部下との二人の間でのみ極秘裡に進められたであろう。無論、これはあくまで推定であるが、忠平の子孫たる慈円が伝えた次ぎの事実は、看過し難いものである。

貞信公ノ御コトハ、イカニモ〳〵タダウチアル人ニハヲハセズ。将門ガ謀反ノトキ、禁中ニ仁王会アリケル。コトヲコナヒタマヒケルニ、コヱ（声）バカリニテオコナヒタマヒテ、身ハ人ニミエタマハザリケリ。隠形ノ法ナド成就シタラン人ハカクヤトヲボヘケルハ、タシカニイヒツタヘタルコト也。[40]

『隠形《おんぎょう》の法』とは、呪術によって身を隠す方法であって、今日でいう忍術の一種である。右の一文によると、忠平は忍術に熟達していた。彼はそれを秘密にしていたが、たまたま天慶二年（九三九）頃、内裏で仁王会が催されていた時、ふと気を許し、皆の前で隠形（隠身）の法を実演してしまったというのである。そしてこれは、摂関家に代々伝えられた確かな事実である、と慈円は強調しているのである。

いったい忠平は、最高級の貴族に生まれながら、何が目的で忍術を学んだのであるか。それはともかく、彼は前記の増命のような法力で神験をあらわすことの好きな叡山の僧侶などから、ひそかにこの術を学んだのであろう。その方面と密接な関係があったとすれば、当然のことながら忠平は、そうした忍者の一人、二人は身辺に使っていたと見ることができる。そして彼が源光の暗殺を決意した時、必ずや彼はこのような忍者に刺客となることを命じたのであろう。

恐らく延喜十二年（九一二）から翌十三年にかけて、右大臣・源光は、鷹狩りに出かける度ごとに、忠平がさし向けた刺客につけ狙われていたに相違あるまい。忍術に熟達した刺客の行動は、人間わざとは思えぬほど敏捷であるから、灌木や雑木などが入り混った鷹野などでは、幾たびとなく刺客が身近に迫ったり、潜んでいたりしても、光も、従者たちも、全く気づくことはなかったであろう。従って光を暗殺する、つまり供の者より離れ、夢中になって飼鷹を追う右大臣が適当な地点に馬を走らせた時、暗殺する機会は訪れたのである。それは灌木や立木がほどほどに茂った沼の畔であり、また鳥や兎などが多く、鷹狩りの時はいつもその辺が舞台となる所であったのであろう。光が短弓で射られたか、刀で斬りつけられたかは不明であるが、刺客は馬を沼の方へ追いやった後、落馬した光を抱きかかえて逃げれば、それで事は終ったのである。供の者が騒いで沼の中を捜したりしている頃、刺客は遙か遠くの安全な地に逃げのび、そこで光の生命を絶ったであろうし、彼の遺骸は一旦灌木の茂みに隠され、更に夜陰に乗じて遙か遠くに運ばれ、茂みの中に掘った穴に埋められたと推定される。

『貞信公記』によると、右大臣・源光は、延喜十三年三月三日、醍醐天皇の神泉苑行幸に供奉することとなっていた。当日になって右大臣家から大臣が突然倒れ、人事不省に陥ったため参上できぬ旨の申し出であり、行幸はとりやめとなった。これから察すれば、光は二日に鷹狩りに出て行方不明となったらしい。右大臣家ではあらゆる手を尽くしたけれども、彼の行方ないし遺骸は分からず、三日朝にはとりあえず大臣が倒れた旨の届け出でをなし、更に捜索を続けたのであろう。以上から推察すれば、光が暗殺されたのは、三月二日と想定されて来るのである。

七

右大臣・源光の身上に起こったこの怪事件は、彼が時の政権の担当者であるだけに、二日と秘めて置くことはできなかったし、また家人にどれほど緘口令を下したところで、忽ち評判となったはずである。

右大臣家としては、非公式に次席の執政たる大納言・忠平と、検非違使別当・源当時に右大臣の失踪を届け、かつ遺骸の捜索方を依頼したに相違ない。忠平と当時の間にどのような会話ないし黙契がとり交わされたかは知るべくもないが、忠平は、自分が長官の任にある右近衛府の近衛や検非違使庁の下部《しもべ》を動員して形式的な捜索を行わしめたことであろう。賢明な忠平は、当時にも秘密を明かさなかったに相違ない。また当時も、熱意のない忠平の態度に鑑み、もともと好意を寄せていない右大臣の怪死事件の捜索は、ほどほどに打ち切ったものと想像される。その当時の左近衛中将は藤原保忠であったようである。(41) 忠平は、保忠に警固（非常警備）のため待機させたり、右大弁転任をにおわせたりして、この若くて純情な御曹子が事件の捜索に介入できぬように仕向けたと思われる。

右大臣・源光の横死は、闇に葬られ、その遺骸は永久に現れることはなかった。こうして右大臣家は、遂に捜索を諦め、十二日に大臣の薨去を発表したのである。十八日には、右大臣の薨去が天皇に公式に奏上され、生前の功によって正一位が贈られた。(42)

ところで我々が看過し難いのは、次ぎに述べる二つの事柄である。その第一は、延喜十三年三月十三日、宇多法皇が亭子院《ていじのいん》で歌人の伊勢をヒロインとして盛大な歌合を催されたことである。(43) この『亭子院歌合』が和歌史の上に占める重大な意義については、敢えてここに縷述する必要はない。ただ一言指摘しておきたいのは、この盛大な歌合に方人《かたうど》として列席した人びとの中には、次ぎのような高官がいたことである。

中納言　源　昇
中納言　藤原定方

権中納言　　　藤原清貫

左衛門督参議　藤原有実

『楽は諸共にぞしける』とあるように、歌合の前後には、出席者一同が奏楽し、和気藹々たる雰囲気のなかで歌合は進められた。

三月十三日といえば、源光の薨去が発表された翌日である。無論、これは以前から予定されていた歌合であり、州浜《すはま》、調度、装束、奏状、薫物《たきもの》、管絃などの設備も夙に用意されていた。しかし時は、太政官の首席にあった右大臣・源光の薨去の翌日であった。太上法皇は大臣の喪にかかわりがないと言えばそれまでであるが、源光は旧皇族であり、参議、中納言、権大納言として宇多天皇に永く仕えた人物である。然も源光がただならぬ死に方をしたのであってみれば、いかに予定されていた行事とは言え、法皇の行為は不謹慎に過ぎ、ひいては醍醐天皇を軽んずる結果になりはしなかったか。のみならず、『亭子院歌合は、やはり質として新撰万葉集の序に指摘しているような社交性を豊かに持った、いわば泰平の御代を象徴する和楽の謳歌を精神とするものであった(44)』とすれば、それは右大臣・源光の死に対する面当《つらあ》てであると批難されても、抗弁できないであろう。

亭子院の歌合には、執政が四人も列席した。右大臣怪死の報が公表された翌日、そして新政権が成立した当日、彼ら四人はいとものんきに歌合に侍り、奏楽したり、歌をきいたりして愉悦しているのである。これは、法皇のグループが源光の死に冷淡であった証拠と解すべきである。

第二に看過し難いのは、右大臣の逝去に関する薨奏が、喪が公表された十二日より六日を経た十八日に、掌侍の藤原守子によってなされている事実である[45]。内侍が奏上したとは言っても、右大臣の薨去を記した『太政官謹奏』を内侍が天皇に呈上したという意味であろうから、その点は問題とならない。しかし太政官の首席に坐し、政権を担当していた右大臣の薨奏としては、余りにも遅きに失していないか。時平が薨去した時(延喜九年四月五日)、右大臣・源光は翌日に薨奏の手続きを完了し、直ちに諸陣に警固を命じたことであった[46]。大納言・忠平は、なぜこの手続きを怠り、遂に諸陣の警固すら不必要なものとしたのであろうか。薨奏がない限り、醍醐天皇は、それより半月も前に右大臣の失踪ないし怪死を耳にされていていても、この事件について打つべき手はないのである。当時は関白はおらず、形式的には天皇の親政が行われていたが、公式に奏聞されない以上、天皇としてはこの事件を調査させることはできないし、また十八日になって知られたところで、調査の好機は失われていた。忠平は、季の御読経[47]などを理由に薨奏を遅らせたのであろうが、そこには何等底意がなかったのであろうか。右大臣の遺骸が発見されるまで出来るだけ永く薨奏の日を延ばすといった好意的な理由をもっともらしく述べたかもしれないが、それは決して彼の本心から出た言葉ではなかったと思う。

醍醐天皇の治世を通じて、政治的な実力者は宇多法皇であった。法皇は、道真の左遷事件を契機として源光に含むところがあったに相違ない。また天皇の側に立つ右大臣の存在は、そう快いものではなかったはずである。それが病死であれ、怪死であれ、この元老の薨去は、法皇に胸のすく思いをさせたのであろう。それと反対に、もしも法皇が源光の失踪を重大視し、天皇に事件の徹底的究明を命じられたとすれば、問題は意外な方面に発展したかもしれない。聡明な忠平は、光に対する法皇の気持を充分に計算に入れて画策したのではなかったか。果たして法皇は、光の死を憂うことなく、ただ歌合の行事に心を奪われておられたかに見える。忠平が薨奏を故意に遅らせても、法皇は忠平に注意を促すということは、決してなされなかったであろう。

八

右大臣・源光の失踪事件は、永遠の謎である。しかしこれは、源光が自ら欲して身を隠したためではなく、明らかに彼が不意に襲撃され、何処かに拉致された結果にほかならない。つまりこれは、稀にみる悪質な完全犯罪と認めるのが至当である。その手口は巧妙を極めており、今日ではもはや犯人や主謀者を的確に指摘することは不可能である。

しかし主謀者となる可能性をもつ人物について個々に吟味してみると、最も容疑の濃いのは藤原忠平である。今日は勿論のこと、当時にあっても、忠平を主謀者と判定するに足る確実な証拠はなにひとつなかったに相違ない。けれども前後の諸事情や忠平の行動などから推理すると、彼にまつわる疑惑は余りにも大き過ぎるのであって、彼を主謀者と仮定しない限り、この事件の謎は絶対に解けないのである。たとい証拠の上で極め手がないとしても、これは忠平が全智全能を絞って企てた巧妙な犯罪であったと推測せざるをえないのである。

源光の死後に流れた風評、すなわち光の寿命は元来五十九歳であったが、天台座主の静観僧正の延命の修法のため、十年も長生きすることができた、つまり光は延喜十三年まで生き延びることができたという噂は、疑いもなく暗殺の主謀者が増命（静観僧正）の弟子たちを唆かして流させたものであり、それは源光の怪死は天命によるものであったと世人に思い込ませ、暗殺の疑いを払拭する目的をもっていた。

源光は、法力による催眠術的行為には批判的であった。五条の道祖社における仏の顕現がもし法力をもって世を驚かすことを好んだ増命の企図であったとすれば、増命や彼の弟子たちは、彼らの悪質な『神験』を挫折させた源光にひそかに敵意を抱いていたであろう。この噂も、増命一派の僧たちによって、まことしやかに吹聴されたものらしい。忠平は、このうわさが燎原《りょうげん》の火のように流布して行くのを、そしらぬ様子で看守っていたのであろう。そして彼がその冷徹な顔にどのような笑みを泛かべたか、これまた我々の最も知りたく思うことのひとつである。

註

（1）延喜十三年三月十三日『亭子院歌合』、参照。
（2）この年の三月十三日は、太陽暦の四月二十五日に当たっている。
（3）『本朝皇胤紹運録』、『尊卑分脈』第三編、仁明源氏。
（4）寛平六年八月十一日付『検非違使解』、同七年二月二十一日付『検非違使別当宣』、同八年十月十一日付『検非違使別当宣』（以上、『政事要略』巻第六十一、所収）、同七年十二月二十二日付『検非違使別当中納言兼左衛門督源朝臣光奏状』（延長七年九月十九日付『太政官符』〔『政事要略』巻第八十四、所収〕所引）、等々。
（5）『日本紀略』寛平九年七月三日条。
（6）『梅城録』。
（7）藤原保則は、道真について、『但し、其の内志を見るに、誠に走れ危殆之士なり』とひそかに語っていたと言う。『藤原保則伝』（『群書類従』所収）、参照。
（8）『菅家文草』第十、『本朝文粋』巻第五、所収。
（9）『尊卑分脈』第四編、菅原氏、その他。
（10）『辞右大臣職第一表』（註(8)所収）。
（11）『重請解右大臣職第二表』（註(8)所収）。
（12）昌泰元年九月四日付『上太上天皇請令諸納言等共参外記状』（『菅家文草』第九、所収）。
（13）『尊卑分脈』第二編、高藤公孫、『公卿補任』昌泰二年条、『職事補任』、その他。
（14）『江談抄』第三。なお道真は、寛平九年七月、菅根に従五位上を授けられるよう奏請している。彼が菅根に頰打ちをくれたのは、それより昌泰三年末までの間のことであろう。寛平九年七月某日付『請

特授従五位上大内記正六位上藤原朝臣菅根状』(『菅家文草』第九、所収)。
(15)『北野縁起』中。但し、菅根は、普通に病死したと認められる。
(16)『日本紀竟宴和歌』延喜六年、参照。
(17)『今昔物語集』巻第二十、第三話。
(18)『宇治拾遺物語』巻第一第一話および『古事談』第三、参照。
(19)『日本高僧伝要文抄』第一。なお、『元亨釈書』巻第一、『扶桑略記』第二十三など、参照。
(20)『明匠略伝』日本、下、『天台座主記』および註(19)所掲の文献、その他。
(21)延喜十七年十一月三日在銘『深草道澄寺鐘銘』(奈良県、栄山寺所蔵)。なお、木崎愛吉『大日本金石史』第一巻(大阪、大正十年)、二二七頁以下、参照。付言すると、道明も澄清も、菅家廊下に学んだ人々であった。『北野天神御伝』、参照。
(22)『公卿補任』延喜九年条。
(23)『江談抄』第二。
(24)『尊卑分脈』第三編、宇多源氏、参照。
(25)『二中歴』第十三。
(26)『尊卑分脈』第三編、嵯峨源氏、『本朝皇胤紹運録』、『後撰和歌集』巻第十、第六八三番。
(27)『醍醐天皇御記』延喜十七年三月十六日条。
(28)『北野天神御伝』。
(29)『尊卑分脈』第四編、菅原氏。
(30)同右、および菅原氏系図(『群書類従』所収)。
(31)同右。

(32)『醍醐天皇御記』延喜十五年正月二十一日条。
(33)『日本紀略』延喜十五年正月二十日条。
(34)『尊卑分脈』第三編、仁明源氏参照。
(35)『公卿補任』延喜十三年条。
(36)『拾芥抄』西京図。
(37)『公卿補任』延喜十一年条。
(38)同右。
(39)寛平六年八月十一日『検非違使申請状』(『政事要略』巻第六十一、所収)。
(40)『愚管抄』第三。
(41)『公卿補任』延喜十四年条には、保忠が右近衛中将であったように記されているけれども、それは左を右と誤写したためであり、彼は左近衛中将(延喜十一年二月十七日より十三年四月十五日まで)であった。一方、右近衛中将は、長く藤原定方であった。彼が十三年正月二十八日これを辞した後、誰が任命されたかは未詳である。
(42)『貞信公記』および『日本紀略』延喜十三年三月十八日条。
(43)伊勢が執筆した『亭子院歌合』の十巻本および二十巻本には、明らかに延喜十三年三月十三日と誌されており、年月日はこれが正しい。『元永元年内大臣家歌合』の基俊判には延喜十二年、『奈良花林院歌合』の基俊判には延喜三年、『清輔本古今集』の註記には延喜十一年四月十八日とあるが、いずれも正しくない。この歌合の年月日は、久曾神昇『伝宗尊親王筆歌合巻研究』(東京、昭和十二年)によって証明された。
(44)峯岸義秋校註『歌合集』(『日本古典全書』本、昭和二十二年)、解題、二一一～二一二頁。

(45)『殿上記』延喜十三年三月十八日条(『西宮記』巻十二、裏書、所掲)。
(46)同右、延喜九年四月五日条(同右、所掲)。
(47)『貞信公記』延喜十三年三月十五日、同十八日両条。

長野女王

歴史の現実を微視的に凝視するならば、どのように平和な時代であっても、部分的な動揺とか、個人の犯罪といった事件は、決して免れないものである。

弘仁八年（八一七）と言えば、上には強権の嵯峨天皇が君臨し、太政官には、執政首位の右大臣・藤原朝臣園人を初め、中納言・藤原朝臣葛野麻呂以下の有能清廉な政治家が相伍しており、平安時代の中でも最も恵まれた年のひとつであった。民政は安定し、物資は豊かであったし、陸奥・出羽両国の辺境また静謐であった。

この平和で恵まれた時代に、なぜ長野女王のような女性が現れたのか、聊か奇異に感じられる。女王が冒した犯罪などは現代ですら珍しいものであり、まして王族の婦人であることを思えば了解に苦しむのも無理がないのである。

長野女王の出自については、なにひとつ判明していない。恐らく四世、五世の女王であったのであろう。彼女は、弘仁年中に宮仕えに上り、内教坊《ないきょうぼう》に勤めていた。これは雅楽《うた》寮の所管で、女楽や女踏歌を掌る役所であって、その坊舎は大内裏の東北隅、すなわち上東門の西北に接して置かれていた。

弘仁八年、長野女王は女孺として内教坊に仕えていた。この役所の官女は妓女と女孺とに分けられるが、彼女は楽器を奏でたり、舞踏したりする妓女ではなく、坊の日常用務に当たる女孺の方であった。女王であるから、従五位下ないし従五位上の位を帯びていたかもしれない。

長野女王は内教坊に曹司を賜わっており、同じく女婧の出雲家刀自女《やかとじめ》と二人で其処に住んでいた。その頃、女王の知り合いで、船延福女《ふなののぶめ》という婦人がいた。どういう事情があったのか、延福女は突然女王の許にやって来て、彼女の曹司に寄住させて貰うこととなった。

長野女王は延福女が少しばかり衣類をもっているのを見て悪心を起こした。それで家刀自女と共謀し、夜、延福女が眠っている時に襲いかかり、絞殺してしまった。のみならず二人の殺人犯は、延福女の顔の皮をはぎ、これを宮城内に棄てたのである。

この幼稚かつ残虐な犯罪は、忽ち露顕し、同年五月二十七日、二人は伊豆国に遠流に処された。無論、女王は王籍を剝奪され、庶女として流されたに相違ないのである。

この事件は『日本後紀』(巻二十六)に記述され、『類聚国史』(巻第八十七)によって今日に伝えられたものであり、その信憑性に関しては全く疑いのない実話なのである。

平安時代の上流婦人に関しては、物語や絵巻などに由来する固定したイメージがあり、われわれはややもするとこれで全般を律してしまう恐れがある。勿論、長野女王がなしたような凶悪無比の婦人犯罪は稀であるにしても、[1] 強盗を行ったり、強盗団の首領[2]となったような貴族生まれの婦人は、しばしば文献に現れているのである。殺人犯や強盗などは極端な例であるけれども、平安時代の婦人をもっと多面的に捉えてみる必要は、確かにあると思う。

註

(1) 天長八年(八三一)の十二月十六日、当麻旅子女は、殺人幇助罪のかどで平安京西市において杖六十の決罰に処されている(『類聚国史』巻第八十七、参照)。

(2) 例えば、西井芳子『女房大納言』(『古代文化』第十巻第二号所収、京都、昭和三十八年)、参照。

石川朝臣長津

石川朝臣長津《ながつ》というのは、無論、大した人物ではなかった。彼は、遷都騒ぎの延暦四年（七八五）に武蔵守正四位上・石川朝臣河主の子として生まれ、嵯峨、淳和、仁明、文徳の四朝に仕えた。その官歴を国史によって表示すれば、左の通りである(1)。

八一九	弘仁十年三月	内舎人
八二一	弘仁十二年二月	右京大進
八二二	弘仁十三年六月	修理大進
	弘仁十三年閏九月	民部大丞
八二三	弘仁十四年正月	皇太后宮少進
	弘仁十四年四月二十七日	従五位下（正六位上より昇叙）
	弘仁十四年五月	大和介
八三一	天長八年七月	木工助
八三二	天長九年正月七日	従五位上
八四三	承和十年正月十二日	加賀介
八四九	嘉祥二年十一月二十四日	正五位下
八五二	仁寿二年二月十五日	木工頭
八五四	斉衡元年十二月三日	卒去

彼は自宅ではなく、勤務先の木工寮で頓死したというのであるから、脳出血ないし心不

全で斃れ、その場で卒去したのであろう。時に齢七十歳であった。
この履歴でみると、長津は平凡な五位の官人としての生涯を送ったに過ぎない人である。もし特記すべきものがあるとすれば、卒伝に、『性、工巧を能くし、格勤を宗と為す。故に頻に工官を歴て、遂に此れに終はれり。』と記されたように、彼が手先が器用で木工に巧みであったことくらいであろう。尤もこれは父親譲りであったらしく、父の河主は、『内外に学び、兼ねて工巧を知れり』と卒伝に見える人物であった。[2]
この長津は、『続日本後紀』には、『永津』と記されているが、彼について注意されるのは、彼がかの蘇我氏の末流に属していたということである。
言うまでもなく、大化改新の際に中大兄皇子らによって滅ぼされたのは、蝦夷―入鹿の系統の蘇我氏であって、天智天皇の治世において首席の執政にあり、藤原鎌足より上位におったのは、蘇我連《むらじ》子臣《このおみ》であった。その下位にあり、左大臣の要職についていたのは、赤兄臣《あかえのおみ》であり、また御史大夫は同じく蘇我果安臣《はたやすのおみ》であった。蘇我氏は、『壬申の乱』に際して、大友皇子の側についていたため、天武天皇の治世になってからは昔日の勢威を失ったけれども、名族としての声望は、なお保持していたのである。しかし二度の事件から『蘇我』の氏名を忌むに至ったようで、天武天皇の頃に、居所の名をとって石川を氏名とするようになったらしい。天武十三年(六八五)十一月一日紀に、『石川臣、賜《ツテ》レ姓《ヲ》曰《フ》ニ朝臣《ト》一。』と見るように、奈良時代には、『石川朝臣』という氏姓をもって蘇我氏は再生したのである。あたかもこれは、名門の物部氏が『石上《いそのかみ》朝臣』の名で再現したのに似ている。

とにかく奈良時代には、安麻呂の流れを汲んだ石川氏の人びとは、大納言、中納言ないし参議として廟堂に列し、辛うじて名族として勢威を維持することができた。中でも年足は偉材であった[3]。ところが平安時代前期になると、旧名族や帰化人が驥足を展《の》ばす好機であったにもかかわらず、石川氏には人材が輩出せず、急速度に中級貴族に下落する運命を辿ったのである。河主は中納言・豊成の第十子であった。従って豊成は、少くとも十人の息子をもっていたわけであるが、最も昇進した河主ですら極官は正四位上武蔵守の程度であった。その名から推して、石川朝臣の名主[4]、清主[5]、広主[6]、真主[7]などは、いずれも河主の兄弟のように思われるが、どれもが傑出した人ではなかった。実際、石川氏が中級貴族として踏みとどまれたのは、長津のころまでであって、彼以後は下級貴族へ転落し[8]、やがて庶民の間に投影したのである。

長津の生存時代は、ともかく石川氏は中級貴族であった。しかし名門なるが故に、彼の舎宅には文庫があり、多数の文書や書籍が架蔵されていた。卒伝は、これに触れて、

先父貯積する所の文書数千巻、一舎に秘蔵し、曾て他に借さず。死後、何処に灰滅せるやを知らず。

と述べている。『文徳実録』の編修が終わり、奏上されたのは元慶三年（八七九）十一月であった。それが編修された貞観の末年は、長津が卒した斉衡元年（八五四）より二十年

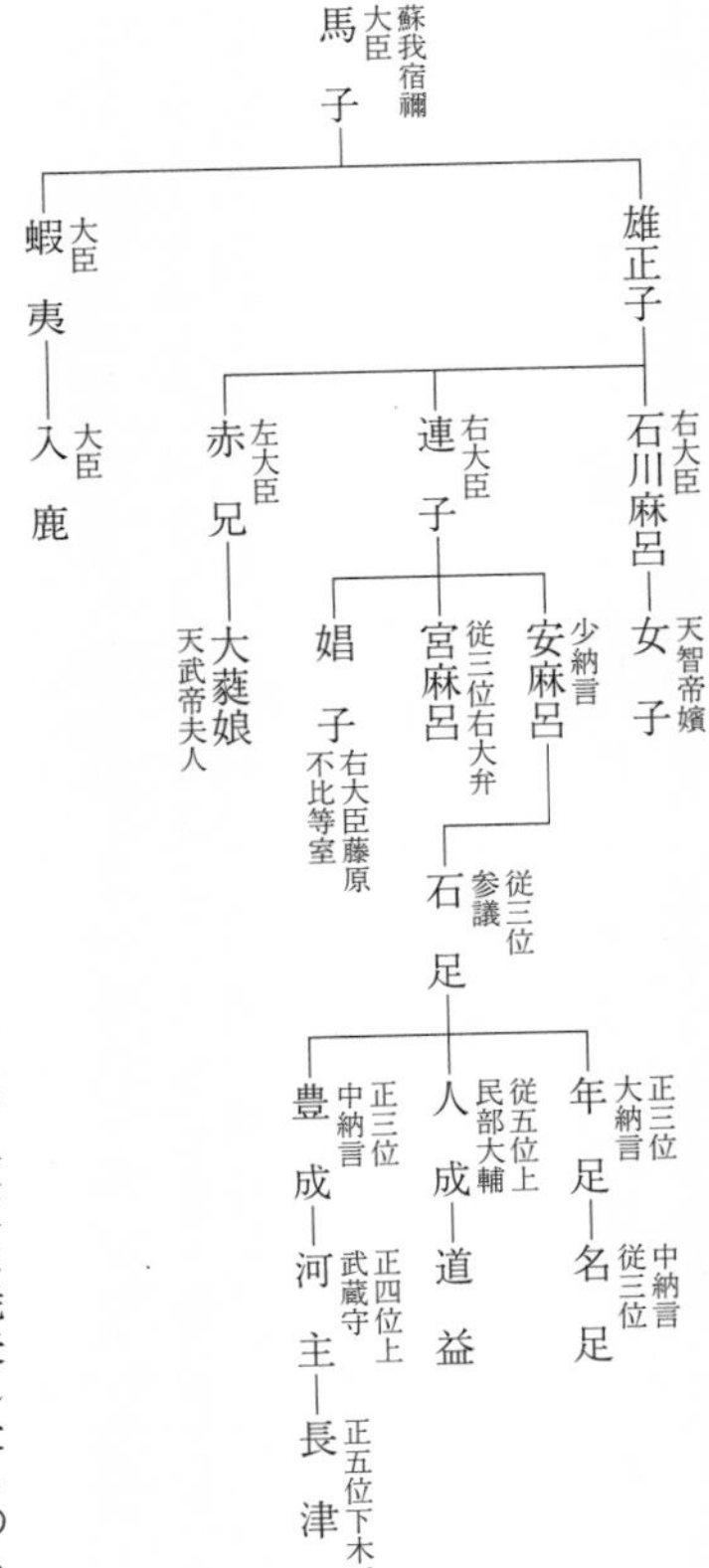

系図18　蘇我＝石川氏系図

ばかり後である。この二十年ほどの間に、石川氏の貴重な文庫は焼失したものらしく、編修に携わった都良香、善淵愛成、島田良臣などの誰もが、この文庫がどういう風に堙滅したかを知らないというのである。

一体、この文庫にはどのような『文書』が収蔵されていたのであろうか。また何故に長津は、文庫にある文書を一度も他人に見せなかったのであろうか。普通の漢籍や経巻の類であれば、親しい人には借覧を許してもよかったのではないか。河主は天長七年（八三〇）十二月二十七日、七十七歳で卒去した。彼は内外の学を修めたとは言え、この文庫は、

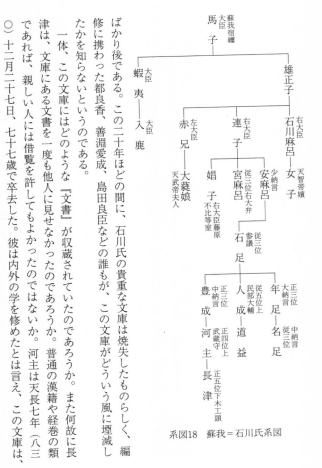

代々蘇我＝石川氏に伝わった文書、典籍に彼が蒐集した図書を加えたものと推定される。これは単なる想像に過ぎないが、この文庫には漢籍、経論、和書を含めた一般図書のほかに、蘇我＝石川氏の本系帳、家記を初め石川氏に伝わった古文書の類が多数秘蔵されていたのではあるまいか。聖徳太子と馬子が編修した『国史』の写本なども、なかったとは言えまい。

石川氏の文庫は、量的には和気弘世[9]のそれ（弘文院の蔵書）に伍するものであったが、史料的には、石川氏が名族であるだけに、遥かに優れたものであったような気がする。鎌倉時代に成った『本朝書籍目録』をみても、亡佚した和書が余りにも多いのを知り、慨歎せざるをえないが、名族・石川氏の文庫は、氏族的色彩が強かったらしいだけに、その史料的価値は測り知れぬものがあったと思う。

平安時代前期の歴史を研究する者にとっての痛恨事は、文献についても、遺物・遺跡に関しても、史料が余りにも少いことである。それだけに、『不㆑知㆔死後灰㆓滅何処㆒』といった句は、普通の人以上に研究者の胸を撃つものがある。長津が他人に閲覧を許さなかった事情も了解できるが、もし他人に転写を許していたならば、その何分の一かの文献は、写本として今日に伝えられたのではないか、と今さら言っても甲斐ない想いを抱くのも、歴史学者としては当然な愚痴と言うべきであろう。

註

（1）特に典拠をあげないが、石川長津の官歴については、『類聚国史』、『続日本後紀』、『文徳実録』に散見している。中でも、『文徳実録』斉衡元年十二月三日条の卒伝は、最も重要である。
（2）天長七年十二月二十七日紀（『類聚国史』巻第六十六、所収）。
（3）竹内・山田・平野共編『日本古代人名辞典』第一巻（東京、昭和三十三年）、一六九～一七〇頁。
（4）宝亀七年三月六日紀。
（5）延暦十九年三月一日紀（『類聚国史』巻第十九、所収）。
（6）天長二年正月七日紀（『類聚国史』巻第九十九、所収）。
（7）『東南院文書』承和七年六月二十五日付『阿波国司解』（『平安遺文』第一巻、所収）。
（8）なお、承和八年十月九日付『石川宗益家地売券』、貞観十四年十二月十三日付『石川滝雄家地売券』、同十五年四月二十五日付『平群富益立券文写』（いずれも『平安遺文』第一巻、所収）など、参照。
（9）延暦十八年二月二十一日紀。

藤原基経の室家

古来、藤原氏の北家には、数々の摂政や関白が輩出したが、その中にあって、昭宣公と諡《おくりな》された基経ほど強い権力をもち、天皇に対して高圧的態度をとった人物はいなかった。有名な『阿衡の紛議』なども、彼が強権を示威した一例とみなされる。この事件がまだ落着しないでいた仁和四年（八八八）の初冬に、菅原道真は、『奉昭宣公書』（『政事要略』巻第三十、所収）を基経に上った。その中で道真は、大胆にも、

……又藤氏功勲、勤在二金石一。公侯将相、冠盖如レ雲。近代而降、漸似二粛索一。位高徳貴者、年歯衰老。年壮才聞者、位望卑微。雖レ有二非常一、無二人可一レ備、云々。

と述べている。この直言に対して基経が怒らなかったのはさすがであるが、恐らく彼自身も同じことを感じていたのであろう。

右の文中の『年壮にして才聞ゆる者』とは、多分、時平をさすのであろうが、時平は仁和四年において官位こそ従四位下蔵人頭であったけれども、まだ十八歳に過ぎなかった。

この時平や姉の頼子、温子を生んだ母たちについては、知られるところが割合に少く、

いまに表題のようなテーマのもとに一文を草しようとする意図も、そこに求められるのである。
る問題とはみなし難いにしても、遅かれ早かれ誰かが考証しておかねばならぬ課題である。
を明らかにしておくことは、基本的な意義をもつものと思われる。これは、特別に興味あ
かつ不明な点も多い。しかし初期の摂関時代の政治史を理解する上では、これらの母たち

ところで『尊卑分脈』（第一編、摂家相続孫、第二編、長良卿孫）を見ると、そこには基経の子女として十人の名が挙げられている。同書が記載する生母の別に従って、それらの子女を区別してみると、左の通りである。

(1) 人康《さねやす》親王の娘を母とする者　時平　仲平　忠平　良平　頼子　妹子（佳珠子）　穏子
(2) 忠良親王の娘を母とする老　兼平
(3) 母の不明な者　温子　女子（貞元親王室、源兼忠母）

文献で知られる限りでは、基経はこのほか二人の娘のあったことが分かっている。一人は、延喜七年（九〇七）二月に卒した某女であり[1]、他は、右大臣・源能有の室となり、昭子（忠平本妻）を産んだ滋子である[2]。

まず温子であるが、『尊卑分脈』にこそ明記されていないにしても、彼女の母は、明らかに操子女王であった[3]。ただこの女王の出自について諸書に所見のないのは残念である。尤も常識的にみて、基経がそう何人も女王を室としていたとは考えられぬから、操子女王

は兼平の母、すなわち忠良親王（嵯峨天皇皇子）の王女（『大鏡』第二巻、基経伝）と同一人物とみなすのが至当である。

次ぎに妹子の名であるが、『大鏡裏書』（第二巻十八）の系図は珠子と記し、『三代実録』、『帝王編年記』（巻第十四）、『一代要記』（乙集）は、佳珠子に作っている。恐らく、佳珠子が正しいと考えられる。

この佳珠子は、貞観十五年（八七三）十一月二十六日、清和天皇の女御となり[4]、貞辰親王を産んでいる[5]。貞観十七年（八七五）十月紀には、

十五日甲子。皇子貞辰為二親王一。右大臣従二位藤原朝臣基経女之所レ生也。時于二歳。

と見えるから、佳珠子が貞観十六年の末にこの皇子を生んだことは確実である。

ところが諸系図に佳珠子の姉と記されている頼子も、清和天皇の女御であった。そして頼子、佳珠子の姉妹が、太上天皇の女御として元慶三年に未だ生存していたことについては、明証がある[6]。恐らく基経は、頼子がいつまで経っても皇胤を孕まないのを憂え、妹の佳珠子をも入内さすという異常な措置をとったのであろう。

佳珠子は、女御となった貞観十五年には、若くみても十五歳前後であった筈である。頼子はその姉とみなされるから十七、八歳、またはそれ以上であったであろう。従って仁和元年（八八五）にもし二人が生きていたとすれば、佳珠子は少くとも二十七歳、頼子は若くみても二十九歳ほどであったわけである。ところが、明らかに人康親王の王女が産んだ

時平は、仁和元年に十二歳、仲平は忠九歳、平は四歳であって、二人の姉と齢の開きが余りにも大きい。『尊卑分脈』には、頼子や佳珠子の母も人康親王王女としているけれども、これは誤伝であって、二人の姉妹は、基経の最初の室の所生とみなければならないのである。基経は、貞観十五年（八七三）に三十八歳であったから、その時分に十八歳くらいと十五歳くらいの娘をもっていたとしても、少しも不自然でないのである。

一方、忠平は延喜七年（九〇七）頃、源昭子を本妻としたらしく、翌八年には二男の師輔が昭子を母として生まれている。時に忠平は二十九歳であったが、昭子の年齢は明らかでない。しかし昭子の母の滋子が仁和二年に当時は中納言であった源能有の室家として納まっていたことは確実である。[7] 道真に願文を依頼し、自ら父の修善の法会を催すほどであるから、その時分に彼女がまだ初々しい新妻であったとは考えられない。少なくとも滋子は、仁和二年ごろには、子供の一人や二人を生んだ二十五歳前後の落着いた北の方であったと認めねばならない。その点で滋子は基経の最初の妻の所生とされるであろう。

基経の娘の某女が貞元親王（清和天皇皇子）との間に儲けたのが、参議・源兼忠である。[8] この人は、天徳二年（九五八）、五十八歳で卒しているから[9]、生まれたのは、延喜元年ということになる。後に穏子が兼忠に眼をかけていたこと[10]、この某女が娘二人を穏子の女房にしようと思って仲平の枇杷殿に預けていたこと[11]などから推測すると、この某女は仲平の妹、忠平の姉で、元慶二年頃の生まれではなかったかと想定される。仮にこれを認めるならば、兼忠を産んだ延喜元年に彼女は二十五歳であったとされるのである。この某女を穏子の妹とすることは、年齢的に無理であり、若くみても忠平の妹、穏子の姉とせねばならぬのである。

右に述べた推論の結果を整理してみると、次ぎの通りである。

(1) 最初の妻が産んだ子
頼子　天安元年（八五七）頃生か　滋子　貞観四年（八六二）頃生か
佳珠子　貞観元年（八五九）頃生か

(2) 人康親王の王女が産んだ子
時平　貞観十四年（八七二）生　忠平　元慶四年（八八〇）生
仲平　貞観十七年（八七五）生　穏子　仁和元年（八八五）生
某女　元慶二年（八七八）頃生か

(3) 操子女王の産んだ子
温子　貞観十四年（八七二）生　兼平　貞観十七年（八七五）生

基経にこのほか妻妾がなかったとは断言できないが、右によってみると、彼に三人の妻がいたことは、疑いを容れぬのである。どうも彼の最初の妻は女子ばかり産んだらしい。この妻が亡くなったためか、或いは息子が欲しくなったためか、ともかく貞観十三年（八七一）頃、基経は矢つぎばやに二人の女王を室に迎えたようである。この際、注意されるのは、正妻は、時平の母ではなく、温子の母の操子女王であったらしいことである。

ところで、元慶八年（八八四）二月に基経が断行した陽成天皇の廃位と光孝天皇の擁立は、歴史上、あまりにも著名な事件である。光孝天皇がいかに基経に感謝し、かつ彼を憚れておられたかは、言うまでもない。同年六月五日、天皇は詔を下し、太政大臣・基経が前代に引続いて『万政《よろずのまつりごと》を領行《すべおこな》ふ』（事実上の関白職）ことを命じられた。[12] 従来の慣行から言っても、その恩賞は、基経の正室（正妻）に及ぶのが当然であった。[13] 果たして同年三月五日には、逸早く従四位下・操子女王は越階して従三位に叙されている。

元慶八年二月以降において、従三位の高位を授けられた婦人は、御息所で同年四月一日、女御となった班子女王と操子女王の二人に限られている。女御とはいえ、班子女王は、事実上の中宮であった。この御息所とただ二人だけが従三位に叙されたのは、操子女王が基経の正室である為にほかならぬのである。

『日本紀略』寛平元年（八八九）九月十七日条には、左のような記事が見られる。

十七日丙午。天皇於㆓東宮雅院㆒、賀㆓従三位採子女王不惑之算㆒。即以㆓神筆㆒、授㆓従二位位記㆒。

この『採』は、明らかに『操』の誤写であって、天皇は操子女王が基経の正妻であり、かつ女御・温《よし》子の生母であるために、従二位を授けられたのである。『宇多天皇御記』の寛平二年二月十三日条には、『雅院者、是息所之曹也。』とあるように、温子は東宮の雅院を臨時に曹司としていた。天皇は、温子のいる雅院に幸し、そこで生母の操子女王を昇叙されたわけである。

これに対して、時平、仲平、忠平、穏子などの諸子を産んだ基経の室、すなわち人康親王の娘の某女王は、本妻であったためか、遇されることがまことに薄かったようである。残念なのは、この某女王の名さえ分明でないことである。延長八年（九三〇）九月、朱雀天皇即位の直後、天皇は必ずや外祖母たるこの女王に正一位を追贈された筈であるが、その記事すらが『日本紀略』、『本朝世紀』、『扶桑略記』など現存する諸文献には漏れているのである。しいてこの女性に擬される人物を求めるならば、仁和二年正月二日、時平が十六歳で仁寿殿において元服した直後の女叙位の日（正月八日）、無位より一挙に従四位下に叙された厳子女王[14]がこれに該当するように思われるが、これは余り根拠のない推量に過ぎない。

この某女王が尚侍従一位・藤原淑子《よし》と親しかったことは、別の機会に触れる通りである。[15]それから推すと、『宇多天皇御記』の寛平元年（八八九）三月二十四日条に、『而太政大臣室王孫、……于時彼室、就事在尚侍曹司、』と見える場合の基経の室の王孫は、操子女王ではなく、人康親王の娘の某女王（厳子女王?）のことであろうと思われる。

操子女王は、寛平元年に四十歳であり、基経とは十四違っていた。女王は、貞観十四年に温子を産んでいる。彼女が寛平年中に薨去したことは、『日本紀略』寛平九年十二月十七日条に、『詔贈外祖母故従二位操子女王正一位。』とあるによって明白である。

本来ならば、宇多天皇の次ぎに予定されていたのは、女御・温子の産むであろう皇子であった。ところが温子は、均子内親王ひとりを産んだだけで、皇子を産まなかった。そこで宇多天皇は、太皇太后（明子）や中納言の時平と諮り、女御・藤原胤子（高藤の娘）の産んだ敦仁親王を温子の養子とした上で、皇太子に立てられたようである。醍醐天皇が温子を養母とされていたことについては明証があるし、(16) またそれ故に、寛平九年七月二十六日、温子を皇太夫人となし、(17) また操子女王に外祖母として正一位を追贈された次第である。また皇太夫人の温子が東五条堀川院（左京五条堀川）を里第としていたことから考えると、(18) 操子女王は基経の東五条堀川院に住んでいたように推測される。温子は、『東七条の后』と呼ばれたが、(19) この邸宅、すなわち亭子院は、『拾芥抄』（巻中第二十）に、

亭子院 七条坊門北西洞院西二町 寛平法皇御所、元東七条后、

とすることからも推測出来るように、基経が温子入内の際に献上したものと認められる（二五五頁以下参照）。

一方、人康親王の娘の某女王や時平が基経のどの邸宅におったかは明確でない。時平は、寛平二年正月に服解し、翌二月に復任している事実から推すと、(20) この女王はまだ基経の在世中、寛平二年正月の中旬から下旬に卒したと考えて差支えないであろう。

仁和二年（八八六）において基経は五十一歳を数え、太政大臣であり、事実上の関白で

あった。息子が遅く生まれたため、一男の時平は漸く十六歳で元服したばかりであった。操子女王が生んだ三男の兼平はまだ十三歳の少年であった。のみならず兼平は、後に琵琶の名手となった程ではあるが、[21]『大鏡』（第二巻基経伝）に

三郎にあたらせ給ひしは、従三位して宮内卿兼平の君と申てうせ給にき。さるは御母いとあてにおはすみつよしの式部卿のみこ（忠良親王）の御むすめにて、かへすかへすもやむことなくおはすへかりし。

とあるように、政治家的資質は全く備えていなかったらしい。基経が一男の時平の才気煥発で積極的な性格に望みを託し、彼を後継者とみなしていたことは、いかに彼が権力を楯に性急に時平の官位を進めたかによっても窺知されるであろう。

基経の薨後、本妻の某女王が生んだ息子たちは、時平を首位とし、仲平、忠平などが轡を並べて昇進したが、そこには同母の弟たちに対する時平の配慮があったのであろう。時平、やがて忠平が氏長者となり、摂関家の嫡流は、人康親王の娘の某女王の生んだ系統に固定するに至った。操子女王が正妻であることすらが曖昧となったのは、恐らく右のような事情によるものであろう。

清和天皇の女御となった従三位の頼子が薨去したのは、承平六年（九三六）九月二十三日であった。[22]この頼子や佳珠子などを産んだ基経の最初の室については、全く史料を欠き、究明する術がない。無論、彼女が基経の正妻、本妻、妾妻のいずれであったかも不明なの

である。

註

(1)『日本紀略』延喜七年二月□日条。
(2)菅原道真『為源中納言家室藤原氏奉為太相国修善功徳願文』(『菅家文草』第十二、所収)。なお『尊卑分脈』第三編、文徳源氏、参照。
(3)『日本紀略』寛平九年十二月十七日条。
(4)貞観十五年十一月二十六日紀。
(5)『尊卑分脈』第三編、清和源氏、『本朝皇胤紹運録』。
(6)元慶三年三月七日紀。
(7)註(2)所掲の願文。
(8)『尊卑分脈』第三編、清和源氏。
(9)『公卿補任』天徳二年条。
(10)同右、天暦八年条。
(11)『後撰和歌集』巻第十六、第一一八八番。
(12)元慶八年六月五日紀。
(13)元慶八年三月五日紀。
(14)仁和二年正月八日紀。

(15)『尚侍藤原淑子』(本『平安人物志』下所収)、参照。
(16)『日本紀略』延喜七年六月七日条、『扶桑略記』(第二十三)同年同月八日条、『醍醐天皇御記』延喜七年六月九日条、その他。
(17)『一代要記』丙集、『古今和歌集目録』。なお『日本紀略』が『皇后』となすのは誤りである。
(18)『日本紀略』寛平九年七月二十六日条。
(19)『扶桑略記』第二十二、『伊勢集』下、『古今和歌集目録』。
(20)『公卿補任』寛平二年条。
(21)『尊卑分脈』第一編、摂家相続孫。
(22)『西宮記』巻六、裏書。

付記 時平や忠平の母は、寛平二年正月に卒したとみられる。しかし『李部王記』延長八年十二月十九日条(『西宮記』巻六所引)によると、忠平は『昔先妣喪内、故左大臣授中納言。』と語ったという。とすれば、彼らの母は、寛平四年に卒したことになる。管見ではやはり寛平二年正月が正しく『中納言』は、『従三位』の誤りと考えられる。

菅家の怨霊

一

奈良時代の末葉から平安時代を通じて、所謂『怨霊思想』が演じた歴史的役割は、無視し難いものがある。わけても菅家こと菅原道真の怨霊と称されるものが藤原時平の一家に与えた影響は、まことに凄まじいものがあった。『十訓抄』(第六)は、菅家の怨霊を簡潔にまとめて、次ぎのように述べている。

まことに時平公以下、同意の光卿、定国卿、菅根朝臣、その末絶えて聞えず。時平公は、延喜九年四月九日、三十九にして薨じ給ふ。御娘の女御も、御孫の東宮も、打ちつゞき失せ給ひにけり。一男、八条右大将保忠卿は承平六年十月十四日、四十六にて失せ給ひ、三男、本院中納言敦忠卿は、天慶六年三月七日、三十八にてかくれ給ふ。二男、富小路右大臣顕忠公のみぞ、深く天神に恐れ畏みて、毎夜庭に出でて天神を拝し奉りて、事において倹約を用ひ給ひける。……その故にやありけむ。右大臣、左大将、従二位をへて康保二年四月二十四日にぞ、六十八にて失せ給ひにける。正二位をば後に贈られけり。たゞし、彼の家の人なれども、仏道にいれる公達は事なかりけり。

菅家の怨霊については遍く知られており、ここに更めて繰り返す必要はない。しかし事の順序として、その輪廓だけは述べておいた方が好都合であろう。

道真の怨霊が始めて文献の上に見えるのは、延喜二十三年（九二三）のことである。すなわち『日本紀略』の同年三月二十一日条には、

> 皇太子病に臥するに依りて天下に大赦す。子の刻、皇太子保明親王薨ず。年二十一。天下庶人、悲泣せざるはなく、その声雷の如し。世を挙げて云ふ、菅帥《かんそちの》霊魂宿忿《ふん》の為す所なり、と。

と記されている。同書によると、天皇は同月二十七日、故太子に『文献彦太子』の称号を諡し、四月二十日には、詔して道真の本官・右大臣を復し、兼ねて正二位を贈られた上に、昌泰四年（九〇一）正月二十五日の詔書[1]を破棄せしめられた。ついで二十六日には、故太子の母・女御正二位・藤原穏子をもって中宮とし、二十九日にいたって故太子の王子の慶頼王（齢三歳）を皇太孫とされた。越えて閏四月十一日、『水潦《ろう》（長雨）疾疫によって』年号を『延長』と改められ、かつ大赦令が下された。この時の大赦は、特に恩情に充ちたものであったし[2]、また年号を撰ぶに当たっては、天皇は頗る慎重であった[3]。以上を通観すると、菅家の怨霊に天皇がいかに衝動を受けられたかが手にとるように分かるのである。

延長三年（九二五）の春から夏にかけて天然痘が流行し、六月十九日には、皇太孫の慶頼王（齢五歳）が薨去した。『日本紀略』には記されていないけれども、『大鏡』（第二巻）を初め後代の文献は、これまた菅家の怨霊の所為とみなしている。言うまでもなく、保明親王の御息所は時平の娘の仁善子であり(4)、慶頼王はその腹から生まれた王子であったからである。恐らくこの頃に至って、菅家の怨霊が時平の子孫や醍醐天皇に祟るという噂は広く世上に流布し、疑いのないものとされたことであろう。

やや間をおいて延長八年六月には、大変な事故が起こった。六月に入ってから雨が少しも降らないので、二十六日―太陽暦では、九三〇年七月二十八日―には、諸卿が殿上に侍して請雨の件で会議していた(5)。午後一時半ごろ、西の愛宕《おたぎ》山の上に黒い雲が起こり、それが動き来たって忽ち暗くなったと思うと、突然雷が大きく鳴り、清涼殿の坤《ひつじさる》（西南）の第一柱に落雷し、『霹靂《へきれき》の神火』、つまりすさまじい火花が飛んだ。清涼殿の南に接する殿上間にいた人びとのうち、大納言正三位兼民部卿の藤原清貫は、着衣が焼け、胸が裂けて即死した。右中弁兼内蔵頭の従四位下・平希世は、顔を焼かれて斃《たお》れた。要するに二人は、殿上間の東北隅に坐っていたためである。ついで建物としては内裏で最も高い紫宸殿に落雷し、右兵衛佐の美努忠包は髪を焼かれて即死し、紀蔭連は腹を焼かれてのたうち、また安曇宗仁は、膝を焼かれて倒れてしまった。

居合わせた人びとは、清貫を半蔀をはずして載せて陽明門外まで運び、希世の方も半蔀で修明門外に運び、そこでそれぞれを車に載せて自宅に送り届けた。時に両家の人びとが悉く内裏に乱入して『侍』に至り、哭泣の声は制止しても休むことがなかった。この『侍』は、明らかに『日本紀略』の伝写の誤りで、『下侍《しもさむらい》』のことである。これは、殿上間から土間を隔てた南に隣し、畳が敷いてあった。(6) 察するに、清貫と希世とはこの下侍に運び横たえられ、そこに報らせをうけた家人たちが駆けつけ、散々泣き悲しんだ後、下侍の半蔀をはずして担架代りとし、それぞれ両人を宮門外に運んだのであろう。

この時、醍醐天皇は、恐らく清涼殿の昼御座におられたのであろう。天皇は右の事故から強いショックを受け、病臥してしまわれた。七月二日、雷震のあった清涼殿が解体されるため、天皇は、常寧殿に移って静養しておられたが、同月十五日には咳病を患われるに至った。どれほど修法を行っても病勢は募るばかりであり、天皇も天寿が尽きたことを感じられ、九月二十二日、皇太子・寛明親王に譲位された上で、『左大臣藤原朝臣（忠平）は幼主を保輔し、政事を摂行せよ』との詔を下し、二十九日、右近衛大将（当時は、藤原定方）の曹司において崩御された。臨終の席には宇多法皇が駆けつけ、侍しておられた。(7) 全くこれは大事件であって、人びとがそこに不吉なものを感じたことは、想像に難くない。当時の文献に徴証することはできないが、恐らく世人は天皇が道真の怨霊の祟りによって崩御したと考えたであろうし、天皇自身が菅家の怨霊が自分に祟り、そのため落命するであろうと感じられ、それが病勢を悪化させたと推量される。『元亨釈書』（巻第十、尊意条）

には、これに関連して次ぎのような記載が見られる。
（延長）八年六月、戸部尚書藤清貫、尚書右中丞平希世の二人、清涼殿において雷に逢ひて震死す。皇帝惶怖し、玉体不予なり。乃ち常寧殿に移り、意（尊意）を召し、禁中に宿して持念せしめ給ふ。初め意、叡山に在り。一日、菅丞相、化し来たり、語りて曰く、『我已に梵釈の許与を得たり。夙懟を償はんと欲す。願はくば、師の道力、我を拒むこと勿れ、』と。意曰く、『然れども、率土《か》は皆王民なり。我もし皇詔を承らんには、なんぞ辟くる所あらんや』と。菅、色を作ふ。たまたま柘榴を薦む。菅、哺《ふく》めるを吐きて起ち、化して焔と作る。坊戸、煙騰す。意、瀉水印を結びて之れに擬せば、その火、即ち滅びたり。焼痕なほ在り。（下略）

ここでは、天皇の崩御と菅家の怨霊とは、はっきりと結びつけられている。右の記事は古くからの伝承にかかるものであるが、当時の人びとも、多分そう感じていたことであろう。そして延長八年（九三〇）六月二十六日の落雷は菅家がなした業《わざ》とみなされ、道真は雷神ないし天神と結びつけられるに至ったのである。

その後、菅家の怨霊はようやく鳴りを潜めていたが、時平の長男の大納言・保忠が承平六年（九三六）七月に（四十七歳）、三男の権中納言・敦忠が天慶六年（九四三）三月に（三十八歳）薨去すると、またひとしきり菅家の怨霊が人びとの口の端にのぼった。時平の二女の褒子は、宇多法皇の京極御息所として時めいていたが、この女《ひと》も早くなくなった。

『大鏡』（第二巻）は、

この時平のおとゞの御女の女御（褒子）もうせ給ひ、御孫の春宮（慶頼王）も、一男八条大将保忠卿もうせ給ひにきかし。

と述べ、更に仁善子や敦忠の死に触れ、最後に、

あさましき悪事を申しをこなひたまへりし罪により、このおとゞの御末はおはせぬなり。

と時平をきめつけ、彼の子孫が絶えたのは、讒言の報いであり、菅家の祟りによるものと説いている。菅原の怨霊についての様々な語り伝えは、『北野縁起』の中と下に集成されていると言ってよいが、時代が下るにつれて、それらは誇張され、時としては全く荒唐無稽なものに化して行く傾向があった。

二

確かに時平の子孫は、摂関とならなかったばかりでなく、後にはその行方すら失ってしまった。その意味では、『大鏡』、『北野縁起』、『梅城録』（『群書類従』所収）などの方が、もっともらしく受け取れるのである。

しかしよく考えてみると、『菅家の怨霊』に関する右の所伝には、不審の念を抱かしめ

るような箇処が認められる。どうもこれは、世人の間から自然に湧き出た怨霊説とは思えぬ節がある。夙に伊勢貞丈（一七一五～八四）は、

醍醐天皇道真の学才をしろしめさずして時平の讒言を信じて罪に処し給ひしは能く人をしらざる闇主と云べし保明親王の薨じ給ひしを菅帥の所為なりと云ひしは何証有つて云ひしや唯推量の浮説なり其の説に驚いて本官に復し正二位を贈り給ひしも愚なり延喜の聖帝と後世に称すれども聖君にはあらず又按ずるに昌泰四年より延長元年まで二十三年を歴たり菅帥実に祟りをなしたらば何ぞ二十三年の久しきを待ちたるや笑ふべし又按ずるに右の日本紀略に其声如レ雷挙レ世云菅帥宿忿所為也と云ふこと思ひ付きて延長八年六月二十六日戊午清涼殿の霹靂を菅丞相の雷に成り給ひしと妄説を作りたるなるべし此の時の雷の事は日本紀略には菅帥の所為とも何とも記さず菅丞相の所為にしては昌泰四年より延長二十六年まで二十八年の間甚延引したる祟りなり俗人は菅丞相を貴くいはんとしてかゝる不稽の説を作りて却て悪しくなしたるなり

と激しく批判し(8)、合理主義的な態度でこの怨霊問題を明らかにしようと努めている。しかし翻って考えてみると、問題は実に、『菅帥実に祟りをなしたならば何ぞ二十三年の久しきを待ちたるや』にこそあるのである。

換言すれば、道真の死後二十三年を経てから今さら怨霊のことがもち出され、それが関係者—醍醐天皇や時平の遺族—に猛威を振うにいたった点に疑惑がもたれるのであり、か

ような妄説を捏造し、まことしやかに世に拡め、それによって政治的効果を狙った人物を明らかにすることがあらためて研究課題となって来るのである。この人物こそは、ほかならぬ藤原忠平であったと思われる。しかしこの推測を正当づけるためには、延喜末年の政界における忠平の立場を明らかにし、あわせて彼の身辺を洗ってみる必要があるのである。

藤原忠平は、延喜十四年（九一四）の八月、三十五歳をもって待望の右大臣に任じられた。延喜二十二年になっても、依然としてかれは、右大臣であった。兄の時平が二十九歳で左大臣に任じられたことを思えば、藤氏の氏長者として、彼の昇進は、そうはかばかしいものではなかった。この遅滞の最大の理由は、醍醐天皇と忠平との関係がよそよそしかったことにあったと考えられる。そう言えば、右大臣・源光が永くその任にとどまり、遂に左大臣に昇らなかったのも、大納言の忠平を右大臣にしたくないという叡慮から出たのかも知れないのである。延喜十四年に忠平の一男の実頼が元服した時、天皇は『院の仰せに依つて』彼を従五位下に叙された[9]。ところが延喜二十一年、時平の三男の敦忠が元服した時には、天皇は即刻、彼に従五位下を授けられている[10]。

醍醐天皇は、時平が薨去した後も、彼をなつかしく思っておられた様子であり、また彼の一族を摂関家の嫡流と認めておられたらしい。特に時平の積極的で才気の溢れた性格[11]を愛しておられたようである。世の奢侈《しゃし》を戒めるために天皇と時平が仕組んだという芝居が真実であったかどうかはともかく、この君臣の間は極めて親密なものがあった。例えば、箏の方では、天皇は時平の血脈の弟子であったし、[12]和琴に関しては、天皇は敦忠に奥儀を伝授されている。[13]

延喜十六年十月二十二日、皇太子・保明親王の元服の儀が行われた日の夜、時平の遺娘の仁善子が参入し、東宮の御息所となったが、[14]これは天皇が時平の遺族を摂関家の嫡流と認めておられたからであろう。[15]無論、忠平の一女・貴子がまだ幼いという理由もあった。この貴子は、延喜十八年四月、東宮に参入したけれども（時に十五歳）、それは尚侍という資格においてであった。[16]天皇は、時平の一男の保忠にとりわけ目をかけられ、頻りに引き立てられたので、彼は延喜二十三（延長元）年正月には、三十二歳で中納言に昇進し、叔父の仲平と肩を並べるに至った。『醍醐天皇御記』には、若い時分から保忠の名がしばしば登場しているが、天皇は彼のおっとりした聡明な性格や勝れた楽才を愛しておられたようである。

忠平は、なるほど氏長老であり、執政の首位に立つ右大臣であった。しかし醍醐天皇の目には、忠平は基経の四男であり、かつて左大臣・藤原良世がそうであったように、彼は嫡流たる保忠が政権を預かる時までのつなぎの役を果たしていると映ったことであろう。それに宇多法皇の権威を背景とし、真面目さを装った隙のない忠平の人柄に気詰まりなものを感じられていたことは、事実であろう。

従って忠平としては、真に天皇から信任をえていないこと、背後に続いて来る嫡流たる保忠が人望を得ていることに、なんとも言えぬ焦りを覚えていたに相違ない。長男の実頼はまだ右近衛権少将で、参議への道は遠かった。ところが時平の次男の顕忠はすでに右衛門佐であるし、三男の敦忠は官こそ侍従に過ぎないが、天皇や皇后・穏子から将来が嘱望されていた。娘の貴子をあわてて皇太子の尚侍としたものの、正夫人たる時平の娘・仁善子は、すでに延喜二十一年（九二一）に慶頼王を産んでいた⒄。更に具合が悪いのは、彼は首位の執政ではあったけれども、執政の間で人気があったのは大納言兼東宮傅の藤原定方（八七三〜九三二）であり、忠平は廟堂では少数派に属していたらしいことである。忠平が何等かの局面打開策を考慮し、ひそかに機会を窺っていたとみても少しも不思議ではない。

三

後に『三条右大臣』と呼ばれた藤原定方は、冬嗣の孫・内大臣・高藤の子であり、大納言・定国は兄であった。彼の姉はすなわち宇多天皇の女御で、醍醐天皇の母后の贈皇太后・胤子であった。この縁で高藤は内大臣にまで昇進したし、また道真追放に一役を買った兄の定国は延喜二年に大納言に任じられた。定方のめざましい昇進は、兄の定国が延喜六年に薨去した後に始まった。すなわち彼は延喜九年四月、三十五歳で参議を命じられ、同十三年正月には、中納言に、二十年正月には大納言に昇任している。

ところで定方は、醍醐天皇の叔父にあたっていたばかりでなく、娘の能子《よしこ》は女御として天皇の後宮にあった。(18) 彼は、『三条右大臣集』(19) があるほど和歌に巧みであり、(20) 管絃の方も達人であった。(21) 性格も人好きのする円満さを備えていたらしく、(22) 宇多法皇にも愛されるとともに、(23) 醍醐天皇の信任も至って篤かった。参議の藤原兼輔（堤中納言）とは従兄弟であった上に、彼の娘たちは兼輔の子の雅正や庶正に嫁いでいた。(24) また定方は、兼輔と花見に赴いたり、(25) 鷹狩りに行ったりしていたし、(26) また時によっては歌を贈答する親しい仲であった。(27)

忠平と兄の中納言・仲平との関係は良好であった。(28) それに好都合なことには、僧籍にあるのを除けば、仲平には息子がいなかった。(29) その他の執政は、大納言の藤原清貫《きよつら》、参議の藤原恒佐（その室は清貫の娘）、同玄上《はるうら》、同邦基（冬嗣の孫で恒佐の兄）など、いずれも天皇の側近の出であり、兼輔にいたっては、蔵人頭も勤め、いたく信任の篤い人物であった。(30) これらはすべてが文人ないし文人的性格を帯びた人びとであり、忠平の失脚を画策するような柄ではなかった。しかし決して忠平の与党ではなかったと推測される。それに忠平の支持者たる宇多法皇は、五十六歳（延喜二十二年）に達しておられたから、この辺で画期的な手を打たないと、氏長者を自分の子孫で独占しようとする忠平の永年の野望は、見果てぬ夢に終わる懼れが多分にあった。

四

すでに述べたように、『日本紀略』の延長元年三月二十一日条には、次ぎのように見える。

(1)子の刻、皇太子保明親王薨。年二十一。天下庶人、悲泣せざるは莫く、其の声、雷の如し。(2)世を挙げて云ふ、菅帥の霊魂宿忿の為す所なり、と。

右は、同一日の条に記されているけれども、(1)と(2)とには、時間的なずれが当然あったはずである。すなわち、皇太子が薨去して人びとが欺き悲しんだ。そのうち皇太子は菅家の怨霊に呪い殺されたという流言が拡まり、誰もがこれを口にするようになったわけであろう。とすれば、一体、誰が何のために、極めてタイムリーにこの流言を放ったのであろうか。その張本人の名は、次ぎの史料をみつめると、次第に見当がついてくるのである。

(1)醍醐天皇　延長元年三月二十七日、静観僧正（時に座主、大僧都）、勅に依りて内裏に参りて聖体を保護し、禁中を出でず。同五月、鳳城を退出す。（『護持僧補任』[31]）。

(2)二十三年春三月二十一日、東宮、病なくして薨ず。爾後、妖恠、宮闈に見《あらは》れ、謡言閭巷に満ち、臣下騒動し、主上憂懼す。二十七日、勅ありて参内し、一人を護り奉る。縄床を御莚に近づけ、結界を聖躰に繞らす。百余日を経るも未だ曾て睫を交さず。その間、三服を修法し、霊験甚だ明らかなり。或ひと夢む。法軍、四面に子城を繞らし、天兵、数重に外陣を回ると。その年五月、年号を改めて延長元年と為す。六月の晦日、和尚、内より罷り帰れり。其の日、僧正の職を授けられ、綱所において宣命す（『日本高僧伝要文抄』第一。『扶桑略記』第二十四にも、これとほぼ同じ文が載せられている）。

(3)延長元年、菅霊、奮激し、宮城擾動す。春三月、太子俄かに薨ず。上、大いに恐れ、命に詔して宮中に陪《はべ》らし給ふこと、凡そ百余日なり。侍臣、多く夢む、神兵、宮闈に列べりと（『元亨釈書』巻第十）。

ここでもまた天台座主増命（静観僧正）の姿が、疑惑に包まれて泛かび上って来るのである。

延喜二十三年の正月下旬から京では咳病が流行し、政府も諸社諸寺に命じて、『咳病を攘はんが為に』祈禱や読経をさせていた。(32) 皇太子は、『病なくして』薨じたのでなく、短期間、病臥した後―恐らく咳病のため―亡くなったのである。現に醍醐天皇の第三皇女の慶子内親王（敦固親王室）も、二月十日に薨去しているし、(33) また三月には、伊賀守の藤原真能《またの》守《もり》が卒去している。(34) 真能守は、菅家の追放に与った菅根の弟であるが、『尊卑分脈』（第二編、武智麻呂公孫）に引く『或本』によれば、菅根の子であるという。何故に、慶子内親王や真能守の死について菅家の怨霊が問題とされなかったのか。左遷の主謀者の縁に繋がると言えば、保明親王の室で時平の娘の仁善子こそ怨霊にとり殺されるはずであった。

のみならず、保明親王の側室・藤原貴子の母は、道真の姪であるし、父の忠平は、道真と親しい間柄ではなかったか。菅家の怨霊が道真の薨後二十三年も経ってから問題となったこと、保明親王と他との一切の関係を暗闇におき、親王が時平の娘を室としていたという点だけをクローズ・アップしたことの背後には、極めて政治的な作意の臭いがするのであり、またこうした不自然で無理な流言が燎原の火のように拡がったのは、うわさの出所がすこぶる権威ある筋であったことを証示するものである。

なんと言っても、怨霊が真面目に信じられた時代であり、祟られたとなると、精神的に気力を失って勝手に死んで行くような人の少くない時代であった。いま仮に臨終の保明親王が全く偶然に道真の幻影らしいものを見てそれを口走り、仁善子ないし貴子から忠平がこれを聴いた場合、奇貨措くべからずとして彼がこれを政治的に利用しようとしなかったであろうか。その際、彼が深刻な顔つきでそれを側近に漏らせば、噂は噂を生んで勝手に世上に拡がって行ったはずである。

あるいはまた増命の修法中、昼夜を分かたず法会に与って疲労困憊した天皇の侍臣が図らずも道真の夢をみて、それを同僚に告げたとしたならば、どういうことになったであろうか。忠平と気脈を通じていた増命は、修法の効験の現れとしてそれを肯定したであろうし、思慮分別に富んだ忠平も、憂鬱な表情を泛かべながら深くこれに頷いたであろう。権威ある筋が認めたとなれば、噂は忽ち世上に流れてとどまる処を知らず、『世を挙げて云う、菅帥の霊魂宿忿の為す所なり、と』という状態が現出するのである。

源公忠《きんただ》は、光孝天皇の孫にあたり、鷹の名手として知られ、醍醐天皇から最も愛顧された近臣の一人であった。延長元年当時、彼は三十六歳で、蔵人兼修理権亮であったらしい。(35)『一代要記』(丙集)は、延長の改元に触れて、『或いは云ふ、公忠の弁の夢想(に依る)なり、と』と述べている。この夢想のことは、『古事談』(第一)や『荏柄天神縁起』(36)、『北野縁起』などに記載されているが、いま関係部分を後者から抄出してみよう。

小松天皇御孫、延喜御門には御従弟にて、右大弁公忠と申人おはしけり。延喜廿年四月の頃、頓死して三日といふによみがへり給て、人々に告示しけるは、我を具して内裏へ参れと申ければ、人々ものにくるふと思ひけり。されども其こと葉ねんごろなりければ、子息信明信孝二人にたすけられて、内裏へ参り、此由を奏し申ければ、御門おどろかせ給ひて、出むかはせ給ひしに、奏し給ふやう、公忠頓死して炎魔王宮に参りて、門前にてしばしみ候しほどに、たけ壱丈あまりなる人、束帯うるはしくさうぞきて、申文を捧て訴申さるる事を耳をそばだててうけ給りしかば、延喜の御門のしわざこそ尤もやすからずと、やう〳〵に言葉を尽して訴給ふにぞ、菅丞相とは悟侍りし。其の時あけや紫まつひたる冥官三十人ばかり並び居たるが、第二座に居たる人少し笑て、延喜帝こそ頗荒涼なれ、もし改元あらばいかにと申され候しなり、と奏し申て出給ひき。御門是をきこしめして、おそれ思食《おぼしめす》事限なし。

右の一文から粉飾や誇張の部分を除き去って考えてみても、源公忠が天皇の侍臣として皇太子の葬礼、増命の修法などに連日連夜尽瘁して疲れはて、死んだようになって眠った時に道真のことを夢み、それがそもそも菅家の怨霊の発端をなしたであろうことも想定されるのである。

要するに、道真の左遷は、二十年ほど前の大事件として、人びとの脳裡にはまだなまなましく記憶されていたのであり、一部には道真にいたく同情する人もいたわけである。先ずこのような下地のあったことが第一の条件である。若き皇太子・保明親王の急な薨去は、世人に大きなショックを与えていた。誰かが夢でもみてこの薨去と道真の怨霊とを結びつけ、それを権威ある筋が認めたとなれば、それがもつ矛盾や先論理性は吹き飛ばされ、浮説は真説となって流動し、実在したと同様な事実として関係者に影響力をもつことになるのである。

『御記』から想察される限りでは、醍醐天皇は、神経の細い文人肌の方であった。またあらゆる君主がそうであるように、孤独な存在であった。天皇は、今や世論を背景として喧伝される『菅家の怨霊』にショックを受け、徳治主義の立場からいっても、身の不徳に心を痛められていたに相違ない。天皇は道真の性格、上皇と結びついたかれの言動に快からぬものを感じられていたであろうし、また現地（太宰府）に赴いて道真に会った藤原清貫の報告によれば、道真自身が左近衛中将・源善の謀略に関係したことを認めている。[37]数年ならずして道真に帰京を許す意向であったところ、延喜三年二月、かの地で薨じたのは遺憾であるが、左遷そのものには天皇は良心の呵責をほとんど覚えておられなかったように察せられる。けれども今や眼前にあるのは、実害を及ぼす怨霊の問題であり、その真実性は、世人の悉くがこれを認めている。とすれば、神経が細やかで、知的というよりも文人肌の君主であるだけに、天皇がこの事件によって心痛し、孤独をひとしお感じられたことは、容易に察知される。

忠平が公忠のような侍臣、貴子づきの侍女ないしは増命のような護持僧を唆かし、またはそれと示し合わして菅家の怨霊を捏造したと推理するのは、恐らく歴史学的な推測としては行き過ぎであろう。しかし明敏な彼がこの浮言の政治的意義をいち早く認め、これについて深く慮る所があったと想定するのは、決して妄断ではないと思う。忠平は、皇太子に祟った菅家の怨霊を、深刻な表情をもって肯定したに違いないし、またこの件について増命と懇談したことであろう。法務権僧正となる可能性が目の前にあった増命にとって、(38)執拗な怨霊を肯定しておく方が修法の効果は顕著なわけであった。このような危機に臨んだ場合、懊悩《おうのう》する孤独な天皇にとって最も頼り甲斐のある人物は、歌人で性格の円満な大納言の定方などではなく、謹直でありながらどことなく不敵なものをひらめかしている右大臣の忠平であったことは、確実であるといってよい。

今や忠平には、この流言を強調したり、鼓吹する必要は全くなかった。彼はただ天皇を慰め、しかるべき対策を奏上すればよかった。すなわちそれは、『水潦と疾疫』(39)を理由に年号を改めること、道真を本官に復し、正二位を追贈することの二つであった。天皇はこれによって愁眉を開かれたらしく、熱心に年号名を選ばれ(40)、四月二十日には道真に右大臣正二位を贈られた。その時の詔書(41)の一節に、

（菅原朝臣は）而るを身、謫官に従ひ、命を遐鎮に殞《おこ》せり。多く歳を積むと雖も、何ぞ相忘るゝこと有らんや。故に本職を贈り、兼ねて一階を増す。爰に旧意を示し、以つて幽霊を慰めんとす。

とあるのは、よく天皇の心境を語っていると思う。しかしこれは天皇の計算違いであって、『幽霊を慰める』ことは、道真の怨霊を天皇が正式に認め、かつこれに重々しい権威を与える結果を齎したのである。怨霊は、国家的に認められた。しかし天皇の措置によって怨霊が慰撫され、自らを解消したという証拠は何処にもみられなかった。忠平は政権の担当者であった。従って彼が道真の復官贈位を奏上したことは、明らかである。当時の実情としては、確かにこの奏言は時機を得ており、称讃はされても、批難を受けるような節はなかった。しかし明敏にして奸智にたけた忠平は、この優詔が齎す逆効果を気づかなかったであろうか。道真の本官が復され、正二位が贈られて、菅原氏の一族や菅家廊下に学んだ人びとは大いに喜び、ひいては忠平の徳を讃めたたえたことであろう。それよりも病床にある忠平の室・順子は、どれほど深く夫に感謝したことか。しかし怨霊を鎮めるために道

真の復官贈位を奏上するほど忠平は単純な人物であったであろうか。彼が狙ったのは、気弱になった人のよい天皇の渙発する詔書が招くであろう逆効果の方であったと想察されるのである。

五

菅家の怨霊の発生は、忠平もしくは増命が故意に企んだ結果とみる必要はない。しかし彼らが打ち消したならば、それは史料にすら痕跡をとどめぬ、一部の人びとの囁きに終わったことであろう。底意のある忠平は、必ずやなに食わぬ顔をしてこの浮説の流布を助成し、ついに優詔の渙発によってそれは公然と認められ、思想界における不気味な存在となった。

延長元年（九二三）四月二十九日、天皇は、故保明親王を遺愛するのあまり、その王子・慶頼王（時に三歳）を立てて皇太孫とされた(42)。新春宮の母は時平の娘の仁善子であったが、天皇としては、本位を復し、贈位することによって、道真の怨霊は鎮まり、もはや仇をなすこともあるまいと考えられたのであろう。そして最も信頼する定方と保忠に、それぞれ新春宮の傅と大夫を命じられた(43)。

ところがこの皇太孫は、延長三年六月十九日、五歳で薨去された。そのころ、忠平の正室・順子（道真の姪）も逝去し、中納言・橘澄清も世を去り、天皇も痘瘡に苦しんでおられたが、[44]世評は時平の娘が産んだ皇太子の他界のみを問題とし、これと道真の怨霊を結びつけたのであった。一旦、菅家の怨霊を公式に結びつけた以上、それが時平の娘の生んだ皇儲に祟ることは、容易に考えられるところであり、世人も簡単にそれを認めたであろう。天皇は、菅家の怨霊に対して次第に恐怖症に陥られたであろうし、保忠を初め時平の一族は、見えざる怨霊に絶えず脅迫されるようになったであろう。ひとり忠平のみは、深夜ひそかにほくそ笑んでいたに違いない。たとい彼が菅家の怨霊をなかば信じていたとしても、亡室・順子との関係からして、彼の一族はこの怨霊に絶対仇をされないという信念を忠平は持ち続けていたはずである。この怨霊は、天皇や時平の一族にのみ祟るのであり、彼はしかるべき災難とこの怨霊との結びつけをただ肯定し、進んでは怨霊を慰める方法を——逆効果をねらって——講じているだけでよかった。

ここに了解に苦しむのは、延長八年六月二十六日の落雷と菅家の怨霊とが、いかなる先論理的思考をもって結びつけられたか、ということである。例えば『体源抄』（巻十二、下）には、

貞信公は、時平の御弟にておはしけれとも、このかみ（左遷の謀議）に同意し給はず、ことに天神の御ことをなげき給けり。其故に、当座におはしけれとも、いさゝかのわづらひなし。

とあり、『荏柄天神縁起』には、

……これ天満大自在天神の十六万八千の眷属の中の、第三の使者火雷火気毒王のしわざなり。

その日、毒の気はじめて御門の御身にいりつゝ、たへがたくおはしましければ、九月二十二日御位を第十一の皇子朱雀天皇にゆづりまゐらせて、……

と見え、菅家の怨霊が雷を落としたことは、疑いを要せぬ明白な事実とされているのである。この場合も、同年四月五日、忠平の邸宅に失火があったことなど(45)は、全く問題にされていないのである。

恐らく当時の人びとには、なにか異常な事件があれば、これを菅家の怨霊と結びつける考え方が自然に馴致されていたのであろう。それに輪をかけたのは叡山の高僧たちであり、それは修法の効果を挙げる上でも必要なお膳立てであった。そして重臣たる忠平は、このような解釈に賛意を表し、やはり逆効果を狙って、ますます懸命に修法を依頼し、怨霊を鎮めることに努めたであろう。

延長八年（九三〇）における天台座主は、尊意であった。この僧について、『元亨釈書』（巻第十）は、次ぎのように述べている。

八年六月、戸部尚書藤清貫、尚書右中丞平希世の二人、清涼殿において雷に逢ひて震死す。皇帝、惶怖し、玉体不予なり。乃ち常寧殿に移り、意（尊意）を召し、禁中に宿して持念せしめ給ふ。初め意、叡山に在り。一日、菅丞相化して来たり、語りて曰く、『我已に梵釈の許与をえ、夙讐を償はんと欲す。願はくば、師の道力、我を拒ぐこと勿れ』と。意、曰く『然り。然れども、率土は皆王民なり。我もし皇詔を承らば、何ぞ辟る所あらん』と。菅、色を作《か》ふ。適《たまたま》柘榴を薦む。菅、哺めるを吐きて起つに、化して焔となり、坊戸煙騰す。意、瀉水の印を結びて之れに擬す。其の火即ち滅す。焼痕なほ在り。已にして雷雨旬に浹《とほ》り、鴨河大いに漲り、人馬通ぜず、こゝにおいて意に詔ありて宮に赴く。意の車、河浜に到りしに、激浪流れを止め、水輪を湿さず。意、宮に入りて持誦す。帝夢み給ふ、不動明王の炎燄熾然たり。声を厲し、呪を誦し、聖体を加持す、と。夢覚むれども、余音耳に在り。即ち意の誦声なり。帝、左右に謂ひて曰く、『意は聖者なり』と。

延長八年六月の落雷と菅家の怨霊とを結びつけたいのは人情であった。確かに尊意は、落雷の翌日、祈雨法を命じられ、更に七月二十一日には、天皇御不予により常寧殿で五壇法を修するよう命令を受けている。高徳な天台座主の尊意が六月二十六日の落雷と道真の怨霊とを結びつけたとすれば、道真と雷との関係は証明を要さぬ明白な事実とみなされたわけである。『貞信公記』の完本は、今日に伝わっていないが、現存の写本をみても、その中にあまりにもしばしば尊意が登場していることに驚かざるをえない。彼が四十九回も出て来るその大部分は、忠平のため修善を行ったり、仏像を造る時に繋がっており、彼が増命とともに忠平家の出入りの僧であったことが分かるのである。従って菅家の怨霊については、忠平と尊意との間に黙契ができていたのではないかと疑われてくる。

忠平の子・師輔が書いた『九条殿遺誡』には、次ぎのように記されている。

第三の関白・貞信公語りて云ふ、『延長八年六月二十六日、清涼殿に霹靂するの時、侍臣色を失ふ。吾、心中三宝に帰依すれば、殊に懼る所なし。大納言清貫、右中弁希世は、尋常仏法を尊ばず。此の両人已に其の殀《よう》に当たれり』と。

ここで忠平は、息子に綺麗事を語っている。清貫も希世も、菅家の左遷を謀りはしなかった。しかも彼ら両名が落命したのは、平常仏法を尊ばないためであった。それならば、あの落雷でショックを受け、ついに崩御された醍醐天皇はどうであったのか。天皇は、『御記』の明示する通り、いたく仏法を尊ばれ、殊に晩年には醍醐寺の建立に励まれていた。これは結局、菅家を左遷した最高責任者として怨霊の祟りを受けたためであって、仏法をどれほど尊ばれても、この怨霊から免れることはできなかったという解釈を言外にほのめかしていないであろうか。

要するに、気の弱い、神経質な醍醐天皇は、忠平が画した神経戦的な策略にみごと乗じられてノイローゼに陥っておられた。そこに六月二十六日の椿事が起こり、その衝撃によって生きる気力を失われたのであろう。最後に天皇の命を奪ったのが咳病であれ、なんであれ、天皇は怨霊の祟りを固く信じ、全く生きる望みを喪っておられたに相違ない。この場合、頼りになるのは、やはり忠平と彼が推薦する天台座主の尊意であった。天皇は、左大臣であり、皇太子・寛明親王の伯父にあたる忠平に、新帝の摂政になるよう命ぜざるをえなかった[46]。天皇は、忠平の神経戦のため惨敗された。しかし自分に死を齎したのが忠平の策略であることを感ぜずに崩御されたのは、せめてもの倖せであったであろう。

重明親王（醍醐天皇皇子、その室は忠平の娘の寛子）の伝えるところによると[47]、延長八年九月二十九日の暁、醍醐上皇は尊意の受戒によって出家し、左大臣・忠平に、㈠自分に諡号を上ってはならぬこと、㈡左大臣を太政大臣に任ずること、㈢醍醐寺に施入した供米を年分度者の経費に当てることの三箇条の遺詔を下され、また別に弾正尹・代明親王、上野太守・重明親王、右大臣の定方を呼ばれ、この三人にも、同じ遺詔を下された。ついで上皇は急にまた左大臣を召され、人払いをした上で、左大臣に『密事を命じ』られた。この『密事』の中に大赦が含まれていたことは確かであるが、他のことは全く不明である。またこれよりさきに九月二十六日、上皇は新帝（八歳）を召し、五箇条の遺誡を下されたが、そのうちの一条は、『左大臣の訓へを聞くべきこと』であった[48]。忠平は、人から後指をさされたり、非難されるような言動は、何ひとつしていなかった。彼は、やはり菅家の怨霊を信じ、心からこれを憂慮し、高僧に命じて大いに修法を営み、怨霊を鎮めようとした。それは大臣としての当然な、否、称讃さるべき行為であった。それでも怨霊が祟るのは、旧怨の深さのためであり、忠平の責任ではなかった。上皇は、忠平や尊意に感謝し、後事を忠平に託した後の安らかさをもって崩御されたに相違ない。何という巧妙な謀略を忠平は案出したことであろう。

醍醐天皇の譲位と崩御は、忠平の政治生活に一大転機をもたらした。故実に倣《なら》って彼は、摂政を辞する旨、三度上表した。(49)無論、それは不許可の勅答を予定した上でのことであった。宇多法皇は古くからの支持者であったし、妹にあたる中宮（承平元年に皇太后）の穏子は永年に亙って彼の蔭の支援者であった。肝腎の朱雀天皇は、彼の甥であり、それに齢八歳であった。万機を摂行し、彼の系統を摂関家の嫡流とする機会は、漸くめぐって来たのである。

今となっては、右大臣の定方などは、法皇の信任(50)があるとは言え、片翼を失ったも同然で、何等脅威とはならなかった。次ぎに掲げる歌は、定方や中納言・兼輔の立場を端的に語るものと言えよう。

先帝おはしまさで、世の中思ひ歎きてつかはしける　三条右大臣

はかなくて世にふるよりは山科の宮の草木とならましものを（第一三九〇番）

返し　兼輔朝臣

山科の宮のくさ木と君ならばわれはしづくにぬるばかりなり（第一三九一番）

先帝おはしまさでのまたの年の正月一日におくり侍ける　三条右大臣

いたづらに今日や暮れなん新しき春のはじめは昔ながらに（第一三九七番）

返し

兼輔朝臣

泣くなみだふりにし年の衣手は新しきにもかはらざりけり（第一三九八番）

傷心と失望の定方がただひとつなしえた抵抗は、醍醐上皇の遺詔のままに忠平を太政大臣に任ずる手続きを怠り、知らぬ顔で過ごすことだけであった[51]。その定方も、承平二年（九三二）八月には、薨去してしまった。宇多法皇はその前の承平元年七月に崩御されていた（六十五歳）。それは、忠平がもう法皇の援助の必要が無くなった時であり、また法皇の存在が野望を達成する上には反って邪魔となりつつあった時なのである。

六

延長八年八月二十一日、朱雀天皇の践祚と共に忠平は摂政に任じられた。彼が第一に打った手は、新帝の蔵人頭に一男の実頼を抜擢したことであった[52]（九月二十五日）。ついで翌承平元年三月には実頼を参議に、閏五月には二男の師輔を蔵人頭に任じ、私勢を築く出発点とした。恐れる者のいなくなった忠平は、承平四年（九三四）十二月には実頼を中納言に任じ、いよいよ野望を顕し始めた[53]。彼の心にいささか暗影を投げる者があるとすれば、それは時平の遺した三人の息子―保忠、顕忠、敦忠―の存在だけであった。とりわけ保忠は、彼にとって容易ならざる人物であった。

保忠は、寛平四年（八九二）、時平（時に参議）の一男として生まれた。母は、一品式部卿・本康親王（仁明天皇皇子）の王女の従四位上・廉子女王であった。[54]この女王の母のことは詳らかでないが、多分、本康親王の正室の蜷淵《みなぶち》氏であったであろう。[55]さすがに時平の一男だけに昇進は早く、二十三歳（延喜十四年）で参議、三十一歳（延喜二十二年）で権中納言、三十二歳で中納言に進み、延長八年には、大納言・清貫の震死による欠員のため、四十一歳で大納言に任じられた。恐らくこのめざましい昇進は、その才幹と芸能によって彼が醍醐天皇や叔母の中宮・穏子の愛顧を得ていたためであろう。

承平二年八月、右大臣の定方が薨去した。これによる人事異動に際して、保忠は右近衛大将を兼ねた。彼は、本康親王から右京八条一坊にある広大な邸宅（一坊三、四、五、六町）と、同じく右京にある荘園『侍従池領』を伝領し、その邸宅に——多分、母と共に——住んでいたので、『八条大将』と呼ばれていた。[56]なんといっても時平の一男であり、摂関家の嫡流である上に、『賢人大将』と謂われるほどの声望があったから、[57]彼が忠平の後の政権担当者となるのは、万人が認めるところであった。

ここで慎重な検討を要するのは、忠平が時平の薨去後、彼の遺族と結んだ関係である。その第一は、一男の正室として時平の娘を迎えた事実である。実頼は、源順子を母として昌泰三年（九〇〇）に生まれ、延喜十五年正月、十六歳で元服した。そして同二十年二月五日には、一子を儲けている。[58]これは、時平の娘が産んだ一男の敦敏のことと推定されるから、実頼の結婚は、延喜十五―十九年までのことと推測するのが穏当である。彼の結婚が恋愛によるものであれば、特別に事情を詮索する必要はない。頼宗がいつの間にか伊周の娘に通じてついに妻に迎えたように、純粋な恋愛結婚であれば、そのこと自体について政治的考察を下す余地は殆どないのである。

時平の遺した子女のうちで、最も政治的な実力をもっていたのは、宇多法皇の京極御息所の褒子であった。彼女は、最も法皇に寵愛され、法皇の後宮では第一の勢威者であった[59]。もし実頼と時平の娘との結婚が恋愛によるものでないとすれば、時平の遺族の地位を確保するため、褒子が法皇を通じてその婚儀を成立させたものであろう。忠平は、自分が基経の四男であることにこだわっていたらしいから、実頼の将来を熟慮したあげくに褒子の勧めを受け容れたのではないかと思う。

それはともかく、延長二年（九二四）には、実頼と時平の娘との間には、二男の頼忠が生まれ、更に延長六年には、三男の斉《ただ》敏が同じ母から生まれた[60]。実頼が、二男の名を頼敏とせず、わざわざ忠の字をとって頼忠としたことには、それなりの理由があったはずである。『尊卑分脈』は、第二編の『実頼公孫』に頼忠の子孫を掲げることによって、後人の誤解を招いている。それを要略して表示すれば、系図19の通りで、これはあたかも、『大鏡』（第二巻）に、『あさましき悪事を申をこなひたまへりし罪により、このおとゞ（時平）の御末はおはせぬなり』と同様なのである。

しかしながら『大鏡』も、『尊卑分脈』も、重要なひとつの事実、すなわち頼忠が保忠の養子であったこと、従って『このおとゞの御末はおほ』したことを看過しているのである。基経は、長良の子であったが、良房の養子となり、それによって氏長者の地位を得たのである。『公卿補任』(応和三年条)に、『左大臣実頼公二男。母故大臣時平公女。右大将保忠卿為子。』とあるように、頼忠は保忠の養子となったのであり、それ故に、実頼と保忠からそれぞれ一字をもらって頼忠といったのである。従って系図19は、系図20のように訂正されねばならぬのである。

頼忠が保忠から右京八条の邸宅と侍従池領などを伝領したのは、彼が保忠の養子となり、その家を継いだためである[61]。また道長が公任の家柄に非常な敬意を払っていたのは[62]、公任が凡庸な頼忠(廉義公)の子ないし実頼の孫であったというよりも、彼が昭宣公・基経いらいの摂関家の――斜陽の状態であるとは言え――嫡流の当主であることを心底に感じていたためであろう。

さて、頼忠は、延長二年に生まれ、天慶三年(九四〇)十二月、十七歳で元服し[63]、頼忠という諱《いみな》を名乗ったらしく、翌年正月、彼は従五位下に叙されている[64]。この養子縁組みは、保忠の在世中にとりきめられたとは考えにくい。保忠は、承平六年(九三六)七月、四十六歳で薨去したが[65]、どうも生前に頼忠を養子に迎え、公的にこれを披露したのではないようである。敢えて推察するならば、承平六年から頼忠が元服した天慶三年十二月までの間

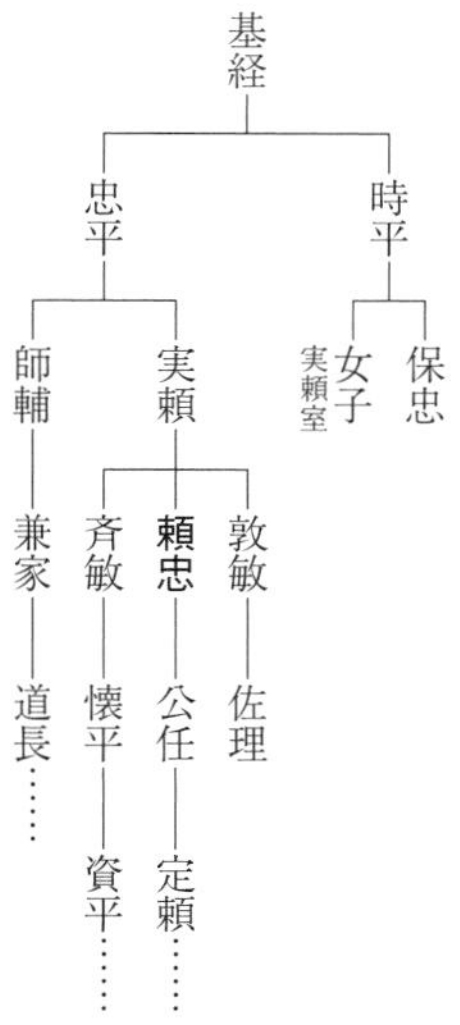

系図19　誤伝された摂関家系図

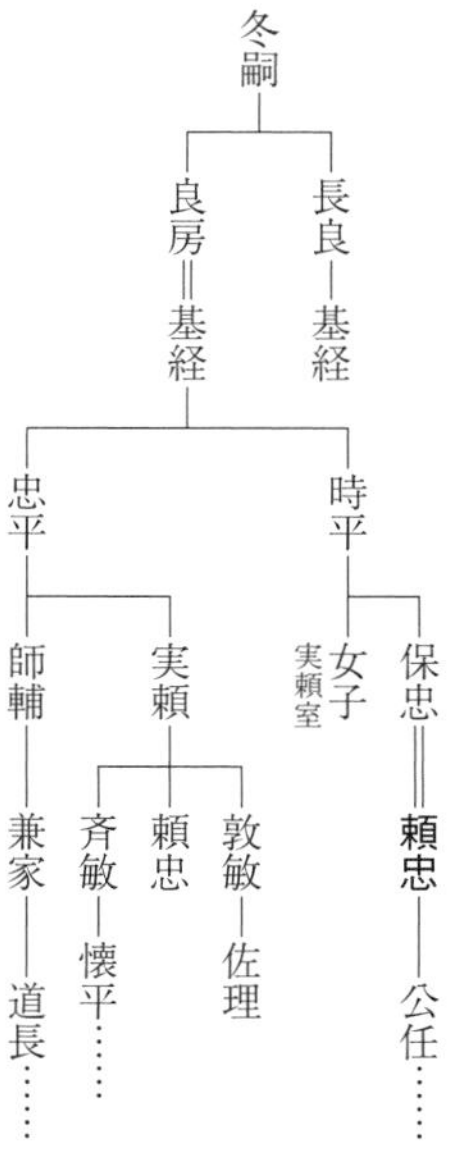

系図20　訂正された摂関家系図

に、保忠の未亡人[66]は、皇太后・穏子や忠平に勧められ、頼忠を養子に迎え、八条第に引き取ったのではなかろうか。頼忠は、保忠と血の繋がった甥であるから、この養子縁組みに批難の言葉を浴びせる人はいなかったであろう。それどころか、兄の嫡男の家を絶やさぬために孫を養子にやった忠平に、世間は、称讃の辞を寄せたことと想像される。

　忠平の行動や措置は、

常に用意周到であって、どこにもそつが見いだされない。そこに保守的政治家としての忠平の偉さもあるわけである。しかしこの隙がないという所にはかえって異様なものが感じられるのであって、保忠に対しても、彼が終始善良な叔父であったとは考えにくいのである。

七

承平六年の夏、保忠は、母・廉子女王の七十歳の賀を祝った。(67) それから間もなく彼は、病臥する身となった。『大鏡』(第二巻) は、その様子を伝えて、

このとのぞかし、やまひづきて、さまざま祈し給。薬師経読経まくらがみにてせさせ給に、『所謂宮毘羅《くびら》大将《だいしょう》』とうちあげたるを、『我をくびるとよむ也けり』とおぼしけり。臆病にやがてたえいり給へば、経の文といふ中にも、こはきものの気にとりこめられ給へる人に、げにあやしくはうちあげてはべりかし。さるべきとはいひながら、ものはおりふしのことだまも侍こと也。

と述べている。これを整理して箇条書きにしてみると、左のようになるのである。

(1) 保忠は病臥し、修法させた。
(2) 彼はひどく物怪《もののけ》に悩まされていた。

(3)『薬師経』を読んでいた僧たちが一段と声を張り上げて『宮毘羅大将』と読むと、彼は『右大将の自分を絞《くび》る』のだととり違え、臆病心からそのまま息をひきとってしまった。

(4)そういう死に方をするのが前世から決まっていたとはいうものの、ちょうどその場合の言霊の結果ということもあるものである。

ここでは一言も菅家の怨霊には及んでいないけれども、その祟りによって保忠が物怪《もののけ》に煩わされ、経文の意味を勝手にとり違えて死んでしまったと著者が考えていたことは、前後の文脈からして極めて明瞭である。

保忠は、承平六年七月十四日、四十七歳で逝去した。彼の薨去に関する右の叙述は、恐らく実相を伝えたものと認められる。保忠は、『賢人大将』といわれるほど聡明であった。しかし高熱が出た場合、平常、脅迫観念となって彼を不安ならしめていた菅家の怨霊が幻影となって現れ、彼を極度に悩ましていたことは、想像するに難くない。僧たちが一段と声を張り上げてその文句を読んだ時、彼は『大将を絞らむ』と怨霊が大声で叫んだと思い、そのショックで心臓が停止したと考えることは容易かつ自然であろう。

一体、僧たちがなに故に、『爾時衆中、十二薬叉大将倶在会坐、所謂宮毘羅大将、伐折羅大将、迷企羅大将、……』とある経文の中で、傍点の箇処を一段声高く読んだのか、その辺の事情は明らかでない。まさかこれは、ひそかに導師を唆かした何者かの謀略によるのではなかろうが、しかし常々彼にこの脅迫観念を強く植えつけていた人の存在は、充分に考えうるのではなかろうか。

賢人とは言いながら、保忠は気性に剛毅さを欠き、馬にすらなかなか上手に乗れないような人物であった[68]。その代わり音楽、特に笙や琵琶は名人の域に達しており、その点でも醍醐天皇の愛顧を蒙っていた[69]。要するに保忠は、すぐれた知性と繊細な神経の持ち主であった。彼は、理性の上では菅家の怨霊を打ち消していたかもしれない。しかし感情的には人一倍それを苦にし、恐れていたのではあるまいか。まして病気でもして死の恐怖が心にちらついている時などには、彼ならずとも、あり得ないことがあり得ることに思われて来るものである。

保忠の性格上の弱点を看破し、それを利用して彼を一種のノイローゼに陥れ、ついに破局まで追いやるという策略は、奸智にたけた人間ならば、充分に思いついたはずである。この策士は、道真の怨霊を専ら保忠、顕忠、敦忠の兄弟に差し向け、時平の縁に繫がる他の人びとには殆ど働きかけなかったようである。例えば、承平三年五月、実頼の正室となっていた時平の娘が―多分、述子の出産に際して―卒去したが[70]、この時は、菅家の怨霊が全く噂に上らなかった。京極御息所と呼ばれた褒子について、『大鏡』（第二巻）は、『この時平のおとゞの御女の女御もうせたまひ、云々』と述べている。人間は必ず死ぬものであるから、文面だけではこの文は間違っていないが、文意は、『褒子もはやく他界した』

ということにある。とすれば、それは史実に反している。彼女が薨去した年月日は不明であるにしても、彼女が宇多法皇の皇子三人を産み、法皇の寵を受けながら元良親王（陽成天皇皇子）とのロマンスに花を咲かしたことは、顕著な事実に属する。[71]『小倉百人一首』で有名な『身をつくしてもあはんとぞ思ふ[72]』の歌は、親王が『事いできて後に京極の御息所につかはし』たものである。従って褒子は、長命したとは言えぬまでも、早死したはずはないのである。

菅家の怨霊を云々した者は、時平の子女に関して、ある者にはこれを適用し、ある者はこれを祟りの範囲外においており、そこには作為のあとが著しいのである。

顕忠と敦忠の二人の兄弟は、長兄の保忠と同様に、平生、怨霊に脅かされる組に属していた。歌人として知られた『富小路右大臣』の顕忠は、『よろづにをそれて、昼夜に菅丞相を祈念してまゐらせてぞおはしける[73]』ありさまで、戦々兢々として日を過ごしていた。彼は毎夜庭に出て天神を拝し、生活を極度に倹約して、ひたすら天神の祟りを避けようとしていたという。[74]政務に関する限り、顕忠は極めて真面目であった。[75]しかし宮廷で羽翼を伸ばそうといった考えは全くなかったらしく、せいぜい娘を行明親王（宇多皇子、醍醐養子）の妃とした程度であったが、[76]この親王も、彼の姉妹の褒子が産んだ皇子であった。

顕忠は、右大臣の高位に昇り、康保二年（九六五）四月、ほぼ天寿を全うして六十八歳で薨去した。彼は、素直に怨霊を認め、信仰や質素な生活態度を通じて祟りを避けようと努力していたせいか、病気などをしても、自己暗示によって病勢を悪化さすこともなかったようで、幸いに長命することが出来たのであろう。
ところが歌人として、また管絃の名手として知られた三男の敦忠は、兄たちより一層神経が繊細であった。彼は妻（参議・藤原玄上の娘）に、『われは、いのちみじかきぞう（血筋）なり。かならず死なんず[77]。』と語り、早死を覚悟していたという。敦忠は元来が虚弱な身体であったのであろうが、ともかく天慶六年（九四三）三月、三十八歳で急逝したのであった。

　時平が遺した三人の息子たちは、管絃や和歌に秀でていた。しかしそれだけに神経が細かく、小心であった。彼らは三人とも怨霊の祟りを恐れ、そのため自ら死期を早めたり、去勢されたような生涯を過ごしたのである。この兄弟たちの弱い神経質な性格に着目し、彼らを次第に窮地に追いやった策士を想定することは、如上の経過に鑑みて、一応許されるのではなかろうか。この策士が例えば、兄弟の一人一人に対して、『卿が、菅家の怨霊に呪われているのは、因縁とは言え同情に堪えない。日夜身を慎み天神を拝されたがよい。自分も卿ら兄弟のために毎晩祈願している』とでも告げたとすれば、それはいかにも同情と親切に溢れた言葉であり、感謝こそされても、非難するに当たらないわけである。しかし言われた本人は、いよいよ自分の宿世を深刻に感じ、神経過敏に陥らざるをえないであろう。この策士は、過去のさまざまな出来事を挙げながら、困惑した表情で、怨霊について側近や親しい人びとに洩らしたことであろう。これが噂となって世上に流れ、短命という噂は当人たちの耳にもはいり、彼らをいっそう憂鬱にしたはずである。

これら三人の兄弟が置かれていた環境について検討してみると、もしそうした策士がいたとすれば、それは忠平以外にはいなかったと判断されるのであって、彼の存在は更めて容疑の黒雲に包まれて来るのである。

まず第一に、保忠の薨去によって、彼はどのような利得を受けたかを考えてみよう。すでに指摘したように、承平六年という時点において、忠平の歿後に政権を担当する人が保忠であることは、万人の認めるところであった。忠平は左大臣、兄の仲平（六十二歳）は右大臣、保忠は上席の大納言であった。仲平は年長者である上に、僧籍に入ったのを別とすれば、息子がいなかった。一方、忠平の一男の実頼はまだ末席の中納言であり、保忠との年齢の開きは十歳しかなかった。このまま順調に進めば、実頼は太政官において永く保忠の下風に立たねばならなかった。なんといっても保忠は摂関家の嫡流を承けており、かつ賢人としての声望が大きかった。氏長者が保忠に移ることは必定であり、実頼が下風に立っている間に、太政官は保忠によって再編成され、政権は永久に時平の系統に移ってしまうであろう。また保忠の工作によって、弟の顕忠が太政官における次席の執政に抜擢される可能性もあったのである。

保忠の薨去は、忠平が痛感していたであろうさまざまな危惧を一掃してくれたばかりでなく、実頼に大納言昇進の道を開いてくれたのである。まして実頼の子・頼忠を保忠の養子とするならば、摂関家の嫡流（とその財産）は、自ら頼忠、つまり自分の血統に切り換えられるわけである。保忠未亡人と頼忠との養子縁組みの如きも、忠平のそうした底意を潜めた厚意から出たものと推量されよう。

保忠なき後には、忠平は顕忠や敦忠のことをさほど気に懸けなかったであろう。実頼や師輔のように頼もしい息子たちが太政官において轡を並べているのであるから、自分の子孫の繁栄については、後顧の憂いはなにひとつなかった。それに摂関家の嫡流は、もはや決して時平流（本院流）に移ることはなくなっていたのである。

他方、顕忠や敦忠は、保忠の死によってますます菅家の祟りを恐れ、言動がすべてそれによって規制されていた。またそのころ、東寺に日蔵なる僧がおり、一時頓死して冥界に行き、地獄で苦悶する醍醐天皇と三人の廷臣に会った後に蘇生したという話がまことしやかに巷間に伝えられていた[78]。それは承平四年八月のこととされているが、こうした荒唐無稽の話も、人びとが納得し、広く世上に流布するとなれば、やはり顕忠や敦忠をいたく苦しめずにはおかなかったのである。噂は噂を喚び、菅家の威霊はますます畏敬されて行った。忠平はただ手を拱いて、それらが顕忠兄弟におよぼす影響をじっと看守っていればよかったのである。

承平六年は、忠平にとってめでたい年であった。七月には保忠が他界し、八月には彼は待望の太政大臣に任命され、かくして揺ぎのない地位が得られたのである。時に忠平は齢五十七歳であった。

題しらず

ことしより若菜にそへて老の世に嬉しきことをつまんばかりぞ

これは、忠平の自詠の歌(79)で、春に詠んだ賀歌と思われる。恐らく忠平は、承平六年の七月に保忠が逝き、八月に太政大臣に任じられた頃、このような心境に達したことであろう。

八

京都市の北野神社は、言うまでもなく菅原道真を主神として祀った神社である。これは全国知名の神社のひとつであるが、その創設の次第は、必ずしも明確ではない。阪本広太郎氏は、北野神社の起原を要約して次ぎのように述べている(80)。恐らくこれは、学界における常識的見解を代表しているものと言えよう。

……天慶五年七月、右京七条二坊に住む多治比文子《あや》(奇子とも)神託により仮に宮地を右近馬場に劃してこれを祀つた。その後、天暦元年(または九年)再び近江比良の神人良種及び北野朝日寺の僧最珍等が今の社地に神殿を造立して天満天神と崇め祀つた。これ本社の起原と伝へられる。一説にはその年代を天慶元年(或いは九年)ともいふ。かくて村上天皇の天徳三年二月右大臣藤原師輔、神殿舎屋を造増し、神宝類を奉つた。こゝに於て本社はその規模大に改まつて、霊威亦日に新となる。永延元年、皇太后宮の典侍に神教があつたので、勅して更に神殿を改造せられ、同年八月五日始めて北野祭を行ひ官幣を奉奠せられた。

右は、『北野縁起』、『天満宮託宣記』、『最鎮記文』、『梅城録』、『荏柄天神縁起』、『菅家御伝記』、『元亨釈書』（巻第十八）などのほぼ相似た所伝を要記したもので、学術的な裏づけの施された見解ではない。

これら後世の文献によって窺うに、最初に託宣のあった多治比文子は、右京七条二坊、すなわち西の市町の辺に住んでいた賤しい婢であったし、また第二回のは、近江国高島郡の比良神社の神官・三和（または神《みわ》）良種の子で七歳の太郎丸であった。神社の起原とはこういうものかも知れないが、どうもこれには不審の点が多い。天慶年間と言えば、すでに道真は本官に復され、その怨霊が畏敬されていた時分である。道真の孫たちのうちでも、在躬、雅規、文時などがそれぞれ活躍していた頃であるから、彼らが神祠を建てたというのであれば話が分かるし、また彼らは神祠を建てそうなものであった。託宣とは、貴賤を問わず、誰でも神の思し召しによって下される性質のものではあろうが、多治比文子や三和太郎丸では、どれほどの実行力ないし影響力があったであろうか。恐らくこれらは、北野寺ないし北野の朝日寺の僧達が北野に道真の後生を弔う寺を建てたことの由来を神聖化し、勿体づけるために捏造した託宣と推測される。やはり最も信拠するに足る史料は、次ぎの『太政官符[81]』と認むべきである。

太政官〔符〕山城国司

　応准太宰府安楽寺例、以氏人令領知北野寺事

右得正四位下行式部権大輔兼文章博士菅原朝臣文時等去六月十日奏状偁、謹案事情、安楽寺、味酒安行、去延喜年中始所建立也。安行死去之後、始自天徳三年、以氏人解言上於官、補任寺司、年序漸久。今件北野寺者、初則僧最珍狩《ママ》弘宗造立、次復僧満増修治。弘宗、満増死去之後、天延元年彼寺焼亡、検校僧最珍、重以造立矣。今年、忽有称僧増日者出来、従満増異父兄星川秋永之手、伝得寺印、自称寺司。爰最珍者、称造立之功、増日者、陳持印之由、分成二類、諍論尤盛。望請、殊蒙天裁、被下宣旨、准安楽寺例、領知件寺、将制止彼諍論、奉令誓護国家者。大納言正三位源朝臣雅信宣。奉勅。依請者。国宜承知、依宣行之。符到奉行。

　貞元元年十一月七日正六位上行左少史御船宿禰

従五位下守左少弁平朝臣

右によって考察すると、北野神社は、初め北野寺と言う仏寺として発足したことが判かる。すなわち、僧の最珍（鎮）と弘宗が、恐らく太宰府の安楽寺に倣《なら》って建立したもののようで、その創設は、天延元年（九七三）以前であった。初め最珍らが建立し、後に僧・

満増が修築した建物が天延元年に焼失し[82]、貞元元年（九七六）には最珍はまだ健在であったというのであるから、その創始は、天延元年より二十年くらい前、つまり天徳元年前後であったと推定されよう。とすれば、右大臣の師輔が天徳三年（九五九）二月に神殿の屋舎を増築し、神宝を献上したという所伝はあながち否定されないのであって、北野寺は、師輔の後援によって最珍らが建立したものと認むべきであろう。『最鎮記文』に、『菅家の人々、両部（一本には南都）の上下、二季の礼奠を勤仕し、種々の祈禱を致し霊験日に新なり』とあるように、最珍らは、菅原氏の氏人にも了解と協力を求めたもののようであり、菅原文時らの『奏状』は、それをよく証示している。

何故に北野の地が北野寺の敷地に選ばれたかであるが、それは決して所伝の通りではなかったと思う。いま一例として『荏柄天神縁起』の一節を引用すると、文子の託宣の際には、

我昔世に有し時、しばしば右近の馬場にあそぶ事多年、みやこのほとりの閑勝の地、此所にしくはなし。

とあり、良種の子の場合には、

右近の馬場は我すみか也。そこには松をうへし。

と見え、良種が朝日寺の僧たちと相談している間、『一夜の中に松おひて、数歩の林となりにける』と伝えられている。これが古い伝承であることは、『大鏡』（第一巻）に、『道

真は太宰府に左遷され、やがてかしこにてうせ給へる、夜のうちに、この北野にそこらの松をおぼしたまひて、わたりすみ給をこそは、只今の北野宮と申て、あら人神におはしますめれば、おほやけも行幸せしめ給ふ』とあるによっても徴証されよう。

北野の地が選定された真の理由は、もともとこの地に摂関家が領知する雷神の社があったこと[83]、雷と菅家との結びつきからこの社の境内の一部を北野寺の敷地に提供されたことに求められるであろう。

元来、安楽寺にしても、北野寺にしても、寺とは言いながら聖廟的な神社の性格を多分に帯びていた[84]。間もなく北野寺は、北野社と呼ばれるようになったが[85]、神仏混淆《こんこう》の時代のこととて、仏寺的な性格は永く遺存していた[86]。また北野社となった頃、雷神社の方は合祀・合体したものと推測される。

ところで、北野寺の建立に際してなぜ右大臣・師輔がこれに関与したのであろうか。天徳元年についてみると、左大臣は実頼（五十八歳）、右大臣は師輔（五十歳）、大納言は顕忠（六十歳）と源高明（四十四歳）であった。師輔の幸運は、娘の安子がその妃となった成明親王が天慶七年（九四四）に皇太弟に立ち、翌々年に即位して村上天皇となったこと、安子の生んだ憲平親王が天暦四年に皇太子に冊立されたことにあった。従って憲平親王（冷泉天皇）即位の暁には、彼が実頼を越えて摂政に任じられることは、当然予想されていた。しかし一方、忠平の一男としての実頼に寄せられた声望も大きく、また歌人としても実頼は宮中に重きをなしており、師輔の栄達は必ずしも確実視するわけにはいかなかった。それに師輔は、生来頑健な方ではなかったようであるから、天徳元年頃には、あれやこれやでいたく心を労していたらしい。その年の四月、賀茂社に封戸を奉った所以(87)も、恐らくこの心労にあったのであろう。

母を異にするとは言え、実頼と師輔とは兄弟であった。しかし兄弟なるが故に、二人は表面は仲よくしていても、裏では互にたぎりたつ敵愾心を抱いていたのであった。小野宮（実頼流）と九条家流との対立は、憲平親王が立太子した天暦四年（九五〇）ころから激化し、後のちまで不気味な底流となって続くのである。小野宮の実資は、正暦四年（九九三）十月十四日、その日記に左のようにしるしている(88)。

十四日、戊戌。観修僧都、来たり云ふ、『近会《ちかごろ》、東宮の更衣《藤原綏子》修法さるゝに、猛霊忽ち出て来たり云ふ、「我はこれ九条丞相《師輔》の霊なり。存生の時、或いは仏事に寄せ、或いは外術に付して子孫繁昌の思ひを致し、其の願ひ成熟《ママ》せり。就中、小野宮大相国《実頼》の子族《ママ》滅亡すべきの願ひ、彼の時極めて深し。陰陽之術を施して彼の子孫を断たんと欲せり。期するところ先づ六十年、其の験已に新なり。今、他を滅ぼすの思ひによりて苦を受くること極めて重く、苦を抜くの期無し。小野宮相国の子孫産するの時は、吾必ず其の所に向ひ、此の事を妨ぐ。存生の心願によりて、先に期する所の六十年、其の遺り幾《いくばく》ならず。彼の時の外術、今二年許りなり。その後は此の妨術を廻らすこと難かるべし。また此の更衣、已に懐妊の気あり。仍つて来たり煩はす所なり。他の同胤を断たんが為なりと、云々』と。今、此の事を聞きて往古の事を覚ゆ。骨肉と云ふと雖ども、用心あるべき歟。僧都云ふ、『忽ち大威徳尊を造り、帰依し奉るべし』てへり。然れば、運を天に任すべきなり。

賢明な実資が今さら驚くのはどうかと思われるが、自分の子孫の繁栄を念願する師輔の願望が執念そのものであったことは、知る人ぞ知るような状態であった。彼の死霊と称するものがかく語ったとしても、誰もがそれをたやすく信じうるような情況下にあった。小野宮の一統の方は、寧ろ受け身の形にあったのである。従って師輔が天満天神に寄進し、子孫の繁栄と実頼の子孫の滅亡を祈願したと認めても、少しも不思議ではないのである。天満天神の威力は、当時、上下に遍く知れわたっていた。この天神への祈願は、時平の娘を娶り、その血を引いた子女を有する実頼のようなしえないところであるに反し、道真に愛された忠平を父に、道真と親交のあった右大臣・源能有を祖父にもつ師輔は、最もよく願い事を聴いて貰える立場にあった。願いが叶えられる時は、必然的に実頼の勢力が前面から退く時であり、それはまさに天神の欣ぶところであると思われたに相違ない。

師輔は、世間の疑惑を慮り、公然と北野寺の建立を主催はしなかったであろうが、巨額の財を抛って僧・最珍らの北野寺建立を後援することは辞さなかったのである。天徳三年の造営に際して師輔が捧げた祭文に、[89]『男（自分の子孫の男子）をば国家の棟梁として、万機の摂籙を意に任せ、太子の祖と成し、女をば国母、皇后、帝王の母たる我が姓藤原の氏と千世の世に名を伝へ、云々』とあるのは、彼の意図が奈辺にあったかを明示している。北野寺は貞元元年に菅原氏の管理下にはいり、正暦年間に大発展をとげた。寺（社）運が実頼や頼忠が政府の首座であった時には低調であり、兼家や道隆の時に隆盛となっている事実も、この際想起されてよかろう。

他方、北野神社の側では、

此故に九条殿（師輔を指す）の御子孫、今まで摂籙も絶事なく、皇胤もつき給はぬは、九条殿の信心のちから、天満天神の御意なり（『荏柄天神縁起』）。

其故にや、九条殿御子孫摂籙たゆる事なく、皇胤も尽給はぬは。菅丞相の筑紫へくだり給ひしとき、貞信公は本院のおとゞの御弟にて右大弁にておはしけるが、このかみの謀計にもともなはず、菅丞相とひとつにて、消息をかよはして、隔る御心おはしまさず。斯念頃に契をむすびて、殊に御一家をまもりはごくみ給ふゆへに、かの御子孫繁昌し給ふとぞ覚え侍る（『北野縁起』下）。

と伝えていたが、これは神社側や菅原氏が摂関家の意を迎えるために言い出したことではあるにせよ、忠平—師輔の流れを汲む摂関家の人びとや、血縁的にこれと表裏一体の皇室も、同じような信念をもっていたのである。『愚管抄』（巻第三）に、

貞信公イエヲツタヘ内覧摂政アヤニクニ繁昌シテ子孫タフルコトナク、今マデメデタ

クテスギラルルコトヲフカクアンズルニ、……神トナラセ玉ヒテ、人ノ御実ヲタゞサセヲハシマス。コトニ摂録《ママ》ノ臣ノフカクウヤマイ、フカクタノミマイラセラルベキ神トコソアラハニコ、ロヘ侍レ。

と記されているのは、よくそれを語っているし、北野神社が菅原氏の領知に係かりながらあたかも摂関家の氏神のような実質をもっている所以も、これによって了解されるのである。

九

北野社の発展は極めて急激であって、その創始が新しいにも拘らず、正暦五年(九九四)には、古来の大社と肩を並べて十九社のひとつに加えられるに至った(90)。それは形式的には菅原氏の領知に属していたけれども、実質的な支持者は、忠平—師輔の流れを汲む摂関家であり、またそれ故にこそ異常な発展が期せられたのである。

かような破格の発展は、無論、菅原道真の霊威のしからしめるところではなかった。上来みたように、それは摂関家の政権獲得政策に利用されながら発展したのである。

忠平に関しては、彼が菅家怨霊の妄説を煽り立て、これを政治的に悪用したことを明示するに足る証拠は、なにひとつ遺存していない。しかし皇太子・保明親王や慶頼王、或いは保忠や敦忠の不自然な薨去、または延長八年六月の落雷による椿事、更には醍醐天皇の崩御など一連の出来事について前後の様子を検討してみると、怨霊問題をめぐる疑問の人物として、いつも忠平の姿が泛かび上って来るのである。こうした暗い翳《かげ》は、忠平がある意図をもってこの怨霊説を―極めて自然な態度で―是認し、かつ拡めたこと、これを神経戦に利用し、政敵や自分に不都合な人物を窮地に追いやったことを想定して始めて理解されるのである。

忠平は、裏面でこの怨霊説をどれほど強調し、利用してもよかった。何故ならば、怨霊によって災を蒙るのはすべてこれ時平の一族であって、忠平の一族は、菅原の怨霊が崇る範囲外にあるばかりでなく、更にその霊の加護をすら受けると忠平は確信していたであろうからである。保忠の薨去は、彼をして一段とこの信念を固めさせたであろう。『愚管抄』(第三)に、

貞信公イエヲツタヘ、内覧摂政アヤニクニ繁昌シテ子孫タフルコトナク、今マデメデタクテスギラルルコトヲフカクアンズルニ、……貞信公ハ(時平ノ)ヲト、ニテ、菅丞相ノックシヘヲハシマシケルニモ、ウチウチニ貞信公御音信アリテ、申カヨハシナドセラルレバ、ソレヲバイカガハアダニヲモハントイフヲモムキナリ。

と述べられているような信念を承平の末年いらい忠平はいよいよ固めたと思われる。

かように菅家の加護を蒙っていたとすれば、何等かの方法で道真を祀ることを彼は考え

たものと推測される。彼忠平が多治比文子、ついで良種を使嗾《しそう》して託宣をなさしめたと見るのは行き過ぎであろうが、しかし基経が元慶年中に北野に奉祀し、爾来、摂関家が世話していた雷神社[91]に道真を合祀することくらいは、充分にありえたであろう。道真と雷公との結びつきからみて、それは決して不自然なことではなかったと思う。

いずれにしても、菅原道真と忠平との関係は、道真の生前に始まり、忠平の晩年に至るまで、彼の政治活動を貫く一本の太い線をなしていたと見られる。忠平を繞って、或いは彼との関連において起こった諸事件のうちでも、彼の栄達に大きく影響した部類のものは、この基本的な太い線を想定することによってのみ始めて全き理解が得られるのである。

賢明にして周到な政治家であった忠平は、その稀有の策謀家であったことを示すような証拠を、千年を経た今日はもちろん、当時においてすら遺さなかった。恐らく実頼や師輔でさえ父親がなした悪質な謀略の数々をはっきりとは知らず、自分は関白太政大臣でありながら息子二人をそれぞれ左大臣と右大臣にした（天暦元年）父親を偉大かつ幸運な政治家として崇めていたことであろう。

重ねて言うならば、右大臣・源光の怪死が忠平が企てた暗殺と断定する証拠は、なにひとつ存しない。あるのは疑惑だけである。また彼が保明親王の薨去の頃から菅家の怨霊を唱え、その世上への流布を助成した証拠も、確実なものはなにも遺っていない。しかし忠平の栄達は、時平の場合のように与えられたものではなく、三十年近くに亙って絶えず積み重ねられた努力の賜物と認めざるをえない。その数々の努力は、智謀の限りを尽くした陰謀にも大幅に指向されたはずであって、そうした陰謀を前提としない限り、彼の古来稀な栄達は理解されないのである。なるほど長命であったことは、栄達の第一条件ではあったが、しかし忠平の稀有な栄達は、政務についての才腕とか熱心さによって得られたものではなく、ましてや単なる僥倖によるものではなかった。

しかしながら忠平の栄達を、道真との関係という一本の太い線だけで理解することは、いささか偏頗に失するであろう。たといこの線が宇多法皇と密接に結びついていたにしても、なおそれだけでは、彼の栄達を全幅的に説明することはできないのであって、そのためにはもうひとつの太い線、すなわち皇太后・穏子との関係を吟味してみる必要があるのである。

註

（1）『政事要略』巻第二十二、所収。

（2）『貞信公記』延長元年閏四月十一日条（『西宮記』巻十、裏書、所引）、『小野宮年中行事』免者事、参照。

（3）『西宮記』巻十三。

（4）保明親王の御息所となった時平の娘が仁善子という名であったことは、『尊卑分脈』第一編、摂家相続孫、『一代要記』丙集、朱雀天皇条、『本朝皇胤紹運録』、『九暦』天慶八年十二月二十日条などから立証される。
（5）以下、雷禍の件は、『日本紀略』延長八年六月二十六日条による。
（6）『大内裏図考証』巻第十一下、付録、および巻第十二之上、参照。
（7）以上、『日本紀略』後編一による。
（8）『安斎随筆』巻之一。
（9）『醍醐天皇御記』延喜十四年正月二十一日条。
（10）同右、延喜二十一年正月二十五日条。
（11）『大鏡』第二巻。
（12）『秦箏相承血脈』（『大日本史料』第一編之六、所引）。
（13）『和琴血脈』（『続群書類従』所収）。
（14）『李部王記』延喜十六年十月二十二日条（『河海抄』巻、第一、所引）。
（15）『醍醐天皇御記』延喜十六年十月二十一日条、参照。
（16）『貞信公記』延喜十八年四月三日条。
（17）『西宮記』巻十一。
（18）『一代要記』丙集、『醍醐天皇御記』延喜十九年正月二十一日条、『日本紀略』康保元年四月十一日条、同上、同年同月某日条、等々。なお、『大日本史』巻之七十八、参照。
（19）『桂宮本叢書』第二巻（天理市、昭和二十六年）、所収。
（20）『古今和歌集』以下の勅撰集に彼の歌は、多数採られている。『勅撰作者部類』、参照。

(21)『二中歴』第十三。
(22)『大和物語』第二十九、第七十一、第九十一段、『勧修寺縁起』、『勧修寺古事』(『勧修寺文書』所収)等、参照。
(23)高橋正治『大和物語』(東京、昭和三十七年)、一六八頁以下、参照。
(24)『尊卑分脈』第二編、良門孫。なお、同書第二編、高藤公孫に、定方の女子に註して、『中納言兼輔卿室』とあるのは誤りであろう。
(25)『玉葉和歌集』巻第二。
(26)『権中納言兼輔卿集』(『群書類従』所収)。
(27)『大和物語』第七十一段。
(28)『貞信公記』延長四年五月二十二日条。
(29)『尊卑分脈』第一編、摂家相続孫。
(30)『醍醐天皇御記』、参照。
(31)『柳原家記録』巻百二十四、所収(『大日本史料』第一編之五、所引)。
(32)延喜二十三年正月二十九日付『宣旨』(『類聚符宣抄』第六、所収)、『日本紀略』延長元年正月二十一日条、『扶桑略記』延長元年二月九日条。
(33)『日本紀略』延長元年二月十日条。
(34)『尊卑分脈』第二編、武智麻呂公孫。
(35)『三十六人歌仙伝』、参照。
(36)『群書類従』所収。
(37)『醍醐天皇御記』延喜元年七月十日条。

(38) はたして増命は、五月二十九日に法務を命じられ、六月三十日に権僧正に任じられた。『東寺長者補任』、『日本高僧伝要文抄』第一、『天台座主記』、等々、参照。
(39)『日本紀略』延長元年閏四月十一日条。
(40)『西宮記』巻十五。
(41)『政事要略』巻第二十二、所収。
(42)『日本紀略』延長元年四月二十九日条、『吉口伝』(『大日本史料』第一編之五、所引)
(43)『公卿補任』延長元年条。
(44)『日本紀略』延長三年五月六日、同年六月十三日両条。
(45)『扶桑略記』第二十四、裏書。
(46)『日本紀略』延長八年九月二十二日、同月二十九日両条。
(47)『李部王記』延長八年九月二十九日条(『醍醐寺雑事記』所引)。
(48)『河海抄』巻第五所引の『李部王記』。
(49)『本朝文粋』巻第四。
(50)『後撰和歌集』巻第二十、所収。なお、『権中納言兼輔卿集』、参照。
(51)『李部王記』承平二年十二月二十一日条(『政事要略』巻第二十八、所引)。
(52)『公卿補任』承平元年条、『職事補任』朱雀院条。
(53) 以上、『公卿補任』承平元、四、六年条。
(54)『尊卑分脈』第一編、摂家相続孫、『公卿補任』延喜十四年条。
(55)『九暦』天慶七年十月九日条。なお、栗田寛『新撰姓氏録考証』上(東京、明治三十三年)、七六頁は、これを『ミナブチ』ではなく、『ナミブチ』と訓むべきであるとしている。

(56) 詳しくは、角田文衞『右京の侍従池領』(角田文衞著作集第四巻所収)、参照。
(57) 『公卿補任』承平六年条。
(58) 『貞信公記』延喜二十年二月五日条。
(59) 『躬恒集』、『新千載和歌集』巻第十、『夫木和歌抄』巻第一、第二十、『貞信公記』延長二年三月十三日条、同三年十二月九日条、『紀貫之集』第五、『大和物語』第六十一段、その他、参照。
(60) 頼忠は、永祚元年六月、六十六歳で、斉敏は、天延元年二月、四十六歳で薨去した。それらからの逆算である。『大鏡裏書』第二巻三十九、『公卿補任』天禄四年、永祚元年両条、参照。
(61) 角田、前掲論文。
(62) 『栄華物語』巻第十『ひかげのかづら』。
(63) 『紀貫之集』第十。
(64) 『公卿補任』応和三年条、『大鏡裏書』第二巻三十九。
(65) 『大鏡裏書』第二巻二十五。なお、『公卿補任』(承平六年条)が享年四十七歳とするのは、誤りであろう。
(66) 『九暦』承平六年十月二十四日条。
(67) 『紀貫之集』第三。
(68) 『古事談』第二。
(69) 『尊卑分脈』第一編、摂家相続孫には、保忠について、『本朝鳳笙の元始也』と註している。保忠は、笙の奥儀を伊勢から授けられたと伝えられている。『秦箏相承血脈』(『群書類従』所収)、参照。なお、『醍醐天皇御記』延喜五年正月二十二日、同十七年三月六日、延長四年二月十七日諸条、『古今著聞集』巻第六、等々、参照。

(70)『日本紀略』承平三年正月某日条。
(71)『元良親王御集』(『群書類従』所収)、参照。
(72)『後撰和歌集』巻第十三、第九六一番。
(73)『荏柄天神縁起』(『群書類従』所収)。
(74)『十訓抄』第六。
(75)例えば、『本朝世紀』第六、参照。
(76)『本朝皇胤紹運録』。
(77)『大鏡』第二巻。
(78)『日蔵夢記』(『梅城録』所引)または『道賢上人冥途記』(『扶桑略記』第二十五、所引)。なお、日蔵(道賢)の神遊については、『元亨釈書』巻第九、『北野縁起』、『荏柄天神縁起』等々、参照。
(79)『後撰和歌集』巻第二十、第一三七一番。
(80)阪本広太郎『北野神社』(冨山房版『国史辞典』第三巻所収、東京、昭和十七年)。
(81)『最鎮記文』(『群書類従』所収)所掲。
(82)『日本紀略』天延元年三月十三日条にも、『子時、天満天神北野宮御在所幷礼殿焼亡。』とあり、天延元年の火災は史実として認められる。
(83)『醍醐天皇御記』延喜四年十二月十九日条。
(84)『外記日記』永延元年八月五日条(『菅家御伝記』所引)には、『始行北野聖廟祭祀。宣命云、掛畏支北野爾坐天満宮天神、云々』と見えている。
(85)『二十二社本縁』、参照。
(86)『正暦三年十二月四日御託宣』(『天満宮託宣記』所収)が注記しているのは、北野聖廟の大宮司、宮師、都維那、寺主、上座、検校、別当、座主の八名であって、全く寺社混淆の構成である。

(87)『九暦』天徳元年四月十六日条。

(88)『小右記』正暦四年閏十月十四日条。

(89)『最鎮記文』所収。

(90)『本朝世紀』正暦五年四月二十七日条。

(91) 前註(83)参照。

付記 小論の脱稿後しばらくしてから著者は、西田長男博士の力作『北野神社の創建』(『国学院雑誌』第六十二巻第十、十一、十二号、第六十三巻第四号連載、東京、昭和三十六、七年)のあるのを知った。これは非常に精細な論文であるけれども、その結論は、多治比文子、太郎丸といった巫覡、星川秋永のような民間宗教家、増日、最鎮の如き僧侶が力をあわせ、心を一にして北野神社の創建という大事業を成就したのであり、彼等は自己の効験を売らんがために、声を大にして菅公の祟りなるものを世に喧伝したというにある。つまり在来の見解の線に沿って細密に考証されたものである。著者はこの論文を熟読させていただいたが、上に展開した拙論を訂正する必要を覚えなかった。なお、醍醐天皇の寵臣・源公忠については、文学史的視角からではあるが、臼田甚五郎『源公忠と源宗于―その人―』(『国学院雑誌』第五十七巻第六号掲載、東京、昭和三十一年)、杉谷寿郎『歌人公忠』(『りてらえ・やぽにかえ』第五号所収、東京、昭和三十七年)などが公にされている。

天神道真の怨念と功徳

一

静電気を帯びた布地は、綿屑や糸屑を際限なく引きつけて付着させる。国民にとって善かれ、悪しかれ関心の深い人物には、歴史の流れと共にさまざまな伝説が付会される。行基、空海、平将門、源頼光、和泉式部、大石内蔵助などは、いずれもそうした人物であるが、伝説の質と量に関して他を圧倒しているのは、ほかでもない菅原道真である。

善意によるか、ためにする作意によるかはともかく、道真の歴史像に添加された数々の伝説は、彼の実像を極度に霞ませ、歪めている。実のところ、こうした諸伝説の多くは、道真のためには贔屓の引き倒しの感を免れないのである。

いま道真に纏わるすべての伝説に触れる余裕はないので、多数の天神縁起の根本をなしている北野天満宮所蔵の承久本『北野天神縁起』（根本縁起）の中から主要な伝説を抄出してみよう。

(1)道真は、文章博士・菅原是善《これよし》（八一二〜八八〇）の実子ではなく、養子であった。ある時、是善は自邸の菅原院（中御門大路北・烏丸小路西）の南庭において容顔ただ人ならぬ、五、六歳の小児が遊んでいるのをみかけた。是善が『なぜここに来て遊んでいるのか』と問うたところ、その子供は、『自分には定まった居処も、父母もありません。宰相殿を親としたいと思って参りました』と答えたので、是善はその子を抱くようにして屋内に連れて行き、養子として大事に育てた。これが後の道真公であって、公は神の権者《ごん》である。

(2)公は早くより作詩に勝れ、弓矢の方も百発百中の腕前であった。皇太子・敦仁親王（醍醐天皇）の仰せによって一刻の間に十の題目によって十首の詩を作ったこともあった。

(3)左大臣・時平は、源光、藤原定国、藤原菅根らと謀って讒奏《ざんそう》したため、公は太宰権帥に左遷の上、流罪の宣旨が下された。

(4)宇多法皇は内裏に入り、清涼殿に近づき、公を寛恕されるよう醍醐天皇に申そうとされたが、菅公に恨みを抱いていた菅根は、法皇入御の旨を天皇に奏達せず、法皇は日の暮れるまで待たれたが、諦めて還御された。

(5)公は、紅梅殿の梅に対して訣れの歌を詠まれたが、梅はこの歌に深く感銘し、筑紫の方に飛んで参ったとのことである。

(6)公は、太宰府で詠じた詩を集めた『後草』を中納言・紀長谷雄卿の許に送った。卿は、公の詩才を絶讃した。
(7)太宰府におられる間、公は冤罪の祭文を作り、高山に登り、天道に訴えた。祭文は、雲を分けて飛び、梵天に達した。釈迦如来も讃嘆したので、公は弥勒に先だって仏となられた。七日七夜、公は天を仰ぎ、身を砕き、心を尽して修行されたため、公は現《うつ》身《せみ》のまま、天満大自在天神になった。
(8)公が薨じた後、筑紫の四堂に埋葬しようとして遺骸を運んだところ、一地点で牛車はどうしても動かなくなったので、改めてそこを墓所とすることとし、遺骸を埋葬した。その地点とは、後に安楽寺が建った処である。
(9)延喜三年（九〇三）五月の夜、天台座主・尊意の房に公は化来し、『自分は花洛に行き、天皇に近づいて愁いを述べ、仇を報じようと思う。その時、勅宣によって貴僧は調伏のため宮中に請じられようが、永年の契りの故に、これを辞退してほしい』と言われた。尊意は、『この世は王土であるから、勅宣が三度も下った際には、どうしたものか』と答えると、公の気色が少し変った。喉が乾いたと言われるので、柘榴《ざくろ》を差し上げると、公は柘榴の実を妻戸に吐きかけて出て行かれたが、それは焔と変じて妻戸は燃え上った。座主は、灑水《しゃすい》の印を結んで、これを消しとめた。
(10)その頃、激しい雷雨があった。左大臣・時平は清涼殿にいたが、大刀の柄《つか》に手をかけ、

『飛神となっても、朝に仕えた折と同様に我に遠慮せよ』と言い、睨みつけた。

⑾三度の勅宣を蒙って尊意が山から駈けつけると、鴨河の水は去って、河底は陸地通りとなり、難なく渡ることができた。座主の法験と皇威の尊畏によって、天神は宥められた。しかし延喜八年十月頃、菅根は新たに神罰を蒙って命を終えた。

⑿延喜九年三月頃、左大臣・時平は病臥した。薬石も効なく、危篤となった。今は法験に頼るほかはないとし、三善清行の子で、法力に勝れた浄蔵を請じ、祈禱させた。その日、三善清行が時平の許に見舞いに行くと、大臣の左右の耳から青龍が首を出して清行に告げて言うには、『われは中文を上《たてまつ》って帝釈天のお許しを蒙り、仇を報じようとするのだが、貴下の息男の浄蔵の調伏によって仇を遂げられないでいる。どうか浄蔵の祈禱を制してほしい』とのことであった。清行は、この旨を注して浄蔵のところに送った。彼が手紙を読み、しばらく祈禱をやめていると、左大臣はその時に薨去した。

⒀やがて御娘の女御、大臣の孫の東宮、一男の八条大将・保忠、敦忠中納言もあいついで歿した。左大臣家の人々は、齢四十に及ばずして世を去り、子孫は無きも同然となった。

⒁延喜二十三年四月頃、右大弁・源公忠が頓死したが、二、三日で蘇生した。彼は、冥界で見たことを天皇に奏上したいと言ったので、醍醐天皇は公忠を召して見聞したこ

とを聴かれた。公忠は、『それがしが冥官の前におりますとき、長《たけ》一丈もある立派な人が金の文挟《ふばさみ》に中文を捧げて訴えていたので、よく聴いてみますと、詞を尽くして、「延喜の帝のなさり方は心得られません」と訴えていました。よってその人物が菅大臣であることが分かりました。朱《あけ》や紫の衣服を纏った冥官が三十余人並んでいましたが、第二の座にいた冥官が少し嘲笑って、「延喜の帝は、大変ぼんやりした方だ。もし改元でもされればよかろうに」と冥王に奏達して退出しました』と言上した。天皇はこれをきいて限りなく畏怖し、早速、年号を改めて『延長』とされた。そして同年四月二十日、道真公をもとの右大臣に復任の上、正二位に昇叙された。また天皇は、昌泰四（延喜元）年二月二十五日（実は一月二十五日）の左遷の宣旨を焼却させられた。

⒂また菅公は清涼殿に化現し、醍醐天皇にまみえ、罪のない由を述べられたこともある。また菅公と仲間の神々による種々の災害が下されたのも、その頃のことであった。

⒃延長八年（九三〇）六月二十六日、清涼殿に落雷があり、大納言・藤原清貫、右中弁・平希世、近衛・美努忠包《かね》、紀蔭連《つら》らが死歿した。これはすなわち、天満大自在天神（菅公の化現）の十六万八千の眷属の中の第三の使者・火雷火気毒王の仕業であった。

⒄清涼殿の雷火の毒気は醍醐天皇の御身中に入り、玉体は不例となった。よって天皇は位を朱雀天皇に譲り、出家ののち崩御した。

以上は、承久本『北野天神縁起』の詞書に見える天神伝説の要旨である。北野天満宮に所蔵されているこの絵巻は、全八巻のうち巻七と巻八の詞書を欠いている。絵の方は、巻七には八地獄、巻八には六道の情景が恐ろし気に描かれている。このうち巻七の狙いは、醍醐天皇が責苦に遭っている地獄の光景、巻八の方は、浄蔵が巡歴した六道の有様を描出し、結局は大政威徳天に化生した道真の威力を物語っているのである。

二

『天神縁起』の絵巻のうち、弘安本以下の諸種の流布本には、上記のほかの天神伝説が付加されている。弘安本以下の絵巻は、天神信仰や天満宮の宣伝のため大いに活用されたが、こうして拡汎した天神信仰に関連して更にさまざまな伝説も作られるに至った。

なかでも著しいのは画題として好まれた二つの天神伝説である。一つは『渡唐天神』の伝説である。仁治二年（一二四一）七月、宋から帰朝した求法僧の弁円―のちの東福寺の開山・聖一国師―は、同年八月十八日、博多にあって天神の夢をみた。その中で天神が現れ、弁円に禅を問うた。彼は自分が師事した宋の径山《きんざん》の仏鑑禅師（無準《ぶじゅん》師範）に尋ねるよう勧めた。すると天神は、即夜渡宋し、無準に会って法を受けたというのである。同年十二月、弁円は、太宰府の天満天神に衣法を授けた。これを契機として渡唐天神の伝説は拡まったが、特に室町時代には『渡唐天神画像』―宋の道服を着た天神の絵姿―は、頻繁に描かれた。

もう一つは、忿怒の菅公の画像であって、束帯で黒い袍を着た強装束姿の肖像である。伊勢貞丈は、『菅像弁』の中で、流布しているこの画像に大人気なく酷評を下している。

そのほか、菅原道真に付着した伝説は少しとしない。天神信仰は、人びとに強烈な印象を与えていたらしく、昔の人はよく天神＝道真の夢をみている（例えば、『花園天皇宸記』）。河内の道明寺の伝説によると、同寺の本尊・十一面観音像は、道真が一夜のうちに彫刻したとのことである。道真の讃岐守任命は、彼が経験したただ一度の外任であった。都育ちの道真にとって、讃岐国府在住は彼の詩藻を肥やす上でも貴重な体験であったが、現地の人びとにとっても、天神様が国守としてこの地におられたという史実は、追憶の種となった。現在も阿野《あや》郡加茂村（今は、香川県坂出市加茂町）―府中村の北に隣接する―の人びとは、加茂、加茂川、東山といった地名は、讃岐守・道真が在任中、都を懐しんでつけた名であると伝えている。

言うまでもなく、伝説はあくまで伝説であって、実説とは質を異にしている。今日の人びとの眼で見れば、『北野天神縁起絵巻』に記された数々の伝説は、大部分が荒唐無稽であるばかりでなく、これを天神信仰宣伝の手段に用いることは逆効果をもたらすものと思う。道真の左遷は、それなりの理由があってのことであった。それは延喜元年の六月、宇佐奉幣使・藤原清貫に対して道真が自己の非を認めた言葉によっても明白である（『醍醐天皇御記』）。その道真が自分の無実を強弁するばかりでなく、時平の子孫を滅ぼし、醍醐天皇を地獄に堕し、関係のない公卿、官人を震死させたとなると、その執拗な復讐心の前に現代人はただたじろぐばかりである。忿怒の形相も物凄く、肩を怒らし、きっと前方を睨んだ黒装束姿の画像などは、畏怖より先に反感を喚び起こすだけであろう。

ところが天満宮、天神社、菅原神社といった天神信仰によって勧請された神社の数は夥しく、全国に遍在している。これは、『北野天神縁起』を中心とする菅公伝説が民衆には不思議と思われず、反って道真の威徳や神力を語る有力な証と信じられていたことを指証している。あのような縁起が天神信仰の宣伝に大いに役立つ時代があったのである。

もともと天満天神の『天満』は、『瞋恚の焔、天に満ちたり』とある託宣に由来しているが、道真に尽くることのない忿怒を抱かせることは、彼の人徳を損なうばかりである。当事者たちは、調子に乗って次ぎから次ぎと道真を激怒させているが、これが民衆を畏怖させ、天神信仰の弘通に役立たせたのであるから、それは現代人には理解を拒む心性と言うほかはないのである。

三

北野天満宮の成立事情については、雑誌『歴史と人物』の第七年第五号（昭和五十二年五月）に、『菅原道真と北野神社』という題で述べておいた（『王朝史の軌跡』に収録、東京、昭和五十八年）。要するに北野神社は、右近馬場の北に太政大臣・基経が創祀した雷《いかずち》社に由来しているが、この雷社は、菅原氏とも道真とも無縁の神社であった。北野は、右京の北に拡がる林野を漠然と指した地名であるが、文学の上で有名な右近馬場は、一条大路の北、西大宮末路の西、西堀河末路の東に設けられた馬場であった。この馬場の北に接して雷社が祀られたのである。西大宮大路が後世に『御前通』と呼ばれたのは、西大宮末路が北野天満宮の東側を通っていたためである。

天慶元年（九三八）頃、摂政太政大臣の忠平は、雷社の境内の一部に、道真の怨霊を鎮めるために、北野寺を建立させた。道真の怨霊が雷と同一視され始めていた当時としては、雷社の社地の一角に北野寺が営まれたのは、自然なことであった。やがて忠平の強力な庇護の下に雷社は廂を貸して母屋を取られる結果となり、北野寺は雷社と合体し、天満宮へと発展したのである。

菅公の怨霊は、菅原氏の氏人たちの全く与り知らぬことであった。この怨霊の凄じさを煽りたてたのは、忠平と、彼に気脈を通ずる天台座主の増命であった。彼忠平は、怨霊という浮説を奇貨とし、この見えざる武器を巧みに使って神経の細い時平の息子たちの自滅を図ったのである。道真の怨霊を中核とする天神信仰の隆昌は、忠平らの謀略によるものであった。藤原氏北家の歴代の人物のうちでも、不比等、良房、忠平、師輔、忠通の五人は、内心の奸智さを人に覚らせず、巧みに自家の地歩を築くという陰険さの点で卓越していた。

忠平は、菅家の怨霊を武器として時平の息子たちを斃し、摂関家の嫡流たる地位を獲得したのであった。道真の歿後二十年にして今さらのようにその怨霊が喧伝されたのは、その頃から忠平の謀略が開始されたことを意味している。しかし忠平の在世中には、天満宮は日本屈指の神社にまで発展してはいなかった。

北野天満宮が第二回の発展を遂げたのは、師輔・兼家の時分であった。師輔は、この神社を大いに尊崇し、立派な社殿を造営したが、しかしその魂胆は、兄・実頼（摂政・太政大臣）（妻は、時平の娘）とその一統（小野宮流）の絶滅を図るにあった。つまり摂関家の嫡流である小野宮家に対する九条家の陰湿な対抗の手段に利用されたのである。『小右記』の正暦四年閏十月十四日条によると、小野宮家の実資は、師輔の自家に対する激烈な憎悪や敵愾心を知り、今さらながら愕然としている。

九条家の兼家は、北野天満宮への一条天皇の行幸を仰ぎ、大いに社格を高揚した。その頃から北野天満宮は、摂関家の守護神としての地位を獲得し、その優越した社格を利用して全国的な発展の基礎を築いたのである。

菅原氏の氏人は、お情のように北野天満宮の別当や神主を勤めさせて貰ったが、神社の実権は摂関家の掌中にあった。

道真についての伝説の多くは、道真の怨霊の凄まじさ、天神の力強い功徳を強調するために当事者たちによって恣意的に捏造されたものであった。一方、民衆の側には、容易にこれらの伝説を受容するだけの素朴さがあった。

江戸時代になると、道真の人格を傷つけるような諸伝説は次第に影が薄れ、御霊信仰的な北野神社の性格には転換がみられ始めた。そして『文道之大祖、風月之本主』としての性格が強調されるようになった。絵馬堂に奉納されている多数の算額の類は、その具体的な証拠である。

絵巻の『北野天神縁起』は、人を畏怖させる、布教の具ではなく、美術品として鑑賞する対象と化した。近年に至って北野天満宮は、『受験の神様』としてひどく繁昌し、道真に纏わる諸伝説はお伽話となったが、道真や天神を祀る全国の神社は、その変り身の巧みさのため、いつの世にも篤く尊崇され、殷賑を保っている。それは忠平や師輔によって育成された体質に負うているのであろう。

尚侍藤原淑子

一

奈良・平安時代を通じて、男女を問わず生存中に一位の階に叙された人は、極めて稀である。藤原氏の氏長者でも太政大臣くらいにならなければ、従一位を授けられることはなかった。まして婦人の身で従一位に叙されるなどというのは、破格のことであった。尚侍・藤原淑子《よし》は、天皇の女御ないし御息所などではなく、女官《にょかん》としてこの階に叙された稀にみる婦人のひとりであった。

『日本紀略』は、延喜六年（九〇六）の条に、

五月二十八日、庚辰。尚侍従一位藤原朝臣淑子薨。年六十九。

と、この位人臣を極めた女性の死を伝えている。彼女に従一位を授けたのは宇多天皇であったが、無論、彼女は、この天皇の寝席に侍った婦人ではなかった。そこで更めて問題になるのは、彼女がどのようにしてかかる高位に達したかということなのである。

二

遺憾ながら藤原淑子の生涯については、ごく僅かなことしか知られていない。まず確かなのは、『尊卑分脈』（第一編、摂家相続孫）に、

　長良――女子淑子、従一位、尚侍、右大臣氏宗室、

とあるように、彼女が長良の娘、従って基経の妹であったという事実である。『一代要記』（丙集）にも、

　尚侍正三位藤淑子元慶八年四月任尚侍中納言長良女左大臣氏宗室

と見え、彼女が権中納言・藤原長良（斉衡三年七月薨）の娘であり、また右大臣正三位・藤原氏宗（貞観十四年二月薨）の室であったこ

長良 従二位左衛門督　権中納言
　母　阿波守真作女
　斉衡三、七、薨
　五十五
　贈太政大臣正一位
　号枇杷

- 国経 正二位、按察使、大納言、　母従五位下難波淵子
- 遠経 従四上、右大弁、　母同国経
- 基経 太政大臣、左大将、摂政、従一位、　母贈太政大臣総継女
- 高経 内蔵頭、左中弁、右兵衛督、正四下、　母同基経公、寛平五五十九卒
- 弘経 正四下、越前権守、　母同上
- 清経 近江守、右衛門督、参議、従三位、　母同上、延喜十五五二十三薨、七十一
- 季平 大弐、従四下、　母同上
- 女子 皇太后宮、従三位、高子、号二条后、　母同上、
- 女子 従一位、尚侍、淑子、　母、右大臣氏宗室
- 女子 典侍、有子、右大将惟範母、　母、

系図21　藤原長良の子女

とは、全く疑いがないのである。

藤原淑子は、延喜六年に六十九歳で歿しているから、生まれたのは、仁明天皇の承和五年（八三八）であった。長良は良房と違って子宝に恵まれていたから、彼女には兄弟姉妹が多かった。『尊卑分脈』（第一編、摂家相続孫）には、系図21のような系図が掲げられている。各人に関する細い註記には訂正を要する箇所も認められるが、淑子の兄弟姉妹は、ほぼこの通りであったと認められる。これらの人びとのうち、生年が判明している者は、左の通りである。

国経　天長五年（八二八）生　延喜八年、八十一歳にて薨去（『公卿補任』）
基経　承和三年（八三六）生　寛平三年、五十六歳にて薨去（『公卿補任』、『紀略』）
弘経　承和六年（八三九）生　元慶七年、四十五歳にて卒（『三代実録』）
清経　承和十三年（八四六）生　延喜十五年、七十歳にて薨去（『紀略』、『公卿補任』）
高子　承和九年（八四二）生　延喜十年、六十九歳にて薨去（『紀略』）

なお、『三代実録』によると[1]、有子は長良の長女であって、天安二年（八五八）、典侍となり、貞観六年（八六四）、従四位上に叙され、また平高棟（大納言）との間に二男二女を儲け、貞観八年に卒去している。生年のほどはわからないが、淑子や高子の姉であることは確かであろう。従って生年の順序に従って長良の子女を掲げてみると、大体、系図22に掲げるようになるであろう。有子は斉衡元年（八五四）に女官として叙位されるまでには、すでに二男二女を産んでいたと推測される。そう考えると、彼女は国経の姉と推量されてくるのである。末弟の季平は、恐らく嘉祥年間の生まれで、元服以前に基経に引きとられ、その養子となったのではあるまいか。（基経は、息子に〇平と言う名をつけるのを例としていた。）淑子の母は不詳であるが、一応、国経と同じであったと見るのが穏当であろう。

『三代実録』によると、貞観三年（八六一）二月十八日、皇太后・藤原明子《あきらけいこ》は、父・良房（摂政・太政大臣）の染殿第に行啓したが、その際の賞として左の人びとが翌十九日に昇叙されている。

外従五位下隼人正難波連藹麻呂　従五位下
主殿允正八位下伴大田宿禰常雄　外従五位下
無位上毛野朝臣滋子　従五位下

そして『藹麻呂已下は、大臣家の人なり』と、『三代実録』は記載している。[2] 同書は更に、『右京の人・従五位下隼人正の難波連藹麻呂、伊予権掾で正六位下の難波連実得、縫殿少允で従六位上の難波連清宗』らが貞観五年八月に『朝臣』の姓を賜わったことを記し、『其の先は、高麗国の人なり』と述べている。[3] これら三人が長良の妻・難波連淵子の縁者であることは、殆ど疑いがない

- 有子　天長二年（八二五）頃の生れか　母は国経と同じか
- 国経　天長五年（八二八）生　母・難波淵子
- 遠経　承和元年（八三四）頃の生れか　母は国経と同じ
- 基経　承和三年（八三六）生　母・藤原総継女
- 高経　承和四年（八三七）頃の生れか　母は基経と同じ
- 淑子　承和五年（八三八）生　母は国経と同じか
- 弘経　承和六年（八三九）生　母は国経と同じ
- 高子　承和九年（八四二）生　母は国経と同じ
- 清経　承和十三年（八四六）生　母は国経と同じ
- 季平

系図22　藤原基経の兄弟，姉妹

と思う。更に臆測を逞しうすれば、蘰麻呂は淵子の父、実得と清宗は兄弟であったように思われる。恐らく長良と淵子との関係から、蘰麻呂は太政大臣家の家司に出向を命じられたのであろう。そして有子や淑子は、この淵子を母としていたと認めるのが最も妥当のように見える。

『菅家文草』(第十二)には、元慶八年(八八四)四月十日に道真が草した『為藤太夫先妣追福願文』が収められている。この願文によると、『藤太夫』とは、『従五位上藤原朝臣高経』のことである。この『高経』と基経の実弟の高経が同一人であることは、元慶八年における官位の上からも明らかである。(4) 願文には、高経が元慶七年四月二十二日に母を失ったことが記されている。つまり基経、遠経、高経、高子たちの母・藤原乙春は、その時に長逝したことが知られるのである。しかし難波淵子の方がいつ他界したかは、もはや知ることはできないのである。

三

残念ながら若い頃の藤原淑子について知られるのは、『三代実録』に散見する程度にとどまっている。それによると、貞観二年(八六〇)八月五日、それまで無位であった彼女は一挙に従五位上に叙されている。

貞観二年と言えば彼女はまだ二十三歳の若さであった。その頃政界では叔父の良房は摂政・太政大臣であって、圧倒的な勢威を誇っていた。父の長良はすでに他界していたけれども、もう一人の叔父の良相は右大臣、兄の基経は蔵人頭の任にあった。恐らく良房は、養嗣子の基経と協議して淑子に宮仕えを勧めたのであろう。後宮に官女として近親者ないし妻女を配置するのは、藤原氏が不比等いらい採って来た伝統的な政治工作であった。そして淑子は、恐らく聡明で典雅な人柄ゆえに官女としての出仕を勧められたものと推量される。

その家柄から言っても、淑子が女孺などに任じられたとは考えられない。やはり彼女は最初から掌侍ないし権掌侍に任じられたに相違ない。貞観二年八月五日は女叙位の日ではなく、位を授けられたのは淑子ひとりであったこと、並びにそれまで彼女が無位であったことから推測すると、多分、彼女は、この日に推叙され、掌侍に任じられて初めて宮仕えに上ったのであろう。

官女の生活は、独身を強要されはしなかったから、娘を宮仕えさせるのは、必ずしも可哀そうなことではなかった。淑子は、貞観二年に二十三歳、氏宗は五十一歳で、参議の要職にあった。二人がいつ、どういう形で結ばれたかは不明であるが、それは貞観の初年であったような感じがする。

藤原氏宗は、北家の葛野麻呂（中納言）の七男として弘仁元年（八一〇）に生まれた。

母は和気清麻呂の娘であった[5]。仁寿元年（八五一）十二月、四十二歳で参議を命じられるまで彼は順調に昇進を続けたが、それから八年を経た貞観元年（八五九）においてもなお参議に留っており、昇進は幾分停滞気味であった。ところが貞観三年正月から彼の昇進はまた急速度化し、間もなく右大臣に任じられるに至った。

貞観三年正月　中納言
貞観六年正月　権大納言
貞観九年二月　大納言
貞観十二年正月　右大臣

この異常な昇進は、恐らく天安二年（八五八）ないし貞観元年頃、彼が淑子を娶ったことによると見るのが妥当であろう。その頃、良房は五十六歳で摂政・太政大臣の高位にあり、天皇の外祖父ではあったけれども、気の許せない弟の良相が右大臣であることを別とすれば、執政のうち北家の出身者は寥々たる有様であった。養嗣子の基経は甚だ俊敏であったけれども、まだ二十四歳の若さで少納言兼侍従に過ぎなかったし、一方、太政官にあっては、伴善男の進出が注目を惹いていた[6]。氏宗は北家としては傍系に属していた。しかし廟堂に適当な人材を欠く折から良房が氏宗に嘱目し、政策的に淑子と縁を結ばせ、それによって彼を自己の陣営に引き入れようとしたであろうことは、充分に思考されるのである。

淑子が二十八歳も年上の氏宗と結婚したことの背後には、必ずや良房や基経の政治的意図が潜められていたのであろう。『尊卑分脈』（第一編、摂家相続孫）によると、氏宗には三人の婦人に産ませた四人の息子がいた。正室は、一男の春景を産んだ菅原門守の娘であったらしい。恐らく貞観元年頃に氏宗は正室を失ったが、良房らはその点に目をつけ、淑子を彼の後室に向けたと思われる。然も、淑子に子供が生まれないのを理由に、良房らは彼女を宮仕えに出し、かくして一石二鳥の効果を得ようと図ったもののようである。

淑子が宮仕えに上った当時、尚侍として後宮を采配していたのは、従三位・源全姫《また》であった。[7] 全姫は、良房の室・潔姫《きよ》（皇太后・明子の母）の同母妹であったから[8]、当然、淑子を引き立てる態度をとったに相違ない。その点では、淑子の宮仕えは、すでに路線が敷かれていたと言ってよく、やがて淑子が尚侍に昇任することは、良房、基経、氏宗らの予想するところであったであろう。

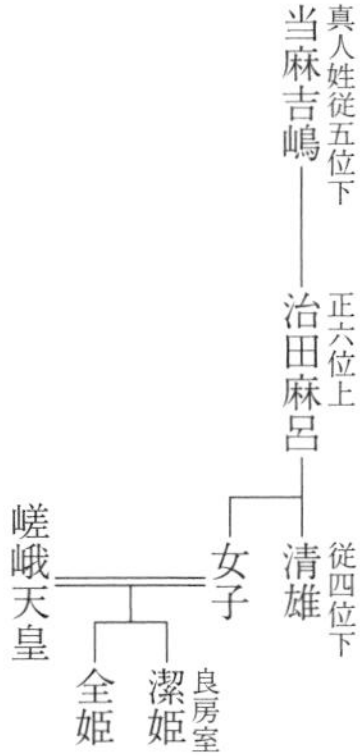

系図23　皇女・源潔姫と全姫の出自

氏宗との間には、不幸にして子供―少くとも男子―は生まれなかったけれども、官女としての淑子の生活は、順調であったらしい。貞観八年（八六六）十二月、彼女の妹の高子は、在原業平とのロマンスをたちきり、無理に入内させられて清和天皇の女御となった(9)。『二条の后』の名で知られるこの高子は、貞観十年十二月に良房の染殿院において皇子・貞明《さだあきら》を産んだが、翌年二月には、この皇子は忽ち皇太子に立てられてしまった(10)（陽成天皇）。淑子は右大臣・氏宗の室であり、一方では皇太子の伯母となった。それに元来が聡明な婦人であってみれば、後宮における彼女の存在が自ら重きをなしたことは、想察に苦しまぬところである。

貞観八年における『応天門の変』は、単に大納言・伴善男を徹底的に失脚させたばかりでなく、左大臣・源信と右大臣・藤原良相の威信を地に墜し、良房―氏宗―基経のラインをいたく強化したのであった。業平とのロマンスで定評のある高子を強引に入内せしめえたのも、この変の直後であった。然も良房や基経は、女御・高子に侍る官女の長に、高子の同母弟・清経の室・藤原栄子(11)を据え、その政治的布石を完璧にしたのであった。

老齢な氏宗の後妻となることによって、淑子がどれほど女としての歓びを得たかは、頗る疑問である。後述する通り、淑子は氏宗にかなり深い愛情を抱いていたらしい。しかし二人の間には子宝―少くとも男の子―が欠けていた。

氏宗は、貞観寺の熱心な檀越であったようで、貞観九年（八六七）二月十九日には、

信濃国　大野庄　　百二町
武蔵国　山本庄　　九町七段三百歩
　　　　弓削庄　　四町一段二十歩

広瀬庄　三十二町五段二百八十八歩
上野国　小野庄　十四町二段三百歩
備後国　深津庄　九十五町
伊予国　苧津庄　四十九町五段百三十一歩

という厖大な所領を貞観寺に施入している。[12]無論これは、氏宗が大僧都・真雅に篤く帰依したためと言うよりは、貞観寺（紀伊郡深草郷にあり、もと嘉祥寺西堂として発足）の建立者たる太政大臣・藤原良房や皇太后・明子に対するジェスチュアーとして行ったものであろう。[13]これからみると、氏宗は相当な大土地所有者であったことが分かるが、この所領の寄進は、氏宗が淑子とよくよく協議した上でなされたに相違ないのである。

氏宗は、良房―基経という政治の主流に棹して右大臣にまで昇進し、左大臣の地位すらが予想されていた。しかし彼は長寿に恵まれず、貞観十四年二月、右大臣正三位のまま六十三歳で逝去したのであった。[14]

四

貞観十四年、藤原淑子は後家となった。時に彼女は三十五歳であった。官女としての地位は正五位の典侍であったらしい。彼女には子供がなかったようであるから、後家になって出家するよりも、慣れた宮廷で官女生活を続ける方が気が紛れて良かったであろう。また退任しようと思っても、兄の基経は容易にこれを許さなかったことと想像される。こうして淑子は、後家となった後も引き続いて官女生活を送ることとなった。

やがて陽成天皇の代になると、基経は右大臣のまま摂政となった。淑子はまた天皇の伯母であり、増々彼女は重さを加えた。元慶三年（八七九）十一月に、彼女は従四位下より越階して従三位に叙せられ（四十二歳）、官は典侍であっても、老齢の尚侍・源全姫[15]に代わって後宮を宰配することとなった。元慶六年正月、彼女は正三位に叙され[16]、後宮における彼女の地位は不動のものとなった。

基経と密接に連繋していた淑子は、恐らく後宮にあって、甥の陽成天皇の行動に厳重な監視の目を光らしていたであろう。そして天皇[17]のやや常軌を逸した行動は、彼女と親しかった基経室（人康親王の娘の厳子女王か）を通じて、或いは直接に、逐一、基経に報告されていたと想像される。またそこに近親者を後宮の官女として配する北家の伝統的な工作の狙いがあったわけである。尚侍・源全姫は、元慶三年正月、正二位を授けられた[18]。これは嵯峨天皇の皇女であるという彼女の身分と、尚侍としての長い年臈によるものである。三年を経た元慶六年正月二十五日、全姫は薨去した[19]（七十一歳）。これによって起こった尚侍の欠員が直ぐに補充されなかったのは、その頃、もはや尚侍は常置の官ではなく、余程の人物でなければこれに任命されないという慣行ができていたためである。

元慶八年二月に基経が断行した陽成天皇の廃黜と光孝天皇の擁立は、洵に鮮かなものであった[20]。彼は同母妹の高子の怨みを買うことを承知の上で時康親王（基経や高子の従兄）を皇位につけ、高子が生んだ貞保親王ないしは自分の女婿・貞元親王を擁立しようとは図らなかった。光孝天皇が基経にどれほど感謝されていたかは、元慶八年六月五日の詔[21]からつぶさに窺うことができるのであって、天皇は彼の功績は不比等や良房に勝ると述べ、彼に万政《よろずのまつりごと》を領行《すべおこな》うことを命じられている。つまり基経は事実上の関白に任命されたのである。

藤原淑子が元慶八年（八八四）二月の廃立にどれほど与かったかは、隠微のこととて知る由もないけれども[22]、光孝天皇が同年四月一日、班子女王を女御とした翌二日に、彼女を尚侍に任命された点から推測すると、この廃立に基経を助けて彼女が一役を買ったことは、否定し難くなるのである。

光孝天皇の治世は、元慶八年二月から仁和三年（八八七）八月まで約三年半続いた。基経は、事実上の関白として圧倒的な勢威を保持していたし、後宮にあっては藤原淑子が宰配を振い、兄・基経と緊密に連絡しながら北家の勢力を揺ぎのないものとしていた。光孝天皇が基経を大の恩人として兄の如く遇されていたように、女御の班子女王も、尚侍の藤原淑子を姉の如く敬っていたようである[23]。

けれども尚侍の官位相当は従三位であったから、すでに正三位を帯びている淑子がこれ以上昇叙されることは、容易ではなかった。淑子は源全姫のように皇女でもなかった。事実上の中宮であった班子女王ですら従三位であり、越階して従二位が授けられたのは、仁和三年正月であった[24]。

ところが宇多天皇が即位されて間もなく、すなわち仁和三年十一月二十一日に、天皇は基経を関白に任ずるとともに、正三位尚侍の藤原淑子を一挙に従一位に叙されたのである[25]。これは太政大臣の待遇に等しいものであり、その位には封百九十五戸、位田二十四町余が伴っていたのである[26]。この破格な叙位に接する時、誰しもが疑問に思うのは、一体なにが故に淑子はかような恩典に浴したかということである。

五

『三代実録』といった官撰の史書では、宇多天皇即位の経緯は、どうも明らかにされない。事情はなんであれ、一旦臣籍に降った源朝臣定省《さだみ》が親王、ついで皇太子とされ、皇位に即くといった例は、これまで殆ど見られぬ特異なものであり、当然、そこに伏在する特別な事情が想定されねばならぬのである。

光孝天皇は、元慶八年二月、五十五歳で即位された。即位についで皇太子を定めるのが例であるが、同年四月十三日、天皇は、『今有る所の男女は、皆藩に居りし時の生れなり。……宜しく同じく（嵯峨天皇などの場合と同じく）朝臣の姓を賜ひ、景風の吹を煩はすこと勿らしむべし。』と勅し、ついで六月二日には、皇子女二十九人に源姓を賜わって臣籍に下された[27]。川上多助氏が、『是れ皇子皇女を悉く臣籍に降して、天位に対する御子孫の望を絶ち、基経をしてその外孫に当る親王を立てしむる余地を作らむとする叡慮から出たものではなからうかと思ふ[28]。』と推定したのは、妥当と考えられる。

問題はこれから後である。『三代実録』によると、仁和三年八月二十二日、太政大臣・藤原基経以下の上卿らは天皇に上表し、皇太子を立て給わんことを請うた。そこで同月二十五日、天皇は、『第七息の定省、年二十一、朕の躬に扶侍して、未だ曾て閤を出でず。寛仁孝悌にして朕の鍾憐する所』なるをもって、親王に列し、皇嗣にする旨を詔された。翌二十六日、定省親王は皇太子に立てられたが、同じ日に天皇が崩御されたので、皇太子は直ちに即位された（宇多天皇）というのである。官撰の史書としては止むをえないとは言え、これは表面に現れた経過を無表情に述べただけで、殆ど問題の核心に触れてはいないのである。

その点では、『宇多天皇御記』（『寛平御記』）に基づいた『愚管抄』（第三）の記述の方がより真相に迫っているのである。

コノ小松ノ御門、御病ヲモクテウセサセ玉ヒケルニハ、御子アマタヲハシマシケレドモ、クライヲツガセンコトヲバサダカニモエヲホセラレズ。今ワレカク君トアフガル事モ、コノヲトドノシワザナレバ、又ハカラヒ申テムトヲホセケルニヤ、御病ノムシロニ昭宣公マイリ玉ヒテ、位ハタレニカ御ユヅリ候フベキト申サレケルニ、ソノ事ナリ。タダ御ハカライニコソトヲセラレケレバ、寛平ハ王侍従トテ第三ノ御子ニテヲハシマシケルヲ、ソレニテヲハシマスベク候。ヨキ君ニテヲハシマスベキヨシ申サレケレバ、カギリナクヨロコバセ玉ヒテ、ヤガテヨビマイラセテ、ソノヨシ申サセタマイケリ。寛平御記ニハ左ノ手ニテハ公ガ手ヲトリ、右ノ手ニテハ朕ガ手ヲトラヘサセ玉ヒテ、ナク〳〵公恩マコトニフカシ。ヨク〳〵コレヲシラセ玉ヘト、申ヲカレケルヨシコソ申ヲカレタンナレ。中〳〵カヤウノ事ハカク其御記ヲミヌ人マデモレキクコトカタハシヲカキツケタルヲ、マサシク御記ヲミム人モミアワセタラバ、ワガモノニナリテアハレニ侍ナリ。

右に掲げた慈円の記述は、次ぎのように要約することができよう。

(1)光孝天皇の御病が篤くなられた時、基経は御病床の所に伺って、誰を皇太子に立てられるかについて叡慮をお伺した。

(2)天皇は、自分の今日あるは、太政大臣の計らいによることを想われ、皇太子の選定の件は、太政大臣が取り計らうようにと仰せられた。

(3)基経は、天皇の意中に第三皇子の定省があることを察し、第三皇子こそはよき君になられるであろう旨を奏上した。天皇は限りなく欣ばれ、すぐに定省を喚ばれ、皇嗣とする旨を仰せられた。

(4)『寛平御記』によると、[29]天皇は左の手で基経の手を、右の手で定省の手をとらえ、『太政大臣の恩はまことに深い。よくよくこれを心に刻んでおくように』と泣く泣く仰せられたという。

けれども、右の記述すらが真に問題の核心を衝いているとは思えないのである。第一、基経は娘の佳珠子が生んだ貞辰親王（清和天皇皇子）の即位を考慮しないほど私心を離れていたかどうか。第二に、皇位継承の大原則を無視して一度臣籍に降った者を皇位につけることに基経が容易に賛成したかどうか。第三に、同じく班子女王の産んだ第一皇子・是忠、第二皇子・是貞が健在であるのに、ただ天皇の偏愛のままに第三皇子の定省（同母弟）を皇嗣とすることに基経は簡単に同調したかどうか。『愚管抄』は、遺憾ながらこれらの疑点を説明していないのである。

これは有名な話であるが、元慶八年、陽成天皇の廃位に際して開かれた陣定の席上、左大臣・源融が、『いかがは、近き皇胤をたづねば、融らもはべるは』と発言したに対して、基経は、『皇胤なれど、姓給てただ人にてつかへて、位につきたる例やある』と融を一喝した。[30]この源融は、仁和三年八月にはいまだ左大臣の任にあった。融をそのように一喝した基経が簡単に源定省の即位を口に出したとは考えられないのである。

その意味で最もよく真相に触れているのは、仁和四年、所謂『阿衡の紛議』に際して菅原道真（時に讃岐守）が基経に上った『奉《ル》二昭宣公一書《ニ》』であろう。原文は頗る長文にわたるのと、『政事要略』（巻第三十）に収められていて簡単に披見しうるのと二つの理由からここに引用を省略するが、その中で注意を惹くのは左の一節である。

……閭里言曰、先皇欲下立二今上一為中太子上者数。而大府不レ務二奉行一。其間小事。人皆聞レ之。

つまり世間では、光孝天皇はしばしば宇多天皇を太子に立てようとされたが、基経はこれを奉行しようとは努めなかったと言われている。また立太子に至るまでの細い事柄は、皆が聞き知っている、と道真は述べているのである。それは定省が臣籍に下った者であることを思えば、当然であろう。ましてもし基経の時康親王擁立が、この老齢の皇子を立てて廃位に伴う世上の非難をかわし、やがて娘の産んだ貞辰親王を立てようとする深謀のもとに行われたとすれば、彼が天皇の望まれた立太子をはかばかしく奉行しなかった理由も頷かれるのである。

道真の『奉二昭宣公一書』には、更に興味ある事実が語られている。

尚侍殿下者、今上之所二母事一。其労之為レ重、雖二中宮一而不レ得。其功之為レ深、雖二大府一而不レ得。

問題は漸く核心に迫った感じである。すなわちここでは、宇多天皇が尚侍・藤原淑子を母として遇していること、その功労の大なるは、中宮（班子女王）も大府（太政大臣・基経）も及ばぬことが述べられているのである。一体、これはどういうことであろうか。

まず第一の『母として事《つか》えること』であるが、それが道真の誤りでないことは、『宇多天皇御記』の寛平九年（八九七）六月十九日条によって明白である。

十九日。尚侍藤原朝臣、於レ朕有二養母之勤一。仍毎年別給二掾一人一、以為二永例一、云々。

つまり藤原淑子は、宇多天皇の義母に何時の間にかなっていたのである。これを解く鍵は、やはり『奉昭宣公書』が与えてくれるのである。

而広相始以二女子一附二属尚侍一。転レ自二尚侍一奉二進今上一。

ここでは、(1)右大弁・勘解由長官・文章博士（元慶七年現在）の正四位下・橘広相（元慶七年に四十七歳）が娘の義子[31]を尚侍・藤原淑子の養女としたこと、(2)淑子が養女の義子を源定省の室としたことがはっきりと述べられているのである。それは、

今上在レ邸而所レ娶。娶後四年乃為二天子一。雖レ可レ不レ専二後庭之夜一、何以乍二前日之恩一。

とあるように、宇多天皇（源定省）が臣籍にあった元慶七年のことなのである。そしてここでは、天子となった後には、立場上、他からも女御や更衣を入れねばならず、義子だけが宇多天皇を独占することはできなくなったにせよ、元来の正妻であり、かつ二人も子供（斉中親王と斉世親王）もある義子を、竜潜時代の定省の人柄を見込んで娶せた広相や淑子の恩を宇多天皇はどうしてお忘れになろうか、と道真は指摘しているのである。

要するに、定省が即位した現在、義子は数ある御息所のひとりに過ぎないが、もともと彼女は、源定省の正妻であったのであり、その養母は藤原淑子であり、従って淑子は宇多天皇が養母として仕えられるに至ったのである。『一代要記』(丙集)に

女御従四位上橘義子寛平五年正月二十六日女御、八年正月二十一日従四位上参議広相一女

とあるのは、後人の誤解を招く記載であって、それは、

女御従四位上藤原義子寛平五年正月二十六日女御、八年正月二十一日従四位上、尚侍藤原淑子養女、実参議橘広相一女

と訂正されねばならないのである。

右によって宇多天皇が淑子に母事された事情はほぼ理解される。しかしそれにしても、淑子の功績は、実母の班子女王や基経も及ぶところでないというのは、誇張に過ぎるのではないか。この疑問を解く鍵は、『醍醐天皇御記』の延喜七年(九〇七)正月三日条に求めることができよう。

三日。参二御寺一(仁和寺)、……法皇自持二和琴一、仰曰、此円城寺所レ生木也。此寺自二幼少時一御レ之。見二来《としごろ》此物一、雖レ不レ好、以為《おもへらく》猶勝二他所物一也、云々。

右によると、定省が子供のころ、淑子が建立した円成寺にいたことが分かるのである。円成寺が元慶の初年、すでに精舎となっていたか、或いはまだ山荘のままであったかは、究明し難いけれども、定省がある事情のもとに少年時代をここに過ごしていたことは、疑

いないであろう。男子に恵まれなかった淑子は、早く貞観の末年に、時康親王の王子・定省を養子にしていたか、或いは準養子としていたか、ともかく引きとって鹿ヶ谷の山荘に住まわせ、世話していたらしいのである。淑子が養女の義子を定省に娶せたとしても、ただそれだけで定省、すなわち宇多天皇が淑子に養母として仕えられるようなことはなかったであろう。やはり定省王は、王籍のままではあっても、早く淑子に引きとられ、養子となっていたと解するのが至当と思われるのである。

次ぎに興味深いのは、『奉昭宣公書』に記された左の一節である。

……転レ自二尚侍一奉二進今上一。婦人以レ仁為レ性。不三必思二其大義一。……

一体、『婦人の性質は、本来、仁であって、必ずしも大義を思わない』とは、どういうことであろうか。つまりここでは、淑子は、臣籍にある定省を皇位につけようとすることが、皇位継承の不文律に合致するか違反するかなどを考えず、定省を愛するだけで淑子が彼を皇嗣に推したことが暗示されていると解すべきであろう。

これまでの記述を綜合すると、自ら次ぎのような判断が下されるのである。すなわち、元慶八年二月、太政大臣の基経は、従兄の時康親王を擁立して皇位につけた。この光孝天皇の皇子女は数多くあったが、将来有望なのは、正室・班子女王が生んだ是忠王、是貞王、定省王の三人であった。兄弟三人のうちでも、侍従[32]として勤めていた定省王は、篤く三宝に帰依[33]し、気宇も宏大であるのみならず[34]、まだ独身で十八歳であった[35]。定省は早く尚侍の淑子に養われていたが、その人柄からいって光孝天皇や班子女王は最も嘱望していたし、また彼には養母・淑子という強力な後楯があった。橘広相も、定省王に嘱目し、娘をその室としたいと願い、尚侍の淑子に依頼し、淑子の養女格で娘を定省王に娶せたものと解される。

光孝天皇も班子女王も、兄弟三人のうちでは定省王を最も鍾愛しておられたのであろう。しかし天皇は、基経が貞辰親王の立太子を考えているものと思われ、立太子の儀は、基経が態度を明らかにするまで保留されていたようである。仁和三年の秋、天皇は病床に臥され、再起は覚束なく見えるようになり、ここに立太子の儀は緊急に解決せねばならぬ問題と化した。恐らく臣籍に下った源定省を太子に立てたいという天皇の御意向は、淑子を通じて基経に伝えられたことであろう。基経は、天皇や淑子の意中を充分に察しはしても、(1)源定省は一旦臣籍に下った皇子であることと、(2)自分の外孫を太子に立てたい意向をもっていたこととの二つの理由から、天皇の御意向を奉行しようとはしなかったらしい。尚侍・淑子が政治的手腕を発揮したのは実にこの時のことであって、それによって『尚侍殿下者、今上之所㆓母事㆒。其労之為㆑重、雖㆓中宮㆒而不㆑得。其功之為㆑深、雖㆓大府㆒而不㆑得。』と言わるるに至ったものであろう。

つまり尚侍・淑子は、定省を太子に立てることについて必死になって兄の基経を説得し、さすがの基経も、淑子に口説き落されたもののようである。ひとたび基経の心が決まれば、後は頗る簡単であって、それは『宇多天皇御記』の仁和四年六月二日条に記された通りであった。光孝天皇は仁和三年八月二十六日、定省を皇太子に立て、その日に崩御した。淑子は尚侍としての職権を活用し、基経の心が変わらぬ間に、機を失せず、電光石火の速さで皇位に即けてしまったのである。その間の事情は、宇多天皇が仁和三年八月二十六日、自ら『御記』に書かれた記事から充分に想察されるのである。

二十六日、丁卯、巳二剋先帝登霞。即尚侍藤原淑子、賜二璽筥及御剣一、請二太政大臣一申二其由一、持二進於麗景殿一、少納言左近少将等、齎二鎰(鈴カ)印一、公卿候二常寧殿南廊一、典侍洽子鎰(鈴カ)印、奉二御座辺一……(『西宮記』巻十二、裏書、所引)

宇多天皇の変則的な即位が淑子の強引な工作の結果であったことは、以上によって充分に窺知されるのである。

宇多天皇は、『朕有二両兄一、雖レ有二先帝之顧託一、自レ非二大臣之済導一、朕宝位何至二今日一乎。』[36] と基経に言われ、また『至二朕身一、親《シキコト》如二父子一』[37] と記されている。源定省の立皇太子は、基経の決断によって決まったのであるから、それは天皇が自ら抱かれた感情であろうが、天皇は早くから自分を引き取って養子のようにして育ててくれた淑子、更に自分を太子に立てるについて—理屈よりも情に絡んで—基経を説得してくれた淑子に尽くるなき感謝の念を抱いておられたのである。その謝恩の具体的表現については次節に述べるが、即位の直後、基経を関白に任じ、尚侍としては全く破格の従一位を淑子に授けられたことに、それは早くも現れている。然も彼女の位記は、天皇自らが筆をとって黄紙にしたためられたものであったという。すなわち『日本紀略』仁和三年十一月二十一日条には、

　庚寅、尚侍正三位藤原淑子叙二従一位一。天皇以二神筆一染二黄紙一。因二竜潜之時有一レ功也。

と記されているのである。

淑子は縷々と基経に説いて定省の立太子を承諾させたと考えられる。しかしそれが政治的取り引きであってみれば、いくら兄弟の間であっても、彼女は何等かの条件の下に基経の承諾をえたのであろう。その条件の委細は知るべくもないが、恐らくそれは、(1)登位の暁には基経の娘の温《よし》子（仁和三年に十六歳）を入内させて女御とし、行く行くは皇后とすること、(2)他の御息所は、もとからの義子をも含めて、温子が女御である間は更衣に留めおくことではなかったかと推量される。基経が薨去するまで（寛平三年正月）の後宮の状態から推測すると、こうした条件が淑子から基経に提出されたのではないかと思量されるのである。

政界における基経の勢力は、洵に圧倒的なものがあった。仁和四年五月、『阿衡の紛議』[38]が持ち上り、基経が出仕しなくなると、『万機之事、無二巨細一皆擁滞、諸国諸司、愁恨万端。』の状態に陥ったし、六月晦日に大祓をしようとしても、宮廷には公卿が一人もいないような有様であった。[39]しかしこと後宮に関しては、尚侍の淑子が権力を握っており、基経の勢力は絶対的ではなかった。基経が淑子の強い願望を退け、貞辰親王または他の親王

を即位された場合、新帝にとってどれほど不愉快な事態が生ずるかは、基経ならずとも理解できたはずである。新帝の即位と同時に、先帝やその皇后や御息所は内裏から退出するのが原則であった。しかしその当時は、尚侍以下の官女―皇后や女御づきの官女は別として―は、引き続いて後宮に留まるのである。然も尚侍・淑子は、典侍の上毛野滋子や甘南備伊勢子といった官女[40]とは選を異にし、門閥と年臈の上からいって単なる尚侍ではなく、後宮を牛耳る女王のような存在であった。まして自分の妹である淑子の切々たる願望を基経は無下に退けることはできなかったはずである。話合いの結果、基経と淑子の間には、必ずや妥協点が見出されたに相違なく、それは叙上のような条件の下に源定省の立太子を認めるということに落着したと推察されるのである。

光孝天皇や宇多天皇は、橘広相をいたく信任されていた。『宇多天皇御記』をみても、天皇は広相を敬い、『朕之博士、是鴻儒也。』と記され、基経の圧力に抗して極力広相を庇おうとされている。その理由は、上記によってもほぼ明瞭であろうが、『奉二昭宣公一書』には、箇条書きにして詳しく述べられているのである。

六

後家の身の淑子が内心どれほどの寂しさを感じていたかは知るべくもないが、客観的にみた限りでは、寛平年間における淑子の生活は、甚だ恵まれたものであった。尤も、仁和四年（八八八）の『阿衡の紛議』の場合には、天皇と兄・基経との間に挟まれ、彼女は相当苦しい思いをしたことであろう。史料的に裏づけることはできないけれども、宇多天皇と基経の和解に淑子がある役割を演じたことは、想定してもよいと思う。また同年十月における温子の入内(41)は、淑子の斡旋によるものと認められる。

ところで、藤原淑子がいつから益《やく》信を尊崇するに至ったかは分明でない。益信は後に、『円成寺僧正』と呼ばれ、『本覚大師』の諡を賜わった高僧で、右京八条の南池院の源仁（権少僧都、仁和三年十一月二十二日寂）の弟子であった(42)。彼は東山の椿ヶ峯の西麓に庵を結んでいたが、たまたま同じ山麓の山荘で重病の床にあった淑子から請じられ、祈禱した効があって彼女は平癒した。それ以来淑子や宇多天皇の信任を得て栄達し、東寺長者、法務僧正にまで進み、延喜元年（九〇一）十二月には宇多法皇の受戒師となったのである(43)。

益信をいたく尊崇した淑子は、右の山荘を彼に寄進し、ここに円成寺を建てたのであった。それは、彼女の夫・右大臣・氏宗の終焉の別邸でもあったから(44)、ここに寺院を建立するのは、亡き夫の追善供養の意味をも帯びていたのである。『日本紀略』寛平元年（八八九）三月二十五日条に、『尚侍藤原淑子、建㆓円成寺㆒』と記されているのは、その日に金堂の伽藍が落成供養されたことを示すものと認められる。恐らく円成寺の建立は、仁和三年頃に発願され、宇多天皇の支援のもとに、寛平元年に伽藍が一応竣功したのであろう。

無論、別当は権律師の益信であった。同年七月二十五日、円成寺は早くも定額寺に指定され、『仁王経』、『金光明経』、『法華経』などを常時講説して聖朝の安泰を祈願し、また有能な僧侶を育成すべき任務が課された(45)。

円成寺跡の実地調査はまだ行われていないので、その精確な位置をここに示すわけにはいかない。『山城志』（巻五）には、

廃円成寺成一作レ城、在鹿谷村、（中略）地名尚存、

と見え、『山城名勝志』（巻第十三、上）には、

円成寺拾芥抄云尚侍淑子建立寛平法皇灌頂師益信僧正

土人云此寺乱後移二和州忍辱山一旧跡在二鹿谷村一今為レ田有二方四町一鹿谷氏神大宝明神円成寺鎮守社云云　或書云忍辱山東山万珠坂辺谷云云

と記されている。更に『伊呂波字類抄』（十恵）には、『東山椿峯西麓之家為レ寺、即円成寺是也』という記事が見える。

この椿ヶ峯は東山三十六峯のひとつに数えられており、例えば『雍州府志』（一）に、『在二如意嶽南一古園城寺益信構二菴於此峰一而居レ之。』とあるように、如意ヶ嶽（大文字山）に連なっているのである。すなわち、如意ヶ嶽の西南に接した善気山（法然院の裏手の山）と永観堂の背後をなす若王子山との中間に位し、西にやや張り出した形の山が椿ヶ峯なのである。現在、若王子山の山腹に穿たれた暗渠から流れ出た疏水は、椿ヶ峯の西麓に沿って冷泉天皇陵前の方へ流れている。そして地形を案ずれば自明のように、円成寺は京都市

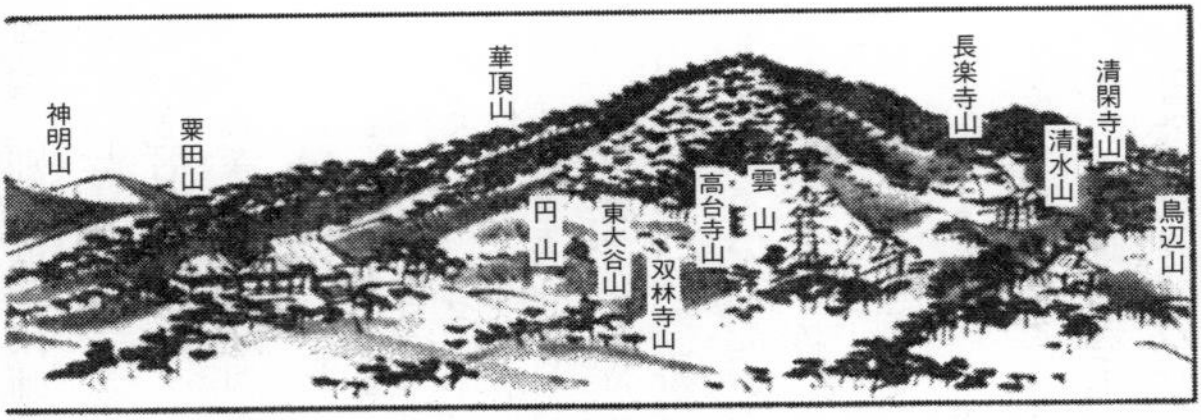

第９図　東山三十六峯の中央部の図絵

左京区鹿ヶ谷宮ノ前町に存したに違いないのである。そしてその敷地が方四町あったとすれば、円成寺の遺跡は、下宮ノ前町の光雲寺境内と住友家別邸の付近に求められねばならない。残念ながら現在では、字円成寺という地名は残っていないのである。

七

寛平年間における藤原淑子の生活は恵まれた安泰なものであった。宇多天皇は彼女に母事して篤い待遇を与えられているし、兄は准三宮の太政大臣であり、関白であった。彼女自身は従一位を帯びた尚侍であった。彼女が引き立てた益信は、思いのほかに政治力を発揮して皇室の信任を得、寛平三年（八九一）九月には東寺の長者に補された[46]。それと共に円成寺も発展し、早くも寛平二年十一月には年分度者二人が置かれるという特典に浴した[47]。

しかし齢を重ねるにつれて、骨肉との別離を嘗めねばならぬ

のは、人の世の常であった。寛平三年正月には、後宮の淑子と組んで政界を壟断していた基経が薨去した（五十六歳）。宇多天皇は早く寛平元年九月四日の日記に左のように認められている。

去月、陽成公母后不予。而今或蔵人等言曰、娠㆓善祐之児㆒、臨㆓其期㆒。非㆑有㆓他事㆒、毎㆑聞㆓此事㆒悶慟無限。

二条后こと高子は、寛平元年において四十八歳であった。東光寺の僧・善祐との情事によって妊娠したとは考えにくいが、そうした評判が寛平元年頃に拡がり、天皇の耳にまで達していたことは事実であろう。淑子も基経も、妹の身の上を案じていたに相違ないが、陽成天皇の廃位以来、彼らとこの不運な皇太后との間は疎遠になっていたようである。寛平八年九月二十二日、宇多天皇は止むをえず裁断を下し、皇太后・藤原高子を廃し、善祐を伊豆国分寺の講師にして都より遠ざけるという前例のない処置をとられたが[48]、二人の情事は十年も続き、放置して置き難い段階に来ていたのであろう。しかし翌二十三日には廃后に封四百戸を授け[49]、老後の生活を不如意に陥らぬよう措置を講じられている。尚侍・淑子は、妹の不運を悲しんだことであろうが、彼女自身には浮いた噂はなく、後宮において真面目に宰配を振っていたらしい。寛平元年三月二十四日の日記に、宇多天皇は、こう記されている。

……太政大臣室之物、無㆓敢得者㆒。于ㇾ時彼室、就ㇾ事毎在㆓尚侍曹司㆒、云々。

すなわち、基経の室たる人康親王の娘の英女王（時平、忠平らの母従四位下・厳子女王か）が賭弓に出した賞を得た者はいなかった。時に基経夫人は、ある事に関連していつも尚侍・淑子の曹司にいたというのである。この夫人と淑子とは、非常に親しい間柄であったことがわかる。『扶桑略記』（第二十二）の寛平元年十二月条をみると、左の記事が注意を惹いている。

二十八日、乙酉。時平朝臣之母、送㆓書尚侍㆒曰、左大臣奉ㇾ勅、時平位記已造㆓正下㆒。而広相朝臣、主上之所ㇾ命、称ㇾ非㆓正下㆒而已毀㆓其位記㆒、云々。

ここにも、基経夫人の某女王と淑子との親しい関係が示されている。寛平元年、基経の

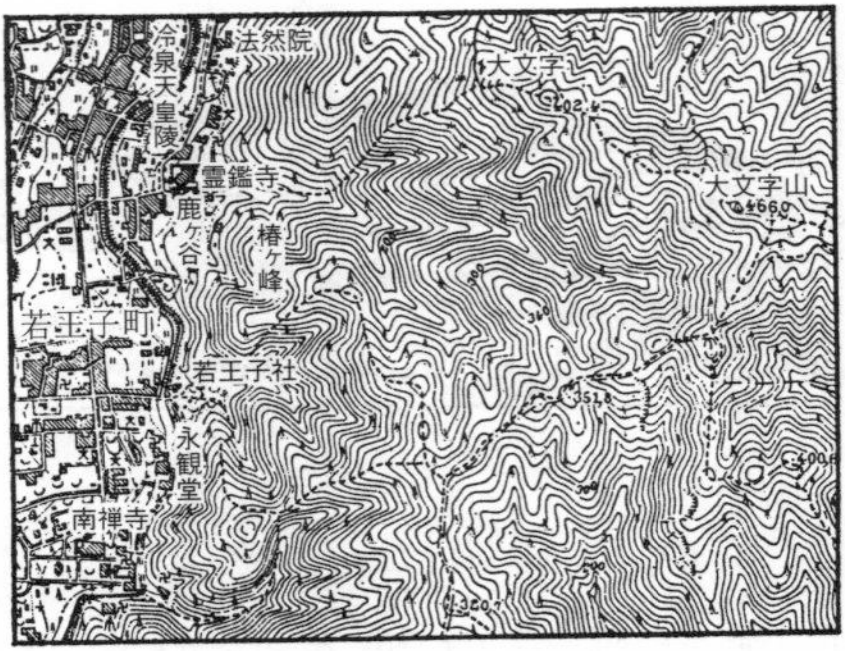

第10図　鹿ヶ谷・南禅寺付近地図

一男の時平は十九歳で従四位下を帯び、蔵人頭であった。翌年正月七日の定例の叙位で時平は昇叙されることとなった。左大臣の源融は、勅を奉って正四位下を時平に授ける旨の位記を作った。ところが、参議左大弁で正四位上の橘広相は、聖旨は従四位上に叙するとありと称して右の位記を破ってしまった。基経夫人は、この件について淑子に手紙を寄こし、善処を依頼して来たのである。

尚侍の淑子は、早速天皇に謁して叡慮のほどを伺ったことであろう。天皇の意向は従四位上にあったので、広相は咎められず、時平は翌年正月七日従四位上に叙された(50)。これは、宇多天皇の側近として筋を通そうとする橘広相の正当な態度でもあろうが、同時に『阿衡の紛議』いらい含むところのあった関白・基経への抵抗でもあった。広相は同じ二年五月に卒去したが(五十三歳)、もう少し生きていれば、天皇や淑子などの擁護があったとしても、失脚は免れなかったことであろう。

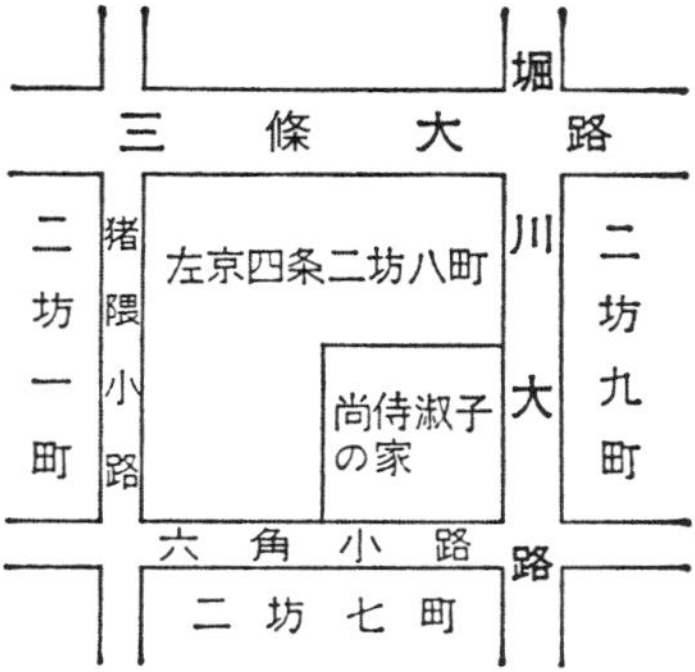

第11図　堀川・六角付近の条坊図

宇多天皇は、依然として淑子には懇であられた。寛平八年十月十三日の午後二時頃、宇多天皇は、淑子の『東三条南堀川西小路巽《たつみ》角家』に行幸された[51]。恐らく天皇は、皇太后・高子を廃せねばならなかった苦衷を語られたことであろう。淑子がこの行幸をどれほど光栄に感じ、かつ立太子の際の苦労が報いられたことにいかばかり満足を覚えたかは、思い半ばに過ぐるものがある。なお右によってみると、彼女の邸宅は、左京四条二坊八町にあり、八町のうち東南の四分の一（西三行と西四行の北五門から北八門まで）、従って二十丈四方を占めていたことが分かるのである。思うにこの邸宅は、女御・義子の里第としても用いられていたのであろう。

彼女は氏宗の未亡人であったけれども、氏宗が外の妻たちに産ませた息子達には冷淡であったらしい。むしろ養女の義子を愛し、義子が生んだ斉中《とき》、斉世、斉邦の三親王や君子内親王に目をかけていたようである。尤も、斉中親王は寛平三年十月十三日に早世し[52]（七歳）、義子や淑子を悲しませた。君子内親王は、寛平五年三月十四日、賀茂の斎院に卜定され[53]、同七年四月いらい野宮に移徙していたから[54]、これまた義子らを寂しがらせておったことであろう。斉世親王は、出家以前に東寺において益信より灌頂を受けたと伝えられている[55][56]。これがもし真実であるならば、淑子の勧めにより、天皇の諒解のもとに、寛平の末年か昌泰年間にそれは行われたのであろう。

淑子の益信に対する尊崇は、年毎に深められたもののようで、寛平九年正月三日には、播磨国に与えられていた封五十戸を円成寺に施入するための願文[57]が菅原道真によって作られている。この願文の一節に、円成寺建立の『発願は、妾の心に出づと雖も、一々の荘厳は、専ら聖慮に由れり。』とあることからも明らかなように、この寺の造営について、宇多天皇は物心両方面に亙って援助を惜しまれなかった。封五十戸の施入なども、直ちに勅許された。天皇は、養母の菩提心に報いるため六月十九日―その時、天皇はすでに譲位を決意しておられた―には、掾一人分の年給を永く恒例として淑子に賜うよう措置されたのであった[58]。

晩年、すなわち昌泰年間や延喜初年の淑子の消息については、殆ど伝えられていない。僅かに彼女が延喜五年（九〇五）二月十日、大納言・藤原定方の四十の算賀を歌人を集めて盛大に行ったことが伝えられている程度である[59]。淑子は薨去に至るまで尚侍であったし、依然として彼女が政界や後宮に絶大な勢力を保持していたことは言うまでもないのである。

もともと淑子は、宇多天皇と最も緊密な関係にあったから、天皇の側近たる橘広相やその遺族、並びに菅原道真などとは最も親しい関係にあった。道真の娘と斉世親王との婚儀は昌泰三年（九〇〇）頃に挙げられたが[60]、無論、これには宇多上皇や淑子が介在していたと想定さ

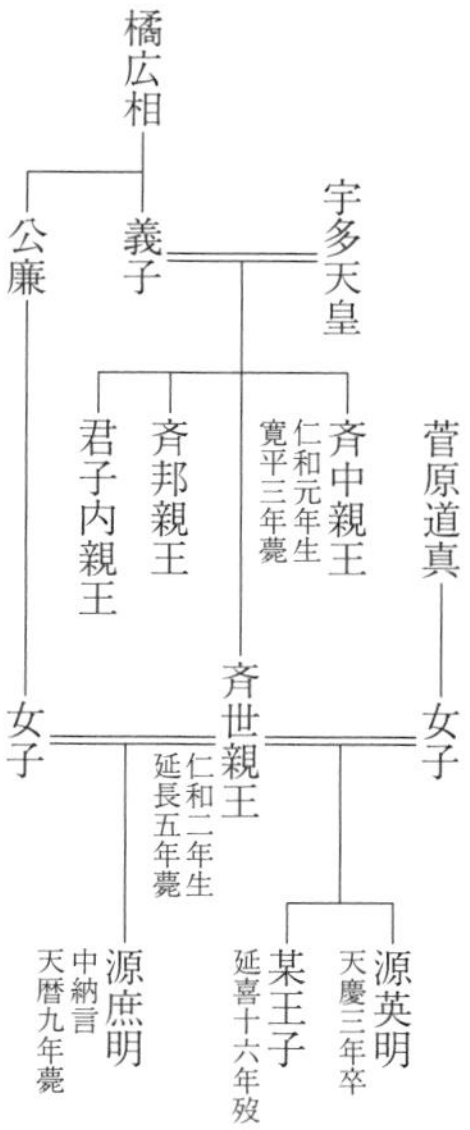

系図24　斉世親王と道真

れる。また広相の子・公廉の娘を斉世親王が納《い》れたことについても、淑子が与かっていたに相違ない。

延喜元年における道真の左遷は、彼が斉世親王を擁立しようとして不軌を図ったという理由のもとに行われた。事は急激に運ばれ、宇多上皇も淑子も施す術はなかった。同年二月二日、斉世親王は出家し、身の潔白を示すと共に、道真に累を及ぼした責任をとった。時に親王はまだ十六歳の若さであった。(61)

斉世親王と公廉の娘との間にできた三男の庶明《もろあきら》は、延喜二年の生まれであった。(62) これからすれば、出家して名を真寂と改めた斉世親王も、父の法皇と同様に、出家によってあらゆる俗縁を絶ったのではなかったらしい。親王は、正式には『入道上総太守斉世親王』などと呼ばれていたようで、(63) 太守としての公廨を与えられていた。その邸宅は、左京の一条ないし二条にあり、(64) そこに妻子を置かれていたようである。延喜十六年十二月二十九日、王子の一人が卒したが、(65) 恐らくそれは一男の英明と三男の庶明の間に挟まれた二男で、道真の娘が産んだ王子であったのであろう。

しかしながら斉世親王の出家は、決して身の安全を図るためのよい加減なものではなかった。それは増命、寂昭、法皇からそれぞれ灌頂を受けたということばかりでなく、(66)『三家撰集目録』や『仏燈広録』（広沢方巻三）などに掲げられた夥しい著述からも窺知されるのである。宇多法皇は、図らずも政争の犠牲となった、この才能に富んだ皇子をことのほか鍾愛され、あらゆる便宜を図っておられた。

延喜四年三月には、法皇の計画された仁和寺の円堂が竣功した(67)。親王が『円堂宮』とも呼ばれていたことからすれば(68)、同年三月いらい親王は主にこの円堂を住持していたようである。また仁和寺の有名な観音院は、親王が建立したものと伝えられている(69)。

延喜六年三月、法務僧正の益信が入寂した(70)。その後、斉世親王は、円成寺の別当を兼ねたため(71)、親王は『円成寺の宮』または『円成王子』と呼ばれるようになった(72)。これまでの因縁から言っても、親王が円成寺の別当を兼ねることは、法皇や淑子の望むところであったであろう。親王は延長五年（九二七）九月十日、四十二歳で薨去されたが(73)、晩年には主として円成寺にあって『慈覚大師伝』を執筆していたようである。しかし病が篤くなり、その擱筆は困難となったため、親王は一男の源英明（母は道真の娘）にその完成を遺言して薨去されたという(74)。詩人として著名な源英明には、承平三年（九三三）十一月六日の作に係る『冬日遊円城寺上方』なる詩がある(75)。『鳳城之左ニ。有リ二一道場一。天借シ二煙霞ヲ一、地与フ二水石ヲ一。所謂円城寺也。』の句に始まるこの一首からも、英明と円成寺との浅からぬ因縁が窺えるであろう。

人間は長生きをすればするほど、一方では悲哀を味わねばならない。尚侍の淑子も位人臣を極め、上皇の養母として、また後宮の宰配者として安泰かつ充実した晩年を送ったけれども、他方では数々の不幸や悩みを経験せねばならなかった。しかし実子がなかったらしいから、彼女が果たして魂を抉られるような苦痛を体験したかどうかは疑問である。

この権勢に富んだ、しかし深く仏道に帰依した婦人が薨去したのは、益信の入滅後間もない延喜六年五月二十八日のことで、享年は六十九歳であった[76]。

醍醐天皇は五月三十日、彼女に正一位を贈られ、また穀倉院の絹布を葬家に賜わったし[77]、また六月六日の葬儀には兄の藤原国経を勅使に立て、淑子の柩の前で宣命を読ましめられた[78]。

薨後に贈位があったのであるから、淑子は臨終に際して出家するようなことはなかったのであろう。彼女の墓がどこに営まれたかは明らかにされていないが、やはり宇治の木幡山の基経の墓に近く造られたとするのが、最も穏当な推測と言うべきであろう。

註

（1）貞観八年五月十八日紀。
（2）貞観三年二月十九日紀。
（3）貞観五年八月二十一日紀。
（4）『古今和歌集目録』。
（5）『公卿補任』嘉祥四年条。

（6）『尊卑分脈』第一編、摂家相続孫、参照。
（7）貞観二年二月十一日紀。
（8）貞観十一年十二月七日紀。
（9）『二代要記』乙集。
（10）貞観十年十二月十六日紀、陽成天皇即位前紀。
（11）元慶六年三月二十八日紀、『尊卑分脈』第二編、長良卿孫。
（12）貞観十四年三月九日付『貞観寺田地目録帳』（『平安遺文』第一巻、所収）。
（13）貞観十四年七月十九日紀および同十六年三月二十三日紀など、参照。
（14）貞観十四年二月七日紀、『公卿補任』貞観十四年条。
（15）菅原道真が貞観十三年十二月十六日に作った『為温明殿女御奉賀尚侍殿下六十算修功徳願文』（『菅家文章』第十一、所収）によれば、源全姫は貞観十三年に六十歳であったから、元慶三年には彼女は六十八歳であったわけである。
（16）元慶六年正月八日紀。
（17）『扶桑略記』第二十二、寛平元年十二月二十八日条。
（18）元慶三年正月八日紀。
（19）元慶六年正月二十五日紀。
（20）和田英松『藤原基経の廃立』（『中央史壇』第二巻第五号掲載、東京、大正十年）。
（21）元慶八年六月五日紀。
（22）元慶八年四月二日紀。
（23）菅原道真『奉昭宣公書』（『政事要略』巻第三十、所収）、参照。

(24) 仁和三年正月八日紀。
(25) 『日本紀略』仁和三年十一月二十一日条。
(26) 『拾芥抄』中、第九。
(27) 元慶八年四月十三日、同年六月二日紀。
(28) 川上多助『平安時代史』上（『綜合日本史大系』第三巻、東京、昭和五年）、一五四頁。
(29) 『御記』のこの一節は、『政事要略』（巻第三十）に引用されている。
(30) 『大鏡』第二巻、基経伝。なお『玉葉』承安二年十一月二十日条、参照。
(31) 源定省の室となった橘広相の娘の名が義子であったことについては、『尊卑分脈』第四編、橘氏、『一代要記』丙集、参照。
(32) 源定省が侍従に任じられ、『王侍従』と呼ばれていたことについては、『大鏡』第一巻、宇多天皇伝、『大鏡裏書』第一巻22、参照。
(33) 『宇多天皇御記』寛平元年正月某日条（『政事要略』巻第三十、所引）。
(34) 『世継物語』は、光孝帝が戯に三皇子に欲するところを訊ねられた話を記している。もしそれが事実であれば、三兄弟のうち定省が最も積極的で、気宇も大きかったことが分かる。
(35) 註(33)に掲げた『御記』の一節には、『未有妻子』と見え、元慶七年ころ、独身であったことがわかる。
(36) 『宇多天皇御記』寛平二年二月十三日条。
(37) 同右、仁和四年六月二日条。
(38) 同右、仁和四年六月一日条。
(39) 同右、仁和四年九月十日条。

(40)元慶三年正月十三日、同七年六月十四日紀。
(41)『一代要記』丙集、『日本紀略』仁和四年十月六日条。
(42)『元亨釈書』巻第四。
(43)『東寺長者補任』、その他。
(44)延喜六年九月十九日付『太政官符』(『類聚三代格』巻第三、所収)。
(45)寛平元年七月二十五日付『太政官符』(『類聚三代格』巻第二、所収)、『扶桑略記』第二十二。
(46)『東寺長者補任』。
(47)寛平二年十一月二十三日付『太政官符』(『類聚三代格』巻第二、所収)。
(48)『日本紀略』寛平八年九月二十二日条、『扶桑略記』第二十二、『大鏡裏書』第一巻14、等々。
(49)『日本紀略』寛平八年九月二十三日条。『大鏡裏書』第一巻14。
(50)『公卿補任』寛平二年条。
(51)『日本紀略』寛平八年十月十三日条。
(52)『日本紀略』寛平三年十月十三日条、『西宮記』巻十二。
(53)『日本紀略』寛平五年三月十四日、同年六月十九日両条。
(54)同右、寛平七年四月十六日条。
(55)義子の歿年は全く不明であるが、寛平八年正月にはまだ健在であったことは確かである。『一代要記』丙集、参照。
(56)『心覚抄』(『儼避囉鈔』巻十、所引)。
(57)『為尚侍藤原氏封戸施入円成寺願文』(『菅家文草』第十二、所収)。
(58)『宇多天皇御記』寛平九年六月十九日(原文は、本書四五三頁に掲載)。

(59)『古今和歌集』巻第七、第三五七番、『紀貫之集』第一、『忠峯集』、等々。
(60) この婚儀が左遷の理由とされたのであるから、それは昌泰三年十二月以前でなければならない。ところが斉世親王は、昌泰元年十一月、十三歳で元服された。従って婚儀は、昌泰二年正月から翌年十二月までの間に行われたとせねばならぬ。年齢的にみて昌泰三年とみるのが妥当であろう。
(61)『東寺長者補任』。
(62)『公卿補任』天慶四年条。
(63)『日本紀略』延長五年九月十日条。
(64) 同右、延長十四年五月二日条。
(65)『西宮記』巻十七、『小野宮年中行事』雑穢事。
(66) 前掲『心覚抄』。
(67)『醍醐天皇御記』延喜四年三月二十六日条。
(68)『師資相承』坤(『大日本史料』第一編之五、所引)。
(69)『北院御室拾要集』。
(70)『日本紀略』延喜六年三月七日条、『東寺長者補任』、『僧綱補任』巻二、『元亨釈書』巻第四、その他。
(71)『本朝高僧伝』巻第八、真寂伝。
(72)『本朝皇胤紹運録』、『仁和寺請院家記』円城寺、『明匠略伝』日本下、その他。
(73)『貞信公記』および『日本紀略』延長五年九月十日条、その他。
(74)『慈覚大師伝』跋文。
(75)『本朝文粋』巻第一、所収。

(76)『日本紀略』延菩六年五月二十八日条、『扶桑略記』第二十三、裏書。

(77)『日本紀略』延喜六年五月三十日条。

(78)『醍醐天皇御記』延喜六年六月六日条。

付記　『醍醐天皇御記』延喜七年正月三日条には、『法皇自持二和琴一仰曰、「此円城寺所レ生木也。此寺自二幼少時一御レ之。見二来此物一雖レ不レ好、以為猶勝二他所物一也、云々、」則召二左大臣一令二持授一レ之、則受弾二両三声一。』と記されている。ここでは、宇多法皇は、幼少の時から円成寺、というよりもその前身たる藤原淑子の山荘におられたことを醍醐天皇に語っておられるのである。これによると、男子に恵まれなかった淑子は、時康親王（光孝天皇）と班子女王との間に生まれた定省王を子供の時に引き取り、養子または準養子として鹿ヶ谷の山荘で養育していたことが分かる。班子女王は、寛平年間に浄福寺を建てたが（『類聚三代格』巻第二所収の寛平八年三月二日付『太政官符』）、『伊呂波字類抄』（九・志）によれば、それは『在二円城寺下一』ったとのことである。浄福寺が『伊呂波字類抄』に記されたように、初め円成寺の下、すなわち鹿ヶ谷の第三錦林小学校の辺に建立されたとすれば、それは班子女王と淑子とが格別に親しい間柄であったことを指証するものと言うべきである。

いま円成寺の沿革について述べる暇はないが、一条天皇の御骨が寛仁四年まで円成寺におかれていたことは、特に注意されよう。なお、円成寺の見事な塔（『日本紀略』には、延喜十二年三月十六日に塔が供養された旨が記載されている）が天永二年に焼亡したのは、惜しいことであった（『殿暦』天永二年三月四日条）。

あとがき

この巻は、『平安人物志』と題されているけれども、一部分、奈良時代の人物研究も包括されている。尤も、奈良時代、平安時代と言った時代区分は、著者の必ずしも是認するものではない。

いま仮に七世紀の中頃から十二世紀の末葉に至る約五百五十年間を日本の古典時代とみなし、これを朱雀時代と名づけるならば、朱雀時代の中期と後期を区分する段落は、八〇〇年前後ではなく、八九〇年頃に求められる。つまり所謂『奈良時代』と平安時代前期とは、同一の時期―朱雀時代中期―に所属するとみなされる。それほど宇多天皇の治世は、政治、社会経済、精神文化、儀礼、風俗等のあらゆる分野に跨って画期的なものがあったのである。

その点から視るならば、本書は、朱雀時代中期の人物誌であると言った方が適切なのである。収録した数々の論文のうちでも、特に重要と思われ、またそれ故にこそ読者の批判を仰ぎたく思うのは、①『不比等の娘たち』、②『藤原袁比良』、③『板野命婦』、④『小野小町の身分』、⑤『恬子内親王』、⑥『右大臣源光の怪死』、⑦『菅家の怨霊』等である。①は、藤原不比等が政権獲得のために案出した巧妙な秘策を衝いたもの、②は仲麻呂政権の背後を見究めたもの、③は田舎より貢進された一人の采女が辿った軌跡を追いかけたもの、④は諸説紛々たる小野小町の出身、身分、後半生の究明に敢えて挑戦したもの、⑤は業平の『いろごのみ』に駆られた一夜の密事《みそかごと》が高階氏の性格を一変し、権勢慾の強烈な氏族を作り上げたことを論究したもの、⑥と⑦は、藤原忠平の深謀遠慮の実態を明らかにし、かつ天満天神の信仰が菅原氏ではなく、藤原忠平・師輔父子の陰湿な陰謀に由来することを明確にしたものである。

他の人物伝、人物論も、なんらかの問題意識をもって執筆されたものであり、当代の政治史や後宮史の再構成になにほどか貢献するところがあるであろう。

歴史学の研究分野は多様化しているが、著者は、洋の東西を問わず、人物史と言う研究領域に非常な愛着を覚えている。歴史は要するに人間が創り出すものであるし、また人間ほど魅力に富んだ creature は地上に存在しないからである。

『角田文衞著作集』の第五巻と第六巻とは、人物志に充てられているが、他の諸巻に収められた数々の論考も、多かれ少かれ、人物史の研究を基底となしているのである。

初出一覧

不比等の娘たち　『古代文化』第十二巻第四、五号連載、京都、(財)古代学協会、昭和三十九年。
伊福吉部徳足比売　『青陵』第二十号掲載、橿原市、橿原考古学研究所、昭和四十七年。
藤原清河とその母　著書『律令国家の展開』所収、東京、塙書房、昭和四十年。
藤原袁比良　『古代文化』第六巻第五号掲載、昭和三十六年。
氷上陽侯　『律令国家の展開』所収、昭和四十年。
藤原人数の素姓　『律令国家の展開』所収、昭和四十年。
藤原朝臣家子　『律令国家の展開』所収、昭和四十年。
板野命婦　『律令国家の展開』所収、昭和四十年。
竹野女王　『律令国家の展開』所収、昭和四十年。
大和宿禰長岡の事蹟　『律令国家の展開』所収、昭和四十年。
田村麻呂の母　著書『紫式部とその時代』所収、東京、角川書店、昭和四十一年。
葉栗臣翼の生涯　『古代文化』第九巻第二、三号連載、昭和三十七年。
山科大臣藤原園人（原題・平安初期の政治思想）　『歴史学』第一輯掲載、京都、歴史学会、昭和二十四年。

唐儛師春海貞吉　『紫式部とその時代』所収、昭和四十一年。

亭子の女御　『紫式部とその時代』所収、昭和四十一年。

小野小町の身分　『国文学』第二十八巻第九号掲載、東京、學燈社、昭和五十八年。

恬子内親王　『紫式部とその時代』所収、昭和四十一年。

右大臣源光の怪死　『紫式部とその時代』所収、昭和四十一年。

長野女王　『紫式部とその時代』所収、昭和四十一年。

石川朝臣長津　『紫式部とその時代』所収、昭和四十一年。

藤原基経の室家　『古代文化』第十二巻第一号掲載、昭和三十九年。

菅家の怨霊　『紫式部とその時代』所収、昭和四十一年。

天神道真の怨念と功徳　『歴史と人物』第十二年第三号掲載、東京、中央公論社、昭和五十七年。

尚侍藤原淑子　『紫式部とその時代』所収、昭和四十一年。

角田文衞（つのだ・ぶんえい）

1913-2008年。歴史学者。京都帝国大学文学部史学科卒。考古学と文献史学を統合した古代学を提唱。その考察はアジア、ヨーロッパにも及ぶ。大阪市立大学教授、平安博物館館長兼教授、古代学研究所所長兼教授、古代学協会理事長を歴任。著書は『角田文衞著作集』全7巻（法藏館）、ほか多数。

平安人物志《へいあんじんぶつし》 上《じょう》

二〇二〇年 一一月一五日 初版第一刷発行

著　者 角田文衞

発行者 西村明高

発行所 株式会社 法藏館

京都市下京区正面通烏丸東入

郵便番号 六〇〇-八一五三

電話 〇七五-三四三-〇〇三〇（編集）

〇七五-三四三-五六五六（営業）

装幀者 熊谷博人

印刷・製本 中村印刷株式会社

ISBN 978-4-8318-2616-9 C1121

法蔵館文庫既刊より

さ-1-1
増補 いざなぎ流　祭文と儀礼
斎藤英喜著
高知県旧物部村に伝わる民間信仰・いざなぎ流。中尾計佐清太夫に密着し、十五年にわたるフィールドワークによってその祭文・神楽・儀礼を解明
1500円

キ-1-1
老年の豊かさについて
キケロ著
八木誠一
八木綾子訳
老人にはすることがない、体力がない、楽しみがない、死が近い。キケロはこれらの悲観的通念を吹き飛ばす。人々に力を与え、二千年読み継がれてきた名著。
800円

た-1-1
仏性とは何か
高崎直道著
「一切衆生悉有仏性」。はたして、すべての人にほとけになれる本性が具わっているのか。日本仏教に根本的な影響を及ぼした仏性思想を明快に解き明かす。
1200円

さ-2-1
アマテラスの変貌
中世神仏交渉史の視座
佐藤弘夫著
童子・男神・女神へと変貌するアマテラスを手掛かりに中世の民衆が直面していたイデオロギー的呪縛の構造を抉りだし、新たな宗教コスモロジー論の構築を促す。
1200円

て-1-1
正法眼蔵を読む
寺田透著
さまざまな道元論を世に問い、その思想の核心に迫った著者による「語る言葉（パロール）」と「書く言葉（エクリチュール）」の「講読体書き下ろし」の読解書。
1800円

い-1-1

地獄

石田瑞麿著

古代インドで発祥し、中国を経て、日本へとやってきた「地獄」。その歴史と、対概念として浮上することとなった「極楽」の歴史を詳細に論じた恰好の概説書。

1200円

く-1-1

王法と仏法

中世史の構図

黒田俊雄著

強靭な論理力と斬新な学説で中世史の構図を一変させ、「武士中心史観」にもとづく中世理解に鋭く修正を迫った黒田史学。その精髄を示す論考を収めた不朽の名著。

1200円

な-1-1

折口信夫の戦後天皇論

中村生雄著

戦後「神」から「人間」となった天皇に、折口信夫はいかなる可能性を見出そうとしていたのか。折口学の深淵へ分け入り、折口理解の新地平を切り拓いた労作。

1300円

あ-1-1

禅仏教とは何か

秋月龍珉著

仏教の根本義から、臨済宗・曹洞宗の日本禅二大派の思想と実践までを体系的に叙述。難解なその内容を、禅の第一人者が簡潔にわかりやすくあらわした入門書の傑作。

1100円

ほ-1-1

増補

宗教者ウィトゲンシュタイン

星川啓慈著

ひとつの孤独な魂が、強靭な理性と「神との和解」のはざまで悩みぬく。新発掘の二つの『日記』等をめぐる考察を縦横にもりこんだ、宗教学からの独創的アプローチ！

1000円

ア-1-1·2

評伝 J・G・フレイザー

その生涯と業績　上・下（全二冊）

R・アッカーマン著

小松和彦監修

玉井暲監訳

大著『金枝篇』で世界に衝撃を与えた人類学者の画期的評伝。研究一筋の風変わりな日常から、出版をめぐる人間模様、悪妻とも評された妻との結婚生活まで。未公開書簡や日記も満載。

各1700円

い-2-1

アニミズム時代　岩田慶治著

森羅万象のなかにカミを経験する。その経験の場とは。アニミズムそしてシンクロニシティ空間論によって自然との共生の方法を説く、岩田アニミズム論の名著を文庫化。

1200円

か-1-1

信長が見た戦国京都　河内将芳著

城塞に囲まれた異貌の都

同時代史料から、「町」が社会集団として成熟していくさまや、戦国京都が辿った激動の軌跡を尋ね、都市民らの視線を通して信長と京都の関係を捉え直した斬新な戦国都市論！

900円

や-1-1

宗教とは何か　八木誠一著

現代思想から宗教へ

理性と言語による現実把握の限界をどう超えるか。ニーチェの生の哲学から実存主義、さらには京都学派の哲学までを総覧し、現代人のための宗教に至る道筋を鮮やかに指し示す。

1300円

つ-1-1・2

平安人物志　角田文衞著

上・下（全二冊）

考古学と文献史学を駆使した角田の博識と推理が冴え渡る、41篇の人物伝。緻密な分析で、平安朝を生きた人々の数奇な生涯を鮮やかに描き出した、歴史的名著。

各1700円